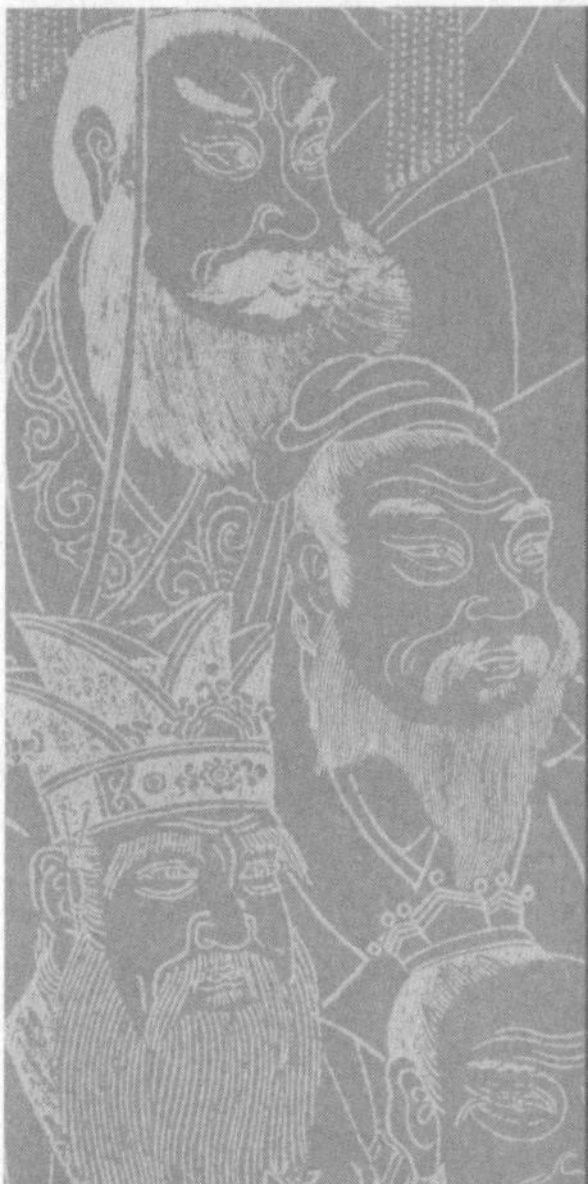

中国思想基本用語集

湯浅邦弘【編著】

YUASA Kunihiro

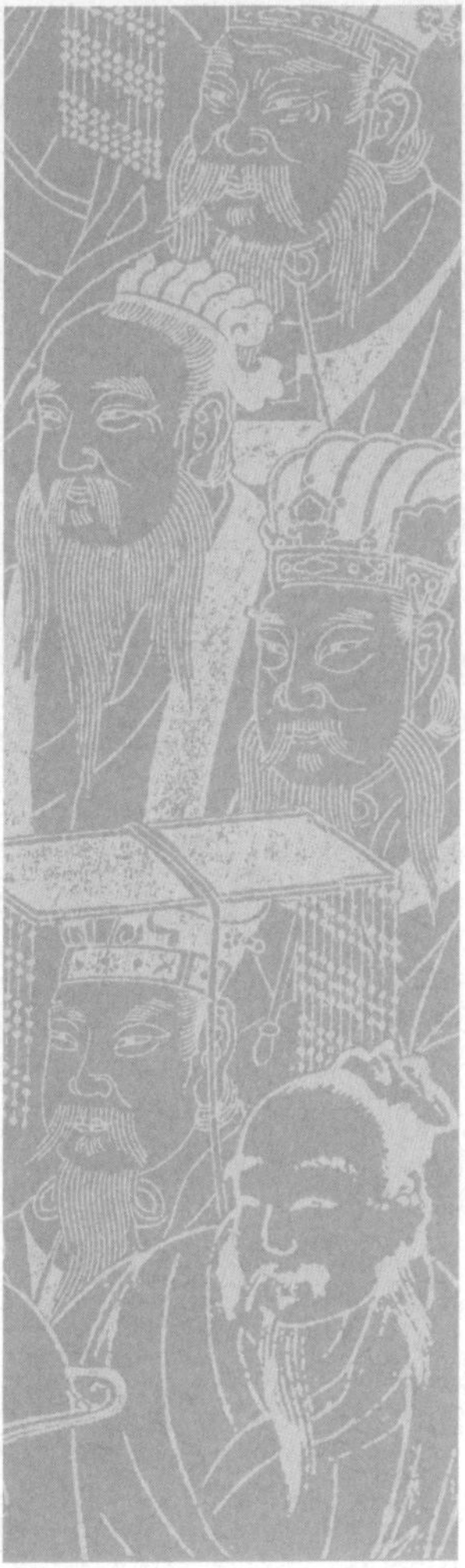

ミネルヴァ書房

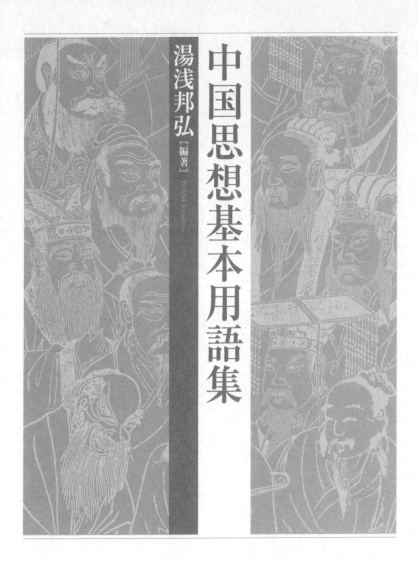

はじめに

中国思想の森は深い。外からながめていると、とても中には入って行けそうにない。しかし勇気を出して一歩踏み込めば、それが想像を超えた豊かな文化の森であることに気づく。

本書は、この中国思想への第一歩を踏み出そうとする人々に向けた基本用語集である。ミネルヴァ書房からは、これまで『概説中国思想史』『名言で読み解く中国の思想家』『テーマで読み解く中国の文化』『教養としての中国古典』の四冊を上梓させていただいた。その際、これらを横断する用語集があればもっと便利であろうと思われた。人物、文献、事項の簡潔な解説によって、中国思想が身近に感じられることであろう。この用語集を片手に、中国思想の森に分け入っていただければ幸いである。

全体は、おおむね時代順・テーマ別に、次の六つの章に大別し、各章ごとに主要な人物、文献、事項を一項目四百字程度で解説することにした。

第一章「伝統文化─三千年の歴史を彩る─」
第二章「儒教─中国思想の本源─」
第三章「諸子百家─深まりゆく思索─」
第四章「仏教・道教─人々の心を支えるもの─」

第五章「近世思想―朱子学・陽明学の世界―」
第六章「明末清初から近代―新中国への胎動―」

また、第七章を「中国古典の名言」とし、『論語』『老子』『史記』など主要な古典から名言を選んで解説する。さらに資料編を附録し、文章では伝えにくく図表にするとよく分かるような情報をまとめることとした。

執筆者は計一九名。章ごとに数名ずつで担当し、また各章の統括責任者を次のように決めて、原稿のとりまとめを行うこととした。

第一章・第二章……湯浅邦弘（大阪大学大学院教授）
第三章……佐野大介（名古屋大学大学院准教授）
第四章……藤居岳人（阿南工業高等専門学校教授）
第五章……久米裕子（京都産業大学教授）
第六章……川尻文彦（愛知県立大学教授）
第七章……池田光子（松江工業高等専門学校助教）

なお、最終的な原稿の調整は、ミネルヴァ書房編集部の前田有美さんと湯浅が行った。

湯浅邦弘

中国思想基本用語集　目次

はじめに

第一章　伝統文化――三千年の歴史を彩る……………………1
〈人物〉三皇五帝(2)　堯(2)　舜(3)　禹(4)　湯王(4)　文王(5)　武王(6)　周公旦(6)
太公望(7)　秦の始皇帝(7)　項羽(8)　劉邦(9)　武帝(9)　司馬遷(10)　班固(11)　蔡倫(11)
諸葛孔明(12)
〈文献〉『楚辞』(12)　「二十四史」(13)　『史記』(13)　『三国志』(14)　『十八史略』(15)　『水経注』(15)
『蒙求』(15)　『貞観政要』(16)　『二十四孝』(17)　『芸文類聚』(18)　『太平御覧』(18)
『永楽大典』(18)　『三才図会』(19)　『菜根譚』(19)　『呻吟語』(20)　『唐宋八大家文読本』(21)
『四部叢刊』(21)
〈事項〉春秋の五覇(22)　戦国の七雄(22)　中華思想(23)　九州(23)　中原(24)　禅譲(25)　法治(25)
徳治(26)　宦官(26)　社稷(26)　封禅(27)　封建制(27)　郡県制(28)　冊封(28)　焚書坑儒(29)
科挙(29)　避諱(30)　字(30)　謚(31)　号(31)　河図・洛書(31)　仰韶文化(32)　龍山文化(32)
二里頭遺跡(33)　殷墟(33)　孔子廟(34)　泰山(35)　万里の長城(35)　秦の兵馬俑(36)
敦煌莫高窟(37)　明の十三陵(38)　故宮博物院(38)　甲骨文字(39)　金文(40)　隷書(40)

篆書(41)　竹簡(42)　木簡・木牘(43)　帛書(43)　石経(44)
漢字音（漢音・呉音・唐音・慣用音）(44)　印刷技術(45)　類書(45)　和刻本(46)
▼コラム１　漢籍叢書は世界記憶遺産となるか　47

第二章　儒教——中国思想の本源……49
〈人物〉孔子(50)　子思(50)　曾子(51)　孟子(52)　荀子(52)　賈誼(53)　董仲舒(53)　劉向(54)
桓譚(55)　馬融(55)　許慎(56)　趙岐(56)　鄭玄(56)　何晏(57)　王粛(57)　杜預(58)
〈文献〉五経(58)　四書(59)　『周易』(59)　『尚書』(60)　『詩経』(60)　『礼記』(61)　『儀礼』(61)
『周礼』(62)　『春秋』(62)　『春秋公羊伝』(63)　『春秋穀梁伝』(63)　『春秋左氏伝』(64)
『大学』(65)　『中庸』(65)　『論語』(66)　『論語集解』(66)　『論語義疏』(67)　『論語集注』(68)
『孝経』(68)　『爾雅』(69)　『白虎通』(70)　『孔子家語』(70)　『経典釈文』(71)
『五経正義』(71)　『十三経注疏』(72)　『家礼』(72)
〈事項〉天(73)　仁(74)　義(74)　礼(75)　忠(75)　孝(75)　公私(76)　性善説(76)　性悪説(77)　聖人(77)
君子(78)　革命(78)　天人相関思想(78)　災異説(79)　讖緯説(79)　春秋の筆法(80)　獲麟(80)
王道と覇道(81)　儒教の国教化(82)　塩鉄論争(82)　今古文論争(83)　天文暦法(84)　祭祀(84)

経学(84)　小学(85)　訓詁学(85)　書誌学(86)　注疏(86)　釈奠(87)　孔門の十哲(87)
韋編三絶(88)　温故知新(88)　述べて作らず(88)　目録学(89)
▼コラム2　世界遺産「天壇」と天の思想　91
第三章　諸子百家――深まりゆく思索……93
〈人物〉老子(94)　荘子(94)　列子(95)　楊朱(96)　孫子(96)　呉子(97)　墨子(97)　商鞅(98)　慎到(98)
申不害(99)　韓非子(99)　公孫龍子(100)　恵施(100)　鄒衍(101)　蘇秦(101)　張儀(102)　告子(102)
揚雄(102)　王充(103)　王符(103)　何休(104)　荀悦(104)　仲長統(105)　王弼(105)　郭象(105)
〈文献〉『管子』(106)　『文子』(107)　『国語』(107)　『晏子春秋』(107)　『鬼谷子』(108)　『呂氏春秋』(108)
陸賈『新語』(109)　『淮南子』(109)　『戦国策』(110)　『漢書』芸文志(110)　『風俗通義』(111)
『傷寒論』(111)　『孔叢子』(112)　『斉民要術』(112)　『世説新語』(112)　『隋書』経籍志(113)
『五行大義』(113)　『顔氏家訓』(113)　『武経七書』(114)　『本草綱目』(115)　『逸周書』(115)
銀雀山漢墓竹簡『孫臏兵法』(116)　帛書本・竹簡本『老子』(116)
〈事項〉六家(117)　九流(118)　道家(118)　法家(119)　墨家(119)　名家(120)　陰陽家(120)　縦横家(120)
農家(121)　雑家(121)　稷下の学(121)　気(122)　道(122)　勢(123)　陰陽五行説(123)　時令説(124)

尚賢論(124)　正名論(125)　術数(125)　方技(126)　加上説(126)
▼コラム3　日本に伝来した諸子百家の書　127

第四章　仏教・道教――人々の心を支えるもの……129
仏教関係
〈人物〉仏図澄(130)　道安(130)　慧遠(131)　法顕(131)　鳩摩羅什(132)　僧肇(133)　謝霊運(133)
梁の武帝(134)　天台智顗(134)　玄奘(135)　義浄(136)
〈文献〉『弘明集』(136)　『大蔵経』(137)　『高僧伝』(137)　『法苑珠林』(138)　『臨済録』(138)
〈事項〉空・無(139)　格義仏教(139)　神滅論・神不滅論(140)　観音信仰(140)　三論宗(141)　天台宗(141)
華厳宗(142)　禅宗(142)　浄土教(143)　頓悟・漸悟(143)　偽経(144)　教相判釈(144)　三階教(145)
白蓮教(145)
道教関係
〈人物〉黄帝(146)　玉皇大帝(147)　元始天尊(147)　太上老君(148)　関聖帝君(148)　文昌帝君(149)
寇謙之(150)　陸修静(150)　陶弘景(151)　司馬承禎(151)

〈文献〉『黄帝内経』(152)　『周易参同契』(153)　『列仙伝』・『神仙伝』(153)　『抱朴子』(154)
『老子化胡経』(154)　『道蔵』(155)
〈事項〉不老不死(156)　日書(156)　方術・神仙術(157)　方士・道士(157)　黄老思想(158)　養生思想(158)
太平道(159)　五斗米道(159)　竹林の七賢(160)　全真教(160)　符(161)　導引(162)　外丹(162)
内丹(163)　扶乩(163)　三教合一(164)
民間信仰
〈人物〉城隍神(164)　竈神(165)　媽祖(166)　彭祖(166)　徐福(167)
〈文献〉『山海経』(168)　『三教捜神大全』(168)　『封神演義』(169)
〈事項〉鬼神(169)　魂魄(170)　崑崙(170)　風水(171)　志怪小説・伝奇小説(172)　善書(172)
▼コラム4　庶民の中に生きる道教・仏教信仰　174
第五章　近世思想――朱子学・陽明学の世界……175
朱子学の世界

〈人物〉韓愈(176)　胡瑗(176)　欧陽脩(177)　王安石(178)　司馬光(178)　蘇軾(179)　邵雍(180)　周敦頤(180)
張載(181)　程顥(181)　程頤(182)　胡安国(183)　楊時(183)　朱熹(183)　張栻(184)　呂祖謙(185)
陸九淵(186)　楊簡(186)　陳淳(187)　真徳秀(187)　王応麟(188)　許衡(188)　呉澄(189)
〈文献〉『四書集注』(190)　『朱子語類』(190)　「五経四書性理大全」(191)
〈事項〉道統(191)　聖人可学説(192)　太極(192)　天理(193)　万物一体(193)　理一分殊(194)　体用(194)
理気(195)　性即理(195)　三綱領八条目(196)　格物致知(196)　居敬窮理(197)　事功学派(197)
鵝湖の会(198)　慶元の党禁(198)　書院(199)
陽明学の世界
〈人物〉陳献章(199)　湛若水(200)　王守仁(200)　王艮(201)　聶豹(202)　鄒守益(202)　王畿(203)　羅洪先(203)
羅汝芳(204)　李贄(204)　劉宗周(205)
〈文献〉『伝習録』(205)　『古本大学』(206)　『明儒学案』(207)
〈事項〉心即理(207)　知行合一(208)　致良知(208)　天泉橋問答(209)　童心(209)　東林学派(210)

▼コラム5　宋代の都市文化と現代中国の年中行事　211

第六章　明末清初から近代――新中国への胎動……213
明末清初
〈人物〉黄宗羲(214)　方以智(214)　顧炎武(215)　王夫之(215)　呂留良(216)　梅文鼎(216)　閻若璩(217)
李光地(217)
〈文献〉『明夷待訪録』(218)　『日知録』(218)　『尚書古文疏証』(219)　『佩文韻府』(220)
『古今図書集成』(220)　『律暦淵源』(222)　『大義覚迷録』(222)
〈事項〉経世致用(223)　顔李学派(223)　典礼問題(224)　桐城派(224)
清代学術
〈人物〉袁枚(225)　王念孫(225)　阮元(226)　崔述(227)　章学誠(227)　銭大昕(228)　戴震(229)　段玉裁(229)
皮錫瑞(230)
〈文献〉『淵鑑類函』(231)　『海国図志』(231)　『皇清経解』(233)　『四庫全書』(233)

『四庫全書総目提要』(234)　『説文解字注』(235)　『疇人伝』(235)　『孟子字義疏証』(236)
〈事項〉以礼代理(236)　漢学と宋学(237)　公羊学(237)　考証学(238)　通儒(238)　貞女論(239)　幕府(239)
清末以降
〈人物〉魏源(240)　厳復(240)　辜鴻銘(241)　康有為(242)　孫文(242)　章炳麟(243)　梁啓超(244)　陳独秀(244)
劉師培(245)　李大釗(245)　胡適(246)　毛沢東(246)　馮友蘭(247)
〈文献〉『天演論』(247)　『孔子改制考』(248)　「新民説」(248)
〈事項〉太平天国の乱(249)　洋務運動(249)　戊戌の変法(250)　辛亥革命(250)　マルクス主義(251)
新文化運動(251)
▼コラム6　中国と日本の近代　252

第七章　中国古典の名言……253
君子は豹変し、小人は面を革む。(254)　百姓昭明にして、万邦を協和す。(254)　習い性と成る。(255)
備有れば患無し。(255)　切したるが如く、磋したるが如く、琢したるが如く、磨したるが如し。(256)

戦戦兢兢として、深淵に臨むが如く、薄氷を履むが如し。(256)　鼎の大小軽重を問う。(257)

唇亡ぶれば歯寒し。(257)　牛耳を執る。(258)　小人閒居して不善を為し、至らざる所無し。(259)

学びて時に之を習う、亦説ばしからずや。(259)　巧言令色、鮮し仁。(260)　学べば則ち固ならず。(260)

過てば則ち改むるに憚ること勿かれ。(261)　和を貴しと為す。(261)　学びて思わざれば則ち罔し。(262)

義を見て為さざるは勇無きなり。(263)　君子は党せず。(263)　後生畏るべし。(264)

過ぎたるは猶お及ばざるがごとし。(265)　君子は和して同ぜず。(265)

己の欲せざる所、人に施すこと勿かれ。(266)　過ちて改めざる、是を過ちと謂う。(266)

性相近し。習い相遠し。(267)　五十歩を以て百歩を笑わば、則ち何如。(267)

天下の苗を助けて長ぜしめざる者寡し。(268)　青は之を藍より取れども藍よりも青し。(268)

遇と不遇とは時なり。(269)　上善は水の若し。(269)

三十輻、一轂を共にす。其の無に当たりて、車の用有り。(270)　五色は人の目をして盲せしむ。(271)

学を絶たば憂い無し。(271)　柔弱は剛強に勝つ。(272)　大器は晩成す。(273)

天網は恢恢として、疎にして失わず。(273)　朝三にして暮れに四にせん。(274)

荘周夢に胡蝶と為る。(274)　七日にして渾沌死す。(275)

井鼃は以て海を語るべからざるは、虚に拘めばなり。(276)　兵は詭道なり。(276)

兵は拙速なるを聞くも、未だ巧久なるを睹ざるなり。(277)

彼を知り己を知れば、百戦して殆うからず。(278)

倉廩実つれば則ち礼節を知り、衣食足れば則ち栄辱を知る。(278)　人主にも亦た逆鱗有り。(279)

三人言いて虎を成す。(279)　子の矛を以て子の楯を陥さば何如。(280)

其の耒を釈てて株を守り、復た兔を得んことを冀う。(281)

福の禍と為り禍の福と為るは、化　極むべからず、深　測るべからざるなり。(281)

蛇足を為す者、終に其の酒を亡う。(282)

虎　獣の己を畏れて走るを知らず、以為えらく狐を畏るるなり。(283)　燕雀安んぞ鴻鵠の志を知らんや。(284)

寧ろ鶏口と為るも牛後と為る無かれ。(284)　璧を完うして趙に帰す。(285)　石に漱ぎ流れに枕す。(286)

心を以て心に伝う。(286)　好事は門を出でず、悪事は千里に伝わる。(287)　病は不自信の処に在り。(287)

人を知る者は智、自ら知る者は明。(287)　家庭に個の真仏有り、日用に種の真道有り。(288)

資料編……289
①中国の時代区分(290)
②『十三経注疏』一覧表(292)
③「五経四書性理大全」一覧表(293)
④『諸子集成』一覧表(294)
⑤『漢文大系』一覧表(296)
⑥易解説(298)

⑦五行説図解（302）
⑧性説一覧表（304）
⑨『漢書』の人物評価表（306）
⑩数字で学ぶ基本用語（308）
⑪文庫・新書で読む中国の古典（312）

参考文献一覧　329
人物・文献・事項索引

凡　例

（一）本書は、古代から近現代に至る中国思想の基本用語を解説した事典である。本文全体を、おおむね時代順・テーマ別に六つの章に大別した上で、それぞれ主要な人物、文献、事項を一項目四〇〇字程度で解説する。

（二）各章冒頭にその章の概説を記し、また、各章末尾にコラムを掲載する。

（三）第六章までの項目総数は四二六。内訳は、人物一四八、文献一〇四、事項一七四である。また、第七章の名言は五九。附録の資料は計一一である。

（四）解説文の語句に添えた＊印は、その語句について他の箇所で解説項目が立っていることを示す。

（五）巻末に参考文献一覧と五十音索引を附載する。

第一章　伝統文化
――三千年の歴史を彩る――

三千年の歴史を有する中国では、古代から様々な文化が花開いた。この章では、必ずしも「思想」という枠組みには収まりきらない重要項目を取り上げる。人物としては、伝承上の三皇五帝から歴史上の王である文王、武王、秦の始皇帝など。また「春秋の五覇」や「戦国の七雄」など当時活躍した著名な君主たち、さらには、通常「思想家」としては取り上げられることのない司馬遷、諸葛孔明、項羽、劉邦などにも注目する。また文献としては、文学として取り上げられることの多い『楚辞』、歴史書として『史記』『三国志』『十八史略』、類書（百科全書）として『芸文類聚《げいもんるいじゅう》』や『太平御覧《たいへいぎょらん》』などを取り上げる。さらに、中国の文化を理解する上で重要な概念「中華思想」「禅譲《ぜんじょう》」「法治」「徳治」など、また文化遺産として名高い「孔子廟」「泰山」「殷墟《いんきょ》」「万里の長城」「秦の兵馬俑」など、そして、文字の国・中国ならではの「甲骨文字」「竹簡」「帛書」などにも注目し、中国の思想と文化を総合的に理解できるようにする。

〈人物〉

三皇五帝（さんこうごてい）

古代中国の伝説上の聖王の総称。この語は『荘子《そうじ》』や『周礼《しゅらい》』*などの戦国時代の文献にすでに見られるが、誰を指すかは文献によって異なる。三皇は『風俗通義《ふうぞくつうぎ》』*などに記されている伏羲《ふっき》・女媧《じょか》・神農《しんのう》とされることが多い。伏羲と女媧は、上半身が人間で、下半身は蛇とされている。神話・伝説において、伏羲は易の八卦《はっか》を生み出し、女媧は土をこねて人を作り、神農は民に薬となる百草を教えたり農耕技術を伝えたりしたとされる。また、五帝については、『史記《しき》』*などに基づき、黄帝《こうてい》*・顓頊《せんぎょく》・嚳《こく》・堯《ぎょう》*・舜《しゅん》*とする説が最も一般的である。伝説の色が濃い三皇に比べ、五帝の説話はある程度古代の歴史事実を反映したものと考えられている。

女媧・伏羲（『石索』）

神農（『石索』）

堯（ぎょう）

中国古代の伝説上の聖王。名は放勲《ほうくん》。『史記』*五帝本紀の記述によると、父親は帝嚳《こく》であり、当初は嚳の位を兄の摯《し》が受け継いだが、摯が没したため弟である堯が帝位に就いたとされる。堯は即位すると善政を行い、また義《ぎ》氏と和《か》氏に命じて暦法を定めさせた。また四岳（四人の大臣）の推薦に従い鯀《こん》に治水を、讙兜《かんとう》の推薦に従い共《きょう》工《こう》に工作を任せたが、後に舜*の進言に従い、彼らの失敗を咎め、乱を起こした三苗《さんびょう》とともに彼らを追放した。

堯（『石索』）

老年に至り、摂政を求め、問題のある親に対しても孝行を尽くしていると評判の舜を民間から見出し、これに二人の娘を娶らせ、三年間その行いを見て、摂政に任じた。堯には丹朱《たんしゅ》という息子がいたが、不肖《ふしょう》であったために、堯はこれを後継ぎとせず、堯の死後には臣下や諸侯たちも舜を後継ぎとみなし、帝位は舜へと受け継がれることとなった。堯から舜への帝位の移行方法は「禅譲《ぜんじょう》*」と呼ばれ、後世の学者たちに理想視された。

舜（しゅん）

中国古代の伝説上の聖王。名は重華《ちょうか》。禅譲《ぜんじょう》*の形式で堯《ぎょう》*から天子の位を受け継ぎ、自らも夏王朝の開祖である禹《う》*へと位を伝えたとされる。舜の父は瞽叟《こそう》といい、後妻との間に、舜の弟にあたる象《しょう》という子がいた。舜の家族たちは舜を疎《うと》ましく思い、事あるごとに舜の殺害を企てたが、舜は父にも後妻にも弟にも恭《うやうや》しく接し続けたという。その後歳二〇にしてすでに孝行者として広く知られるようになり、三〇で堯の二人の娘を娶《めと》り、ついには摂政として政治を預かることとなった。堯の没後、舜は堯より託された帝位を堯の息子である丹朱《たんしゅ》に譲ろうとしたが、臣下や諸侯たちが舜を天子として扱ったため、これを天命であるとして帝位に就いた。即位後には、弟の象を諸侯としている。また摂政時代に鯀《こん》を追放し、その子である禹に治水事業を継がせており、さらには禹を

舜（『石索』）

後継者に指名し、禅譲によって帝位を伝えた。

禹（う）

中国古代の伝説上の聖王。夏王朝の開祖とされる。名は文命《ぶんめい》。禹の父である鯀《こん》は四岳（堯*の大臣）の推薦を受け、堯のもとで治水事業を行っていたが、功績をあげることができず、堯に代わり政治を執り行っていた舜*によって追放された。舜が禹に治水事業を受け継がせたところ、禹は一三年間、自宅の前を通ってもその門をくぐらないほど熱心に事業を行い、功績をあげた。功績を認められた禹は、舜の後継者として指名され、舜の没後、一度は舜の息子である商均《しょうきん》に位を譲ろうとしたものの、諸侯によって支持され、最終的には舜の位を継いだ。その後禹は東方への巡狩《じゅんしゅ》の際に、会稽《かいけい》の地に至って没し、位を臣下の益《えき》に伝えようとしたものの、益の経験が浅く、また禹の実子である啓《けい》が優れていたために、諸侯は啓を天子として扱い、啓が天子の位に就くこととなった。天子の位はその後禹の子孫たちによって世襲相続されるようになり、これが夏王朝となる。

禹（『三才図会』）

湯王（とうおう）（生没年未詳）

殷《いん》王朝の初代の王。名は履《り》。成湯《せいとう》あるいは天乙《てんいつ》とも称される。周の文王*や武王*と並び、聖王として後世の儒家たちに崇拝された。殷の始祖は契《せつ》といい、禹《う》*の治水事業を補佐して功績をあげたために商《しょう》の地に封《ほう》ぜられた。その後禹より始まった夏王朝のもと、殷は諸侯国の一つであったが、夏王桀《けつ》が暴政を行うに及び、殷の君主であった湯が決起した。湯はまず隣国であった葛《かつ》が祭祀《さいし》*を行わないことを責め、これを征伐した。その後さらに、有莘《ゆうしん》氏から嫁いできた妻に付き添ってきた伊尹《いいん》（阿衡《あこう》・保衡《ほこう》とも称される）を大臣として採用、これの補佐を得て、まずは乱を起こしていた昆吾《こんご》氏を諸侯とともに討ち、

湯王（『三才図会』）

続いて『湯誓』（夏の罪を挙げ、これを討つべきであるとした宣言文）を作り、これを諸侯に宣言した上で、桀を鳴條《めいじょう》にて破り、天子の位に就いた。湯王の征伐は、征伐される国の民衆にすら歓迎され、人々は「湯王はなぜ我々の地の征伐を後回しにするのか」と言うほどであったという。湯王によって開かれた殷王朝は、第三〇代の紂王《ちゅうおう》が武王に討たれるまでおよそ五百数十年続いた。

文王（ぶんおう）（?～前一〇五六）

周王朝の初代の王である武王*と、武王亡き後に初期の周王朝を支えた周公*の父。名は昌《しょう》。生存中に天子の位に就くことはなかったが、死後、子孫により王として祀られた。後世、武王や周公と並んで聖人*として崇拝される。当初周は西方の小国であったが、文王の祖父と父の代に徐々に勢力を拡大し、文王の頃には周辺の諸国を束ねるほどにまでなっていた。一方で殷《いん》王朝においては、紂《ちゅう》王が妃の妲己《だっき》とともに暴政を行っており、文王はこれを諌めるために紂王のもとに赴《おもむ》くも、羑里《ゆうり》の地に囚われる。この囚われていた期間に、文王は「易」を八《はっ》卦《か》から六十四卦に発展させたと伝えられている。その後解放されて周に帰還すると、紂王より与えられた諸侯征伐権を利用し勢力を拡大、また太公望《たいこうぼう》*らの助けを得て殷王朝を打倒することを図り、手始めに自らを紂王に誣《ぶ》告《こく》した崇侯虎《すうこうこ》を討ち、豊邑《ほうゆう》に都を造営するが、殷王朝の

文王（『三才図会』）

打倒が未だならないまま没し、事業は武王に引き継がれた。

武王（ぶおう）（？～前一〇四三）

　周王朝の初代の王。名は発《はつ》。在位前一〇四六～前一〇四三。周の文王＊の子であり、周公＊の兄。後世、文王や周公と並んで聖人＊として崇拝される。文王の後を継いで殷王朝を打倒し、天子の位に就いた。文王亡き後九年にして、武王は文王の位牌《いはい》を名目上の君主として軍を率い、黄河を渡り、期せずして諸侯と合流した。諸侯は紂《ちゅう》を討つことを主張したが、武王はこれを「女《なんじ》未だ天命を知らず」と退け、一旦は兵を収めた。その二年後に、紂が暴政を続け、叔父の比干《ひかん》を殺し、箕子《きし》を幽閉したことを聞くに及び、武王は改めて諸侯に紂を討つべきことを宣言した。周軍が盟津《めいしん》にて黄河を渡り、諸侯がそこに集うと、武王は『太誓』（紂の暴虐《ぼうぎゃく》と自らが天罰を執行すべきことを説いた宣言文）を作り、諸侯に向けて宣言した。周軍が牧野《ぼくや》の地で殷軍を破り、紂が鹿台《ろくだい》（高殿の名）で焼身自決した後、武王は天子の位に就くが、その三年後、未だ天下が安定しないうちに病没した。

武王（『三才図会』）

周公旦（しゅうこうたん）（生没年未詳）

　周初期の政治家。周の文王＊の子であり、武王＊の弟。周王朝の礼制を定めたとされ、後世の儒家から聖人＊とされる。文王の後を継いだ武王が、太公望《たいこうぼう》＊らの補佐を得て殷王朝を打倒した後、天下が安定しないうちに病に倒れたため、周公は武王の身代わりとなることを鬼神＊に祈願した。このことは『尚書』＊金縢《きんとう》篇に記録されている。武王亡き後、後継ぎである成王が幼かったため、周公が代わりに政権を握り、外においては管叔《かんしゅく》・蔡叔《さいしゅく》（周公が政権を握ることに反対し、反乱を起こした周公の兄弟）や武庚《ぶこう》（紂王の子で、殷の残存勢力を率いた）の反乱

周公旦（『三才図会』）

を鎮圧し、また内においては周の礼制を定めた。周公の子孫は魯に封ぜられたため、後に魯に生まれた孔子*は、先賢の中でも周公を礼制の制定者として特に崇拝した。『論語』*述而《じゅつじ》篇には、衰えて周公を夢に見ることがなくなってしまった、という孔子の嘆きが記録されている。また『周礼《しゅらい》』*は周公の著作と伝承されるが、実際には後世の偽作であり、周公の制度を伝えるものではない。

太公望（たいこうぼう）（生没年未詳）

文王*・武王*のもとで殷《いん》から周への王朝交代を成功に導いた人物。姓は姜《きょう》、氏は呂《りょ》、名は尚、字は子牙とされ、「師尚父《ししょうほ》」とも称される。日本では「太公望」の呼称が一般的だが、中国では神仙小説『封神演義《ほうしんえんぎ》』*の影響もあり、「姜子牙《きょうしが》」の呼称が一般的。歴史上の人物としてはその具体的な業績は必ずしも明らかではない。『史記』*によると、四岳（堯*の大臣）の子孫であり、釣りをしている際に文王と出会ったとも、また文王の羑里《ゆうり》脱出を手助けして出会ったともされる。文王亡き後は武王を補佐し、殷王朝打倒後は斉の地に封ぜられ、百数十年の長寿を保ったと伝わる。革命*の際の軍事面の業績から、後には兵書『六韜《りくとう》』の撰者と考えられ、兵家の開祖とみなされた。さらに唐代には「武成王」の尊号で祀られるに至った。太公望は神仙とも関連づけられ、『封神演義』では周を助けつつ封神を執り行う仙人姜子牙として登場する。なお、現在日本でも用いられる故事成語「覆水盆に返らず」は太公望が復縁を迫った妻に放った言葉が由来であるとされる。

秦の始皇帝（しんのしこうてい）（前二五九～前二一〇）

秦の初代皇帝。姓は嬴《えい》、名は政《せい》。荘襄王《そうじょうおう》の子として生まれ、前二四七年に秦王に即位した。即位後、政権を掌握していた呂不韋《りょふい》（『呂氏春秋《りょししゅんじゅう》』*の編纂者）を排除し、

秦の始皇帝（『三才図会』）

李斯《りし》（?〜前二〇八）ら法家*官僚を任用して親政を始めた。六国（斉・楚・燕・韓・魏・趙）を次々と滅ぼし、前二二一年に天下を統一、以降様々な制度改革を行った。まず、君主の尊号を「皇帝」とした。次に、李斯の意見を採用して郡県制*を施行し、各国で異なっていた度量《どりょう》衡《こう》（長さ・容積・重さの単位）・車軌《しゃき》（車軸の長さ）・文字・貨幣（半両銭《はんりょうせん》という円形方孔銭）を統一した。前二二〇年から全国を巡幸《じゅんこう》して威厳を示し、前二一九年の巡幸の際には泰山《たいざん》*で封禅《ほうぜん》*の儀を挙行した。土木事業としては、万里の長城*・阿房宮《あぼうきゅう》（都城）・驪山陵《りざんりょう》・兵馬《へいば》俑坑《ようこう》*などを築いた。一方、後世に悪名高い焚書坑儒《ふんしょこうじゅ》*も断行した。生前、始皇帝は不老不死*の仙薬を求めて徐《じょ》福《ふく》*や盧生《ろせい》ら方士《ほうし》*を用いていたが、手に入れることはできず、前二一〇年、五度目の巡幸の道中で病死した。その翌年、陳勝《ちんしょう》らが反秦の兵を挙げ、前二〇六年、秦は滅亡した。

項羽（こうう）（前二三二〜前二〇二）

　秦末期の楚《そ》の武将。『史記《しき》』*項羽本紀《ほんぎ》によると、名は籍《せき》で、字は羽。項氏は代々楚の将軍の一族であった。前二〇九年、陳勝《ちんしょう》らが反秦の兵を挙げたことを契機に、叔父の項梁《こうりょう》とともに挙兵した。のちに劉邦《りゅうほう》*の軍も加わり、先に関中《かんちゅう》入りした者が王となる盟約を劉邦と結んだ。前二〇六年、項羽は函谷関《かんこくかん》に到着するも、すでに劉邦は秦の都咸陽《かんよう》を攻め落としていた。そこで項羽は、鴻《こう》門《もん》へと劉邦を呼び出して殺そうとしたが、叔父の項伯《こうはく》や劉邦の臣下の樊噲《はんかい》らの働きによって頓挫する（「鴻門の会」）。その後、秦の三世皇帝子嬰《しえい》を殺して秦の宮室を焼き、一八人の将を王侯に封じ、自らは西楚覇王《せいそはおう》と号した。同年、反旗を翻した劉邦と以降およそ五年間にわたって戦うも、前二〇二年、垓下《がいか》の戦いで劉邦軍に敗れ、自害する。垓下の戦の最中、楚軍を包囲した「四方の漢軍の

項羽（『三才図会』）

中」から楚の歌が聞こえ、漢に降伏した楚兵の数に項羽が驚嘆した「四面楚歌《しめんそか》」の故事は有名である。

劉邦（りゅうほう）（前二五六？～前一九五）

前漢の初代皇帝。名は邦、字は季《き》。『史記《しき》』*高祖本紀《こうそほんぎ》によると、沛《はい》の農民の生まれ。前二〇九年、陳勝《ちんしょう》らが反秦《しん》の兵を挙げたことを契機に、劉邦も沛の人々と挙兵し、沛公と呼ばれた。劉邦らは楚《そ》の項梁《こうりょう》の軍に加わり、先に関中《かんちゅう》入りした者が王となる盟約を項羽《こうう》*と結んだ。前二〇六年、劉邦は秦の都咸陽《かんよう》に攻め入り、秦は滅亡した。この際、諸県の指導者らに、秦の法を廃して「法三章《ほうさんしょう》」（人を殺した者は死刑、傷害・窃盗を働いた者は処罰するという三つの法）のみにすることを宣言した。遅れて到着した項羽は約束を反故にし、鴻門《こうもん》にて劉邦を殺そうとしたが、劉邦は脱出して事なきを得た（「鴻門の会」）。漢王に封ぜられた劉邦は、同年、反旗を翻し、以降およそ五年間にわたって項羽と戦った。劉邦は人望の厚い人物だったようで、幕中には蕭何《しょうか》、張良《ちょうりょう》、韓信《かんしん》、陳平《ちんぺい》といった名臣が集まった。前二〇二年、垓下《がいか》の戦いで項羽を倒し、皇帝に即位した。

劉邦（『三才図会』）

武帝（ぶてい）（前一五六～前八七）

前漢の第七代皇帝。在位前一四一～前八七。姓は劉《りゅう》、名は徹《てつ》。廟号《びょうごう》（祀られる時に付けられる称号）は世宗《せいそう》。

「武帝」は諡号《し》（死後に贈られる称号）で、孝武皇帝とも。郡県制*の範囲を拡大して漢帝国の支配を安定させ、積極的に外征を行い領土を広げた。また、経済面では塩や鉄、酒を国家の専売品に定めて財政の安定化を図った。武帝の治世下で漢は最盛期を迎えたといわれる。武帝期には様々な分野で傑出した人材が現れた。災異説《さいいせつ》*を唱えた董仲舒《とうちゅうじょ》*や、『淮南子《えなんじ》』*を撰した劉安《りゅうあん》、『礼記《らいき》』*を編纂した戴聖《たいせい》、『史記《しき》』*を著した司馬遷《しばせん》*、賦《ふ》（韻文の形式の一種）に秀でた司馬相如《しょうじょ》、匈奴《きょうど》討伐で軍功をあげた衛青《えいせい》・霍去病《かっきょへい》らがそうである。なかでも董仲舒は、それまで主流であった黄老思想《こうろうしそう》*にかわって儒家の思想を政治に用いることを武帝に説き、その結果五経博士《ごきょうはかせ》（五経*を教学する官職）が設置され、儒教の国教化*の基礎になったとされる。

司馬遷（しばせん）（前一四五頃～前八六頃）

前漢時代の歴史家。字は子長《しちょう》。若い頃、数年間に及ぶ諸国歴遊の旅に出る。前一一〇年、病に倒れた父司馬《しば》談《たん》より、彼が途中まで記した歴史書を完成させることを遺命として受け、前一〇八年、父の後を継いで天文や記録を掌《つかさど》る太史令《たいしれい》となる。しかし、前九九年、匈奴《きょうど》に投降した李陵《りりょう》を弁護したことで武帝*の怒りを買い、死刑を宣告される。死刑を免れる方法として司馬遷は宮刑《きゅうけい》（生殖器を切り取る肉体刑）を選択し、宦官《かんがん》*となる。大赦によって出獄した後は中書令《ちゅうしょれい》（皇帝の秘書官）となり、父の遺命を継いで歴史書『史記《しき》』*を完成させた。著作意図に関して、獄中の任安《じんあん》に送った手紙で、自身が受けた宮刑の屈辱を吐露しており、その屈辱を耐え抜いたのは『史記』を後世に残さんとしたためであると記している（『漢書』司馬遷伝）。また、『史記』伯夷《はくい》・叔斉《しゅくせい》列伝では、善人であった伯夷・叔斉が餓死したことを例にあげ、その事例に理不尽にも宮刑に処された自身の境遇を重ね、

司馬遷（『三才図会』）

天*に対する不信感を露わにしている。

班固（はんこ）（三二～九二）

後漢時代の歴史家。字は孟堅《もうけん》。父は歴史家の班彪《はんぴょう》（『史記』*に次ぐ歴史書として『後伝《こうでん》』を著す。三～五四）で、弟に班超《はんちょう》（西域《さいいき》経営に尽力。三二～一〇二）、妹に班《はん》昭《しょう》がいる。班彪の死後、班固は父の事業を受けて史書の執筆に取りかかり、『漢書《かんじょ》』を著した。しかし、時の権力者の竇憲《とうけん》と親密にしていたことが仇となり、九二年に竇憲が自殺すると、班固も連座で捕まり獄死した。彼の死後、班昭が『漢書』の足りない部分を補い、読み方を馬融《ばゆう》*に教授した。こうして完成した『漢書』は、『史記』に次ぐ第二の正史である。全一〇〇巻で、本紀《ほんぎ》（歴代帝王の記録）・表（年表）・志《し》（諸制度の記録。『史記』の「書《しょ》」に当たる）・列伝《れつでん》（人物の記録）からなる紀伝体《きでんたい》（人物を中心とした歴史記述方法）である。『史記』が前漢武帝期に至るまでの通史《つうし》であったのに対し、『漢書』は前漢一代の歴史を記した断代史《だんだいし》である。また、班固は司馬遷《しばせん》*が『史記』の列伝で遊侠《ゆうきょう》や富豪を好意的に記している点などに批判的であった。そこで班固は儒家思想に基づき、漢を絶対視した王朝史として『漢書』を著した。そのため『漢書』では、『史記』にあった世家《せいか》（諸侯の記録）の削除や、項羽《こうう》本紀を列伝とするなどの変更点が見られる。

蔡倫（さいりん）（生没年未詳）

後漢初期の宦官《かんがん》*。字は敬仲《けいちゅう》。永平《えいへい》（五八～七五）末期に後宮《こうきゅう》に出仕し、以降役職を転々とした。当時の権力者である竇太后《とうたいごう》（和帝《わてい》〔在位八八～一〇五〕の養母）の意向を受け、安帝《あんてい》（在位一〇六～一二五）の祖母の宋貴《そうき》人《じん》を自殺へと追い込んだ。安帝の親政後、その罪を受けて自殺した。彼の功績としては「紙の改良」があげられる。従来の書写は竹簡《ちっかん》*や絹帛《けんぱく》（絹の布）になされていたが、竹簡は重く、絹帛は高価であった。そこで彼は樹皮・麻屑・ぼろ布・魚網《ぎょもう》（魚を捕る網）を用いて紙を製作し、一〇五年、和帝に献上した。以降この紙は「蔡侯《さいこう》紙《し》」と称され、用いない者はいなかったという。かつて、蔡倫は「製紙法の発明者」とされていたが、近年になって前漢期の紙（主要用途は包装や装飾で、書写材料ではなかったとされる）が出土したため、現在では「書写材料としての紙の改良者」として位置づけられている。

諸葛孔明（しょかつこうめい）（一八一～二三四）

三国時代、蜀漢《しょくかん》の政治家。名は亮《りょう》、字は孔明。若き日の孔明が過ごしていた荊州《けいしゅう》では、荊州牧劉表《りゅうひょう》の庇護のもと「荊州学」と呼ばれる実践的・理知的な儒教が研究されていた。孔明もそこで乱世を平定するための学問を学び、「臥龍《がりょう》」（寝ている龍のことで、機会さえ得られれば大いなる才能を発揮する者のたとえ）と称された。劉表の客将であった劉備《りゅうび》（一六一～二二三）から「三顧《さんこ》の礼」にて迎えられた際、漢室復興の手段として益州《えきしゅう》・荊州を支配して呉《ご》の孫権《そんけん》（一八二～二五二）と結び、魏《ぎ》の曹操《そうそう》（一五五～二二〇）に対抗するという「天下三分《さんぶ》の計（隆中対《りゅうちゅうたい》）」を進言した。二〇八年に曹操が荊州に南下すると呉に出向して同盟を結び、赤壁《せきへき》の戦いで曹操に勝利した。その後、孔明の目論見通りに、劉備は荊州南部を支配、二一四年には益州を征服し、後に蜀漢を建国して皇帝に即位した。二二三年、劉備の死去に際して遺託《いたく》を受け、以降は後主《こうしゅ》・劉禅《りゅうぜん》（劉備の息子）の執政を支えた。国内の経済政策とともに、二二五年以降は五度に及ぶ魏への北伐《ほくばつ》を行うも成果をあげられず、二三四年、五丈原《ごじょうげん》の陣中にて病死した。後世、孔明への評価は高く、南宋の朱熹《しゅき》*は忠義《ちゅうぎ》の臣として絶賛した。

諸葛孔明（『三才図会』）

〈文献〉

『楚辞』（そじ）

戦国～漢初にかけての、中国南方の楚地方の詩歌を集めた書物。その作風は、後の漢代の辞賦《じふ》、後世の楽譜や五・七言詩にも影響を与えた。もとは劉向《りゅうきょう》*の整理による一六巻が存在したが、後に後漢の王逸《おういつ》がこれに注釈を附しつつ、自身の作品も付加した『楚辞章句《しょうく》』一七巻を著した。章句本が現行の『楚辞』のテキストである。現行の『楚辞』には、離騒《りそう》・九歌・天問・九章・遠遊・卜居《ぼくきょ》・漁父・九辯《きゅうべん》・招魂・大招・惜誓・招隠士・七諫・哀時命・九懐・九歎・九思の諸篇が収められ、このうち離騒・九歌・天問・九章・遠遊・卜居・漁父・招魂・大招が屈原《くつげん》（前三四〇頃～前二七八頃）の作とされてきたが、異説も存在する。このうち特に「離騒」は、中国文学史上、作者の生涯と作品の対照が可能な最も早期の詩であり、母国楚の政治が乱れ、自らの意見が聞き入れられず放逐されたことに対する、作者屈原の憂いが詠われている。また、「天問」や「九歌」には神話的・宗教的題材が見られ、先秦の神話や宗教観を考える上で貴重な資料となっている。

「二十四史」（にじゅうしし）

中国の歴代王朝によって公認された正史《せいし》の総称。正史の「正」とは、「正しい」の意味ではなく、「歴代王朝によって正統であると認められた」という意味である。王朝が正統性を示す目的で、前王朝の歴史書として正史を編纂したため、その王朝の政治的意図が多分に反映されている。『史記《しき》』*『漢書《かんじょ》』『後漢書《ごかんじょ》』『三国志《さんごくし》』*（以上の四つは「前四史《ぜんしし》」と称される）『晋書《しんじょ》』『宋書《そうしょ》』『南斉書《なんせいしょ》』『梁書《りょうしょ》』『陳書《ちんしょ》』『魏書《ぎしょ》』『北斉書《ほくせいしょ》』『周書《しゅうしょ》』『隋書《ずいしょ》』『南史《なんし》』『北史《ほくし》』『旧唐書《くとうじょ》』『新唐書《しんとうじょ》』『旧五代史《きゅうごだいし》』『新五代史《しんごだいし》』『宋史《そうし》』『遼史《りょうし》』『金史《きんし》』『元史《げんし》』『明史《みんし》』が二十四史である。中華民国期に完成した『新元史《しんげんし》』を加えて二十五史とすることもある。「前四史」や『魏書』などの一部の私撰の史書を除けば、隋唐時代以降に編纂されたものは、すべて複数の執筆者からなる官撰の史書である。『漢書』が模範とされ、王朝関係の人物の記述を中心とする紀伝体《きでんたい》や、前王朝一代の歴史を記す断代史《だんだいし》が、一部を除いて正史の基本的な体裁となった。

『史記』（しき）

前漢武帝期の歴史家・司馬遷《しばせん》*が著した歴史書。最初の正史《せいし》として位置づけられる。一三〇篇。五帝《ごてい》*の黄帝《こうてい》*から司馬遷自身が生きた武帝期までを記録した通史《つうし》（一時代・一地域だけでなく、全時代・全地域にわたる歴史記述方法）である。元々の書名は『太史公書《たいしこうしょ》』であったが、後漢末から魏晋《ぎしん》より『史記』と呼ばれるようになった。

『史記』呂后本紀

体裁は、歴代帝王の記録である「本紀《ほんぎ》」、年表である「表《ひょう》」、諸制度を記録した「書《しょ》」（『漢書《かんじょ》』以降の「志《し》」に相当する）、諸侯の記録である「世家《せいか》」、個人の記録である「列伝《れつでん》」からなり、各篇には司馬遷自身の主張である「論賛《ろんさん》」が附されている。このような人物を中心とした歴史記述方法を、「本紀」と「列伝」とから一字ずつ取って「紀伝体《きでんたい》」といい、この体裁は以降の正史にも採用された。個々の記録には、説話・伝承が多く含まれており、中国古代史における資料的価値は非常に高い。一方で、実際には帝王や諸侯でなかった人物を「本紀」や「世家」に加えるなど（呂后《りょこう》本紀や孔子《こうし》世家など）、司馬遷自身の判断に基づくことも多い。また、『史記』以降の正史が儒教的価値観に基づく王朝の記録が中心になるのに対し、『史記』は自由な風俗や経済を尊重する司馬遷の著述態度に基づき、王朝の政策と対立する遊侠《ゆうきょう》や貨殖《かしょく》（富豪）などの列伝が収録されている。

『三国志』（さんごくし）

三国時代（魏《ぎ》・呉《ご》・蜀漢《しょくかん》）について記した正史。著者は西晋《せいしん》の陳寿《ちんじゅ》（二三三～二九七）。魏書三〇巻、蜀書一五巻、呉書二〇巻からなる。『漢書《かんじょ》』と同じく紀伝体《きでんたい》（人物を中心とした歴史記述方法）・断代史《だんだいし》（一代の王朝のみを記録する歴史記述方法）の体裁をとるが、志（諸制度の記録）や表（年表）は作られていない。陳寿が魏を継いだ西晋の史家であったため、『三国志』では魏を正統とし、魏のみに本紀《ほんぎ》（皇帝の記録）が設けられている。『三国志』はほぼ同時代を著しているため、記述に配慮があったり、文章が簡略であったりした。四二九年、南朝宋《そう》の裴松之《はいしょうし》が『三国志』に注をつけた。この注は、当時残っていた後漢末から東晋《とうしん》までの史料を引用することで、本文の簡略な内容を補っている。以降、『三国志』

は文学作品の題材としても採用され、人気を博した。東晋の頃にはすでに、魏ではなく蜀漢を正統な王朝とみなす「蜀漢正統論」が提唱されており、日本でも馴染み深い明代の長編小説『三国志演義《さんごくしえんぎ》』（羅貫中《らかんちゅう》著）も、この「蜀漢正統論」に基づいている。

『十八史略』（じゅうはちしりゃく）

中国の通俗史書。元の曾先之《そうせんし》の撰。『史記』*『漢書』『後漢書』『三国志』*『晋書』『宋書』『南斉書』『梁書』『陳書』『魏書』『北斉書』『周書』『隋書』『南史』『北史』『新唐書』『新五代史』の一七の正史《せいし》に宋代の史料（『続《ぞく》資治通鑑《しじつがん》長編《ちょうへん》』『続宋中興編年資治通鑑《ぞくそうちゅうこうへんねんしじつがん》』）を加えて一八史とし、それを編集して、太古の伝説の時代から南宋までの中国史の概略を編年体《へんねんたい》で記したもの。現存最古のテキストは、元代に出版された二巻本。明代、七巻本が通行本となる。内容に大きな異同はないが、①三国時代に関して、二巻本は魏を、七巻本は蜀を正統として扱う、②二巻本は元を「大朝《だいちょう》」と称するが、七巻本ではすべて「元」に改める、③二巻本は巻首に「歌括《かかつ》」（歴代王朝の名・天子の名・在位の干支・歴代国都などを記憶の便利のため歌にしたもの）を附すが、七巻本では省略する、といった違いがある。中国史の入門書として、中国よりむしろ日本で広く読まれた。

『水経注』（すいけいちゅう）

南北朝時代の地理書。もともと郭璞《かくはく》または桑欽《そうきん》の撰と伝承される『水経《すいけい》』という河川地誌があり、それに北魏の酈道元《れきどうげん》が注をつけたもの。その資料的価値の高さから、後世、本文・注をあわせて『水経注』の名で呼ばれる。黄河水系・淮河《わいが》水系・長江水系をはじめとして、注で取り上げる河川の数は『水経』の一〇倍近くに及んでおり、その内容も、河川や沿岸地域に関する地理的記述のほか、歴史や風俗、神話や古蹟、故事や伝承といった多岐にわたっている。このことから、地理学のみならず、様々な分野で重んじられてきた。また、引用する史料も四〇〇種を越えており、校勘《こうかん》・輯佚《しゅういつ》といった書誌学《しょしがく》*的作業にも大きな役割を果たした。

『蒙求』（もうぎゅう）

漢・魏晋などの歴史上の故事をまとめた幼児教育書。

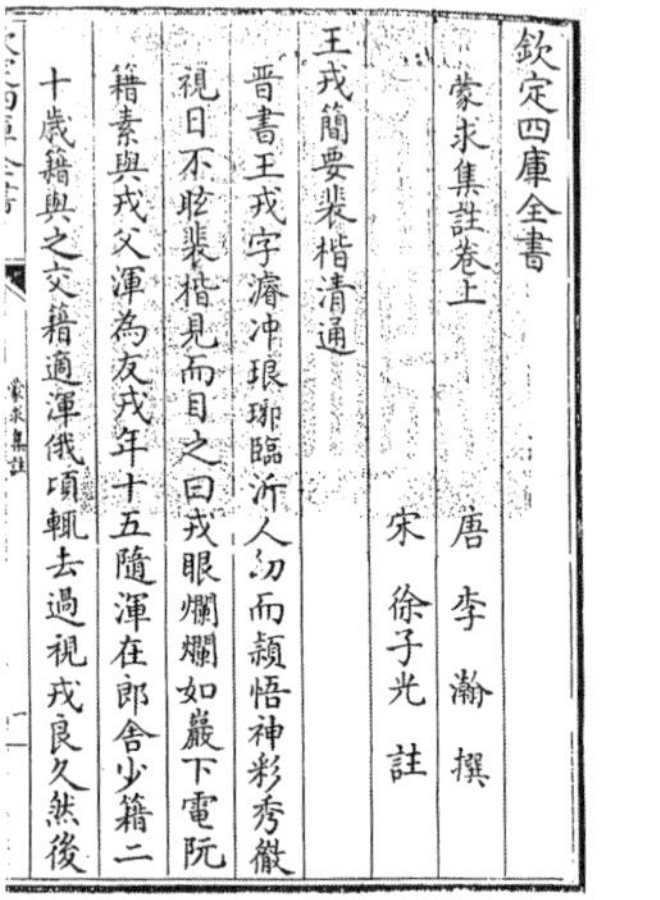
欽定四庫全書
蒙求集註巻上　唐　李瀚　撰
宋　徐子光　註
王戎簡要裴楷清通
晉書王戎字濬沖琅琊臨沂人幼而頴悟神彩秀徹
視日不眩裴楷見而目之曰戎眼爛爛如巖下電阮
籍素與戎父渾為友戎年十五隨渾在郎舍少籍二
十歳籍與之交籍適渾俄頃輒去過視戎良久然後

『蒙求』（『四庫全書』）

唐の李瀚《りかん》（八世紀頃）撰。すべて四字句の対句形式の韻文からなり、全五九六字。全三巻。書名は『周易《しゅうえき》』*蒙《もう》卦《か》の「童蒙《どうもう》、我に求む」にちなんで名づけられ、子供向けの書であることを示す。韻文の四字だけで故事を理解することは困難なため、宋の徐子光《じょしこう》は具体的な解説を加えた補注本を刊行した。現在はこの補注本が『蒙求』として通行している。本文を配列する際、韻の順番に従った結果、時代順に並んでいなかったり、注釈において故事の原典の引用方法が不適切であったりするなど、構成はあまり整備されていない。しかし、四字句で特定の話題を表現するというスタイルは後世に一定の影響を及ぼし、宋代には本書を模した書物が多数著された。日本には平安時代に伝わり広く読まれ、のちには「勧学院（平安時代の学校）の雀は蒙求をさえずる」という言葉が生まれた。

『貞観政要』（じょうがんせいよう）

名君として知られる唐の太宗《たいそう》（在位六二六～六四九）にまつわるエピソード集。後世、「帝王学の白眉《はくび》」と称され、為政者の規範となった。唐の歴史家・呉兢《ごきょう》（六七〇?～七四九）撰。全一〇巻四〇篇。成立年代については、呉兢が初め中宗《ちゅうそう》（在位六八四、七〇五～七一〇）に進呈した後、修正を加えて玄宗《げんそう》（在位七一二～七五六）に改めて進呈したとする説などがあり、定まっていない。則天武后《そくてんぶこう》の即位・退位から中宗の復位という政治的混乱を受け、太宗の「貞観の治」による太平の世を振り返り、中宗に対する王権維持の期待を込めて著された。書名の「貞観」はこの「貞観の治」に由来し、「政要」とは政治の要諦のことを指す。社会の安定と存続のためにはまず自分自身を正すこと、君主は臣下の諫言を聞き入れること、物事は「漸《ぜん》」（兆し）の段階で諫めるのが重要であ

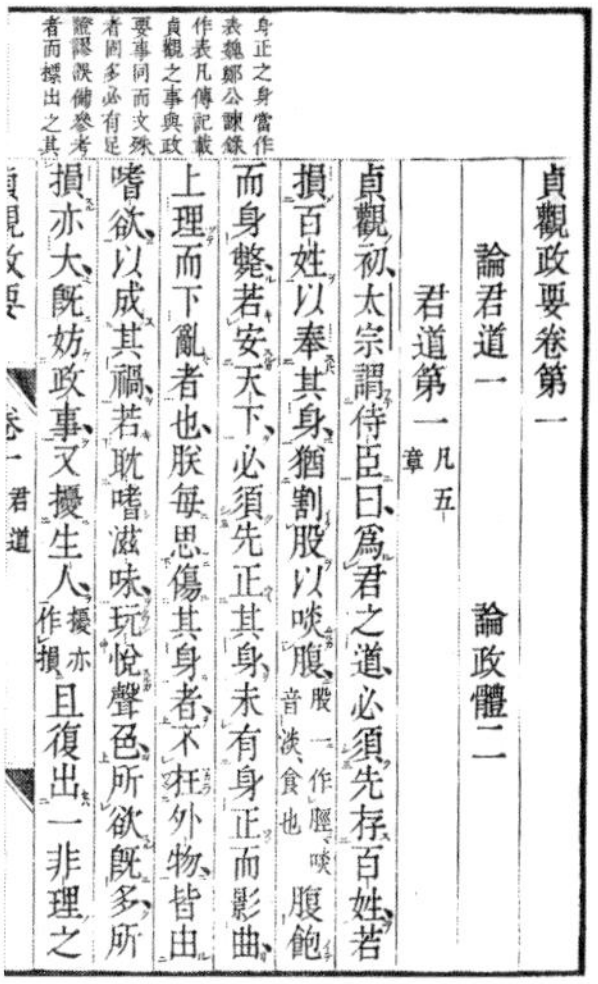
貞觀政要卷第一
論君道一　論政體二
君道第一　凡五章
貞觀初、太宗謂侍臣曰、爲君之道、必須先存百姓、若損百姓以奉其身、猶割股以啖腹、腹飽而身斃、若安天下、必須先正其身、未有身正而影曲、上理而下亂者也、朕每思傷其身者、不在外物、皆由嗜欲以成其禍、若耽嗜滋味、玩悅聲色、所欲既多、所損亦大、既妨政事、又擾生人、且復出一非理之

和刻本『貞観政要』

ることなどを説く。日本には遅くとも平安時代前期には伝わっていた。

『二十四孝』（にじゅうしこう）

中国で古くから伝えられてきた二四人の孝子の説話集。前漢末の劉向《りゅうきょう》＊以来、多くの孝行譚が作られ、正史にも孝子の列伝（個人の記録）が多数収められたが、『二十四孝』はそこから代表的な二四人を選び、児童教育の書として編まれたもの。作者は元の郭居敬《かくきょけい》とされるが、敦《とん》煌《こう》で五代宋初の『二十四孝』関連文献が発見されており、その原型は晩唐以前に完成していた可能性が高い。孝子二四人は、伝説上の聖王・舜《しゅん》＊および漢から宋までの文帝・丁蘭《ていらん》・孟宗《もうそう》・閔子騫《びんしけん》・曾子《そうし》＊・王祥《おうしょう》・老莱子《ろうらいし》・姜《きょう》詩《し》・黄山谷《こうさんこく》・唐夫人・楊香《ようこう》・董永《とうえい》・黄香《こうこう》・王裒《おうほう》・郭巨《かくきょ》・朱寿昌《しゅじゅしょう》・郯子《えんし》・蔡順《さいじゅん》・庾黔婁《ゆけんろう》・呉猛《ごもう》・張孝張礼・田真・陸績《りくせき》などとされるが、テキストにより異同が多い。日本・朝鮮・ベトナムなどにも伝播し広く読まれるとともに、文学・芸能や建築物の意匠などに影響を与えた。現在の日本においても、寺院建築の装飾のほか、祇園祭の山鉾《やまぼこ》である孟宗山《もうそうやま》や郭巨山《かくきょやま》に『二十四孝』の意匠を見ることができる。

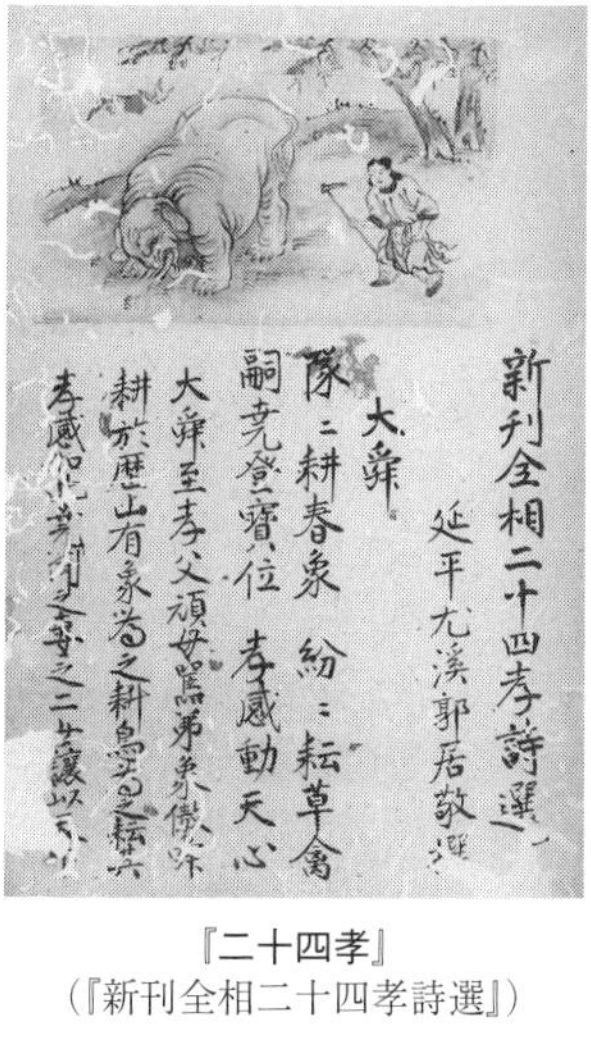

『二十四孝』
（『新刊全相二十四孝詩選』）

『芸文類聚』（げいもんるいじゅう）

　唐代初期の類書《るいしょ》＊。欧陽詢《おうようじゅん》らが高祖《こうそ》・李淵《りえん》の勅命《ちょくめい》を受けて撰したもの。全一〇〇巻。三年を費やし六二四年に成立した。完本が残る類書としては虞世南《ぐせいなん》編の『北堂書鈔《ほくどうしょしょう》』に次いで古く、最も初期のものの一つ。これらに『初学記《しょがくき》』『白氏六帖《はくしりくじょう》』を加えて、「唐代四大類書《とうだいよんだいるいしょ》」と称される。天・歳時・地・州・郡・山・水・符命・帝王・后妃・儲宮《ちょきゅう》・人・礼・楽・職官・封爵《ほうしゃく》・治政・刑法・雑文・武・軍器・居処・産業・衣冠・儀飾・服飾・舟車・食物・雑器物・巧芸・方術・内典・霊異・火・薬香草・宝玉・百穀・布帛・果・木・鳥・獣・鱗介・虫《ちゅう》豸《ち》・祥異・災異の四六類（または四七・四八類）よりなる。全七二七の細目に対し、まず古典籍に見える解説や用例を列挙し、さらにその後に詩文における用例を引用している。引用する史料は一四〇〇〇種を越える。

『太平御覧』（たいへいぎょらん）

　北宋《ほくそう》時代に勅命により編纂された類書《るいしょ》＊。一〇〇〇巻。北宋の李昉《りぼう》（九二五～九九六）らが太宗《たいそう》（在位九七六～九九七）の勅命を受けて九七七年に着手し、九八三年に完成。天部・時序部・地部・皇王部に始まり、香部・薬部・百草部に至るまでの五五部門に分かれ、細目は五四二六類に及ぶ。引用する文献は一六九〇種あり、一部に重複や混乱が見られるものの、現存する類書の中で、唐代以前の古籍の文言を最も多く収録している。なお、同じく太宗が編纂を命じた小説集の『太平広記《たいへいこうき》』、文章集の『文苑英華《ぶんえんえいが》』、および真宗（在位九九七～一〇二二）が編纂を命じた政事歴史の類書である『冊府元亀《さっぷげんき》』とあわせて「宋代四大書」とも呼ばれる。

『永楽大典』（えいらくたいてん）

　明代に編纂された、中国最大規模の類書《るいしょ》＊。靖難《せいなん》の変《へん》を経て即位した永楽帝《えいらくてい》（在位一四〇三～二四）は、皇位簒奪に不満をもつ知識人を懐柔し、自己の権威を高めて治世の隆盛を天下に示すために、一四〇三年（永楽元年）に類書の編纂を命じ、翌年に『文献大成《ぶんけんたいせい》』が完成した。しかし不備が発覚したため、さらに編集を加えた結果、一四〇八年に改めて『永楽大典』として完成した。経・史・子・集の四部から、天文・地志・陰陽・医卜・僧道・技芸にわたる、あらゆる分野の書籍の記事を収集し、『洪武正韻《こうぶせいいん》』（明代に編纂された韻書《いんしょ》）の韻の順序に従って配列する。本来は本文二万二八七七巻、凡例目録六〇巻、一万一〇九五冊であったというが、清王朝が成立した頃には原本は失われ、一五六二年に作られた副本のみが伝わっていた。しかしこれも動乱や盗難によって大部分が失われ、現在はそのごく一部が各所に分散して残るのみである。

『三才図会』（さんさいずえ）

中国の三才《さんさい》（天*・地・人）にわたる様々な事物を図解した類書《るいしょ》*。全一〇六巻。一六〇九年頃の刊行。明の王圻《おうき》（一五三〇～一六一五）の撰で、息子の王思義《おうしぎ》が編集した。構成は、天文・地理・人物・時令・宮室・器用・身体・衣服・人事・儀制・珍宝・文史・鳥獣・草木の一四部門よりなる。明代には類書が多く刊行されたが、ほぼすべての項目を図解している点が『三才図会』の特色である。ただ、『四庫全書総目提要《しこぜんしょそうもくていよう》』*は、人物の図画などは実際の資料に基づいて描かれたものではないため、その正確性・再現性は低いと指摘している。日本では、江戸時代中期の医師・寺島良安《てらしまりょうあん》が『三才図会』に倣って図解辞典『和漢三才図会《わかんさんさいずえ》』（一七一三年刊、一〇五巻）を著した。

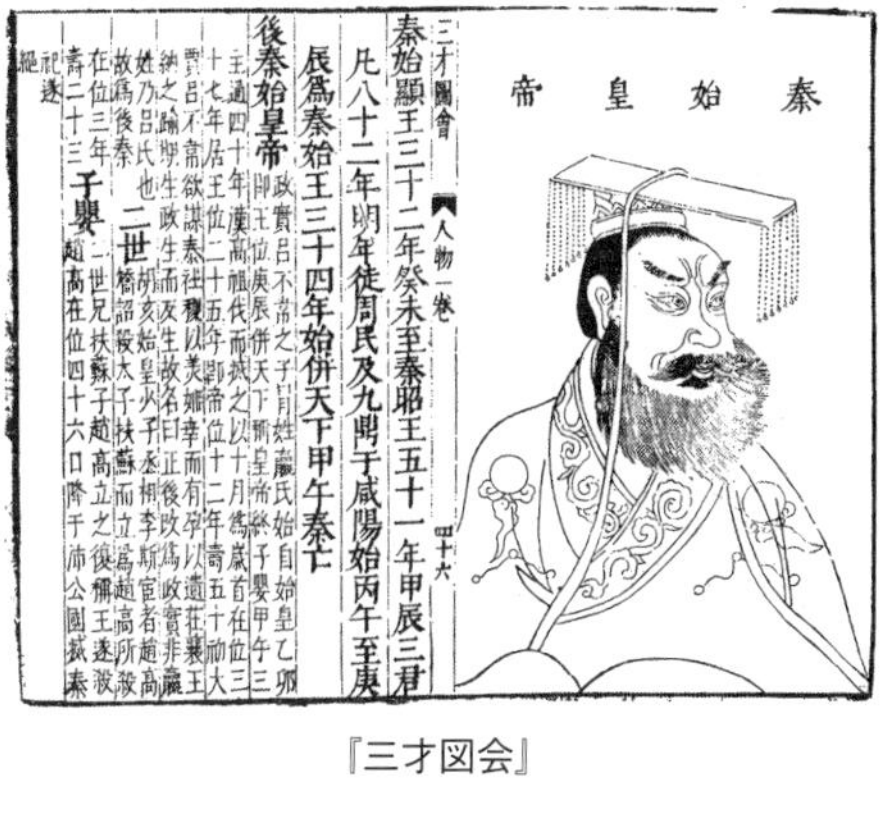

『三才図会』

『菜根譚』（さいこんたん）

明の洪自誠《こうじせい》（一五七三～一六二〇頃）撰の処世訓。書名の「菜根」は、宋の汪信民《おうしんみん》の「常に固い菜根を咬むようなつらい生活に耐えれば、あらゆる事が成し遂げられ

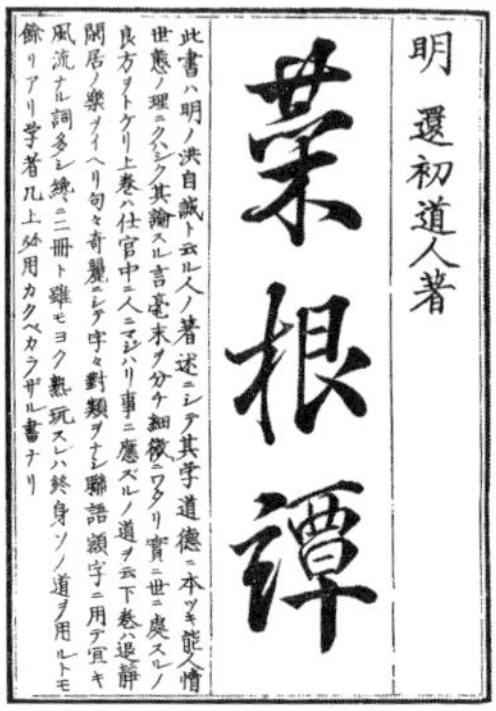
明　還初道人著
菜根譚
此書ハ明ノ洪自誠ト云ル人ノ著述ニシテ其学道徳ニ本ツキ能人情世態ノ理ニクハシク其論スル言毫末ヲ分チ細微ニワタリ實ニ世ニ處スルノ良方ヲトケリ上巻ハ仕官中ニ人ニマジハリ事ニ應ズルノ道ヲ云下巻ハ退静閑居ノ楽ヲイヘリ句々奇麗ニシテ字々對類ヲナシ聯語額字ニ用テ宜キ風流ナル詞多シ總ニ二冊ト雖モヨク熟玩スレハ終身ソノ道ヲ用ルトモ餘リアリ学者几上必用カクベカラザル書ナリ

和刻本『菜根譚』

る」という言葉にちなむとされる。前集二二二条、後集一三五条の計三五七条からなる。多くは二句または三句の対構造で、暗唱にも適した明快な文章である。儒教思想を基盤としながらも仏教・道教的な思想を一部取り入れている。前集は、儒教に見られるような常識的な道徳を用いて俗世での対人関係について説く。後集では、老荘思想や仏教思想にも触れながら、俗世から離れ閑居する楽しみについて論じる。「人間は不遇であっても道徳を守るべきで、永遠にわびしい権勢にはおもねってはならない」（前集一条）という言葉は、明末の激しい政争を目の当たりにした著者自身の教訓であるとされる。日本でも、林蓀坡《はやしそんぱ》（一七八一～一八三六）が一八二二年に初めて和刻本*を刊行して以来、数多くの注釈書が著されている。

『呻吟語』（しんぎんご）

明の政治家・呂坤《りょこん》（一五三六～一六一八）撰の処世訓。全一七篇。執筆に三〇年を要し一五九三年に刊行された。『菜根譚《さいこんたん》』*と並んで処世訓の傑作と賞される。書名の「呻吟」とは病気のときのうめき声のことで、当時の政界・学界や世の腐敗に関する呂坤自身の苦悩を表す。当時主流であった朱子学と陽明学を踏まえつつも、それらを批判している。たとえば、天地篇では、天地万物は

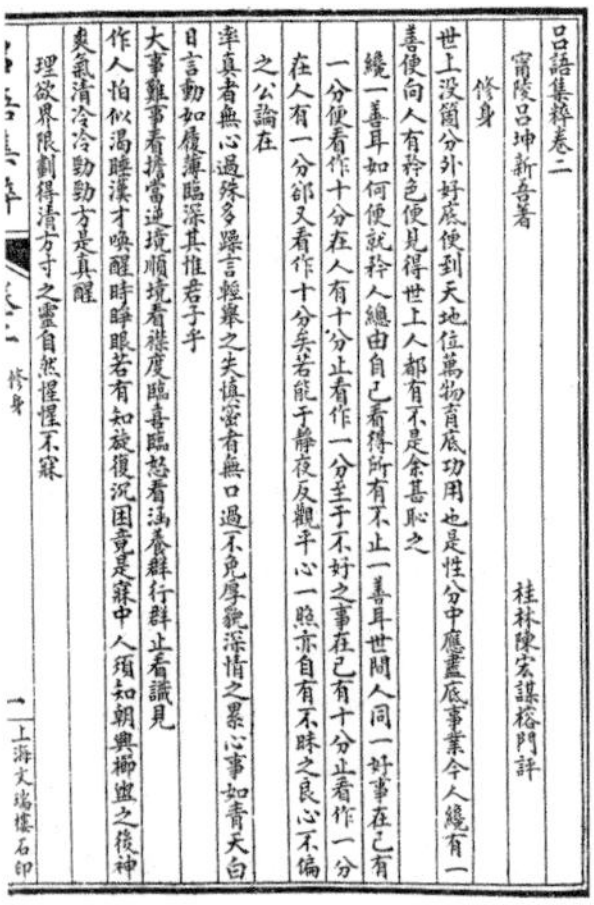
呂語集粹卷二
甯陵呂坤新吾著　桂林陳宏謀榕門評
修身

『呻吟語』（清光緒5年刊本）

「気*」からできていると説いており、朱子学の理気論*とは異なる宇宙観が見える。また、談道篇では、陽明学の「心即理《しんそくり》*」を認めながらも、心を偏重して軽々しい言動を繰り返す人々を批判するなど、一貫して冷静沈着さを求めている。日本には江戸時代に伝わり、大塩平八郎（一七九三～一八三七）らが愛読した。

『唐宋八大家文読本』（とうそうはちだいかぶんとくほん）

唐代・宋代を代表する八人の文人、いわゆる「唐宋八《とうそうはち》大家《だいか》（唐宋八家《とうそうはっか》）」の古文を収録した名文集。清《しん》の沈徳《しんとく》潜《せん》の撰。「唐宋八大家」とは、唐の韓愈《かんゆ》*・柳宗元《りゅうそうげん》、北宋の欧陽脩《おうようしゅう》*・蘇洵《そじゅん》・蘇軾《そしょく》*・蘇轍《そてつ》・曾鞏《そうきょう》・王安石《おうあんせき》*を指す。「古文」とは、六朝《りくちょう》時代を中心に流行した「駢《べん》文《ぶん》」（四字句や六字句を用い、対句表現や音律、字句の修飾を重視する文章）に対して、秦漢以前の、より自由な形式の散文体のことをいう。唐代から北宋にかけては、当時流行していた駢文から古文に回帰しようとする運動（古文運動）が盛んに行われた時代で、この古文運動を代表する人物が「唐宋八大家」である。右にあげた八人を唐宋古文の代表者とすることは、明の朱右《しゅゆう》の『八先生《はちせんせい》文集《ぶんしゅう》』から始まり、のちに茅坤《ぼうこん》の『唐宋八大家文鈔《とうそうはちだいかぶんしょう》』が広く読まれたことで定着した。『唐宋八大家文読本』は、従来の選集の粗雑な点を改善すべく、新たに諸集を厳選し、さらに各作品に評点・句読や前人の批評等を加え、読者の便を図っている。現在の日本でいわれる「唐《とう》宋八大家文《そうはちだいかぶん》（唐宋八家文《とうそうはっかぶん》）」は、通常はこの書を指す。

『四部叢刊』（しぶそうかん）

中国の代表的な古典三〇〇種余りを、その最善のテキストで影印《えいいん》（写真撮影）収録した叢書。経《けい》（儒教の経典）・史（歴史書）・子（諸子百家の文献）・集（文人の詩文集）の伝統的な四部《しぶ》分類に従い、経部二五種、史部二二種、子部六一種、集部二一六種を収める。各書籍の最善本を提供している点で、数ある漢籍叢書の中でも、最も重要であるとされる。普及版として、一九一九年に台湾・商務印書館《しょうむいんしょかん》が刊行した全一〇〇冊がある。この叢書自体には、総目次や索引はなく、検索は容易ではないが、『中国学芸大事典』の巻末附録や『京都大学人文科学研究所漢籍目録』などを見れば、具体的にどのような漢籍が収録されているか一覧できる。なお、『四部叢刊』

に収録されなかった漢籍について、『四部叢刊続編』『四部叢刊三編』などの補遺が刊行されている。また、二〇〇一年には、『四部叢刊』電子版（CD―ROM収録、北京書同文数字化技術有限公司）も登場し、パソコンで全文の一字検索もできるようになった。

〈事項〉

春秋の五覇（しゅんじゅうのごは）

春秋時代、周王朝に代わって諸侯国の指導者となった有力諸侯の総称。周王朝は成立当初、各地に諸侯を封ずることで中原《ちゅうげん》*を支配していたが、後の春秋時代には王権が衰え、諸侯国が争いを繰り返すようになった。そのような中で、特に力を伸ばし諸国を主導する「覇者」と呼ばれる諸侯が現れた。「五覇」は「五人の覇者」という意味だが、斉《せい》の桓公《かんこう》（在位前六八五～前六四三）、晋《しん》の文公（在位前六三六～前六二八）の二人以外は文献によって数えられる人物が異なり、秦《しん》の穆《ぼく》公（在位前六五九～前六二一）、宋《そう》の襄《じょう》公（在位前六五一～前六三七）、楚《そ》の荘《そう》王（在位前六一四～前五九一）、呉《ご》の闔廬《こうりょ》（闔閭）（在位前五一五～前四九六）、越《えつ》の勾践《こうせん》（在位前四九六～前四六五）、呉の夫差《ふさ》（在位前四九五～前四七三）があげられている。はじめ、覇者は周王を尊び（尊王《そんのう》）、異民族を打ち払う（攘夷《じょうい》）ことで中原の安定と秩序の維持を目指したとされるが、やがて諸国は強大な武力を背景に覇権を争うようになり、戦国時代へと突入していく。

戦国の七雄（せんごくのしちゆう）

戦国時代に割拠した七つの国の総称。斉《せい》・燕《えん》・秦《しん》・楚《そ》・韓《かん》・魏《ぎ》・趙《ちょう》の七国を指す。春秋時代初期には一〇〇以上の諸侯国が存在していたが、次第に弱小国は大国の勢力下に取り込まれ、戦国時代中頃には七雄に収束した。また、これら七雄の君主たちは、周王室の臣下である「諸侯」を名乗ることをやめ「王」を自称した。戦国時代は、各国の王が国家の存立のため優秀な人材や政策を積極的に求め、諸子百家《しょしひゃっか》と呼ばれる様々な思想家や学派が登場した。特に、法治*主義を唱え富国を図った法《ほう》家《か》*や、軍略によって戦争を有利に導いた兵《へい》家、巧みな弁舌で外交を行った縦横《しょうおう》家*の活躍は、戦国の情勢を大きく左右した。戦国の七雄のうち、厳格な法治を採用した秦はとりわけ強大になり、前二三〇年から前二二一年にかけて他の六国を征服し全国を統一した。ここに戦国時代は終結を迎え、秦の帝国時代が始まる。

中華思想（ちゅうかしそう）

「中華《ちゅうか》」（中国・華夏《かか》など）を世界の中心とし、その文化を最高のものとみなす思想。また、他民族を文化的に未開で野蛮な「夷狄《いてき》」（外夷《がいい》・四夷《しい》など）とみなし、文化的に発展した「中華」との対比を強調する場合には、「華夷《かい》思想」とも呼ばれる。ギリシアにおける「ヘレネス」（ギリシア人の自称）と「バルバロイ」（非ギリシア人の蔑称）のように、文化的に優位な民族や国家が、自己と異なる文化を有する民族や国家に対して差別・侮蔑意識をもつ事例は古今東西に存在したが、とりわけ中華思想（華夷思想）の場合は、「中華」と「夷狄」とを区別する指標として、民族や地域性の違い以外にも、礼《れい》*の有無が重要な判断材料とされる点に特徴がある。儒家《じゅか》の経典《けいてん》である『春秋公羊伝《しゅんじゅうくようでん》』*では、中華の天子の徳化によって、非礼な夷狄であっても、礼を有する中華へと進化することができるとされる。このように、中華思想では、基本的に夷狄から中華への同化も認められていたが、遼《りょう》・金《きん》・元《げん》・清《しん》などの異民族王朝によって漢民族《かんみんぞく》政権が脅かされた際には、強烈な攘夷《じょうい》思想へと転化することもあった。

九州（きゅうしゅう）

中国を九つの州に区分する地理的世界観。九つの州名については、いくつかの文献に見える。『尚書《しょうしょ》』*禹貢《うこう》では、夏《か》の王の禹《う》*が中国を九つに分け、各地から特産品を献上させたと記し、九州を冀《き》・兗《えん》・青《せい》・徐《じょ》・揚《よう》・荊《けい》・豫《よ》・梁《りょう》・雍《よう》とする。『周礼《しゅらい》』*職方氏《しょくほうし》では、冀・并《へい》・兗・青・揚・荊・豫・幽《ゆう》・雍とし、『爾雅《じが》』*釈地《しゃくち》では、冀・兗・営《えい》・徐・揚・荊・豫・幽・雍とし、『呂氏春秋《りょししゅんじゅう》』*有始《ゆうし》では、冀・兗・青・徐・揚・荊・豫・幽・雍とするなど、書物ごとに若干の相違がある。また、『礼記正義《らいきせいぎ》』王制《おうせい》に引かれた許慎《きょしん》*の『五経異義《ごきょういぎ》』によれば、『尚書』の今文《きんぶん》学派は九州の領域を方五千里（約二〇七〇キロ）とし、古文《こぶん》学派は方一万里とするなど、領域においても経書や学派によって相違があった。戦国時代の陰陽家《いんようか》*の鄒衍《すうえん》*は、禹の秩序立てた九州（中国）を「赤県神《せきけんしん》

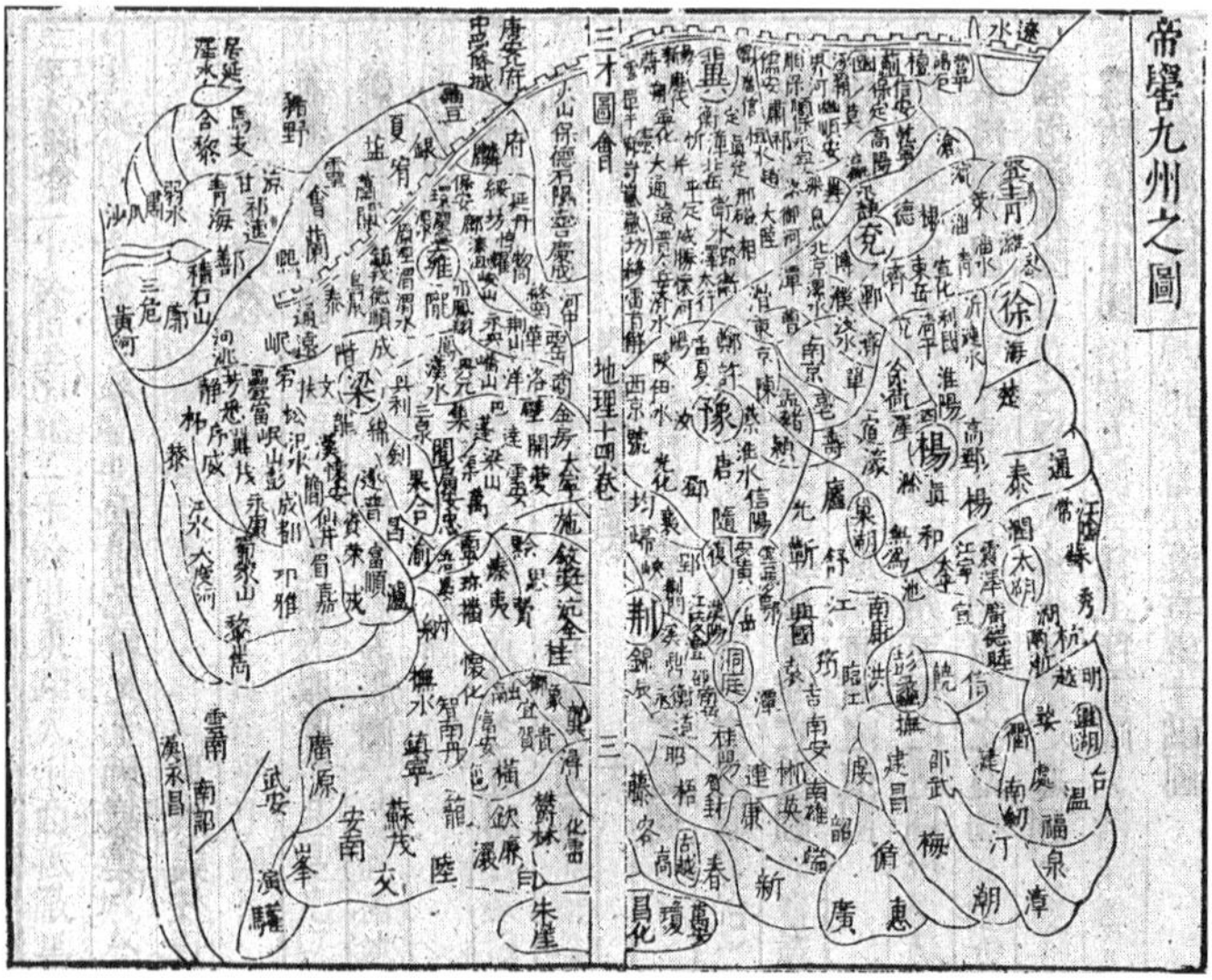

九州（『三才図会』）

州《しゅう》」とし、中国の外にはその赤県神州がさらに九つ集まった九州があり、「裨海《ひかい》」によって囲まれたその一区域がまた一州となり、それらがさらに九つ集まって九州となり、「大瀛海《だいえいかい》」がその外側を囲むという「大九州説」を提唱した。

中原（ちゅうげん）

黄河下流域に広がる平原。中華世界における天下の「中心」に広がる「平原」であることから「中原」という。「中原」が指す範囲については地理的に明確な定義があるわけではないが、おおよそ現在の河南省から山東省西部にかけての地を指す。有史以前から仰韶《ぎょうしょう》文化*や龍山《りゅうざん》文化*が発達してきた地であり、中華文明の中心となる地域である。古くは夏王朝がこの地域に栄えたことに始まり、その後も殷・東周・後漢・隋・北宋といった諸王朝が、中原地域にある洛陽や開封などに都を置いた。古くは経済の面のみならず、文化の面でも中国の中心であり、春秋戦国時代には、魯に孔子*や孟子*が、斉に荀子*や鄒衍*をはじめとした稷下の学士*たちが現れ、多様な思想を残した。また、中原は中国における天下の中心というイメージから、中華皇帝の位を争うことを喩《たと》えて、「中原に鹿を逐《お》う」という。

禅譲（ぜんじょう）

血統によらず、天子の位を有徳者に譲り、平和裏に王朝が交代すること。堯《ぎょう》*から舜《しゅん》*、舜から禹《う》*へと禅譲が行われたとされ、その継承法は儒家に理想視された。伝説によれば、堯はまず舜を摂政に任じ、堯の没後に舜が天子の位に就いたとされる。舜から禹への禅譲も同様の方法によったが、禹の没後は、諸侯が禹の息子である啓を天子としたため、以降天子の位は血統によって世襲されることとなった。理想上の禅譲は、生前に位を譲るのではなく、後継に指名するというものであったが、現実には、新の王莽《おうもう》（前四五～後二三）や魏の曹丕《そうひ》（一七八～二二六）が、それぞれ前王朝の皇帝あるいは皇太子から帝位を奪取する際に、形式上「禅譲」であると称したように、前皇帝の生前に帝位を譲るというものとなっている。禅譲に対し、次王朝の天子となる人物が暴君を討伐することにより王朝交代を実現する方式を「放伐《ほうばつ》」といい、夏の桀《けつ》王を殷の湯王*が、殷の紂《ちゅう》王を周の武王*が討伐し、天子の位に就いたことがこれに当たる。

法治（ほうち）

法に従って国を治めるという理念。統治に、強い強制力を有する法律・刑罰を活用することを主眼とする。法家*は、人間は常に己の利益の最大化を求める利己的な存在であるため、心の内にある内在的《ないざいてき》な規範に自律的《じりつてき》に従うことは期待できず、外在的《がいざいてき》な規範である法・刑によって他律的《たりつてき》に規制してこそ天下の安寧が実現すると考えた。また、天下の安定のために、史上まれな有徳の君主の出現を待つのは不合理であり、法・刑を用いれば凡庸な君主でも正しく統治が行えると説いた。戦国時代の代表的な法治に関する説として、申不害《しんふがい》*の「術」（臣下掌握術）、商鞅《しょうおう》*の「法」（成文法）、慎到《しんとう》*の「勢*」（君主の権勢・権力維持）などがあるが、これらは戦国末に成立した『韓非子《かんぴし》』において、「刑名参同《けいめいさんどう》」（実際の行動・実績と発言・申告とを一致させること）、「信賞必罰《しんしょうひつばつ》」（成文法により賞罰を規定し、君主自身が厳格に実行すること）といった概念として結実した。

徳治（とくち）

　徳に従って国を治めるという理念。統治に武力や刑罰を用いず、民衆を帰服・感化させることをその主眼とする。儒家は、有徳の君主が政治を行い、徳による善政や民衆教化が実現すれば、君主の徳に感化された民衆が道徳的に成長して己の心の内にある内在的《ないざいてき》な規範に従うようになり、天下の安寧が実現すると考えた。孟子《もうし》*は、徳治を古《いにしえ》の王者《おうじゃ》の政治に準《なぞら》え、「王道《おうどう》*」と称してその実現を目指した。これに対して荀子《じゅんし》*は、徳治の強制力の弱さを改善し、外在的《がいざいてき》な規範である礼《れい》*に従って国を治める「礼治《れいち》」を主張した。また、『孝経《こうきょう》』*では、孝*に従って国を治める「孝治《こうち》」が主張されており、これも徳治の一種といえる。戦国時代、儒家が徳治を唱え、法家*が法治*を唱えて以来、この二つの理念の背反とその解消とが中国思想史上の問題として長く思考されてきた。

宦官（かんがん）

　後宮《こうきゅう》（后妃や女官が住む宮殿）に仕える去勢した男性。古くより、エジプト・メソポタミア・ローマ・トルコ・朝鮮など、広く世界中に存在していた。中国では、閹《えん》人《じん》・寺人《じじん》・浄身《じょうしん》・中官《ちゅうかん》などとも呼ばれ、時に歴史を左右する影響力をもった。甲骨文《こうこつ》*に記録があることから、殷《いん》代には存在していたとされる。歴代中国王朝は、皇帝の血筋を守るため、生殖機能のない宦官に後宮の実務を任せていた。主な宦官の供給方法は、「宮刑《きゅうけい》」という肉体刑によって強制的に宦官にする場合と、「自宮《じきゅう》」という民間で自発的に宦官になる場合とがあった。中国史上、皇帝の信任を得た宦官が権力を握るということは度々あったが、その弊害が顕著であったのは後漢《ごかん》・唐《とう》・明《みん》の時である。特に二度の党錮《とうこ》の禁（宦官による儒家官僚弾圧）を招いた後漢は、宦官によって滅亡したとも評されている。有名な宦官としては、『史記』*を著した前漢《ぜんかん》の司馬遷《しばせん》*、紙を改良した後漢の蔡倫《さいりん》*、大艦隊を率いて七度の遠征を行った明の鄭和《ていわ》などがあげられる。

社稷（しゃしょく）

　古代中国で天子や諸侯が祀った神。「社」は土地の神で、一説によると、その原型は部族や農村の独立のシンボルとなった植物であり、そうした樹木に対する崇拝が発展して土地の神となったという。「稷」は五穀の神で、周王朝の始祖神ともされ、「社」と結びついて国家を代表する神として祀られるようになった。『周礼《しゅらい》』＊や『礼《らい》記《き》』＊の記述によると、王宮の左側に宗廟《そうびょう》（祖先を祀る建物）が置かれ、王宮の右側に社稷の祭壇が置かれたという。社稷の祭壇は陰陽《いんよう》五行説《ごぎょうせつ》＊に基づいて東を青、南を赤、西を白、北を黒、中央を黄色の土で覆った。また、日食や日照り、大雨、出兵に際して社稷の前で儀式を行ったという記述が『春秋左氏伝《しゅんじゅうさしでん》』＊などに見える。宗廟や社稷の祭祀＊は君主の重要な任務とされ、これらの祭祀が途絶えることは国家の滅亡をも意味した。そこで「社稷」は「国家」そのものを意味する言葉としても使われるようになった。

封禅（ほうぜん）

中国で天命を受けた帝王が挙行する祭祀＊儀礼の一つ。通常は泰山《たいざん》＊にて挙行され、山頂に祭壇を築いて天＊を祀る祭儀を「封《ほう》」といい、泰山の下の小丘《しょうきゅう》で地を祀る祭儀を「禅《ぜん》」といい、本来は別々の祭儀であった。詳細は司馬遷《しばせん》＊が著した『史記《しき》』＊封禅書《ほうぜんしょ》に記されており、それによると封禅とは、古《いにしえ》の帝王が符瑞《ふずい》（麒麟《きりん》や鳳凰《ほうおう》など吉兆のしるし）の出現などによって天命を受けた際、天地に天下を治めた功績を報告する祭儀であった。古の帝王ら七二人（名前が残るのは一二人）が挙行したと記載されるが、いずれも史実性は低く、秦《しん》の始皇帝《しこうてい》＊の挙行が歴史上最初の実例である。そのため、前二一九年、始皇帝が封禅の儀を行う際には、封禅の方法を知る者がおらず、始皇帝は独自の方法で行った。その方法も秘匿されたため、詳細は不明である。以降、漢の武帝《ぶてい》＊・後漢《ごかん》の光武帝《こうぶてい》・唐《とう》の高宗《こうそう》や玄宗《げんそう》・宋《そう》の真宗《しんそう》らが挙行したが、明清以降は皇帝が泰山に詣でず、代理を派遣する「告祭《こくさい》」へと変貌した。

封建制（ほうけんせい）

主に周代に行われた社会制度。天子が一族や功臣に土地を与え諸侯とし、諸侯はその爵位を世襲し、自らの封土を治める。天子は各地を巡守《じゅんしゅ》し、諸侯は一定期間ごとに天子に朝覲《ちょうきん》することで、天子と諸侯との関係が維持される。殷周革命＊後、分封が行われて間もない西周初期には、諸侯の封土は比較的小さく、数多くの諸侯国が並存していた。しかし、時代が下るにつれ、諸侯間で併呑《へいどん》が行われ、春秋時代の頃には、覇者たち（春秋の五覇*）が天子に代わり諸侯を統率するようになった。それと同時に、事実上は周王朝の封建体制の外にあった、南方の楚や呉といった国々が中原*への干渉を開始し、封建制は揺らぎ始めた。戦国時代には諸侯の集約がさらに進行し、戦国の七雄*がそれぞれほぼ独立した勢力として力をもつようになり、封建制は名ばかりのものとなった。なお、西洋における Feudalism も「封建制」と訳されるが、中国における封建制とは異なる制度である。

郡県制（ぐんけんせい）

秦代以降に封建制《ほうけんせい》*に代わり中国全土で採用された社会制度。全国を郡に分け、郡の下にさらに県を設置し、天子により任命された官吏が地方行政を行う。天子が諸侯を封じ、地方の行政は世襲制の諸侯が担う封建制に代わって、一部の国では戦国時代にすでに導入されていた。周代には封建制が行われていたが、戦国時代には諸侯国がほぼ独立し、封建制は有名無実となっていた。始皇帝*は、天下統一後、諸侯国を廃止し全国を三六の郡に分け、全国に郡県制を施行、法家*である李斯《りし》の意見を重んじ、度々提議された封建制維持の主張を退けた。郡県制は、その後行政区画の改変に伴い、州県制へと名称が変化することはあったものの、漢以降も歴代王朝に受け継がれ、君主専制と中央集権の基盤となった。

冊封（さくほう）

皇帝がその一族や功臣、もしくは周辺諸国の君主に爵位を与え、藩国として統治させること。本来は封建制度*下の中国内部で行われていたことであったが、前漢《ぜんかん》の高祖《こうそ》（劉邦《りゅうほう》*。在位前二〇二～前一九五）から武帝《ぶてい》*（在位前一四一～前八七）の時代にかけて国内は郡県制*に移行していった。同時に、周辺の異民族王朝に対して、その君主に王号や爵位を授けて外臣として君臣関係を結び、その国を外藩として朝貢《ちょうこう》（周辺諸国が中国王朝に使節を派遣して献上品を差し出すこと）や、中国の元号・暦（正朔）の使用などの義務を負わせる、いわゆる冊封体制が始まった。この体制は清朝《しんちょう》まで続くことになる。

焚書坑儒（ふんしょこうじゅ）

秦代に発生した、書物を焼き学者を生き埋めにした事件。本来「焚書《ふんしょ》」と「坑儒《こうじゅ》」とは別の事件で、儒家のみの弾圧を目的としたものではなかった。前二一三年、秦《しん》の丞相《じょうしょう》・李斯《りし》が始皇帝《しこうてい》*に対して、医薬・占い・農業書などの実用書を除き、史官の所蔵している秦の記録以外の史書、および博士官の所蔵している『詩』・『書』・諸子百家の書を焼き払うことを提案し、この上言が採用され、法令が発布された（焚書）。この事件の背景には、同年に博士の淳于越《じゅんうえつ》が説いた古《いにしえ》を尊重する儒家の思想と、秦が推進する政治思想との対立があったとされる。前二一二年には、不老不死*の仙薬を見つけ出す約束を反故にして逃げ去った方士《ほうし》*らに始皇帝が逆上し、方士や学者ら四六〇人余を首都咸陽《かんよう》に集めて生き埋めにした（坑儒）。双方の事件は秦の学問弾圧として悪名高い。なお、漢《かん》代には焚書を免れた古文《こぶん》テキストが発見され、今《きん》古文論争《こぶんろんそう》*が起こった。

科挙（かきょ）

隋代《ずいだい》から清代《しんだい》まで行われた、官吏登用試験制度。魏《ぎ》晋《しん》・南北朝時代の頃、従来の封建的貴族制に反抗すべく、九品官人法《きゅうひんかんじんほう》（九品中正制度《きゅうひんちゅうせいせいど》）という官吏登用制度が採用されたが、これも結果的に官職の世襲化、および婚姻関係などを通した門閥《もんばつ》化を招いていた。こうした門閥貴族体制を見直すべく、隋の文帝《ぶんてい》（五四一～六〇四）が、九品中正制度に代えて、秀才・明経・進士という科目に分かれた試験を導入したことが、科挙の始まりである。ただし唐代《とうだい》においては、高位高官に就くとその子孫に任官資格が与えられるという、任子《にんし》・恩蔭《おんいん》という制度が存在するなど、貴族出身者が依然として有利であった。しかし唐代末期から五代にかけての武人支配を経て貴族が消滅すると、そののちに成立した宋《そう》王朝は文人支配へと移行し、効率的な官僚の選抜・補充のため、人材を広く求める制度として科挙を積極的に取り入れ、地方で行う郷試《きょうし》（解試《かいし》）、中央政府で行う会試《かいし》（貢挙《こうきょ》）、皇帝が自ら行う殿試《でんし》の三段階制を確立した。これにより、いかなる出身の者にも立身出世の道が開かれると同時に、学問を行う層が格段に広がり、朱子学などのいわゆる宋学《そうがく》*の隆盛のきっかけにもなった。

避諱（ひき）

他人を呼ぶ際に、諱《いみな》（実名）を神聖なものとみなし、そのまま口にしたり文字で書いたりすることを避け、別の名称に置き換えて呼ぶ、一つの尊敬表現としての習慣。中国の場合、置き換えるための別称が字《あざな》*であり号*である。また皇帝とその祖先の実名はとりわけ厳格に避けられ、その文字を使用することは固く禁止された。たとえば文章の中に避けるべき文字が出てきた場合は、欠筆《けっぴつ》（「玄」を「玄」と書くように、最後の一画を欠いて書く方法）・改字《かいじ》（「玄」を「元」と書くように、別の字に改めて書く方法）・空字《くうじ》（「某」「諱」、あるいは「□」と表記する方法）などによって対処した。したがって、避諱が行われているか否かによって、史料の成立時期を判定することも可能である。また、避諱によって改められた地名や人名が、後世にそのまま定着してしまうような例もある。たとえば北宋《ほくそう》の周敦頤《しゅうとんい》*の「敦」は、本来は「惇」であったが、南宋《なんそう》の光宗《こうそう》（在位一一八九～九四）の諱である「惇」を避けて改字を行った結果、「敦」の方が後世に定着することとなった。なお、こうした歴代の王朝における避諱の用例を各皇帝ごとにまとめたものの代表作として、清《しん》の周広業《しゅうこうぎょう》の『経史避名彙考《けいしひめいいこう》』がある。

避諱（欠筆の例「玄」）
（『説文解字』〔光緒12年刊本〕）

字（あざな）

成人式（冠礼《かんれい》）の時につける名前。生まれた際につけられた諱《いみな》（実名）は君・父・師との間で使用し、それ以外の同等または目下の者との間では字を使用する。たとえば孔子*の場合、名は丘《きゅう》であり、字は仲尼《ちゅうじ》である。この「仲」とは、一般的に「二番目」を意味しており、字をつける際には伯《はく》・仲《ちゅう》・叔《しゅく》・季《き》の四種を用いて兄弟の順序を示すことも行われた。日本でもこうした習慣にならい、とりわけ漢学を学ぶ者が字を好んでつけた。たとえば荻生徂徠《おぎゅうそらい》（一六六六～一七二八）は字を茂卿《もけい》という。なお、この「茂」は彼の名である双松《なべまつ》の「松」からの連想であるとされている。

諡（おくりな）

貴人の死後、生前の業績を考えて贈られる名前。いつ頃から始まったかは定かではないが、『逸周書《いつしゅうしょ》』*に諡法《しほう》篇があり、周公旦《しゅうこうたん》*や太公望《たいこうぼう》*が制定したとされる諡の命名法がまとめられている。この諡の制度は秦《しん》の始皇《しこう》帝《てい》*が一度廃止するが、漢代《かんだい》に復活した。漢王朝では二代目以降の皇帝に諡をつける際、「父の志をよく継いで伝える」という意を込めて、孝恵帝や孝文帝など、「孝」の字を用いることが多かった。以来、隋《ずい》に至るまで、諡は天子の名として一般的に多く用いられてきたが、唐代以降は、諡の字数が増加したことにより、天子を廟号《びょうごう》（亡くなった天子を祀る廟室の名前）で呼ぶことが一般的となった。たとえば唐の玄宗《げんそう》の諡は「至道大聖大明孝皇帝」であり、「玄宗」とはその廟号である。

号（ごう）

学者・文人・画家などが、諱《いみな》（本名）・字《あざな》のほかに別して用いる雅名。「別号」とも。本名・字のほかに別号を用いる、という習慣は先秦の頃から存在していたが、唐や宋の頃から文化人の間で流行するようになり、日本にも伝播した。命名の方法は、ゆかりのある地名や古典からの引用など、様々である。たとえば荻生《おぎゅう》徂徠《そらい》（一六六六～一七二八）の「徂徠」という号は、『詩経』*の「閟宮《ひきゅう》」という詩の一節にある「徂徠の松」からとったものであり、これは徂徠の名の「双松《なべまつ》」になぞらえたものであるとされている。

河図・洛書（かと・らくしょ）

中国古代における伝説上の図・文様。「河」は黄河《こうが》、「洛」は洛水《らくすい》のことであり、ともに川の名前である。『周《しゅう》易《えき》』*の繋辞上伝《けいじじょうでん》に、「黄河からは図が出てきて、洛水からは書が出てきた。聖人はこれらのものにもとづいて易《えき》を作った」とあり、これによって「河図」「洛書」と呼ばれるが、真偽は不明である。『漢書《かんじょ》』五行志《ごぎょうし》には、劉《りゅう》歆《きん》（劉向《りゅうきょう》*の子。?～二三）の説として、「河図」は易の八卦《はっか》、「洛書」は洪範九疇《こうはんきゅうちゅう》（禹《う》*が洪水を治めた際に授かったといわれる九種の規範）であると書かれている。また漢代には讖緯説《しんいせつ》*と結びつき、その名を冠する緯書が多く作られた。宋代《そうだい》になると、劉牧《りゅうぼく》の『易数鉤隠図《えきすうこういんず》』をはじめ、『周易』繋辞上伝の記述などをもとに、陰陽

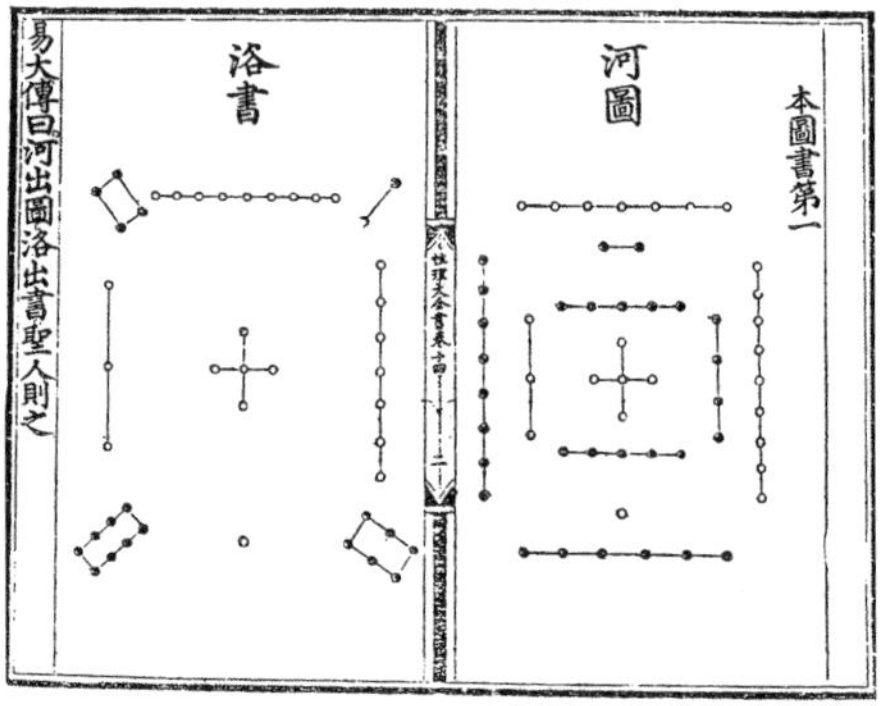

河図・洛書（『性理大全』）

を表す白黒の点で作成された「河図」および「洛書」が世に現れるようになり、それぞれ天*と地を表す図であるとされた。一般的には「河図」が天、「洛書」が地を表すものであるとされる。

仰韶文化（ぎょうしょうぶんか）

前五〇〇〇〜前三〇〇〇年頃に黄河《こうが》中流域周辺で発展した新石器時代文化。一九二一年に考古学者のアンダーソンが河南省澠池《べんち》県仰韶村にて遺跡を発見したことにちなみ、名づけられた。仰韶文化圏の人々は、アワやキビなどの穀物を栽培する原始農耕を行い、黒色の彩紋《さいもん》が描かれた彩陶《さいとう》土器を食器などとして使用した。さらに、ブタなどの家畜を飼育しながら狩猟・漁労も行い、定住集落を営んだ。仰韶文化圏東部では平地式住居が、西部では半地下式住居が多く見られる。石を打ち砕いて道具を製作する技術は同時期の周辺地区の文化と比べるとさほど発達しておらず、道具は石や骨を磨いて作ったものが多い。また、共同墓に複数の屍体を合葬することもこの文化の特色である。時期や地域により埋葬方法は異なるが、一貫して日常生活に必要な土器・石器が骨とともに埋葬されており、当時の人々が、死者が墓中で生前と同じ生活ができるよう願うという死生観をもっていたと推測される。

龍山文化（りゅうざんぶんか）

前二五〇〇年頃に黄河中・下流域で発展し、五〇〇年ほど続いたとされる新石器時代後期の文化。一九二八年に山東省章丘《しょうきゅう》市龍山鎮の城子崖《じょうしがい》遺跡で発見されたことにちなみ、名づけられた。遺跡からは大型の鏃《やじり》や殺害されたり生け贄とされたりした人骨が多数発見された。その背景には、人口の増大や耕作地の不足や集落間の対立の激化などがあるとされる。各集落では労働力の集約化が進み、権力をもつ首長が各地に誕生して、一般農民と首長層という身分差が顕著になった。遺跡からの出土品には、ろくろで製作された黒陶《こくとう》土器のほか、わずかではあるが銅器なども含まれていた。さらに、所有者・分配者の威信を示す威信財としての玉器やタカラガイも各地で発見され、首長を代表としてそれらの地域間で交換、地域内で再分配されていたことがうかがえる。また、龍山文化圏である山東省の丁公《ていこう》遺跡で見つかった陶板《とうばん》には文字のような記号があり、甲骨文字《こうこつもじ》*の源流とする説もある。

二里頭遺跡（にりとういせき）

河南省偃師《えんし》市二里頭村で発見された都城遺跡。この遺跡一帯に栄えた二里頭文化は、前一八五〇～前一五五〇年頃に黄河中流域で発展したと考えられている。総面積は約三平方キロメートルで、中央部には城壁に囲まれた宮殿区がある。二里頭遺跡の特徴的な出土物は青銅器と玉器である。青銅器はやや複雑な加工技術を用いて製作され、その種類は戈《ほこ》・鏃《やじり》などの武器から鼎《てい》・爵《しゃく》などの礼器、錐・刀などの工具にまで至る。これらの青銅器や玉戈などの玉製礼器は中・小貴族の墓と考えられる場所から出土した。偃師に殷の湯王《とうおう》*の都があったという『漢書』地理志《ちりし》の記述に基づき、長らく二里頭遺跡は殷代前期の都城と考えられてきたが、同じ偃師市で殷代の遺跡である二里岡《にりこう》遺跡が発見されて以降、二里頭遺跡は殷以前の夏王朝の遺跡と考えられるようになった。ただし、二里頭遺跡からは文字資料が出土していないため、時代の断定には困難を伴う。

殷墟（いんきょ）

中国河南《かなん》省安陽《あんよう》県小屯《しょうとん》村付近にある、殷王朝の都の遺跡。二〇〇六年に世界遺産に登録。殷王朝については、都の所在地はおろか、実在したか否かについても長い間不明な状況にあった。しかし一八九九年、清朝の金石学者・王懿栄《おういえい》とその食客であった劉鶚《りゅうがく》が、北京の漢方薬

殷墟（甲骨文発見地石碑と殷墟博物苑）

店で「龍骨《りゅうこつ》」と称して売られていた薬（甲骨片《こうこつへん》）に古文字（甲骨文字《こうこつもじ》*）を見つけたことが、殷墟発見のきっかけとされる。一九二八年、その甲骨片の出土地として特定された安陽において、初の正式な発掘調査が実施されて以降、一〇年間のうちに、殷の宮殿宗廟の跡・王の陵墓の遺跡・そのほか多数の文物が発見された。そののち、調査は戦争により一時中断したが、戦後に再開され、一九七六年には婦好墓《ふこうぼ》（殷の第二二代王高宗武丁《こうそうぶてい》の妻の墓）、一九九九年には洹北商城遺址《えんほくしょうじょういし》（殷墟に遷都する前に殷が都城を構えていた場所の遺跡）が発見された。

孔子廟（こうしびょう）

孔子*を祀る建物。孔子の没後、前四七八年に魯《ろ》の哀《あい》公《こう》が曲阜《きょくふ》にあった孔子生前の家を改築して廟とし、孔子の遺品を祀ったことに始まる。中国各地に建設されたが、特に曲阜の孔子廟は、孔府《こうふ》（孔子直系子孫の邸宅）・孔林《こうりん》（孔子一族の墓地）と併せて「三孔《さんこう》」と呼ばれ、一九九四年、世界文化遺産に登録された。曲阜孔子廟の基本形は、一四六八年の改修時にできあがった。孔子の御霊を祀る正殿である大成殿《たいせいでん》は、代々皇帝にのみ使用が許された黄色の屋根瓦や龍の彫刻を施した柱などを備えており、孔子がいかに貴ばれていたのかが分かる。殿内の孔子像の両脇には、孔子の門人である顔回《がんかい》・曾子《そうし》*・子思《しし》*・孟子《もうし》*の像が祀られている（これを「四配《しはい》」という）。また、敷地内には孔子の旧宅の壁である「魯壁《ろへき》」があり、ここから秦の始皇帝《しこうてい》*の焚書坑儒《ふんしょこうじゅ》*を免れた儒教経典が漢代に発見されたといわれる（「今古文論争*」参照）。孔子

孔子廟（大成殿）

廟は中国国内のほか、日本・朝鮮・ベトナムなどの儒教文化圏にも建設された。日本では、東京の湯島聖堂、栃木の足利学校、岡山の閑谷《しずたに》学校の聖廟などが有名である。

泰山（たいざん）

山東《さんとう》省泰安《たいあん》市泰山区にある山。標高は一五四五メートル。「太山《たいざん》」や「岱山《たいざん》」とも表現される。五岳《ごがく》（東西南北中の五つの名山）の中で最も権威のある東岳《とうがく》（東方の山）として人々の崇拝を集め、古代より『詩経《しきょう》』*や『孟子《もうし》』など多くの文献に記されてきた。泰山が重んじられたのには、春秋戦国期の諸子百家の活動地域であった魯《ろ》や斉《せい》にあったこと、五行説《ごぎょうせつ》*において東が物事のはじまりを象徴する方角であったことなどが理由としてあげられる。また、泰山では歴代皇帝によって封禅《ほうぜん》*の儀が挙行されてきた。泰山の麓にある岱廟《たいびょう》（泰山の神・東《とう》岳泰山神《がくたいざんしん》を祀る廟）には、秦《しん》の始皇帝《しこうてい》*が封禅の儀を行った際に建てた碑文の残石がある。泰山の各所に存在するこれらの石は「刻石《こくせき》」と呼ばれ、歴代王朝が後世に権威を示すために刻んだとされる。信仰の対象としては、儒教・仏教・道教の建築物が山中に共存しており、三教の融合を体現している。一九八七年、世界遺産（複合遺産）に登録。

万里の長城（ばんりのちょうじょう）

古代中国に初めて建設された、壁状の軍事防衛施設。秦の始皇帝*は匈奴《きょうど》の侵入を防ぐため、前七世紀頃から諸国により北方の国境に築かれてきた長城をつなぎ、万

万里の長城

里の長城とした。以後、歴代王朝によって建設・改築が続けられ、現在では、東端の山海関《さんかいかん》より西端の嘉峪関《かよくかん》まで総延長は六〇〇〇キロ以上、建築物として世界最長であるといわれる。敵の侵入をいち早く知らせるために一定間隔に烽火《のろし》台を設置しており、一種の軍事通信施設としても利用されてきた。秦・漢・明代に大規模な増築が行われたが、その理由に漢民族国家で中華意識が強まったことや、僻地に長城を築けるほどの経済基盤があったということがあげられる。土・石・レンガを使用して築かれ、建造にかり出された受刑者が生き埋めにされたという伝承も残っている。一九八七年、世界文化遺産に登録。

秦の兵馬俑（しんのへいばよう）

始皇帝*の陵墓に副葬品として埋められた兵士や軍馬の俑（陶製人形）。一九七四年に陝西《せんせい》省西安市臨潼《りんどう》区で発見され、現在四つの俑坑（俑の収められている穴）から約八〇〇〇体の兵馬俑が確認されている。なかでも最も広い一号坑の兵馬俑は近衛《このえ》軍団で、始皇帝を守るかのように、始皇帝陵（驪山《りざん》陵《りょう》）を背に並べられている。埋葬当時にはその手に武器が握られていたと考えられるが、木製だったために腐敗して現在は見られない。一体ごとに表情が異なり、鮮やかに彩色され、写実性が高い。戦国時代の秦では、伝統的に君主の死に際して臣下の殉死も行われていたが、献公《けんこう》（在位前三八四〜前三六一）は有力な重臣を大量に殉死させれば国力の衰退を招くとし、この制度を廃止して代わりに俑を使用した。戦国時代の秦の墓からも俑は出土しているが、どれも小型である。それに比べ、始皇帝陵の兵馬俑は大きく、写実性も非常に高いため、始皇帝の権力が強大だったことが分かる。一九八七年、始皇帝陵とともに世界文化遺産に登録。

秦の兵馬俑（一号坑）

敦煌莫高窟（とんこうばっこうくつ）

中国甘粛《かんしゅく》省敦煌市郊外にある、世界最大の仏教石窟。またの名を「千仏洞《せんぶつどう》」とも。鳴沙山《めいさざん》の岸壁に、南北約一六〇〇メートルに渡って五〇〇以上の洞窟が掘られ、数多くの壁画や塑像《そぞう》（石膏や粘土で作られた像）が安置されている。敦煌はシルクロードの中継地でもあったため、これらの美術品には東西文化の交流がうかがえるものもある。敦煌莫高窟は三六六年頃、仏教僧の楽僔《らくそん》によって拓《ひら》かれ始めたといわれ、以後、元代までの約一〇〇〇年間造営が続けられたという。一九〇〇年、道士の王円籙《おうえんろく》が第一六窟の隠し部屋（蔵経洞《ぞうきょうどう》）と、その中の大量の古文書を発見した。敦煌文書と呼ばれるこれらの古文書

敦煌莫高窟

は五万点にも及ぶといわれ、四世紀頃～一一世紀頃の写本とされている。なかには洞の外ではすでに失われていた書物や、漢文以外で書かれたチベット語・サンスクリット語・西夏語などの文書も含まれていた。敦煌文書は海外に大量流出して世界的に研究が進められ、その学術的価値の高さから「敦煌学」が誕生した。一九八七年、世界文化遺産に登録。

明の十三陵（みんのじゅうさんりょう）

明の永楽帝《えいらくてい》（在位一四〇二～二四）以降、一三人の皇帝の陵墓群。北京市昌平《しょうへい》区天寿山の麓にあり、現在公開されているのは永楽帝の長陵《ちょうりょう》・隆慶帝《りゅうけい》（在位一五六七～七二）の昭陵《しょうりょう》・万暦帝《ばんれき》（在位一五七二～一六二〇）の定陵《ていりょう》の三つ。定陵は唯一発掘作業が行われ、地下宮殿と大量の副葬品が発見された。一三の陵墓は東・西・北の三方を山で囲まれ、南には石牌坊《せきはいぼう》と呼ばれる、中国現存最大最古の石坊（入口の門）が建っている。また、陵墓につながる参道は、麒麟《きりん》や武臣などの石像が皇帝を護衛するように並んでいる。陵墓は伝統的な風水*思想に従い、大地の生気があふれ出す地である「穴《けつ》」に築かれた。二〇〇三年、世界文化遺産に登録。

明の十三陵

故宮博物院（こきゅうはくぶついん）

宋・元・明・清の四王朝が所蔵していた文化財を保存・展示している博物館。現在、北京と台北に同名のものがある。「故宮」とは「古い宮殿」の意で、明の永楽《えいらく》帝《てい》（在位一四〇二～二四）が北京に築き上げ、明・清の皇帝の居城として使用された紫禁城《しきんじょう》を指す。一九二四年に清朝最後の皇帝・宣統帝《せんとうてい》溥儀《ふぎ》が紫禁城を脱出し、その翌年、民国政府が紫禁城とその所蔵品を故宮博物院として公開した。当初は絵画や書籍・陶磁器・玉器・金銀器・漆器・染織・服飾・文房具・家具・祭器など数十万点があったという。国共内戦（中国国民党と中国共産党の内戦）の激化に際して、一九四九年に民国政府が数万点の文化財を台湾に運び込み、一九六五年に台北の故宮博物院が設立された。二つの故宮博物院はどちらも年々所蔵品が増えており、現在、北京には一八〇万点余り、台北には七〇万点近くが所蔵されている。北京の故宮博物院は一九八七年に世界文化遺産に登録され、さらに二〇〇四年には瀋陽《しんよう》の故宮とあわせて「北京と瀋陽の明・清朝の皇宮群」として追加登録された。

故宮博物院（北京）

甲骨文字（こうこつもじ）

主に殷代に占いに用いられた甲骨（亀甲《きっこう》や獣骨）に刻まれた文字。当時、占いは政治上重要な役割を担っており、甲骨に卜辞《ぼくじ》（占いの言葉）を刻み、それを火で炙《あぶ》ることで亀裂を作り、その亀裂の形状で軍事や農業などに関する事柄の吉凶を判断する占いが行われていた。一八九九年（清の光緒《こうしょ》二五年）、王懿栄《おういえい》という人物が、「龍《りゅう》骨《こつ》」と称して薬の材料として売られていた甲骨に文字が刻まれていることを発見し、収集・研究が進められた。甲骨文字は現在確認することができる最古の漢字ではあるが、すでに相当成熟した文字であるため、現在では甲骨文字に先立つ原始的な文字の存在が想定されている。

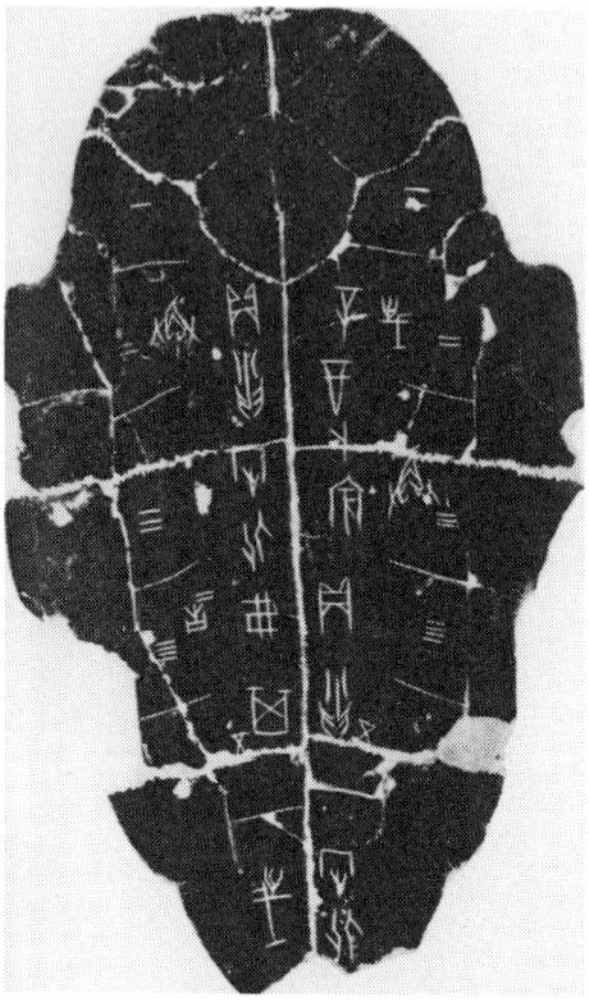

甲骨文字

字体の特徴としては、固い甲骨に刻まれるという特性上、同時代の他の字体に比べ直線的かつ簡略である。甲骨文資料の発見と王国維《おうこくい》らの研究により、『史記』*殷本紀に記載された殷王の系譜が訂正されるなど、殷王朝の実態についての研究が進展した。

金文（きんぶん）

殷周期の青銅器《せいどうき》に鋳込まれた、あるいは刻まれた漢字の字体。金属に鋳込まれた文字であるため金文と呼ぶ。清代にようやく再発見された甲骨文字*とは異なり、金文の発見は早く、すでに後漢の許慎《きょしん》*が『説文解字《せつもんかいじ》』の序でその存在に言及しており、また宋代には研究が始まっている。金文の刻まれた青銅器は、殷代のものや春秋時代のものも存在するが、西周期のものが中心であり、銘文《めいぶん》の長いものも西周期に多い。銘文の内容は、制作者の名前や、青銅器の制作時期や制作動機が主であり、それ自体が重要な歴史資料である。制作者は、西周期には周王朝の貴族や大臣が中心であるが、春秋期には各諸侯国が中心となる。金文は甲骨文に比べ後期の字体であると誤解されることがあるが、実際には金文と甲骨文は用途により使い分けられていたと考えられる。西周時代の金文の特徴は、その後秦系文字に比較的多く受け継がれることとなる。

隷書（れいしょ）

戦国後期の秦において形成された字体。始皇帝*の時期に一人の手によって作られた字体であるという説も存在したが、実際には秦文字が徐々に変化して成立したものである。もとは戦国期の秦文字が、筆写に便利なように簡略化された俗体であり、その名が示す通りあくまで「徒隷《とれい》」の用いる字体とされ、正式な字体である篆書《てんしょ》*より下に置かれていたが、漢代には篆書に取って代わり主要な字体となった。漢字の歴史上、隷書以前の古文字から隷書へは字体の変化が大きいため、この変化を指して特に「隷変《れいへん》」といい、これを境に古文字と隷書・楷書《かいしょ》で大きく時代が分けられる。秦以前の古文字と比較して、隷書は象形度が低く、多くの字が記号化しているという特徴がある。また時にさらに簡略な字体で書かれ、それがのちの草書の基礎となった。現在通用している行書および楷書も、隷書から発展したものであるため、隷書は現代の漢字の祖先ともいえる。

隷書（朝侯之小子碑）

篆書（てんしょ）

春秋戦国時代に秦国で使用された古文字の字体。広義には大篆《だいてん》と小篆《しょうてん》との総称であるが、「大篆」という用語は、研究者によってあるいは小篆以前の秦国文字を指し、またあるいは早期の古文字全体を指すというように、指すものが曖昧《あいまい》であり定義が安定していない。小篆とは、秦国で戦国期から用いられ、始皇帝*の文字統一によって正式に定められた古文字の字体である。篆書の字体を現在に最も数多く伝える資料は、許慎《きょしん》*による字書『説《せつ》文解字《もんかいじ》』であるが、後漢期の成立であるため、秦国で実際に行われた篆書を忠実に保存する嶧山《えきさん》刻石や泰山《たいざん》*刻石の字体とは一致しない場合もある。戦国時代の文字は秦系文字と東方の六国文字（燕・斉・楚・韓・魏・趙の文字）に大別される。六国文字が俗体を発展させ、伝統的字体を変化させたのに対し、秦国では春秋以来の伝統的字体が比較的よく保たれた。篆書の俗体が隷書《れいしょ》*であり、今現在我々が使う漢字は、もとを辿《たど》れば多くが秦系文字に行き着く。

篆書（石鼓文拓本）

竹簡（ちっかん）

文字を書写するために短冊状に加工された竹。通常複数本をすだれ状に編んで使用する。編まれた竹簡を象《かたど》った「册」（「冊」の旧字体）字が甲骨文*中に現れることから、殷代にはすでに竹簡の使用が始まっていたことが分かる。古代においては一般的な書写材料であったが、蔡倫《さいりん》*による製紙法の改良とその後の紙の普及により、およそ六朝期には衰退した。近年主に中国南方の墓地から、先秦〜秦漢にかけて副葬品として埋蔵されたと考えられる竹簡文献が数多く発見されており、これらは古代から現代まで伝承されてきた「伝世《でんせい》文献」に対する「出土《しゅつど》文献」として、古代中国研究に新たな資料を提供している。竹簡に関連する熟語や故事成語は数多く、孔子*が『易』*を愛読し、幾度も編縄が切れるまで読んだという「韋編三絶《いへんさんぜつ》*」の故事や、歴史に名を残すことを指す「名を竹帛《ちくはく》に垂る」という慣用句は、いずれも竹簡の存在が背景にある。また、現在でも本を数える際に「巻」を用いるのは、竹簡が巻いて保存されていたことに由来する。

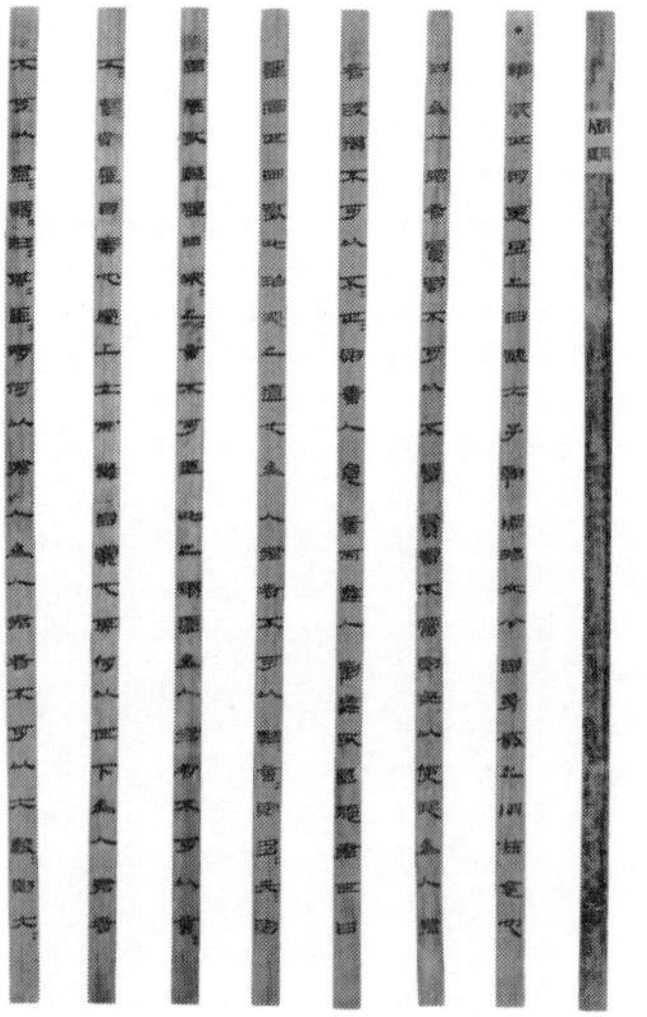

竹簡（北京大学竹簡『周馴』）

木簡・木牘（もっかん・もくとく）

文字の書写に適するように加工された木板。竹簡*が通常複数本をまとめて編んで使用されたのに対し、木簡は通常編まずに単独で使用された。分布域の限られる竹を原料とする竹簡と異なり、原料の分布域が限られない木簡は、中国北西部などでも出土している。木簡の使用は遅くとも戦国時代には始まっており、その後漢代には、行政文書や司法文書の書写材料として普及したが、蔡《さい》倫《りん》*による製紙法の改良とその後の紙の普及により、およそ南北朝期には衰退した。中国で発見されている木簡は漢代のものが主であり、現在では漢代の政治制度や社会の研究に不可欠な資料となっている。日本国内では、文字伝来当初よりすでに紙が伝来していたため、それと用途の重なる竹簡は使用されず、もっぱら紙より安価で日常使用に適する木簡のみが発見されている。なお、小役人を指して「刀筆《とうひつ》の吏《り》」という言い方があるが、ここでいう「刀」は、武器ではなく、木簡の書き誤りを削って消すための小刀のことである。

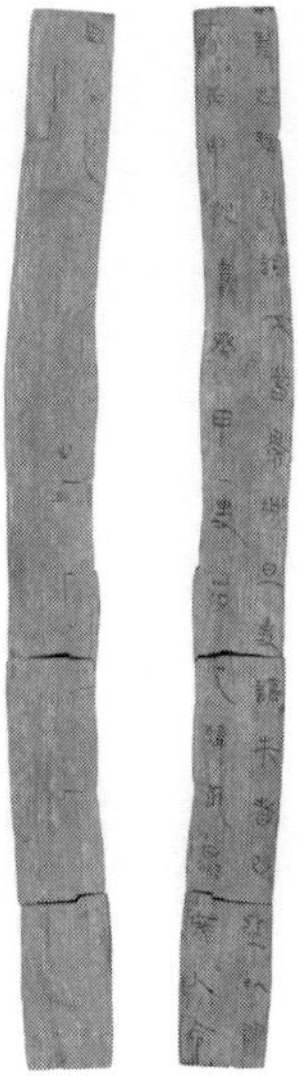

木簡（龍崗木牘）

帛書（はくしょ）

布（絹織物）に書写された文献。布は竹簡*と並んで、古くは春秋時代から筆写に用いられており、竹簡や木簡*よりも柔軟かつ軽量であるため、軽量さが重視される場合に特に用いられた。古典にも度々「竹帛《ちくはく》」の語が見え、ここからも竹簡とともに布が書写材料として普及していたことが知られる。現存する帛書は多くはないが、一九七二年に長沙の馬王堆漢墓で、総字数一万二〇〇〇字にも及ぶ、大量の帛書（馬《ま》王《おう》堆《たい》帛書）が出土し、そこには『周《しゅう》易《えき》』*・『戦国縦《しょう》横《おう》家《か》書』・二種類の『老子』（『老子』甲本・『老子』乙本と呼ばれる）などの思想的文献、また医学や占術に関する著作、絵画の画かれた絹帛（帛画）が含まれていた。このうち、特に『老子』や『周易』は伝世文献との対比が可能であり、これらの文

馬王堆漢墓帛書（昇仙図）

献の研究に新資料を提供した。帛書の使用は竹簡と並行して三～四世紀頃まで続いたが、蔡倫《さいりん》*によって改良された紙が常用されるにつれ使用されなくなった。

石経（せきけい）

経典が刻まれた石碑。広義には仏教や道教、あるいは他宗教の経典を刻んだものも指すが、狭義には儒家経典が石に刻まれたものを指す。古くは王莽《おうもう》が政権を握っていた前漢の平帝の元始元年（紀元一）に、古文の『易』*『詩』*『左伝』*が石に刻まれたという記録がある。その後、後漢の霊帝の熹平《きへい》四年（一七五）には、儒家経典のテキストの統一を図るために、今文の五経*および『論語』*を刻んだ石経（熹平石経）が製作されたが、その後破壊され、宋代以降洛陽で破片が収集された。三国魏の正始《せいし》年間（二四〇～二四九）には、『尚書』*『春秋』*を、古文・小篆《しょうてん》・隷書《れいしょ》*の三字体で刻んだ、いわゆる三体石経（正始石経）が製作されたが、これも西晋の頃からすでに破損しており、現在では二五〇〇字余りの破片が残るのみとなっている。唐代には文宗の開成《かいせい》二年（八三七）に儒家経典六五万字にも及ぶ石経（開成石経）が完成し、これは破損の少ない形で現存する最も早期の石経である。

漢字音（漢音・呉音・唐音・慣用音）（かんじおん）

日本における漢字の読音。ただし、俗に漢字の読みと呼ばれるもののうち、音読みを指す。伝来の時期・過程・基礎となる中国語方言の違いなどの要因で、同一の字に対して複数の読音の層がある。漢音《かんおん》は唐代の長安方言を基礎とした漢字音である。古代日本では漢音が正式な漢字音とみなされ、漢籍を学ぶ学生には漢音の習得が要求された。そのため、漢籍中の語は現在でも基本的に漢音で読まれる。呉音《ごおん》は主に唐代以前の中国南方の方言を基礎とした、様々な由来をもつ漢字音である。漢音導入以前に、仏教とともに伝わった音を含むため、仏典は呉音で音読されることが多い。唐音《とうおん》は鎌倉時代以降に移入された漢字音であり、「椅子《イス》」の「子」をシではなくスと読むなど、現代中国語により近い音を反映している。慣用音とは、漢音や呉音が日本国内で独自に訛った結果生まれた音であり、「輸」をシュではなくユと読むなど、『広韻《こういん》』をはじめとした中国の韻書《いんしょ》に記録される音や、現代中国語諸方言と符合しない読音である。

印刷技術（いんさつぎじゅつ）

中国四大発明（羅針盤《らしんばん》・火薬・紙・印刷）の一つ。中国には印刷技術の発明以前より、印章や拓本《たくほん》が存在し、印刷発明の土台となった。最初期の印刷技術である木版印刷（木の板に文字を彫り紙に転写する印刷方法）は唐初に発明され、宋代に至って仏典や儒教経典が広く印刷されるようになり普及した。現在では唐代の印刷物はほぼ残っておらず、北宋の印刷物も貴重となっている。その後南宋ではすでに民間の書肆《しょし》（書物の印刷販売を手がける店）によって独自に版が起こされ書籍が印刷販売されていた。活字印刷は北宋期に中国で発明され、明代には主に民間で木活字と銅活字での印刷が行われたが、漢字は種類が多く、多数の活字を用意する必要があるために、木版印刷に完全に取って代わることはなかった。なお現存する世界最古の印刷物は、七七〇年に日本で完成した、法隆寺所蔵『百万塔《ひゃくまんとう》陀羅尼《だらに》経』である。

類書（るいしょ）

様々な書籍の中から、字句や文章を引用し、項目ごとに類別した、百科事典的性格をもつ書籍。「叢書《そうしょ》」が先行する単行本を本単位で収録するのに対し、「類書」は先行する文献の文章を一度解体し、該当する項目ごとに再編集するという特色をもつ。三国魏《ぎ》の文帝《ぶんてい》（曹丕《そうひ》。一八七～二二六）が編纂を命じた『皇覧《こうらん》』が先駆けとされる。以降、唐《とう》の『芸文類聚《げいもんるいじゅう》』*・宋《そう》の『太平御覧《たいへいぎょらん》』*・明《みん》の『永楽大典《えいらくたいてん》』*・清《しん》の『古今図書集成《ここんとしょしゅうせい》』*と、歴代の各王朝において、ほぼ絶えることなく編纂事業が文化として継承された。また、このほかにも白居易《はくきょい》（七七二～八四六）の『白氏六帖《はくしりくじょう》』など、文人による私的な編纂も数多く見られる。

和刻本（わこくぼん）

日本で出版された書籍。「和本《わほん》」には写本《しゃほん》（手書きの本）も刊本《かんぽん》（出版された本）も含まれるが、「和刻本」は刊本のみを指す。また、整版《せいはん》（版木《はんぎ》を用いて印刷したもの）だけではなく、活字版《かつじばん》（活字を用いて印刷したもの）も含む。「和板《わはん》（版）」ともいう。平安時代から鎌倉末期までの刊本は仏典のみであり、一三二五年に刊行された『寒山詩』が、仏典以外のもの（外典《げてん》）では最古の和刻本である。儒教経典において現存する最古の和刻本は、一三六四年に刊行された『論語集解《ろんごしっかい》』*（正平版論語《しょうへいばんろんご》）である。のち、豊臣秀吉の朝鮮出兵の際に活字印刷が日本にも導入され、活字版の書籍が続々と刊行されるが（古活字版）、江戸初期に読者人口が爆発的に増えたことで、活字版では印刷が追いつかなくなり、再び従来の整版が重宝されるようになる。このため、活字版は一時断絶したが、一八世紀末頃に復活する。また、読者人口の増加によって出版業が盛んとなり、江戸時代を通して、須原《すはら》屋《や》や蔦屋《つたや》など、様々な書店が民間において活躍した。

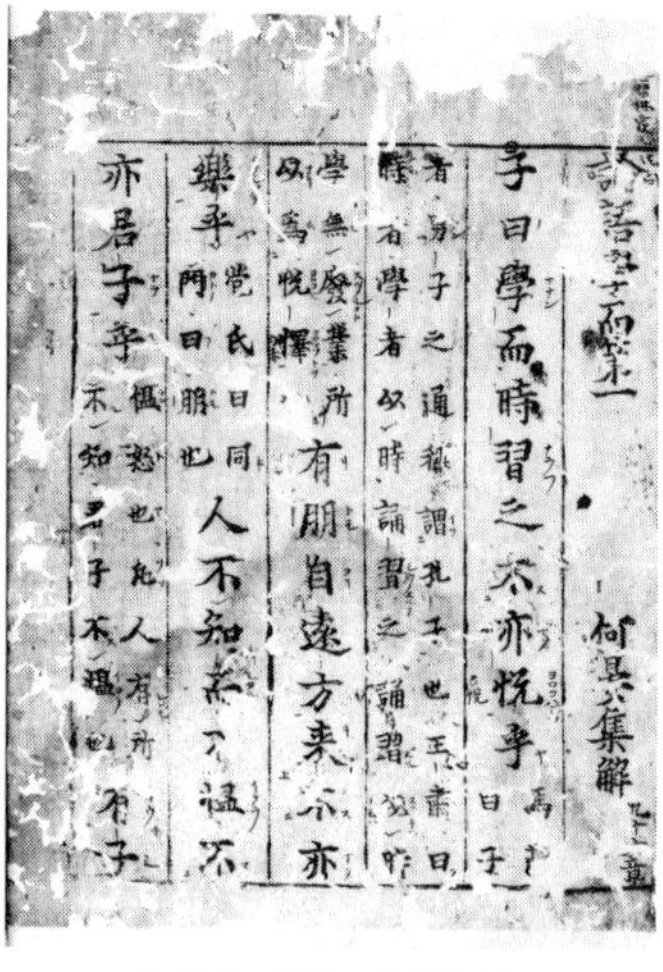
何晏集解
子曰學而時習之不亦悅乎
有朋自遠方來不亦樂乎
人不知而不慍不亦君子乎

和刻本（『正平版論語』）

コラム1　漢籍叢書は世界記憶遺産となるか

中国北京で「四庫学」の国際学会が開催された。「四庫」とは、清の乾隆帝《けんりゅうてい》（在位一七三五～一七九六）の時に編纂された漢籍叢書「四庫全書」のことであり、それに関わる研究分野として「四庫学」を立ち上げようとする学会である。またそこには今ひとつ重要な思惑もあった。それは、「四庫全書」を世界記憶遺産に登録しようという願いである。

世界記憶遺産（正式な訳語は「世界の記憶」）とは、いわゆる世界遺産のように史跡や建築物や自然景観を対象とするものではなく、劣化や散逸の恐れのある歴史的資料を主対象とする。もちろん、世界的に高い価値をもっていることが条件である。

日本ではすでに、二〇一一年に、国宝『御堂関白記』と『慶長遣欧使節関係資料』を政府が推薦し、その後、二〇一三年に選定された。また、近年では、舞鶴引揚記念館の「シベリア抑留等日本人の本国への引き揚げの記録」や「東寺百合文書」が選定されている。

一方中国は、文字と文献の国。古代の医学書・本草書である『黄帝内経《こうていだいけい》』『本草綱目《ほんぞうこうもく》』などの文献、甲骨文字、トンパ文字（雲南省の少数民族ナシ族の伝える象形文字）などが選定されている。

そこに新たに「四庫全書」も加えられるのか。興味深い点である。中国最大の漢籍叢書「四庫全書」はかつて計七部製作され、七箇所の書庫に収められたが、様々な事情で現存しない書庫もある。

一方、近年では、その影印本（写真複製本）が全一五〇〇冊として刊行された。また、「四庫全書」編纂の際、書名だけは記録し、内容は筆写しなかった文献を「四庫全書存目《ぞんもく》叢書」一二〇〇冊として刊行し、「四庫全書」以後に刊行された重要書籍を集めて「続修《ぞくしゅう》四庫全書」一八〇〇冊とするなど、その利便性は高まっている。

さらには、その全文を電子データとしてCD－ROM一七五枚に収録したものが販売され、パソコンでの検索も容易になっている。こうした利便性と記憶遺産としての稀少性は、はたしてどのように評価されるのか。大いに注目される。

第二章　儒教

——中国思想の本源——

中国思想の根幹をなすのは儒教である。古代中国、春秋時代の終わり頃に活動した孔子は、道徳的秩序の再生を願って、弟子たちとともに教学に励んだ。また、十年余りに及ぶ諸国遊説により、道徳の重要性を説き続けた。後の儒家集団も精力的な活動を展開し、戦国時代の孟子の性善説や荀子の性悪説など、著名な学説が提示された。そして漢代以降は国家の正統教学として君臨するに至る。政治思想としてはもちろん、個々人の心の支えとしても大きな意味を持った。中心的な思想は、人間の内面的道徳に着目した「仁」や「孝」の思想、統治理論としての「礼」などである。この第二章では、孔子、孟子、荀子、子思《しし》、董仲舒《とうちゅうじょ》など、春秋時代から漢代・唐代に至るまでの主要な儒家を取り上げ、また、「四書」「五経」や『論語』『孝経』など、経典として尊重された儒教文献を解説し、仁、孝、礼、性善説、性悪説など、儒家の重要概念について説明する。

〈人物〉

孔子（こうし）（前五五一？〜前四七九）

春秋時代末期の思想家。魯《ろ》の出身。名は丘《きゅう》、字は仲《ちゅう》尼《じ》。のちに儒教の祖とされる。中国思想史上、最大の影響力をもった人物である。その伝記は『史記』*孔子世家《せいか》に見られ、またその言動は主として『論語』*によって知られる。それによれば、孔子の生涯は、三〇歳頃、周の都や隣の大国斉《せい》への遊学が画期となり、為政への意欲を高めることになった。五〇歳を過ぎてから多くの弟子を引き連れて諸国遊説の旅に出るが、富国強兵を目指す当時の諸国には、孔子の説く道徳論は受け入れられず、失意のうちに郷里に帰り、晩年は弟子の教育に専念したとされる。思想的には、「仁*」や「孝*」の言葉に代表される人間道徳の主張が重要である。戦国時代から秦代には、儒家の思想は排斥されるが、漢代以降、儒教となって国家教学の地位に君臨した。その後、孔子自身も祭祀*の対象となり、「大成至聖文宣王《たいせいしせいぶんせんおう》」などの称号が与えられた。現代中国では文化大革命の当時、古い封建社会の象徴として弾圧されたが、現在は、道徳の再生を目指す国家方針もあって再評価が進んでいる。

孔子（『歴代古人像賛』）

子思（しし）（前四九二〜前四三一）

戦国時代の魯《ろ》の儒家。名は伋《きゅう》、子思は字。孔子《こうし》*の孫。曾子《そうし》*から教えを受け、「誠《せい》」と「中庸《ちゅうよう》」を重んじた子思の思想は、孟子《もうし》*に継承された。後世には「述聖《じゅっせい》」と尊ばれた。『中庸』*は子思学派の人々により編纂されたと伝わる。『礼記《らいき》』*の中庸・表記《ひょうき》・坊記《ぼうき》・緇衣《しい》の四篇は、もともと『子思子《ししし》』（子思の思想を記したとされる書。早くに散逸）の文章であったと考えられている。近年、子思学派のものと思われる文献や現行本『礼記』緇衣篇の内容にきわめて近い『緇衣』などが、郭店楚墓竹簡《かくてんそぼちっかん》*や

子思（『三才図会』）

上海《しゃんはい》博物館《はくぶつかん》蔵《ぞう》戦国《せんごく》楚《そ》竹書《ちくしょ》などの新出土文献から発見されたことにより、子思学派の書は遅くとも戦国時代中期までには完成し、流布していたことが明らかになった。そのうちの一つ、郭店楚墓竹簡『魯《ろ》穆《ぼく》公《こう》問《もん》子思《しし》』には、子思の台詞として「常に君主の悪いところを指摘する者こそ忠臣である」とあり、臣下が君主を諫める「諫争《かんそう》」を重視していたことが分かる。

曾子（そうし）（前五〇五〜前四三六）

春秋時代の魯《ろ》の儒家。名は参《しん》、字は子輿《しよ》。親孝行の人として知られ、『孝経《こうきょう》』*の撰者と伝えられる。儒家の倫理思想は、外側から人間を規制する「礼*」と内なる心が有する道徳としての「孝*」の二つを軸に発展したが、孔子《こうし》*の弟子であった曾子はそのうちの「孝」を特に重んじた。この学統は子思《しし》*・孟子《もうし》*へと継承された。「孝は道徳の根本」（『孝経』開宗明義篇《かいそうめいぎ》）といい、「孝」を人間の最も純粋な心情と考え、あらゆる道徳の基盤とした。これに近い言葉が『論語《ろんご》』*にも見えることから、曾子は孔子の教えを忠実に受け継いでいたことが分かる。臨終の際には門人に向かって「父母から授けられた身体を傷つけずにお返しすることができる」（『論語』泰伯《たいはく》篇）と述べており、この精神は『孝経』にも「身体・髪・皮膚は両親からいただいたものであるから、それを傷つけないことは親孝行の始まりである」（開宗明義篇）という

曾子（『三才図会』）

言葉として表れている。

孟子（もうし）（前三七二?～前二八九?）

戦国時代の思想家。名は軻《か》、字は子輿《しよ》、または子車《ししゃ》・子居《しきょ》。青年期のエピソードとして、「孟母三遷《もうぼさんせん》」「孟母断機《もうぼだんき》」など母親による教育に関するものが伝わる。「孟母三遷」とは、孟子の幼少期、母親がよりよい教育環境を求めて三度引っ越ししたという故事。「孟母断機」とは、遊学中の青年孟子が学業半ばで実家に帰ってきた際、母親が織っていた機《はた》の糸を断ち切って、学業を中途で放棄することに擬《なぞら》えて孟子を諭したという故事。のち、子《し》思《し》*の門人に孔子*の道*を学んだとされる。壮年期より遊説《ゆうぜい》活動を開始し、梁《りょう》（魏）・斉・宋・薛《せつ》・滕《とう》など諸国を巡る。晩年は故郷の鄒《すう》にて弟子の教育に専念したものと考えられる。著書の『孟子』は、梁恵王《りょうけいおう》篇・公孫丑《こうそんちゅう》篇・滕文公《とうぶんこう》篇・離婁《りろう》篇・万章《ばんしょう》篇・告子《こくし》篇・尽心《じんしん》篇の七篇よりなり、諸侯や他の思想家との対話・問答、および孟子の言葉・エピソードなどを収める。仁義に基づく王《おう》道《どう》*思想《しそう》、復古的土地制度である井田制《せいでんせい》、人を善なる存在と規定する性善説《せいぜんせつ》*などを説く。後代、孟子は儒家の正統思想（道統《どうとう》*）を継ぐ存在だとされ、その著書である『孟子』も四書《ししょ》*の一つとして重んじられた。

孟子の廟（孟廟）

荀子（じゅんし）（前三二〇頃～前二三〇頃）

戦国時代後期の儒者。名は況《きょう》。荀卿《じゅんけい》や孫卿《そんけい》とも呼ばれる。趙《ちょう》の出身であるが斉《せい》に遊学し、襄王《じょうおう》の時代には稷《しょっ》下《か》の学者*の中では最年長となり、三度も祭酒《さいしゅ》（学長）に選ばれた。のちに楚《そ》に行き、春申君《しゅんしんくん》のもとで蘭《らん》陵《りょう》の令（長官）となり、数万言の著作を遺して同地にて没した。現在伝わる『荀子《じゅんし》』三二篇は、一部に後学の言説を含むものの、その大部分は荀子の思想を忠実に伝えるものであるとされる。なかでも有名なのは、孟子《もうし》*の性善説《せいぜんせつ》*を批判して述べられた性悪説《せいあくせつ》*である。また天*を自然現象としてとらえ、それに対する人間の働きかけを重視する「天人《てんじん》の分《ぶん》」も説いている。こうした説により、学問を修め、礼*という規範によって自分を矯正していく、という後天的な自己修養を強調する一方で、人為的な礼による統治システムの構築も主張している。このような思想を受け継いだ弟子の李斯《りし》（秦《しん》の始皇帝《しこうてい》*の時代の丞相《じょうしょう》。？～前二〇八）や韓非子《かんぴし》*は、法家《ほうか》*に属する思想を展開していくことになる。

賈誼（かぎ）（前二〇〇～前一六八）

前漢初期の思想家。生涯において多くの上奏をなしており、その内容は、銅山や貨幣に関する経済政策や、諸侯国の力を抑制することを論じた内政策、辺境を脅かす匈奴《きょうど》に対する国防策など多岐にわたる。その主張には、太子教育の重要性を説き、礼義による政治を薦め法や刑罰による政治を戒めるなど、革新的な中にも儒教的な発想が見られる。散文をまとめたものとして『新書《しんじょ》』五六巻が伝わる。また、秦が滅んだ原因に事寄《ことよ》せて漢王朝に対する戒めを述べた「過秦論《かしんろん》」は、『文選《もんぜん》』『古文真宝《こぶんしんぽう》』などにも収められている。また賦《ふ》（韻文の一形式）や文章に優れ、『楚辞《そじ》』*の「惜誓《せきせい》」「招隠士《しょういんし》」「七諫《しちかん》」「哀時命《あいじめい》」は賈誼の作と伝承される。左遷時に詠《よ》んだという「弔屈原賦《くつげんをとむらうのふ》」「鵩鳥賦《ふくちょうふ》」には、運命に従うといった荘《そう》子《し》*風の人生観が表されており、こちらも『文選』に収められている。

董仲舒（とうちゅうじょ）（前一七九頃～前一〇四頃）

前漢武帝期の儒者。『春秋公羊伝《しゅんじゅうくようでん》』*を学び、景帝《けいてい》の時に博士《はかせ》となる。武帝*が即位すると、武帝の諮問に対して三度にわたる進言（いわゆる「天人三策《てんじんさんさく》」）を行った。その内容は、儒教《じゅきょう》に基づく国家思想の統一などについてであり、この進言が武帝に採択された結果、前一三六年に「五経博士《ごきょうはかせ》」（五経《ごきょう》*を教学する役職）が置かれたとされる。従来の通説では、これらの記録から董仲舒を

董仲舒（『聖賢像賛』）

「儒教の国教化*」の立役者とみなしていたが、現在では異説も多い。その後、当時の実力者であった公孫弘《こうそんこう》に嫉まれ、讒言《ざんげん》によって膠西王《こうせいおう》のもとに左遷される。ほどなく官を辞し、以降は学問と著述に専念した。思想的特徴としては、陰陽五行説《いんようごぎょうせつ》*に基づき天*と人とに相関関係があるとみなす天人相関思想《てんじんそうかんしそう》*（災異説《さいいせつ》*）を整備し、君主権の神秘化・抑制の理論とした点や、『公羊伝』では徳治《とくち》*による国家の理想像という意味であった「大一統《だいいっとう》（一統を大《とうと》ぶ）」を、皇帝権力による国家統一の意味であると解釈し、漢王朝を擁護した点などがある。著書『春秋繁露《しゅんじゅうはんろ》』一七巻は、公羊学*の立場から政治や社会などの見解を示した書物である。

劉向（りゅうきょう）（前七七～前六）

前漢末期の学者。初名は更生《こうせい》、字は子政《しせい》。楚元王《そげんおう》劉《りゅう》交《こう》（劉邦《りゅうほう》*の弟）の子孫で、息子に劉歆《りゅうきん》（?～二三）がいる。成帝《せいてい》（在位前三三～前七）の時に、宮中の蔵書の整理・校正を命じられ、各本の校勘《こうかん》（数種の異本を比較して、その異同を正すこと）を終えるたびに文献の解説を記した。現在は散逸しているが、この解題を集めた書物を『別録《べつろく》』といい、劉歆の『七略《しちりゃく》』（中国最古の図書目録、現在は散逸）、『漢書《かんじょ》』芸文志《げいもんし》*へと採用され、「目《もく》録《ろく》学*の祖」と称された。撰書の数も非常に多く、女性が守るべき倫理規範の教科書として、過去の女性の逸話を編集した『列女伝《れつじょでん》』八巻、漢代までの故事を内容別に

劉向（『古聖賢像伝略』）

整理した『説苑《ぜいえん》』二〇巻、漢代までの説話を収録した『新序《しんじょ》』一〇巻、戦国時代の遊説家の策謀・言説を収録した『戦国策《せんごくさく》』*三三巻などがある。前漢末期、外戚《がいせき》（皇后や天子の母方の一族）の王氏や宦官《かんがん》*らが宮中の権力を掌握しており、こうした時勢に危機感を抱いた劉向は、これらの書物を奉じて皇帝権威の復興を画策したと考えられる。

桓譚（かんたん）（前四〇頃～後三一頃）

前漢末から後漢初期にかけての思想家。字は君山《くんざん》。前漢の成帝（在位前三三～前七）の時に出仕し、当時一流の学者であった劉歆《りゅうきん》（劉向《りゅうきょう》*の子。？～二三）や揚雄《ようゆう》*らと交流した。博学で五経《ごきょう》*に通じ、詩賦《しふ》や歌舞音楽にも優れた才能があった。その後は王莽《おうもう》や光武帝《こうぶてい》に仕えた。桓譚は光武帝に対して、賢者の登用、商人の抑制、農業の重視などの政策を奏上するも、採用されることはなかった。また、光武帝が好んだ讖緯説《しんい》*を批判し、怒りを買って斬殺されそうになった。桓譚の著書『新論《しんろん》』は、死後、光武帝に献上され、当時は二九篇あったと伝わるが、唐宋の間に散逸した。その所論は、賢者の登用・讖緯説への批判・不老長生を説く神仙説への批判・肉体が滅ぶと精神が滅ぶという形神論など、多岐に及ぶ。後漢初期の思想家王充《おうじゅう》*は、桓譚を高く評価した。

馬融（ばゆう）（七九～一六六）

後漢中期の経学者*。字は季長《きちょう》。当代随一の大儒として名望も高かったが、光武帝《こうぶてい》に仕えた名将馬援《ばえん》の兄の子という名族の出身であったため、性格は驕慢《きょうまん》で贅沢を好んだという。学識は広く精密であり、今古文《きんこぶん》の折衷と総合を目指し、両学説に関わる数多くの経籍に注釈を施した。この傾向は、弟子である盧植《ろしょく》・鄭玄《じょうげん》*にも受け継がれている。『孝経《こうきょう》』*『論語《ろんご》』*『詩経《しきょう》』*『周易《しゅうえき》』*三礼《さんらい》（『周礼《しゅらい》』*『儀礼《ぎらい》』*『礼記《らいき》』*）『尚書《しょうしょ》』*などの経典に注を附したが、『春秋左氏伝《しゅんじゅうさしでん》』*に関しては、当時すでに賈逵《かき》と鄭衆《ていしゅ》との注が存在しており、賈逵注は精緻で、鄭衆注は広く行き渡っていたことから、自身で注を附すことはせず、代わりに『春秋三伝異同説《しゅんじゅうさんでんいどうせつ》』を撰したという。儒教経典のほか、『老子《ろうし》』『淮南子《えなんじ》』*といった道家*系文献に対する注や、『列女伝《れつじょでん》』『楚辞』*離騒《りそう》に対する注もあったが、すべて散逸した。また、『後漢書《ごかんじょ》』馬融伝に、皇帝を遠回しに諫めた「広成頌《こうせいしょう》」を収める。

許慎（きょしん）（生没年未詳）

後漢時代の学者。字は叔重。『後漢書』儒林《じゅりん》列伝の記述によれば、若くから経典を広く学び、馬融《ばゆう》*からも高い評価を受け、「五経無双《むそう》の許叔重」と称されたという。著書に『説文解字《せつもんかいじ》』『五経異義』、さらに『淮南子《えなんじ》』*の注があるが、『五経異義』はすでに散逸《さんいつ》している。古文学派に属しており、『説文解字』の序文にも今文《きんぶん》学派への批判的記述が見られる。著書『説文解字』は現存最古の字書であり、文字学における権威的著作である。九三五三の漢字（篆書《てんしょ》*）を五四〇の部首によって分類し、それぞれの字の構造を六書《りくしょ》（指事《しじ》・象形《しょうけい》・形声《けいせい》・会意《かいい》・転《てん》注《ちゅう》・仮借《かしゃ》）に基づいて解説しており、一部陰陽五行《いんようごぎょう》説*などに基づいた非合理的な字形解釈もあるものの、現在でも文字研究の最重要資料の一つとして扱われている。清代の段玉裁《だんぎょくさい》*『説文解字注』*や朱駿声《しゅしゅんせい》『説文通訓定《つうくんてい》声《せい》』といった重要な文字学研究書も、これを基礎としたものである。

趙岐（ちょうき）（一〇九？～二〇一）

後漢の経学者*。字は邠卿《ひんけい》。馬融《ばゆう》*の兄の娘（または伯父の娘）と結婚したが、馬融が裕福であることを卑しんでいたという。『孟子《もうし》』の注釈である『孟子章句《もうししょうく》』を撰したことで知られる。『孟子章句』は『孟子』の最も標準的な古注《こちゅう》（漢・唐時代の訓詁学《くんこがく》*に基づく注釈）とされており、宋代に至って一三の経書の最も権威のある注釈を選定した『十三経注疏《じゅうさんけいちゅうそ》』*も、『孟子』の注釈として『孟子章句』を採用している。そのほか、著書に、後漢時代の三輔《さんぽ》（長安周辺）の人物を批評した『三輔決録《さんぽけつろく》』があったというが、のちに散逸した。

鄭玄（じょうげん）（一二七～二〇〇）

後漢の経学者*。字は康成《こうせい》。まず『京氏易伝《けいしえきでん》』『春秋《しゅんじゅう》公羊伝《くようでん》』*『韓詩《かんし》』『古文尚書《こぶんしょうしょ》』などの今文学《きんぶんがく》を、次に『周礼《しゅらい》』*『礼記《らいき》』*『春秋左氏伝《しゅんじゅうさしでん》』*などの古文学《こぶんがく》を学んだ後、馬融《ばゆう》*に師事する。党錮《とうこ》の禁《きん》（学問・政治弾圧事件）に遭ってのちは、戸を閉ざして著述や教育に専念した。『周易《しゅうえき》』*『尚書《しょうしょ》』*『毛詩《もうし》』*『儀礼《ぎらい》』*『礼記《らいき》』『論語《ろんご》』*『孝経《こうきょう》』*といった経書の注釈のほか、『尚書中候《しょうしょちゅうこう》』などの緯書《いしょ》や、中国暦の一つ『乾象歴《けんしょうれき》』の注釈、また、経学の総論である『六芸論《りくげいろん》』、経書に関する説をまとめた『鄭志《ていし》』、許慎《きょしん》*の『五経異義《ごきょういぎ》』を批判した『駁五経異義《ばくごきょういぎ》』など、多くの著作をなしたが、三礼《さんらい》（『礼記』『儀礼』『周礼』）および『毛詩』に対する注釈（「鄭箋《ていせん》」と呼ばれる）のほかは散逸した。「鄭学《ていがく》」と呼ばれるその学問は、古文学を基礎として、今古文学の折衷・統合という方向を推し進め、五経*全体、さらには緯書にも通じた経学《けいがく》の総合化・体系化を行ったもので、両漢経学・訓詁学《くんこがく》*の集大成といえる。

何晏（かあん）（一九〇頃～二四九）
三国魏《ぎ》の政治家・思想家。字は平叔《へいしゅく》。『論語集解《ろんごしっかい》』*の編者として知られる。父の死後、母・尹《いん》氏が曹操《そうそう》（一五五～二二〇）の側室となったことにより、曹操によって養育され、曹操の娘を妻とした。色を好み派手な生活を送っていたことから文帝（曹操の子・曹丕《そうひ》。一八七～二二六）・明帝（文帝の子・曹叡《そうえい》。二〇四頃～二三九）の頃は疎んじられていたが、のちに実力者の曹爽《そうそう》（?～二四九）に重用され、権勢をふるった。しかし司馬懿《しばい》（一七九～二五一）のクーデターに遭い、曹爽とともに殺害された。老荘思想を好み、『老子《ろうし》』『荘子《そうじ》』『周易《しゅうえき》』*に基づいて形而上的で思弁的な思想を展開する「玄学《げんがく》」の先駆者であり、王弼《おうひつ》*とともに清談《せいだん》の祖とされる。『論語集解』以外の著作として、「道徳論《どうとくろん》」「無為論《むいろん》」などを著したが、これらは他書に断片が引用されるのみで、全文は伝わっていない。

王粛（おうしゅく）（一九五～二五六）
三国魏《さんごくぎ》の経学者*。晋《しん》の武帝《ぶてい》の祖父。初め、当時盛行していた鄭玄《じょうげん》*の学を学んだが、のちに、賈逵《かき》・馬融《ばゆう》*や許慎《きょしん》*らの古文学に傾倒し、鄭玄の説を批判した。主要な批判に、「郊祀《こうし》」（天の祀り方）・「禘祫《ていこう》」（宗廟の大祭）・「天子の宗廟制度《そうびょうせいど》」（祖先を祀る廟の数）・「三年喪《さんねんそう》」（喪の期間の長さ）・「社《しゃ》」（土地神として祀る対象）などに関するものがあり、鄭玄の主要学説である礼説に対するものが中心となっている。また、鄭玄が経書間の矛盾を解消して経書全体の調和的体系化を目指したのに対して、矛盾がある場合はその中の一つの記述を選択して主張する傾向があるとされる。経書の注釈のほか、鄭玄と異なる学説を集めた『聖証論《せいしょうろん》』をはじめ多くの著作をなしたが散逸し、逸文として残るのみ。なお、王粛が多く自説の論拠として提示する『孔子家語《こうしけご》』*には、王粛自身が偽撰したものとの説がある。

杜預（どよ）（二二二〜二八四）

西晋《せいしん》の武将・政治家・学者。字は元凱《げんがい》。武将としては西晋初代皇帝・司馬炎《しばえん》の呉《ご》平定の計画において功績をあげ、政治家としては計略に富んだ献策をたびたび行い、「杜武庫《とぶこ》」（「何でも揃う」の意）と称された。学者としては『春秋左氏伝《しゅんじゅうさしでん》』*を尊んで「左伝癖」（左伝マニア）を自称し、晩年に『春秋左氏経伝集解《しゅんじゅうさしけいでんしっかい》』『春秋釈例《しゅんじゅうしゃくれい》』などを著した。杜預は、それまでの学者たちが『春秋《しゅんじゅう》公羊伝《くようでん》』*『春秋穀梁伝《しゅんじゅうこくりょうでん》』*を用いて『左氏伝』を解釈していたことに異議を唱え、『左氏伝』の伝文こそが経文を解き明かす糸口であるとし、伝文中の義例《ぎれい》（原則）を明らかにすることで『春秋』*を解釈できると説いた。『経伝集解』では、従来それぞれ単行していた経と伝とを年次ごとにまとめ、義例については、周公旦《しゅうこうたん》*が制定した「旧例《きゅうれい》」（凡例《はんれい》）と、孔子《こうし》*が新たに制定した「変《へん》例《れい》」とに区別した。杜預の注釈は、唐代に『五経正義《ごきょうせいぎ》』*に採用されて以降、標準解釈となった。

〈文献〉

五経（ごきょう）

儒家の間で重んじられた五つの経典の総称。具体的には易*・書*・詩*・礼*・春秋*を指す。経《けい》とは、織物の縦糸のことで、縦糸は初めから終わりまで一本でつながっていることから、転じて永久不変の真理という意味で使われた。ここから、聖人*の著作にも縦糸のような真理があるとして、これらの典籍が「経書《けいしょ》」と呼ばれるようになった。これらに音楽の書である『楽経《がくけい》』を加えた六つの経典、すなわち「六経《りくけい》（六芸《りくげい》）」が尊重され、のちに『楽経』が散逸して五経となった。「五経」の名称が用いられるようになるのは、前漢武帝期の董仲舒《とうちゅうじょ》*（前一七九〜前一〇四）の建言で儒教の国教化*が進められ、それぞれの経書の専門家を集めた五経博士《ごきょうはかせ》が置かれたことに始まるともいわれているが、諸説ある。五経の制定以降、五経と孔子《こうし》*の教説こそが正式な学問・教養であるとされ、経学《けいがく》*（経書を研究する学問）が発展していった。

四書（ししょ）
『大学《だいがく》』*『論語《ろんご》』*『孟子《もうし》』『中庸《ちゅうよう》』*の四種類の書を総称する語。朱子学においては学者がまず読むべき書であるとされている。『大学』と『中庸』はもともと『礼記《らいき》』*の中の各一篇であったが、北宋《ほくそう》の頃にはともに単行の書となっていた。それまでの儒学においては「五経《ごきょう》*」に続いて『論語』『孟子』の「二子《にし》」を学んでいたが、北宋の二程子《にていし》（程顥《ていこう》*・程頤《ていい》*）がこの「四書」を聖賢の書として重んじて「五経」よりも前に置き、南宋の朱熹《しゅき》*もこれを踏襲したことから、「四書五経」の学が始まることとなる。朱熹によれば、まず最初に『大学』を読んで自己の学問の骨格を定め、次に『論語』を読んで自己の学問の根本を確立し、次に『孟子』を読んで孟子*の精神的昂揚の発露を見て、最後に『中庸』を読んで古人の奥深い道理を求めていくのだという（『朱子語類』巻一四）。

『周易』（しゅうえき）
古代中国の占いの書。儒教経典である五経《ごきょう》*の一つ。「易経《えききょう》」とも呼ばれる。占いの書であるとともに、処世学の書、あるいは「道*」を明らかにする哲学書としても重視された。本文（「経《けい》」）と解説（「伝《でん》」）によって構成されている。「経」は六四種類の「卦《か》」（⚊と⚋の二種類の符号〔爻《こう》〕を六つ重ねて作られたもの）に分けられ、それぞれの卦に「卦辞《かじ》」（卦全体の意味を説明したもの）と「爻辞《こうじ》」（卦に含まれる六つの爻それぞれの意味を説明したもの）が附されている。「伝」は、彖伝《たんでん》（上・下）・象伝《しょうでん》（上・下）・繋辞伝《けいじでん》（上・下）・文言伝《ぶんげんでん》・説卦伝《せっかでん》・序《じょ》

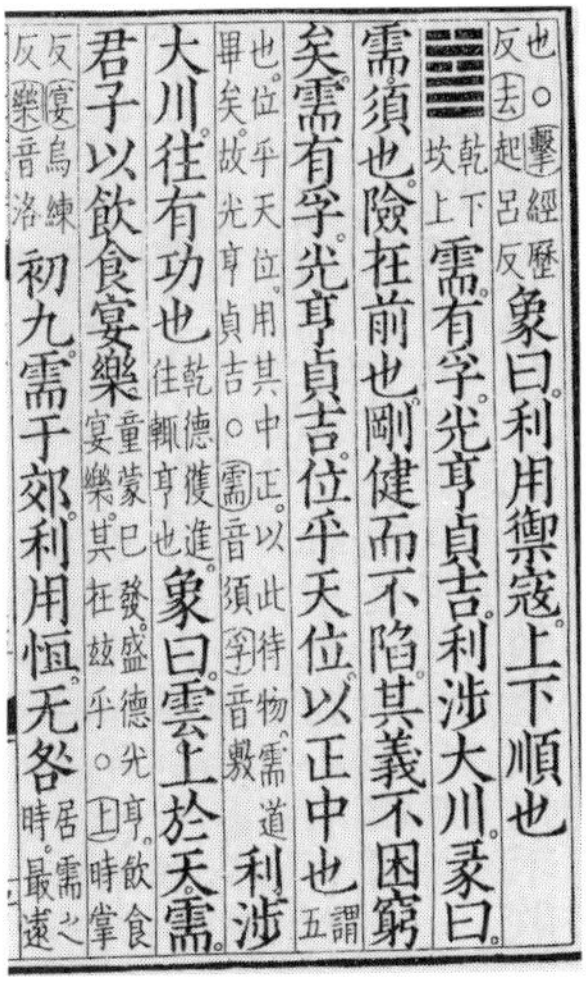
也。擊經歷反去起呂反 象曰利用禦寇上下順也
䷄ 乾下坎上 需有孚光亨貞吉利涉大川彖曰
需須也險在前也剛健而不陷其義不困窮
矣需有孚光亨貞吉位乎天位以正中也 謂五
也位乎天位用其中正以此待物需道畢矣故光亨貞吉○需音須孚音敷 利涉
大川往有功也 乾德獲進往輒亨也 象曰雲上於天需
君子以飲食宴樂 童蒙已發盛德光亨飲食宴樂其在茲乎○上時掌
反宴烏練反樂音洛 初九需于郊利用恒无咎 居需之時最遠

『周易』

卦伝《かでん》・雑卦伝《ざっかでん》の合計一〇篇で、総称して「十翼《じゅうよく》」とも呼ばれる。伏羲《ふっき》（三皇*の一人）が卦を作り、文王《ぶんおう》*が卦辞を、周公旦《しゅうこうたん》*が爻辞をそれぞれ作り、最後に孔子《こうし》*が十翼を作ったと伝えられる。漢代《かんだい》では『周易』をもとに天地自然の原理を明らかにしようとする「象数易《しょうすうえき》」が流行したが、魏《ぎ》の王弼《おうひつ》*以降、『周易』の「経」と「伝」に書かれた文の倫理的・哲学的な意味を究明しようとする「義理易《ぎりえき》」が登場した。この二つが『周易』研究における二大解釈法である。（資料編⑥も参照）

『尚書』（しょうしょ）

古の王が発した命令や宣誓、戒めの言葉が記録された書。儒教経典である五経*の一つ。古くは『書』と呼ばれ、のちに『書経《しょきょう》』とも称される。『尚書』という呼称は漢代以降のもので、「上古の書」という意味。中国最古の文献の一つといわれる。伝世するテキストは五八篇。かつて秦《しん》の始皇帝《しこうてい》*が断行した焚書《ふんしょ》*により一度失われ、漢代初期には当時の通行字体（今文《きんぶん》）で記された今文『尚書』二九篇が伝わるのみだった。その後、先秦時代の文字（古文）で書かれた古文『尚書』が何度か発見されたが、それらは西晋末までにほとんど失われてしまった。そのような中、東晋時代に孔安国《こうあんこく》（前漢の学者。孔子の子孫）の注が付いた古文『尚書』五八篇が朝廷に献上され、唐代には『尚書正義』（『五経正義』*の一つ）の底本に採用されて科挙《かきょ》*のテキストにもなった。この古文『尚書』は、清代になって偽書であったことが証明され、偽古文《ぎこぶん》『尚書』と呼ばれているが、『十三経注《じゅうさんけいちゅう》疏《そ》』*にも採用されて現代に伝わっている。「昭和」「平成」などの日本の元号は『尚書』が出典。

『詩経』（しきょう）

中国最古の詩歌集。儒教経典である五経*の一つであり、他の経典にもたびたび引用される。およそ三〇〇篇の詩からなるため、「詩三百」、あるいは単に「三百篇」とも称される。漢代には伝承過程の違いにより、斉《せい》詩・魯《ろ》詩・韓《かん》詩・毛《もう》詩の四家に分かれていたが、鄭玄《じょうげん》*が毛詩にのみ注を附した（鄭箋《せん》）ため、斉詩・魯詩は早期に失われ、宋代までには韓詩も散逸《さんいつ》、のちには毛詩のみが伝わった。三〇〇余篇の詩は、各地の詩歌を集めた「国《こく》風《ふう》」（周南・召《しょう》南・邶《はい》風・鄘《よう》風・衛《えい》風・王風・鄭《てい》風・斉

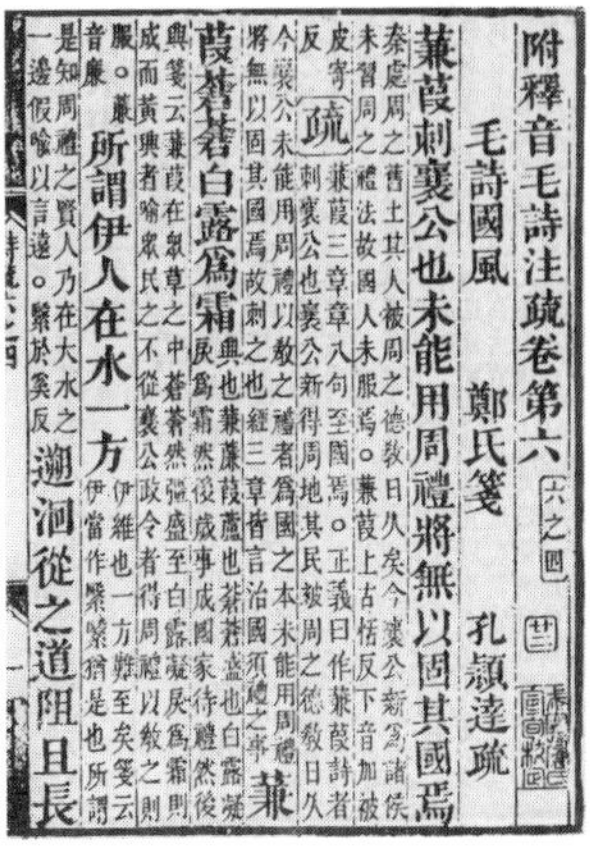
附釋音毛詩注疏卷第六　六之四
毛詩國風　鄭氏箋　孔穎達疏
蒹葭刺襄公也未能用周禮將無以固其國焉秦處周之舊土其人被周之德教日久矣今襄公新爲諸侯未習周之禮法故國人未服焉○蒹葭上古恬反下音加被皮寄反【疏】蒹葭三章章八句至國焉○正義曰作蒹葭詩者刺襄公也襄公新得周地其民被周之德教日久今襄公未能用周禮以教之禮者爲國之本未能用周禮將無以固其國焉故刺之也經三章皆言治國須禮之事
蒹葭蒼蒼白露爲霜興也蒹葭蘆也蒼蒼盛也白露凝戾爲霜然後歳事成國家待禮然後興箋云蒹葭在衆草之中蒼蒼然彊盛至白露凝戾爲霜則成而黄興者喩衆民之不從襄公政令者得周禮以敎之則服○蒹音廉所謂伊人在水一方伊維也一方難至矣箋云伊當作緊緊猶是也所謂是知周禮之賢人乃在大水之一邊假喩以言遠○緊於奚反遡洄從之道阻且長

『詩経』（『十三経注疏』）

風・魏《ぎ》風・唐《とう》風・秦《しん》風・陳《ちん》風・檜《かい》風・曹《そう》風・豳《ひん》風）、西周後期から春秋時代にかけて都で歌われた詩歌を集めた「小雅」、「小雅」よりも早期に都で歌われた詩歌を集めた「大雅」、周王朝および魯国・宋国で祭祀《さいし》*に用いられた詩歌を集めた「頌《しょう》」（周頌・魯頌・商頌）に分類される。また、文字の表音性が高くはない中国語においては、韻文は言語音を探る際の重要な手がかりであり、『詩経』は言語研究の分野でも重視されている。

『礼記』（らいき）

儒教の経典で五経*の一つ。書名の「礼記」とは、礼*の根本経典である「礼経」（『儀礼《ぎらい》』*）に対する「記」（解説）の意であるが、その中には、『儀礼』の解説のほか、政治制度・倫理道徳・日常生活の作法・音楽理論など、多様な内容を含む。前漢後期の戴聖《たいせい》の編纂にかかり、もと『小戴礼記《しょうたいらいき》』（伯父の戴徳《たいとく》が編纂した『大戴礼記《だたいらいき》』に対する名）と呼ばれた。戴徳が多くの原資料より『大戴礼記』八五篇を編纂し、さらにそれを戴聖が削って『小戴礼記』四九篇を編纂したとする説や、二人がそれぞれ独自に自著を編纂したとする説など、成立に関しては異論が多い。当初は単なる『儀礼《ぎらい》』の解説とみなされていたが、鄭玄《じょうげん》*が『周礼《しゅらい》』*『儀礼《ぎらい》』とともに注釈を施し、「三礼《さんらい》」として体系づけたことから重視されるようになった。『礼記』中の大学《だいがく》*・中庸《ちゅうよう》*の二篇は、古くからその哲学性が注目されていたが、南宋の朱熹《しゅき》*が重んじたことにより、両篇を『礼記』から独立させて経典化し、四書《ししょ》*に含めることが一般的になった。

『儀礼』（ぎらい）

周《しゅう》代における儀礼《ぎれい》の具体的な方法をまとめた手引き書。『周礼《しゅらい》』*『礼記《らいき》』*とあわせて「三礼《さんらい》」と呼ばれる。伝説では、周公旦《しゅうこうたん》*が制定したもの、あるいは孔子《こうし》*が編纂したものと伝わるが、現在では春秋期から次第に整理され荀子《じゅんし》*以後に成立したと考えられている。内容としては周代の士大夫《したいふ》（下級貴族）の冠婚葬祭における各儀礼の作法（士礼《しれい》）が中心的であるが、卿大夫《けいたいふ》（上級貴族）や諸侯が主催する酒宴や弓道の作法、諸侯と天子《てんし》との会見などにおける具体的な作法をも含んでいる。この『儀礼』の解説書として礼*に関する議論を総合的にまとめたのが『礼記』である。『儀礼』は『周礼』と比べると、より身近な場面における礼について述べられたものであり、「礼」の中では副次的なものであるとされた時期もあったが、南宋《なんそう》の朱熹《しゅき》*は『儀礼』を「本経《ほんけい》」であると評価し（「三礼を修むるを乞《こ》うの劄子《さっし》」）、『儀礼経伝通解《ぎらいけいでんつうかい》』の編纂に力を注ぎ、南宋当時でも実践可能な冠婚葬祭マニュアルとして『家礼《かれい》』*を作成した。

『周礼』（しゅらい）

前漢の武帝《ぶてい》*（在位前一四一～前八七）の時代に、民間から発見されたと伝えられている、現存最古の行政法典。『周官《しゅうかん》』とも呼ばれる。また、『儀礼《ぎらい》』*『礼記《らいき》』*とあわせて「三礼《さんらい》」と呼ばれる。伝説では、周公旦《しゅうこうたん》*が定めた制度を記した書物であるという。実際の成立年代は箇所によって様々であり、早いものは西周《せいしゅう》末のもの、遅いものは前漢末頃のものであるとされている。古代の官職について、天官《てんかん》・地官《ちかん》・春官《しゅんかん》・夏官《かかん》・秋官《しゅうかん》・冬官《とうかん》の六部門に大きく分類し、それぞれに属する官職の具体的な職務内容について一つひとつ説明している。いわゆる古文《こぶん》（先秦の文字）によって書かれた文献であり、主として古文学派に重視された（「今古文論争《きんこぶんろんそう》*」の項を参照）。また『儀礼』とは異なり政治面を主眼とする書であることから、北宋《ほくそう》の王安石《おうあんせき》*は自ら編纂した『周官新義《しゅうかんしんぎ》』を科《か》挙《きょ》*のテキストとして採用するとともに、科挙の科目から『儀礼』を排除した。

『春秋』（しゅんじゅう）

春秋時代の魯《ろ》の隠公《いんこう》元年（前七二二）から哀公《あいこう》一四年（前四八一）までの一二公二四〇余年間を記録した魯の年代記。儒教の経書である五経《ごきょう》*の一つ。「春秋時代」の由来になった書物。書名は、一年を意味する春夏秋冬から二字をとって名づけたと推定される。注釈書である春秋三伝（『公羊《くよう》伝』*『穀梁《こくりょう》伝』*『左氏《さし》伝』*）に経文が附された形で流通している。基本的な文章の体裁は「年、四季・月・日、記事」となっており、事件が起きた時系列に沿って記録している。このような年表式の歴史記述を編年体《へんねんたい》という。記事の内容自体は非常に簡潔で、戦争・会盟・災害といった国の大事や諸侯・貴族の死亡記事などで占められている。孟子《もうし》*をはじめとする後世の儒者は、孔子*が『春秋』に手を加え、簡潔な経文の微妙な言い回しの中に「大義」（理念）を込めたと主張した。春秋三伝を用いて『春秋』に込められた孔子の大義を解き明かそうとする学問を「春秋学」という。

『春秋公羊伝』（しゅんじゅうくようでん）

儒教の経書『春秋《しゅんじゅう》』*の注釈書で、春秋三伝（ほかは『穀梁伝《こくりょうでん》』*『左氏伝《さしでん》』*）の一つ。撰者は公羊高《くようこう》（子夏《しか》の弟子）と伝承される。今文《きんぶん》（漢代の隷書《れいしょ》*）のテキスト。前《ぜん》漢《かん》の武帝《ぶてい》期、三伝のうち『公羊伝』のみが国家公認の学となったことで、以降漢代を通じて広く読まれた。『春秋』解釈の方法は、問答体によって経文の記録・記録法を比較し、経文に暗示された孔子《こうし》*の義を解明するというものである。『公羊伝』には、孔子の目的は「撥乱反正《はつらんはんせい》」（乱世を治めて正しい世にかえす）にあり、「後聖《こうせい》」（後世の聖人*）にその実現を期待して『春秋』を制作したと記されている。漢代の公羊学者*らはこの「後聖」を「聖漢の王」と考え、後漢《ごかん》の代表的な『公羊伝』の注釈者である何休《かきゅう》*に至っては、『春秋』は漢のために制作されたと主張した（「春秋漢代制作説」）。思想的特徴としては、①行為の結果よりも、行為に至った動機を重視する点、②復讐を是認する点、③強烈な攘夷《じょうい》意識があるも、行為の善悪によっては夷狄《いてき》の中華への進化や中華諸国の夷狄への下落を認める点、④「経《けい》」（原則）を基本とするも、例外として非常事態の「権《けん》」（「経」に反するが、のちに必ず善が実現される行為）も容認する点などがあげられる。

『春秋穀梁伝』（しゅんじゅうこくりょうでん）

儒教の経書『春秋《しゅんじゅう》』*の注釈書で、春秋三伝（ほかは『公羊伝《くようでん》』*『左氏伝《さしでん》』*）の一つ。撰者は穀梁赤《こくりょうせき》（子夏《しか》の弟子）と伝承される。今文《きんぶん》（漢代の隷書《れいしょ》*）のテキスト。前五一年に開催された石渠閣《せっきょかく》会議（経書解釈の異同や優劣を議論した会議）にて国家公認の学となる。『春秋』解釈の方法は、『公羊伝』とほぼ同じで、問答体にて経文の記録・記録法を比較し、『春秋』の義例《ぎれい》（原則）を見出すというものである。思想的特徴としては、①周王朝の封建制度*下の秩序を厳格に重視する点、②私的親愛（肉親への配慮など）よりも公的秩序（君臣の義など）を優先する点、③復讐や譲位は秩序を乱す行為として認めない点、④『公羊伝』が行為の動機を重視するのに対して、行為の結果を重視する点、⑥「獲麟《かくりん》*」に意義を見出さない点など、反『公羊伝』的な傾向がある。

『春秋左氏伝』（しゅんじゅうさしでん）

儒教の経書『春秋《しゅんじゅう》』*の注釈書で、春秋三伝（ほかは『公羊伝《くようでん》』*『穀梁伝《こくりょうでん》』*）の一つ。撰者は左丘明《さきゅうめい》（魯《ろ》の史官）と伝承される。他の二伝が哀公一四年で経文が終わるのに対して、『左氏伝』は哀公《あいこう》一六年（前四七九）の孔子《こうし》*の死までの経文を収録しており、伝文に至っては哀公二七年（前四六八）まで続いている。前漢《ぜんかん》末の学者劉歆《りゅうきん》（劉向《りゅうきょう》*の子。?～二三）が発見して世に現れたため、他の二伝よりも出現時期が遅い。また、他の二伝のテキストが今文《きんぶん》（漢代の隷書《れいしょ》*）であったのに対し、『左氏伝』は古文《こぶん》（秦以前の文字）であったため、『春秋』解釈の正統争いを招き、今文学派は劉歆が『左氏伝』を偽作したと主張し、古文学派を攻撃した（今古文論争*）。『春秋』解釈の方法は他の二伝と異なり、経文の記事の背景となる春秋時代の詳細な史話を用いて経文執筆の意図を説くというものである。収録された史話の中には経文と直接関係のない伝文も多く存在しており、これらは「無経《むけい》の伝」と呼ばれる。膨大な量の史話が収録されているので、春秋時代を探る上での資料的価値も高い。代表的な注釈書としては、西晋《せいしん》の杜預《どよ》*が著した『春秋《しゅんじゅう》

春秋經傳集解　巻一
公立而奉之
經元年春王正月
三月公及邾儀父盟于蔑
夏五月鄭伯克段于鄢
秋七月天王使宰咺來

『春秋左氏伝』
（『春秋左氏経伝集解』）

左氏経伝集解《さしけいでんしっかい》』がある。

『大学』（だいがく）

古代の大学において実施されていた教育内容について説明した書。四書《ししょ》*の一つ。もとは『礼記《らいき》』*の中の一篇（大学篇）であったが、唐《とう》の韓愈《かんゆ》*がこれを高く評価してより（「原道《げんどう》」）、北宋《ほくそう》の司馬光《しばこう》*が『大学広義《だいがくこうぎ》』を著し、二程子《にていし》（程顥《ていこう》*・程頤《ていい》*）が四書の一つにあげるなど、単一の著作として注目されるようになった。南宋《なんそう》の朱熹《しゅき》*はこの二程子の説を継ぎ、『四書集注《ししょしっちゅう》』*の一つとして『大学章句《だいがくしょうく》』を著し、初学者が道徳を学ぶための入門書（初学入徳の門《しょがくにゅうとくのもん》）であると説いて顕彰した。朱熹は『大学章句』を著すにあたって、『礼記』大学篇の文章には錯簡誤脱があるとして、孔子《こうし》*の言葉を曾子*がまとめた「経《けい》」一章、および曾子の意見を門人がまとめた「伝《でん》」一〇章とに分けて順序を整理した。さらに「伝」の中の、「格物致知《かくぶつちち》*」について解説した第五章については、すでに本文がほとんど失われていると主張して、その趣旨を述べた文章を自ら作り、「補伝《ほでん》」として収録している。なお、上述の「格物致知」を含む「三綱領八条目《さんこうりょうはちじょうもく》*」は、この『大学』を典拠としている。

『中庸』（ちゅうよう）

偏《かたよ》らず過不及《かふきゅう》もない、調和のとれた状態を意味する「中庸」の道について説いた書。「四書《ししょ》*」の一つ。子思*の説を述べたものであるとされている。もとは『礼記《らいき》』*の中の一篇（中庸篇）であったが、六朝《りくちょう》時代にはすでに単行本が出され、北宋《ほくそう》になって二程子《にていし》（程顥《ていこう》*・程頤《ていい》*）が「四書」の一つにあげると、朱熹《しゅき》*がこれを継いで『四書集注《ししょしっちゅう》』*の一つとして『中庸章句《ちゅうようしょうく》』を作り、顕彰した。「天*」に基づく倫理として人の「誠」を説いて儒教における哲学的理論を深めたほか、徳目として「知」「仁*」「勇」を説き、修養法として「尊徳性《そんとくせい》」（徳性を尊ぶ）、「道問学《どうもんがく》」（問学に道《よ》る）を説いている。なお朱熹によれば、この『中庸』は「鬼神《きしん》*」や「天地と参《さん》となるべし」などといった抽象的・形而上的な議論が多く、初学者にとっては理解の難しいものであるため、『大学《だいがく》』*『論語《ろんご》』*『孟子《もうし》』の三書をしっかりと読んでから読むべき書であるという（『朱子語類《しゅしごるい》』巻第六二）。

『論語』（ろんご）

儒教の祖である孔子《こうし》*の言葉や行動、弟子との問答などをまとめた言行録。「四書《ししょ》*」の一つ。学而《がくじ》・為政《いせい》・八佾《はちいつ》・里仁《りじん》・公冶長《こうやちょう》・雍也《ようや》・述而《じゅつじ》・泰伯《たいはく》・子罕《しかん》・郷党《きょうとう》・先進《せんしん》・顔淵《がんえん》・子路《しろ》・憲問《けんもん》・衛霊公《えいれいこう》・季氏《きし》・陽貨《ようか》・微子《びし》・子張《しちょう》・堯曰《ぎょうえつ》の全二〇篇。成立や書名の由来については諸説あるが、最古の説によると、孔子の弟子がそれぞれ記録した孔子の「語」を、孔子の死後に門人が議論して選び取った（「論纂《ろんせん》」）ものであり、書名もこれに基づくものであるという（班固《はんこ》*『漢書《かんじょ》』芸文志《げいもんし》）。ただし、孔子だけではなく、弟子である有子《ゆうし》（有若《ゆうじゃく》）・曾子《そうし》*（曾参《そうしん》）・子夏《しか》・子貢《しこう》らの言葉も収録されており、有若と曾参については、敬称である「子《し》」を用いて表記されている。このことなどから、孔子の孫弟子以降に、特に有若と曾参の門下の者を中心として編纂が行われたと考えられる。その後、漢代においては『魯論語《ろろんご》』『斉論語《せいろんご》』『古論語《ころんご》』の三種のテキストが存在していたが、完本はすべて散逸しており、現在伝わっているのは『魯論語』を基本文献として校勘・編輯されたテキストである。

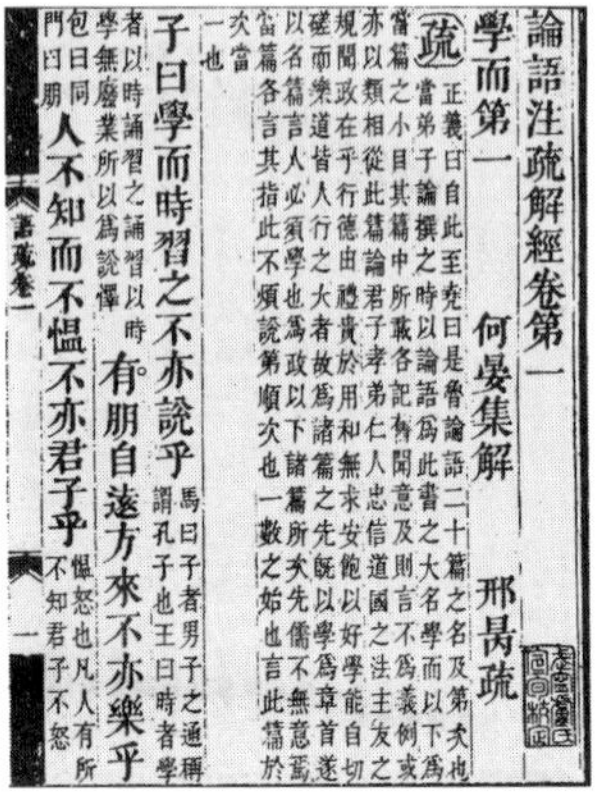
論語注疏解經卷第一
學而第一　何晏集解　邢昺疏
疏 正義曰自此至堯曰是魯論語二十篇之名及第次也
當弟子論撰之時以論語爲此書之大名學而以下爲
當篇之小目其篇中所載各記舊聞意及則言不爲義例或
亦以類相從此篇論君子孝弟仁人忠信道國之法主友之
規聞政在乎行德由禮貴於用和無求安飽以好學能自切
磋而樂道皆人行之大者故爲諸篇之先既以學爲章首遂
以名篇言人必須學也爲政以下諸篇所次先儒不無意焉
當篇各言其指此不煩說第順次也一數之始也言此篇於
次當一也
子曰學而時習之不亦說乎 馬曰子者男子之通稱謂孔子也王曰時者學
者以時誦習之誦習以時
學無廢業所以爲說懌
有朋自遠方來不亦樂乎 包曰同門曰朋
人不知而不慍不亦君子乎 慍怒也凡人有所不知君子不怒
書疏卷一　一

『論語』（『十三経注疏』）

『論語集解』（ろんごしっかい）

三国魏《ぎ》の何晏《かあん》*らが著した、現存する最古の『論語《ろんご》』*の注釈書。南宋《なんそう》の朱熹《しゅき》*の『論語集注《ろんごしっちゅう》』*（「新注《しんちゅう》」）に対して「古注《こちゅう》」と呼ばれる。孔安国《こうあんこく》・包咸《ほうかん》・周氏・馬融《ばゆう》*・鄭玄《じょうげん》*・陳群《ちんぐん》・王粛《おうしゅく》*・周生烈《しゅうせいれつ》という漢から三国魏までの八家の説を抜粋して集めた上で、何晏の自説も加えられている。漢代には『魯論語《ろろんご》』『斉論語《せいろんご》』および景帝《けいてい》年間（前一五七〜前一四一）に孔子*の旧宅から発見された『古論語《ころんご》』という三種のテキストが存在していたが、張禹《ちょうう》が『魯論語』を底本と定めて『斉論語』を参照しつつまとめた『張侯論《ちょうこうろん》』が流布したのち、鄭玄が

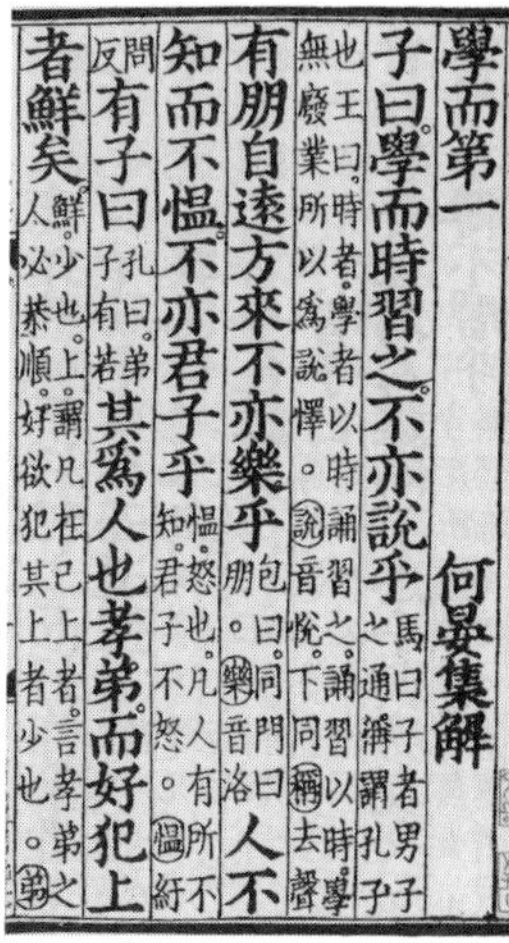
論語巻第一
學而第一　何晏集解
子曰學而時習之不亦說乎馬曰子者男子之通稱謂孔子也王曰時者學者以時誦習之誦習以時學無廢業所以爲說懌。(說)音悅下同(稱)去聲
有朋自遠方來不亦樂乎包曰同門曰朋。(樂)音洛人不知而不慍不亦君子乎慍怒也凡人有所不知君子不怒。(慍)紆問反
有子曰孔曰弟子有若其爲人也孝弟而好犯上者鮮矣鮮少也上謂凡在己上者言孝弟之人必恭順好欲犯其上者少也。(弟)

『論語集解』

『張侯論』に依拠しながら『斉論語』『古論語』を参照した注釈書を作るなど、『魯論語』を重視する流れが存在しており、何晏もこれに従って『魯論語』を底本としている。主要な学者の説を集めて紹介する「集解」という注釈書のスタイルを生み出したほか、当時流行していた「玄学《げんがく》」からの影響を受け、『老子《ろうし》』『荘子《そうじ》』『周易《しゅうえき》』*に基づいた解釈を行っているところに特徴がある。

『論語義疏』（ろんごぎそ）

南朝 梁《りょう》の皇侃《おうがん》（四八八～五四五）が著した『論語《ろんご》』*の注釈書。同書に収められた注釈についても解説を加えている。六朝《りくちょう》時代に発達した、仏教研究に由来するいわゆる「義疏学《ぎそがく》」を伝える貴重な資料である。字句の解釈よりも、大意の解説に重点を置いている点が特徴である。また『論語集解《ろんごしっかい》』*を底本としているが、本文と『論語集解』の注釈とを段落を分けて記載しており、それぞれに解説を加えている点も特徴である。本書は北宋《ほくそう》の邢昺《けいへい》（九三二～一〇一〇）が皇侃の注釈を削って新たに解説文を加えた『論語注疏《ろんごちゅうそ》』の流行に伴って次第に廃れ、南《なん》宋《そう》時代には散逸してしまう。しかし、その版本は日本に伝来しており、一七五〇年、根本遜志《ねもとそんし》が足利学校《あしかがっこう》所蔵の写本を校勘して『論語集解義疏』を刊行する。これが清《しん》

論語義疏巻第一　學而爲政　梁國子助教吳郡皇侃撰
論語學而第一　何晏集解　凡十六章
疏論語是此書總名學而爲第一篇別目中間講說多分爲科段矣侃昔受師業自學而至堯曰凡二十篇首末相次無別科重而以學而最先者言降聖以下皆須學成故學記云玉不琢不成器人不學不知道是明人必須學乃成此書既遍該衆典以教一切故以學而爲先也而者因仍也第者審諦也一者數之始也既諦定篇次以學而居首故曰學而第一也○
子曰子者指於孔子也子是有德之稱古者稱師爲子也曰者發語之端也許氏說文云開口吐舌謂之爲曰此以下是孔子開口談說之語故稱子曰爲首也然此一書或是弟子之言或有時俗之語雖非悉孔子之語而當時皆被孔子印可也必被印可乃得預錄故稱此子曰通冠一書也學而時
論語義疏巻一　學而　二　懷德堂

『論語義疏』（懐徳堂本）

に逆輸入され、注目を浴びることになった。現在テキストとして高く評価されているのは、一九二二年、大阪の重建懐徳堂《ちょうけんかいとくどう》の講師であった武内義雄《たけうちよしお》（のちの東北帝国大学教授）が古鈔本を収集・校勘して刊行した、いわゆる懐徳堂本『論語義疏』である。

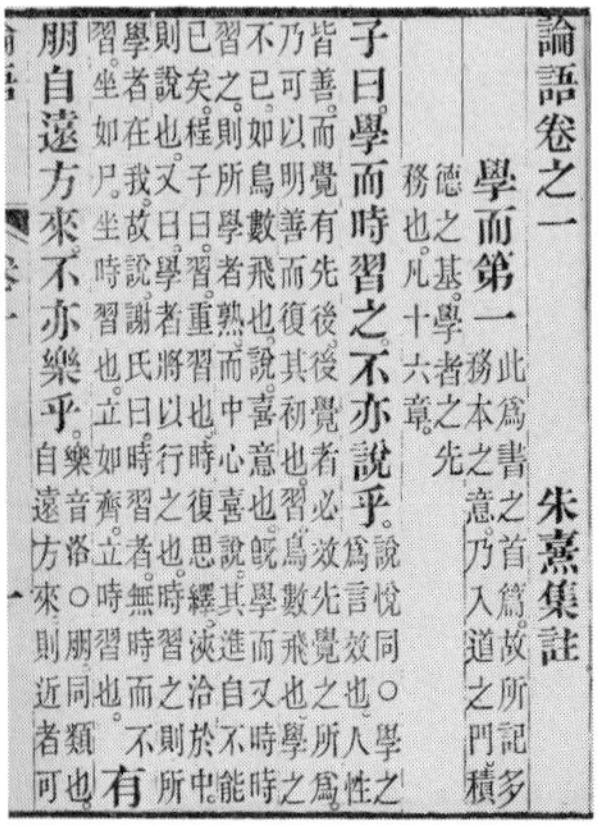
論語卷之一　朱熹集註
學而第一
此爲書之首篇故所記多務本之意乃入道之門積德之基學者之先務也凡十六章
子曰學而時習之不亦說乎
說悅同○學之爲言效也人性皆善而覺有先後後覺者必效先覺之所爲乃可以明善而復其初也習鳥數飛也學之不已如鳥數飛也說喜意也既學而又時時習之則所學者熟而中心喜說其進自不能已矣程子曰習重習也時復思繹浹洽於中則說也又曰學者將以行之也時習之則所學者在我故說謝氏曰時習者無時而不習坐如尸坐時習也立如齊立時習也
有朋自遠方來不亦樂乎
樂音洛○朋同類也自遠方來則近者可

『論語集注』

『論語集注』（ろんごしっちゅう）

南宋《なんそう》の朱熹《しゅき》*が作った『論語《ろんご》』*の注釈書。『四書集注《ししょしっちゅう》』*の一つ。魏《ぎ》の何晏《かあん》*の『論語集解《ろんごしっかい》』*などの、朱子学以前の「古注《こちゅう》」に対して「新注《しんちゅう》」と呼ばれる。朱子学における『論語』の基本テキスト。朱熹自らの解釈を述べた上で、参考として諸氏の解説を集めて紹介している。紹介される主な解説は、朱熹が私淑する程顥《ていこう》*・程頤《ていい》*とその弟子およびその他の宋代《そうだい》の学者のものである。朱熹は『論語集注』を完成させる前に、『論語』と『孟子《もうし》』に関する、程顥・程頤・張載《ちょうさい》*・范祖禹《はんそう》・呂希哲《りょきてつ》・呂大《りょたい》臨《りん》・謝良佐《しゃりょうさ》・游酢《ゆうさく》・楊時《ようじ》*・侯仲良《こうちゅうりょう》・尹焞《いんとん》の九人の説を集めた『論孟精義《ろんもうせいぎ》』を作っているが、この書で集めたものを『論語集注』において多く用いている。

『孝経』（こうきょう）

儒教の中心徳目である「孝*」を論じた儒教経典。孔《こう》子《し》*と曾子《そうし》*の問答体で、天子・諸侯・卿大夫《けいたいふ》・士・庶人《しょじん》の五つのそれぞれの身分に合った理想的な「孝」を論じる。撰者については①孔子、②曾子、③曾子の門人、④漢代の儒者とする説があり、それに伴って成立年代も定まっていない。テキストには今文《きんぶん》（漢代の通行字体）で書かれた『今文孝経』（全一八章、鄭玄《じょうげん》*注）と古文（先秦の字体）で書かれた『古文孝経』（全二二章、孔安国《こうあんこく》（前漢の学者）注）の二種類がある。この二つは、章立てに違いはあるものの、内容はほぼ同じである。唐の玄宗《げんそう》

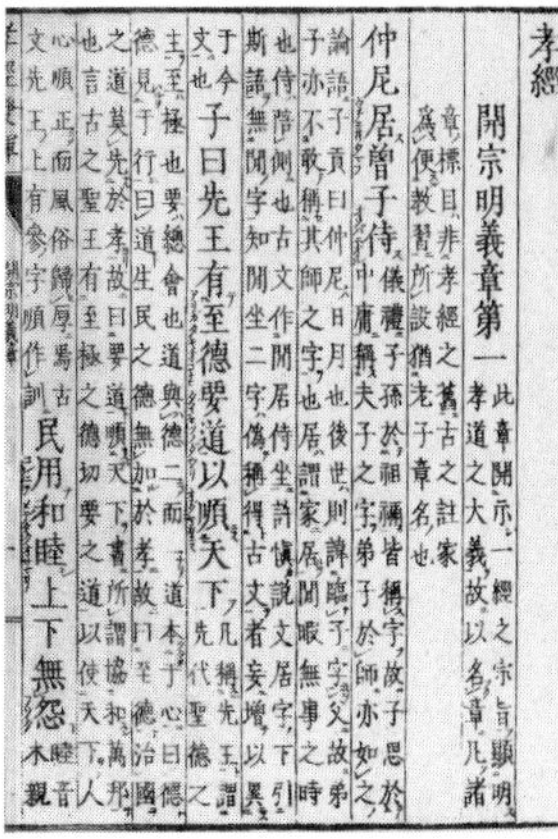
孝經
開宗明義章第一
仲尼居曾子侍
子曰先王有至德要道以順天下民用和睦上下無怨

『孝経』(『孝経発揮』)

(在位七一二~七五六)はこの二種類のテキストの異同を統一するために、『今文孝経』を底本にして注を附した『御注《ぎょちゅう》孝経』を編纂した。北宋の邢昺《けいへい》(九三二~一〇一〇)がこれに疏*(注の解説)を附した『孝経正義』は、のちに『十三経注疏《じゅうさんけいちゅうそ》』*に収録された。日本には、「十七条憲法」に『孝経』を踏まえたと思われる表現が見えることから、それ以前には伝わっていると考えられる。

『爾雅』(じが)

中国最古の辞典。成書年代は明らかではないが、おおよそ戦国~秦漢にかけての成立であるとされる。「爾《じ》」は近づくの意味であり、「雅」は「雅言《がげん》」(正しい言葉、すなわち標準語の意味)を指す。注としては晋の郭璞《かくはく》のものが著名である。本文は釈詁《こ》・釈言・釈訓・釈親・釈宮・釈器・釈楽・釈天・釈地・釈丘・釈山・釈水・釈草・釈木・釈虫・釈魚・釈鳥・釈獣・釈畜の一九篇からなる。『爾雅』の記述方式は非常に簡略であり、「釈詁」「釈言」などでは、「卬・吾・台・予・朕・身・甫・余・言、我也。」とのように、類義語が列挙された後にそれに対応する標準語(この例では「我」がそれにあたる)が示される。『爾雅』は成書年代が古く、また古代中国語の方言や古言を記録した貴重な資料であるため、現在で

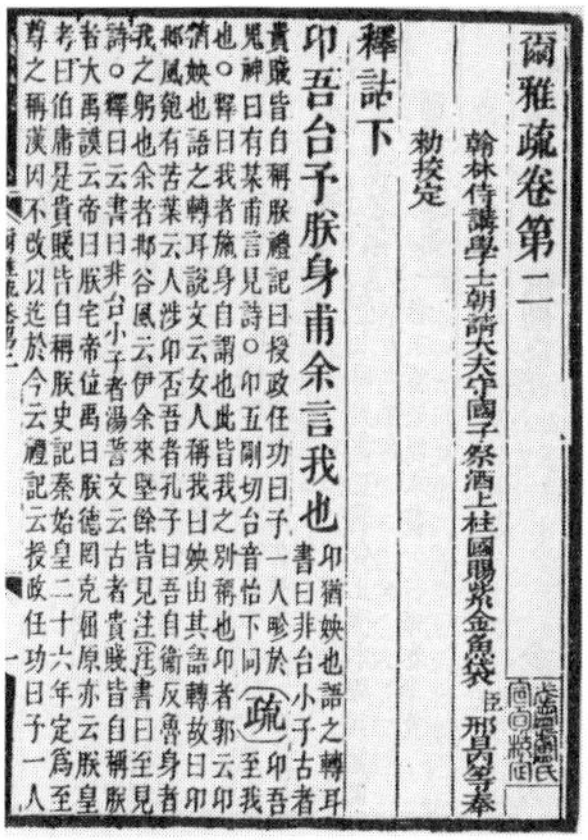
爾雅疏卷第二
翰林侍講學士朝請大夫守國子祭酒上柱國賜紫金魚袋臣邢昺等奉
勅校定
釋詁下
卬吾台予朕身甫余言我也

『爾雅』(『十三経注疏』)

も古典読解の際に有用な工具書であり、『爾雅』の記述を根拠として古典の難読部分が読解される例は多い。

『白虎通』（びゃっこつう）

後漢の経学*関連の書物。後漢の章帝《しょうてい》は七九年、諸儒を北宮の白虎観《びゃっこかん》に招集し、今文学・古文学の対立（今《きん》古文論争《こぶんろんそう》*）などにより様々な問題が生じていた五経*の経書解釈に関して議論させた（白虎観会議《びゃっこかんかいぎ》）。『白虎通』は、勅命により班固《はんこ》*がその結論をまとめて作成したもの。『白虎通』は簡称で、正式な書名は『白虎通義《びゃっこつうぎ》』。また『白虎道徳論《びゃっこどうとくろん》』とも呼ばれる。爵・号・謚《おくりな》・五祀・社稷・礼楽・封公侯・京師・五行・三軍・誅伐・諫諍・郷射・致仕・辟雍《へきよう》・災変・耕桑・封禅《ほうぜん》・巡狩《じゅんしゅ》・考黜《こうちゅつ》・王者不臣・蓍亀《しき》・聖人・八風・商賈・瑞贄《ずいし》・三正・三教・三綱六紀・情性・寿命・宗族・姓名・天地・日月・四時・衣裳・五刑・五経・嫁娶・紼冕《ふつべん》・喪服・崩薨《ほうこう》、の全四三篇（または三綱六紀を分割して四四篇）からなる。主として後漢の公式の学問である今文学の説をとるが、内容的に古文学の説に接近するところも多い。また、多く緯書《いしょ》を利用するのも特徴の一つ。

『孔子家語』（こうしけご）

孔子*およびその弟子たちの言行録。著者や成立時期については明らかでない。『漢書《かんじょ》』芸文志《げいもんし》*に「孔子家語二十七巻」とあるが、これは後代散逸したと考えられており、現在伝わっている『孔子家語』とは異なるテキストとされる。伝世するテキストは魏の王粛《おうしゅく》*が発見した一〇巻四四篇で、前漢の孔安国《こうあんこく》（孔子の子孫）が編纂し、その孫の孔衍《こうえん》が後序を附したものと伝承されるが、王粛の偽作との説が有力。王粛は礼制について、後漢末の鄭《じょう》玄《げん》*が唱えた説に反対していることから、自説の根拠とするために自ら『孔子家語』を偽作し、それに注を附したと考えられてきた。ただ、近年、『孔子家語』の内容に、『説苑《ぜいえん》』や『春秋左氏伝《しゅんじゅうさしでん》』*といった伝世文献のほか、漢代の墓から出土した古逸書《こいつしょ》（散逸して伝わらない書）にも内容の重なる部分があることが明らかとなり、『孔子家語』は完全な偽作ではなく、漢代に流布していた孔子や門人の説話を集めたものであると考えられている。

『経典釈文』（けいてんしゃくもん）

南朝陳～唐の学者陸徳明《りくとくめい》によって編纂《へんさん》された音義書《おんぎしょ》。音義書とは、経典の中の難解な語句に対して音と意味とを注釈する本のこと。『経典釈文』は、『周易』*『尚書』*『詩経』*『周礼《しゅらい》』*『儀礼《ぎらい》』*『礼記《らいき》』*『春秋左氏伝』*『春秋公羊《くよう》伝』*『春秋穀梁《こくりょう》伝』*『孝経』*『論語』*『老子』『荘子』『爾雅《じが》』*に対する音義書であり、古代漢語における「四声別義《しせいべつぎ》」（声調の違いによって語の細かな意味を区別すること）などの現象を現在に伝える貴重な資料である。音注は反切《はんせつ》（音注を附される字と同じ声母をもつ字と、同じ韻母をもつ字との二字を用いて字音を表す方法。たとえば、「東《トウ》」の音は「徳紅切《トクコウ》」のように表されうる）あるいは直音（同音字を用いて字音を表す方法）の方法によって行われている。また、経典本文のみならず、それらに附された唐代以前の諸家の音義が引用されているため、現在では原本が失われてしまった古注をこれによって復元することが可能である。

『五経正義』（ごきょうせいぎ）

五経《ごきょう》*の注釈書。全一八〇巻。儒教内部で学派が多くに分かれ、解釈が繁雑であることを受け、唐の太宗《たいそう》は六三八年、孔穎達《くようだつ》・顔師古《がんしこ》らに『五経正義』の編纂を命じた。六五四年に完成。五経のテキストを定め、まず漢代以来の最善の注を選定し、次に注の解説である疏《そ》の中から最善のものを選び、最後に孔穎達らが加筆して五経読解の標準とした。その際、孔穎達らが参照した注疏*は以下の通り。『周易《しゅうえき》』*：三国魏の王弼《おうひつ》*・西晋の韓康伯《かんこうはく》注、疏は参照なし。『尚書《しょうしょ》』*：前漢の孔安国《こうあんこく》伝、隋の劉《りゅう》焯《しゃく》・劉炫《りゅうげん》疏。『詩経《しきょう》』*：前漢の毛氏伝、後漢の鄭玄*箋（伝・箋は注のこと）、劉焯・劉炫疏。『礼記《らいき》』*：鄭玄注、梁の皇侃《おうがん》・北周の熊安生《ゆうあんせい》疏。『春秋左氏伝《しゅんじゅうさしでん》』*：晋の杜《ど》預《よ》*注、劉炫・陳の沈文阿《しんぶんあ》疏。『五経正義』は、南北朝時代に簡約を好む南方と精密を好む北方とで分離していた学風を統一するものであり、先にあげた注はいずれも南朝側で尊重されたもの、疏は北朝最後の王朝として南北を統一した隋のものである。科挙《かきょ》*の国定教科書にも制定されて国家の思想統一に大きな役割を果たしたが、その一方で解釈の固定化により経学《けいがく》*の停滞を招いたとされる。

『十三経注疏』（じゅうさんけいちゅうそ）

　中国で最も重要とされた経書一三部について、権威のある注疏*を集めた書籍群。唐代にできた経典の石碑である開成石経《かいせいせきけい》*には、『周易《しゅうえき》』*『尚書《しょうしょ》』*『詩経《しきょう》』*『周礼《しゅらい》』*『儀礼《ぎらい》』*『礼記《らいき》』*『春秋左氏伝《しゅんじゅうさしでん》』*『春秋公羊伝《くようでん》』*『春秋穀《こく》梁伝《りょうでん》』*『孝経《こうきょう》』*『論語《ろんご》』*『爾雅《じが》』*の一二経が刻され、北宋の神宗《しんそう》（在位一〇六八～八五）期に『孟子《もうし》』が加えられて一三経となった。これらの文献には漢代以降多数の注疏が施されており、解釈が繁雑であったため、南宋期に最も権威のある注釈書が選定され、『十三経注疏』として古注の基本的なテキストとなった。内訳は以下の通り。『周易正義』：魏の王弼《おうひつ》*・東晋の韓康伯《かんこうはく》注、唐の孔《く》穎達《ようだつ》疏。『尚書正義』：前漢の孔安国《こうあんこく》伝、孔穎達疏。『毛詩正義』：前漢の毛氏伝・後漢の鄭玄《じょうげん》*箋、孔穎達《くようだつ》疏。『周礼注疏』：鄭玄注、唐の賈公彦《かこうげん》疏。『儀礼注疏』：鄭玄注、賈公彦疏。『礼記正義』：鄭玄注、孔穎達疏。『春秋左氏伝正義』：西晋の杜預《どよ》*集解《しっかい》、孔穎達疏。『春秋公羊伝注疏』：後漢の何休《かきゅう》*解詁、唐の徐彦《じょげん》疏。『春秋穀梁伝注疏』：東晋の范寧《はんねい》集解、唐の楊子勛《ようしくん》疏。『孝経注疏』：唐の玄宗御注、北宋の邢昺《けいへい》疏。『論語注疏』：魏の何晏《かあん》*集解、邢昺疏。『爾雅注疏』：東晋の郭璞《かくはく》注、邢昺疏。『孟子注疏』：後漢の趙岐《ちょうき》*注、北宋の孫奭《そんせき》疏。（資料編②も参照）

監本春秋公羊注疏襄公卷第十九
何休學
元年春王正月公即位○仲孫蔑會晉欒黶宋華元衛甯殖曹人莒人邾婁人滕人薛人圍宋彭城宋華元曷爲與諸侯圍宋彭城

『春秋公羊伝注疏』（『十三経注疏』）

『家礼』（かれい）

　冠婚葬祭に関する礼*の作法について一般向けに作られた手引き書。著者は南宋《なんそう》の朱熹《しゅき》*。『朱子家礼《しゅしかれい》』『文公《ぶんこう》家礼《かれい》』ともいわれる。通礼《つうれい》（日常の礼儀作法）・冠礼《かんれい》（成人式における礼）・昏礼《こんれい》（結婚式における礼）・喪礼《そうれい》（葬式から喪《も》が明けるまでの礼）・祭礼《さいれい》（祖先祭祀*における礼）という五部構成からなる。儒教経典の一つである『儀《ぎ》礼《らい》』*に基づき、主に当時の知識人層である「士大夫《したいふ》」（科挙*に合格して官僚になった者）や「士人《しじん》」（それ以外の無官の文人）の礼の実践のために、当時の社会事情に対応した無理のないものを目指して作成されたが、のちに庶民が儒教にのっとった礼（儒礼）を行う際のマニュアルとして、とりわけ東アジア地域において広く浸透し、後世まで多大な影響を与えることとなった。たとえば現在の日本で用いられている位牌（木主《ぼくしゅ》・神主《しんしゅ》）は、そもそも儒教に由来するものであるが、その形状や方式は、朱熹が考案したものに依拠している。

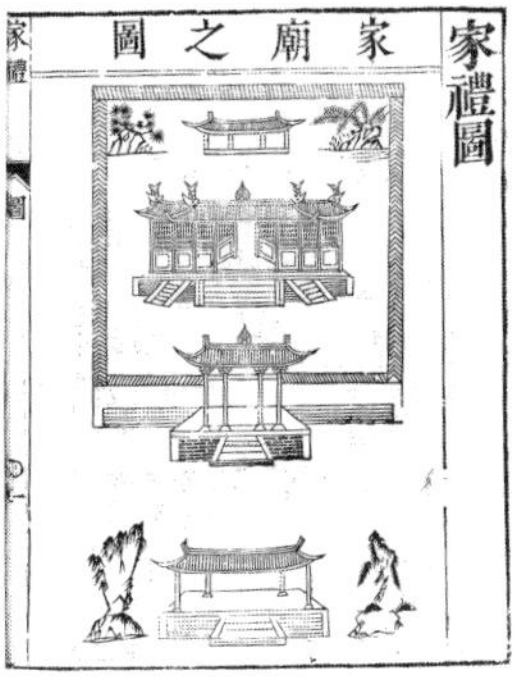

『家礼』（元禄10年刊本）

〈事項〉

天（てん）

中国思想最大の主題の一つ。「天」という漢字は、人が大きく両手を広げている「大」の字の上にさらに一画を加えたもので、人の上にある偉大な存在を意味するとされる。姿形はもたず、声も発しないが、国家の盛衰や人間の運命・寿命などを司る存在として、すでに殷《いん》代では、「天帝《てんてい》」の信仰があった。次の周《しゅう》代では、人格神的な要素を払拭した「天」の信仰が見られ、人間の善意善行には幸福を、悪意悪行には災禍を降すと信じられていた。これを素朴な天人相関《てんじんそうかん》思想*という。さらに陰陽五行*思想とも相まって、天の思想は理論化され、中国歴代王朝を貫く重要な思想となっていった。一方、戦国時代の荀子*のように、天の領域と人の作為には直接的な関係はないとする「天人《てんじん》の分《ぶん》」の思想もあるが、それは少数派であった。天の信仰は、人々の心の大きな支えとなった一方で、近代的自然科学の発展という点では大きな足かせともなった。

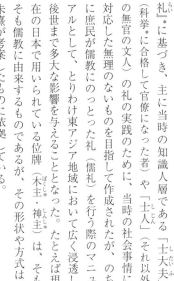

仁（じん）

儒家が最重視した道徳。「仁」という漢字は、もともと「人＋二」で人が互いに親しむさま、あるいは、人が敷ものの上でくつろぎなごむさま、などを表したとされる。これを儒家の道徳論に組み込んだのが孔子*であり、その言行を記した『論語』*では最も多く登場する徳目となっている。端的な定義が見られず、難解な語ではあるが、そこではおおむね「まごころ」「思いやり」の意で理解される。この「仁」とともに孔子は「忠*」「恕」「義*」「孝*」など様々な道徳の必要性を説いたが、のちの孟子*は、特に「仁」と「義」とを組み合わせて強調し、性善説*の立場から、「仁・義・礼*・智」の四つは誰でも辿り着ける道徳的境地だと主張した。また、儒教で最重視される「五常《ごじょう》」（仁・義・礼・智・信）でも筆頭の倫理とされた。儒家の統治論は、「礼」による社会秩序の確立を目指すものであったが、その前提には、人間の心に対する信頼があり、その重要性を端的に表すのが、この「仁」である。

義（ぎ）

人のなすべき正しい道*を指す語。「五倫《ごりん》」（父子の親《しん》・君臣の義・夫婦の別《べつ》・長幼の序《じょ》・朋友の信《しん》）や「五常《ごじょう》」（仁《じん》*・義・礼《れい》*・智《ち》・信《しん》）の一つ。『論語《ろんご》』*に「義を目の前にしても行動を起こさないのは臆病者である」（為政篇）などという言葉があるように、春秋時代末にはすでに用いられていたが、孔子《こうし》*の思想においては「仁」が最高の徳目であり、義はその他の徳目と同列に扱われていた。この「義」をとりわけ強調したのが、戦国初期の墨子《ぼくし》*である。彼は「義より貴いものはない」「義は自身の身より貴い」（『墨子』貴義篇）といい、自己利益を排した、天下のために自己犠牲を厭わない献身を表明する語として「義」を掲げた。儒家においては、孟子《もうし》*が「仁は人の心なり、義は人の路《みち》なり」（『孟子』告子上篇）などといい、「仁」と「義」とを人に内在するものとして並び称したことで知られる。孟子のいわゆる「四端《したん》説《せつ》」では「羞悪《しゅうお》の心」が「義」の端緒であるとされている。

礼（れい）

社会における秩序を構成する社会的規範を意味する中国思想史上の概念。個人的な行動規範から、国家制度や政治機構、さらには宗教儀礼まで、人間社会全体に関わる。内在的な規範である「徳」（道徳）に対して、外在的である点は「法」と共通するが、法が罰則による強制力をもち他律的《たりつてき》であるのに対して自律的《じりつてき》である点に特徴がある。「礼」の文字がもともと捧げ物を象《かたど》ったものであることが象徴するように、礼の観念は、人とその祖先との関係（宗教儀礼・祖先祭祀*）に淵源《えんげん》をもち、それが生きている人間同士の社会的な関係に転化したものである。儒教においては、根本的な徳目である「五常《ごじょう》」（仁*・義*・礼・智・信）の一つとされ、また儒教経典である五経《ごきょう》*の一つとして礼経《れいけい》があげられ、『周礼《しゅらい》』*『儀《ぎ》礼《らい》』*『礼記《らいき》』*といった書物が著された。また宋代には、天地自然や人間社会の法則・道理・根拠などを意味する「理《り》*」が、現実世界に目に見える形となって現れたものが礼であると考えられ、礼にさらに形而上《けいじじょう》的《てき》な意味づけが行われるようになった。

忠（ちゅう）

中国思想における徳目の一つ。本来は、自分自身や相手に対する誠実さを意味し、『論語』*には「信」（偽りのない心）とともに出現することが多く、そのうち里仁篇には孔子*の道*は「忠恕《じょ》」（まごころと思いやり）であると述べられている。「忠誠」「忠君」といった「上位者に対する従順」の意味が定着したのは、戦国時代中期以降のこととされ、儒家の文献では『荀子』に「忠臣」という語が見えるほか、『墨子《ぼくし》』や『韓非子《かんぴし》』といった諸子の書にも君臣関係における「忠」が説かれている。この臣下の徳目としての「忠」は、中央集権制度と相性がよく、漢代以降大いに奨励された。日本においては、特に「忠君」の性格が強く、忠と孝*が比較される際には、中国ではほぼ常に孝が優先されるのに対して、日本では忠が優先されることが多いとされる。

孝（こう）

子が親に対してとるべき態度・行動の類型。儒教においては、子の親に対する敬愛の心情に基づくとされ、人《じん》倫《りん》（人間関係の秩序）の根本であると考えられた。また、目の前の親に尽くすこと（敬愛父母《けいあいふぼ》）以外にも、すでに死去した親・祖先に対する態度（祖先祭祀《そせんさいし》＊）、および子孫を将来に残すこと（子孫継嗣《しそんけいし》）も孝の重要な部分とされ、孝は単に父母（現在）のみならず、祖先（過去）と子孫（未来）とに関わる生命論としてとらえられる。人の自己は不安定で、不安・迷妄《めいもう》・執着《しゅうちゃく》、また死の恐怖に常に揺れ動いているため、人は安定を求めて意識的無意識的に自己を拡大させようとする。血縁・地縁重視志向や権力欲・金銭欲は共時的《きょうじてき》な自己拡大の一環であり、名誉欲は通時的《つうじてき》な自己拡大にあたる。孝は、自己を生命の連続の中に位置づけるという通時的な自己拡大としての性質を有しており、人間の根源的な欲求である自己拡大欲求の一端を形成する観念であると考えられる。

公私（こうし）

おおやけとわたくし。社会に関わる公的な事と個人に関わる私的な事。「公」は共同体的な価値を象徴し、「私」は個人的な価値を象徴する。公私は、一種の対立的命題として背反《はいはん》する性質をもつため、中国思想史上の論題として長く議論されてきた。特に、公共性（公的価値観）と血縁性（私的価値観）とをともに重んじる儒教においては先鋭な対立となりやすく、一例として、「公－国－忠」といった一連の価値観群と「私－家－孝」といった一連の価値観群との対立は、早く『論語《ろんご》』＊に直《ちょっ》躬《きゅう》説話《せつわ》（子が父の罪を密告するという内容の説話）として取り上げられている。この説話は『韓非子《かんぴし》』などでも取り上げられており、『論語』では「私」の優越が、『韓非子』では「公」の優越が説かれる。後世、宋学《そうがく》＊においては「天理《てんり》＊の公」と「人欲《じんよく》の私」との対立として継承され、清代に流行した大同思想《だいどうしそう》では、「私」の消滅した「公」の世界について説かれている。

性善説（せいぜんせつ）

人間の本性は善であるという考え。戦国時代の思想家である孟子＊は、人には生まれつき惻隠《そくいん》（あわれみ）・羞《しゅう》悪《お》（不正を恥じる）・辞譲《じじょう》（譲り合う）・是非《ぜひ》（善悪の判断）の四つの心（四端《したん》）が備わっているとし、それぞれを拡充することで誰でも仁＊・義＊・礼＊・智の四つの徳を身につけることができるとした。また、人は学ばずとも善を判断（良知）し実行する能力（良能）があることを性善説の裏づけとした。性が善であるにもかかわらず悪に走ってしまう理由については、後天的な欲望の心が善なる本性を覆い隠してしまうからだとする。こうした孟子の性善説は後世の儒者たちにも継承され、南宋の朱《しゅ》熹《き》*は性善説に基づいて「性即理*」（人や物の本性は天理*である）を提唱した。なお、孟子の性善説を批判したのが荀子*の性悪説*である。

性悪説（せいあくせつ）

人間の本性は悪であるという考え。戦国時代の思想家である荀子*は、孟子*の唱えた性善説*に反対して、人の生来の性は利己的で欲望に流されやすいものであるとし、善は「偽」（後天的な作為）であると唱えた。人を本性のまま放置すると社会は混乱してしまうので、欲を節制し社会秩序を維持するために、人は「礼*」という正しい規範によって導かれなければならない。また、悪なる性を善に導くものとして学問や教育の重要性が説かれた。荀子がこのように考えた根底には、「天*」を単なる自然現象とみなす「天人の分」の考えがある。荀子の性悪説は後世の儒教思想の主流とはならなかったが、人の本性を利己的なものとする考えは、韓非子《かんぴし》*や李斯《りし》（秦の政治家）といったのちに法家*とみなされる弟子たちに受け継がれた。

聖人（せいじん）

人間として最高の理想像を表す語。具体的な人物として、三皇五帝《さんこうごてい》*や周公旦《しゅうこうたん》*、孔子《こうし》*などを指す。孟子《もうし》*は聖人ではないが、それに次ぐ人物であるとして「亜聖《あせい》」と呼ばれる。古典においては、『孟子』は堯《ぎょう》*と舜《しゅん》*、『墨《ぼく》子《し》』は禹《う》*というように、文献によって重視される聖人が異なることもある。また『荀子《じゅんし》』では聖人にして王者たる聖王を最高の理想的存在であるとして、特定の人物を指定していない。のちに、人はみな学問によって聖人の域にまで達することができるという、いわゆる聖人《せいじん》可学説《かがくせつ》*が朱子学において大きなスローガンとなった。これに対し、王守仁《おうしゅじん》*は、人はみな本来的に完全態としての良知《りょうち》を備えていると考えており、あるとき弟子の王艮《おうごん》*が「満街《まんがい》（街中）の人がみな聖人に見えました」と語ったのを肯定したという記録が残っている（『伝習《でんしゅう》録《ろく》』巻下）。これにより、人はみな聖人であるというの学者「満街聖人《まんがいせいじん》」という命題が、とりわけ陽明学左派の人間観を示すものとなった。

君子（くんし）

徳性・教養を兼ね備えた、優れた人物を表す語。周《しゅう》代《だい》においてはもともと支配者を指す語であり、一定の生活行動様式（貴族文化）を体現した者を称える呼称であったが、孔子《こうし》*をはじめとする儒家が、その道徳的・文化的優位性を強調したことにより、儒教的な徳性・教養を備えた人格者を表す語として用いられるようになった。「聖人《せいじん》*」が人間としての最高の理想像であるのに対し、「君子」はより身近な理想像として設定された。この「君子」と対をなす人物の呼称が「小人《しょうじん》」である。「小人」も本来は被支配者である庶民を指す語であったが、転じて人格の劣った利己的な者を表す語となった。たとえば『論語《ろんご》』*には、「君子は自分の徳のことを気にかけるが、小人は地位の安泰を気にかける」（里仁篇）、「君子は責任を自分に求めるが、小人は責任を人に求める」（衛霊公篇）などと、君子と小人を対比した言葉が散見される。

革命（かくめい）

これまでの王朝にかわって新しい王朝が現れること。古代中国では、有意志の天*が地上から有徳な人を選んで「天子」とし、地上を治めさせると考えられたが、もし天子が徳を失い暴政を行えば、天は新たな人物に天命を与えて天子とするとされた。革命によって支配者の姓が替わるため「易姓革命《えきせいかくめい》」（姓を易《か》え、命を革《あらた》む）ともいう。夏の桀《けつ》王が殷の湯王*に滅ぼされたことや、殷の紂《ちゅう》王が周の武王*に滅ぼされたことがその例とされ、戦国時代の孟子*はこれらの前例に基づいて武力による放伐《ほうばつ》を是認した。また、鄒衍《すうえん》*によって陰陽五行説《いんようごぎょうせつ》*と結びつけられると、各王朝は土・木・金・火・水のいずれかの徳をもち、二つの王朝間の徳の相剋《そうこく》（相手に打ち勝つ）や相生《そうせい》（相手に生み出される）の関係で革命が起こるという理論に発展した。王朝の交代において、放伐による革命は望ましくない事態とされ、君主が民間の有徳者を選んで君位を譲る「禅譲《ぜんじょう》*」が理想的手段とされる。

天人相関思想（てんじんそうかんしそう）

天*と人が互いに影響を及ぼしあうという考え。天と人の関係については、古くは『尚書《しょうしょ》』*に「天が有徳者を選んで地上を統治させる」「天は人の善行には福を、悪行には禍を降す」「正しい政治が行われていれば気候が時節に適ったものになる」等の記述がある。戦国時代になると、荀子*の「天人の分」論のように相関関係を否定する説も現れたが、『墨子《ぼくし》』天志篇を中心とする思想や『呂氏春秋《りょししゅんじゅう》』*の時令説《じれいせつ》*に取り入れられるなど、基本的に天人相関は広く受け入れられていた。こうした思想に陰陽五行《いんようごぎょう》説*を取り込んで、政治思想としてさらに発展させたのが前漢の董仲舒《とうちゅうじょ》*である。董仲舒は『春秋公羊伝《しゅんじゅうくようでん》』*の研究をもとに、為政者の失政に対して天が異常現象や自然災害を起こして忠告するという考え（災異《さいい》説*）を説いた。この思想は、為政者は災異が起こらないように善政に努めなければならないという、権力者の暴走を防ぐシステムとしても作用した。

災異説（さいいせつ）

自然界の異変である災異《さいい》（洪水・干魃《かんばつ》・日食・彗星《すいせい》・虫害《ちゅうがい》など）を、天*の譴責《けんせき》や忠告とみなす思想。中国では古来より、天と人とが相関関係にあるという思想（天《てん》人相関思想《じんそうかんしそう》*）が存在していたが、漢代の儒者《じゅしゃ》・董仲舒《とうちゅうじょ》*は陰陽五行説《いんようごぎょうせつ》*を用いて、その思想をより強固なものに整備したとされる。災異説は、この天人相関思想を土台にしている。董仲舒の災異説は『春秋公羊伝《しゅんじゅうくようでん》』*の記述をもととし、君主と天との関係性を強調することで、君主権の神秘化をはかるものであったと考えられる。一方、放埒《ほうらつ》で横暴な君主の場合には、災異を天からの譴責とみなすことで、君主権の抑制理論として機能していたとも考えられる。董仲舒以降、公羊学者*のみならず、劉向《りゅうきょう》*・劉歆《りゅうきん》父子や易学者の京房《けいぼう》などにも用いられ、次第に予言的な要素が付加されていった。一方、天人相関思想を批判する王充《おうじゅう》*のような人物も現れた。

讖緯説（しんいせつ）

漢代に流行した予言説。「讖《しん》」とは、天文占を中心とした、未来の吉凶や禍福などに関する予言。「緯《い》」とは、「経」（たていと）に対する「よこいと」を意味する。緯書とは、陰陽五行説*・天人相関*説・災異祥瑞《さいいしょうずい》説《せつ》などを用いて経書を解釈・補完するものである。もともと「讖」と「緯」とは別のものであったが、両者が同じく神秘主義的な性質をもつことから併称されるようになった。緯書（広義には「讖」と「緯」とを含む）には、七つの経書（『詩』*『書』*『礼』*『楽』『易』*『春秋』*『孝経』*）に対応する七緯《しちい》のほか、「論語讖《ろんごしん》」「尚書中候《しょうしょちゅうこう》」「河図《かと》*」「洛書《らくしょ》*」なども含む。王莽《おうもう》の簒奪《さんだつ》や光武帝《こうぶてい》の漢朝再興など、讖緯説を利用して革命*を実行した例が示すように、その未来を示すとされた性質から、しばしば民心を惑わし政情不安の原因となった。このため、漢代末期より批判・禁圧が幾度も行われ、隋の煬帝《ようだい》による禁圧に至って散逸したとされる。

春秋の筆法（しゅんじゅうのひっぽう）
孔子*が『春秋』*を編纂《へんさん》した際に用いたとされる記述法。ある歴史上の人物や事象に対して評価を下す際に、直接的な表現を用いるのではなく、その人物に対する呼称などの選択によって間接的に評価を仄《ほの》めかすという記述法である。細微な修辞表現（微言《びげん》）の中に大切な事柄（大義）が表されるという意味で、「微言大義《びげんたいぎ》」とも称される。一例をあげれば、晋の趙盾《ちょうとん》や鄭《てい》の帰生《きせい》といった人物は、主君を直接殺害したわけではなく、殺害に間接的に関わっただけであったが、『春秋』の経文では彼らの行いについて、「弑《しい》す」（目下の者が目上の者を殺害する）という言葉が用いられている。これは、彼らの隠れた罪を暴《あば》いて広く知らしめるために、孔子があえて、事実とは矛盾するが、直接的な殺害を表す「弑す」という言葉を選択したためであると解釈される。現在では、事実を描写する際に主観的価値判断を交える文章法を指してこの言葉を用いる。

獲麟（かくりん）
中国の伝説上の聖獣で、縁起の良い象徴とされる「麒《き》麟《りん》」が捕獲されたこと。儒教の経典『春秋《しゅんじゅう》』*の哀公《あいこう》一四年（前四八一）の記事に「春西狩獲麟（春、西に狩《か》りして麟《りん》を獲《え》たり）」とあり、当時の魯《ろ》の国で麒麟が捕獲されたことを記している。春秋学においては、作り話ではなく、史実として解釈されることが多い。乱世であった春秋時代に、聖獣である麒麟がしかるべき王者もいないのに出現し、その上捕獲されたという異変が記されていることや、『春秋公羊伝《しゅんじゅうくようでん》』*『春秋穀梁伝《しゅんじゅうこくりょうでん》』*の最後の経文であったことなどから、漢代以降の春秋学者の間

獲麟（『聖蹟図』）

で議論となった一文である。たとえば、『公羊伝』には、孔子《こうし》*が「獲麟」を見て「わが道は極まった」と述べたと記されているが、これについて、聖獣である麒麟の死は、聖人*である孔子の死を暗示する凶兆であり、そのため孔子は自身の死を悟ったと解釈する説もある。また、後漢の公羊学者*・何休《かきゅう》*は「獲麟」を、周《しゅう》王朝に代わって漢《かん》王朝が天命を受けることの予兆ととらえ、これを受けて孔子が『春秋』を制作したと主張するが、一方で、左氏学《さしがく》者の賈逵《かき》・服虔《ふくけん》などは、孔子が『春秋』を制作した結果、それに感応して麒麟が出現したと主張するなど、学派・学者ごとにその解釈は多種多様である。なお、孔子が『春秋』を制作した際に、この一文で筆を絶ったとされていることから、「絶筆、物事の終わり」を意味する故事成語として現在でも使われている。

王道と覇道（おうどうとはどう）

儒教における二つの統治理念。仁徳によって天下を治めた王者《おうじゃ》（古《いにしえ》の聖人*）に対して、春秋時代、周王朝が衰えた後、武力で諸侯の盟主となったものを覇者《はしゃ》といい、王道とは王者による統治、覇道とは覇者による統治を指す。王道は、禅譲《ぜんじょう》*によって位を譲られた有徳な君主が、賢臣を用いて公平無私な政治を行い、天下の人民が帰服《きふく》する、という理想的な政治とされた。これに対して現実は、覇者をはじめとする、放伐《ほうばつ》（武力による権力奪取）や世襲《せしゅう》により位に就いた諸侯による武力を用いた征服・支配が横行しており、この王道と覇道、つまり理想と現実との関係が問題となった。戦国中期の孟子《もうし》*は、王者と覇者とを対比させて理論化し、王道の覇道に対する優越を説いた。これに対して、荀子《じゅんし》*は条件付きで一部覇者（覇道）を容認した。

儒教の国教化（じゅきょうのこっきょうか）

漢《かん》王朝によって儒教《じゅきょう》が国家公認の学となったこと。儒教は漢代に国家の公認を得て以降、清《しん》が滅ぶまでの約二〇〇〇年間、中国において絶大な影響力を有した。「儒教の国教化」の画期を何時とするかについては諸説あり、現在に至っても決め手となる説はない。従来の通説では、前漢《ぜんかん》の武帝《ぶてい》期に、儒者の董仲舒《とうちゅうじょ》*の三度にわたる進言（いわゆる「天人三策《てんじんさんさく》」）が採択され、その結果、前一三六年に「五経博士《ごきょうはかせ》」（五経《ごきょう》*を教学する役職）が置かれたという『漢書《かんじょ》』の記述に基づき、武帝期を「儒教の国教化」の画期としていた。しかし、同時代史である『史記《しき》』*には「五経博士」の記述がない点、「五経博士」設置当時に黄老《こうろう》思想*好きで儒家嫌いであった竇太《とうたい》后《ごう》（武帝*の祖母。?〜前一三五）が生存していた点、「天人三策」をはじめ『漢書』董仲舒伝に不合理な記述が存在する点などによって、従来の通説に疑義を呈する意見もある。このほかには、前漢の宣帝《せんてい》・元帝《げんてい》期を画期とする説、新《しん》の王莽《おうもう》期を画期とする説、後漢《ごかん》の光武帝《こうぶてい》から章帝《しょうてい》期を画期とする説などがある。

塩鉄論争（えんてつろんそう）

前八一年に開かれた、いわゆる塩鉄会議《えんてつかいぎ》における論争。前漢の武帝期《ぶていき》、匈奴《きょうど》との対外戦争によって国家財政が悪化していたことから、桑弘羊《そうこうよう》の提言により、財政立て直しのために、均輸《きんゆ》法（ある物資に関して、余剰《よじょう》のある地域で税として納めさせ、政府が不足地に転売する）・平《へい》準《じゅん》法（ある物資に関して、市場価格が下がった際に政府が購入し、高騰《こうとう》した際に市場で売却する）・専売（塩・鉄・酒などの販売を国家が独占する）といった政策が行われた。これらは、表向き物価の調整を目的としたものであったが、実際は国家による商行為に等しく、批判が高まった。こうした問題を解決するために、賢良・文学と呼ばれる儒教的教養をもった民間の知識人を集めて、桑弘羊ら政府高官と議論させたのが塩鉄会議で、のち、桓《かん》寛《かん》がその議事録や関係資料をまとめて『塩鉄論《えんてつろん》』を撰した。結果として、酒の専売は廃止されたが、他の経済政策に関しては前漢末期まで維持された。

今古文論争（きんこぶんろんそう）

漢代に儒者《じゅしゃ》の間で行われた経書《けいしょ》の標準テキストをめぐる争い。今文《きんぶん》とは、漢代の通行字体である隷書《れいしょ》*を指し、古文《こぶん》とは、秦《しん》の文字統一以前に用いられた古い字体を指す。秦の焚書《ふんしょ》*によって多くの書籍が失われた結果、前《ぜん》漢武帝《かんぶてい》期には今文で記された経書のみが残存する状態であった。しかし、武帝*の末期に魯《ろ》の国にあった孔子《こうし》*の旧宅を壊したところ、壁（魯壁）の中から古文で記された経書（『古文尚書』など）が発見され、それ以降、多くの古文テキストが出現した。また、前漢末の学者・劉《りゅう》歆《きん》（劉向《りゅうきょう》*の子。?～一二三）は、当時学官に立てられていた今文学のテキストに対抗するため、『春秋左氏《しゅんじゅうさし》伝《でん》』*などの古文で記されたテキストを顕彰した。今文・古文の両テキストで篇数や内容に相違があったことから、今文学派と古文学派の対立は顕著となり、論争が勃発した。後漢になっても五経博士に立てられたのは今文学派の学者であったが、一方、古文学派の中には今文学も兼修する「通儒《つうじゅ》」「通人《つうじん》」と呼ばれる人々が現れた。許《きょ》

魯壁（曲阜孔子廟）

慎《しん》*・馬融《ばゆう》*・鄭玄《じょうげん》*などがその人である。後漢末・魏初以降は、師説《しせつ》を厳守して一つの経書を専修する今文学よりも、今古文両方の解釈を兼修する古文学派が学界の主流となっていった。

天文暦法（てんもんれきほう）

天体の運行に基づいて作成される暦《こよみ》、およびそれに関する思考。古代中国では、月の運行を基準とする太陰暦《たいいんれき》が用いられていたが、実際の天体の運行と暦とのズレを解消し、また農耕に適するように、閏月《うるう》を入れて調整したり、改暦《かいれき》したりすることがあった。天文暦法の基礎となる数値は、木星の周期に基づいた「十二」であり、一年を一二カ月、さらには二四に分割して「二十四節気」と呼び、農耕の重要な目安にするとともに、時令《じれい》説《せつ》*によって高度に理論化され、人事を規制するものとなっていった。また暦は、単に月日を示したものというのではなく、時の王権が世界を支配していることを自ら明示するという意味合いもあった。そのため、漢代以降、王朝交替のたびに改暦が行われ、新たな暦が公布された。古代中国の天文暦法は高度な技術と観測に基づくものであったが、一方で、様々な神秘的思考や政治的思惑とも交錯しながら展開していった。

祭祀（さいし）

天地の神々や祖先などを祀るための儀式の総称。大きく分けると、朝廷の礼制に定められた祭祀と、民間の祭祀の二つがある。朝廷において皇帝が行う祭祀としては、泰山《たいざん》*の頂上で天*を祀る「封禅《ほうぜん》*」、都の南郊と北郊とでそれぞれ天と地を祀る「郊祀《こうし》」、祖先の位牌を安置する宗廟《そうびょう》（皇帝の宗廟を「太廟《たいびょう》」という）で行う「小祭《しょうさい》」「大祭《たいさい》」などがある。民間の祭祀としては、これも大きく分けると、様々な神仏を祀る神明祭祀、自分の祖先を祀る祖先祭祀、子孫をもたない霊魂を祀る孤魂祭祀の三種がある。このうち、身分や地位に関係なく広く行われた祭祀は、宗廟で行う祖先祭祀である。

経学（けいがく）

儒教の経書《けいしょ》に関わる学問の総称。経学史は、大きく三期に分けられる。第一期である漢・唐に盛行した訓詁《くんこ》学《がく》*は、経書で用いられている古い字や句の意味を漢・

唐の当時の言葉に置き換える作業が中心で、この当時成立した注釈を「古注《こちゅう》」と総称する。代表的な古注の叢書として、『五経正義《ごきょうせいぎ》』*『十三経注疏《じゅうさんけいちゅうそ》』*などがある。訓詁学の中でも、六朝期《りくちょうき》に流行した経典の疏解に関する学問を、特に義疏学《ぎそがく》と呼ぶ。第二期である宋・明に盛行した性理学《せいりがく》（義理学《ぎりがく》）は、当時流行した朱子学《しゅしがく》・陽明学《ようめいがく》などの見地から、経書に哲学的・思弁的な解釈を施すことを特徴とする。この当時成立した注釈を「新注《しんちゅう》」と総称する。代表的な新注の叢書として『四書集注《ししょしっちゅう》』*『五経大全《ごきょうたいぜん》』などがある。第三期である清朝に盛行した考証学《こうしょうがく》*（清朝考証学《しんちょうこうしょうがく》）は、宋明性理学《そうみんせいりがく》の主知主義的《しゅちしゅぎてき》な学問傾向を嫌い、漢唐訓詁学《かんとうくんこがく》への復帰を目指したもので、テキストを実証主義的・客観主義的に究明することをその眼目とする。その当時成立した注釈を「清人注《しんひとちゅう》」と総称する。代表的な清人注の叢書として『皇清経解《こうせいけいかい》』*『続皇清経解《ぞくこうせいけいかい》』などがある。

小学（しょうがく）

経典の解釈に関わる周辺的な学問の総称。主に訓詁《くんこ》学*・音韻《おんいん》学・文字学からなり、いずれも経典の解釈のために発展した分野であると同時に、中国における言語学の前身でもある。訓詁学とは、古典に現れる語句の意味や文法を研究することで、本文の正確な読解を目指す学問であり、各種経典に附された注のほか、中国最古の辞典である『爾雅《じが》』*や、唐の陸徳明《りくとくめい》による音義《おんぎ》書『経典釈文《けいてんしゃくもん》』*などの専著がこの分野の主な著作である。音韻学とは、古代中国語の語音（漢字の読み方）を研究する学問であり、隋の陸法言《りくほうげん》による、当時の言語音の体系を記述した韻書『切韻《せついん》』や、清の段玉裁《だんぎょくさい》*による古音研究書『六書音均表《りくしょおんいんひょう》』などがこの分野の主な著作である。文字学とは、文字の構造や成り立ちを研究する学問であり、漢代の許慎《きょしん》*が著した字書『説文解字《せつもんかいじ》』や、段玉裁による『説文解字注』*などの『説文』研究書に代表される分野である。

訓詁学（くんこがく）

古典に現れる語句の意味や文法を研究する学問。小学*の一部門であり、中国における伝統的な言語学である。経典の正確な読解を目的とする学問であるという性質上、難解な経典の多い中国においては、この類の学問は早期に発展した。各経典に対する個別の注解のほかにも、戦国~秦漢の間に成立した、中国最古の辞書ともされる『爾雅』*や、後漢の劉熙《りゅうき》による、声訓《せいくん》（被注字の意味を、それと音の近い字を用いて解釈する方法）を用いて語源を説明する『釈名《しゃくみょう》』に代表される、個別の経典によらない独立した訓詁学の著作の存在も、訓詁学の早期の発展を示している。中国の歴史の中で、訓詁学は特に後漢~唐代にかけての時期に発展し、唐代に編纂された『五経正義』*などは、その発展期の集大成ともいえる。その後、清代には、漢代の学風を重んじた清儒たちのもとで、訓詁学の流れをくむ考証学*が隆盛を迎えた。

書誌学（しょしがく）

書物を研究対象とする学問。ある書物の成立・歴史・形態・用途・校勘《こうかん》や、書物そのものの起源・歴史や分類など、その研究領域は多岐にわたる。早くから文字文化が高度に発展し、数多くの書物が撰された中国においては、様々な形で書物の研究が行われてきた。書物の解題・目録を作成する目録学《もくろくがく》*は早くから発展し、前漢末の劉向《りゅうきょう》*・劉歆《りゅうきん》父子が作成した宮中の図書の解題目録である『七略《しちりゃく》』『別録《べつろく》』は唐代に散逸したが、その内容を採用した『漢書《かんじょ》』芸文志《げいもんし》*が現在も残る。また、版本間の対校《たいこう》・校勘を行う校勘学《こうかんがく》や、散逸した書物を類書*などの他書における引用から復元する輯佚学《しゅういつがく》、さらには、書物読解のために音韻や文字を研究する音韻学・文字学なども書誌学の一部を構成する。

注疏（ちゅうそ）

「注」とは、経書《けいしょ》（儒学の経典）を解釈したもので、「疏」とは、注をより詳細に解説したもの。「注」は「伝」「解」「箋《せん》」といわれることもある。経書は聖人*の思想を伝えるものとして重んじられ、後世の人々はそれを理解するために、膨大な量の注疏を附した。「『尚書』堯典篇の篇名「堯典」の二字には十万言以上の解説が、冒頭の「曰若稽古」の四字には二、三万言もの解説がなされた」（桓譚《かんたん》*『新論』正経篇）という記述からは、経書の研究がいかに複雑・詳細になっていたかが分かる。漢代から魏晋南北朝時代にかけて多数の注疏が乱立し、今《きん》古文《こぶん》論争*などの経書の解釈をめぐる論争がしばしば起こった。唐の太宗《たいそう》（在位六二六~六四九）期、五経《ごきょう》*の正式な注疏として『五経正義《ごきょうせいぎ》』*が制定されると、他の経書にも同様の疏が作られるようになった。南宋期には、中国で最も重要とされた経書一三部について、権威のある注疏を集めた『十三経注疏《じゅうさんけいちゅうそ》』*が刊行された。

釈奠（せきてん）

先聖（昔の聖人*）と先師（亡くなった先生）を祀る行事。天子の命令によって、主に孔子《こうし》*や儒教にまつわる人物を大学において祀る。曲阜《きょくふ》における孔子を祀る行事は前一九五年の頃から見られるが、大学において挙行される、いわゆる「釈奠」の初めは、二四一年であるとされている。以後、天子自身、あるいは王子や高官を代理として行われる釈奠の礼は、清朝末期まで続くこととなる。日本では、七〇一年に制定された大宝律令《たいほうりつりょう》に記された釈奠の開催についての規定が、釈奠に関する最古の記述である。現在でも足利学校《あしかががっこう》や湯島聖堂《ゆしませいどう》などで実施される釈奠が有名である。

孔門の十哲（こうもんのじってつ）

三〇〇〇人いたとされる孔子《こうし》*の門人のうち、徳行・言語・政事・文学の四つの分野（四科《しか》）にそれぞれ精通していた一〇人。孔子とともに、釈奠《せきてん》*で祀られる。『史記』*仲尼弟子《ちゅうじていし》列伝によると、内訳は次の通り。徳行（仁徳を身につけ、礼*を実践している人）：顔回《がんかい》・閔子《びんし》騫《けん》・冉伯牛《ぜんはくぎゅう》・仲弓《ちゅうきゅう》。政事（内政・外交ともに政治的な能力がある人）：冉有《ぜんゆう》・子路《しろ》。言語（議論が得意な人）：宰《さい》我《が》・子貢《しこう》。文学（詩*・書*・礼*・楽に通じている人）：

孔子とその弟子たち（山東省曲阜,「孔子列国行」像）

子游《しゆう》・子夏《しか》。孔子は、十哲の中で顔回を最も愛重しており、顔回が自分よりも先に亡くなった際には、「天*は私を殺した」（『論語』先進篇）と嘆いた。また、子貢は顔回の聡明さを「一を聞いて十を知る」（『論語』公冶長篇）と褒め称えた。

韋編三絶（いへんさんぜつ）

孔子*が『周易』*を愛読した様子から生まれた故事成語。『史記《しき》』*孔子世家に見える言葉。当時の書物は、竹《ちっ》簡《かん》*と呼ばれる細い竹の札を並べてひもで綴じるという形式であり、「韋編」とはその綴じひものこと。「韋編三《み》たび絶《た》ゆ」と訓読され、「（孔子が『周易』を繰り返し読んだために）綴じひもが何度も切れてしまった」という意味。現代では、熱心に読書するさまを表す言葉として用いられる。孔子と『周易』の関係としては、孔子が「十翼《じゅうよく》」と呼ばれる『周易』の注釈を作成したと伝えられている。

温故知新（おんこちしん）

「過去の事実（「故」）を研究し、そこから新しい知識や見解（「新」）を得る」という意味の故事成語。出典は『論語《ろんご》』*為政《いせい》篇および『礼記《らいき》』*中庸《ちゅうよう》篇。「ふるきをたずねて（あたためて）あたらしきをしる」と読む。現在主流となっている、「故」を客観的な「過去の事実」ととらえ、古典研究・歴史研究の意義を述べたものとする解釈は、古くは漢代から存在しているが、その中でも荻《おぎゅ》生《う》徂徠《そらい》（一六六六〜一七二八）の解釈が現在の意味に近い。ただし、「古注《こちゅう》」や「新注《しんちゅう》」と呼ばれる系統では、このような解釈は一般的ではない。たとえば「古注」の多くは「かつて学んだことを復習して忘れないようにする（知識を更新する）」と解釈し（『礼記《らいき》』の鄭玄《じょうげん》*注、『論語義疏《ろんごぎそ》』*、邢昺《けいへい》『論語注疏《ろんごちゅうそ》』）、「新注」は「かつて学んだり聞いたりしたことを復習・実習することで、新たな知識や見解を得ること」と解釈する（『論語集注《ろんごしっちゅう》』*）。つまり両者はともに、「故」を「自分自身がかつて学んだ（聞いた）こと」として解釈している。

述べて作らず（のべてつくらず）

「古人の言動を伝えて述べるだけで、古人が言っていないことを自ら作り出すことはしない」という孔子《こうし》*の言葉。『論語《ろんご》』*述而《じゅつじ》篇を出典とする。「天下の道理は古人の論説の中にすべて含まれている」という意味を含む。このように解釈する代表的なものは、朱熹《しゅき》*の『論語集《ろんごしっ》注《ちゅう》』*である。朱熹によれば、完全なる創造（「作」）は古《いにしえ》の聖人*にしかできないものであって、後世の賢者はそれをよく伝えていくこと（「述」）ができるのみであるという。ただし孔子はこうした諸聖人の大成したものを集めて折衷してまとめたのであり、これは「述」にあたる業績ではあるが、その功績は「作」の倍にもなる偉大なものであるともいう。一方で、これとは異なる解釈も存在する。たとえば皇侃《おうがん》の『論語義疏《ろんごぎそ》』*は、「作」自体を古の聖人以外には不可能なものであるとはみなしていない。皇侃によれば、そもそも制度を実施するためには徳と位（地位）の両方が必要だが、孔子は徳はあったもののの位がなかったため、あえて「自分は述べることしかできない」と謙遜していったのである、という。

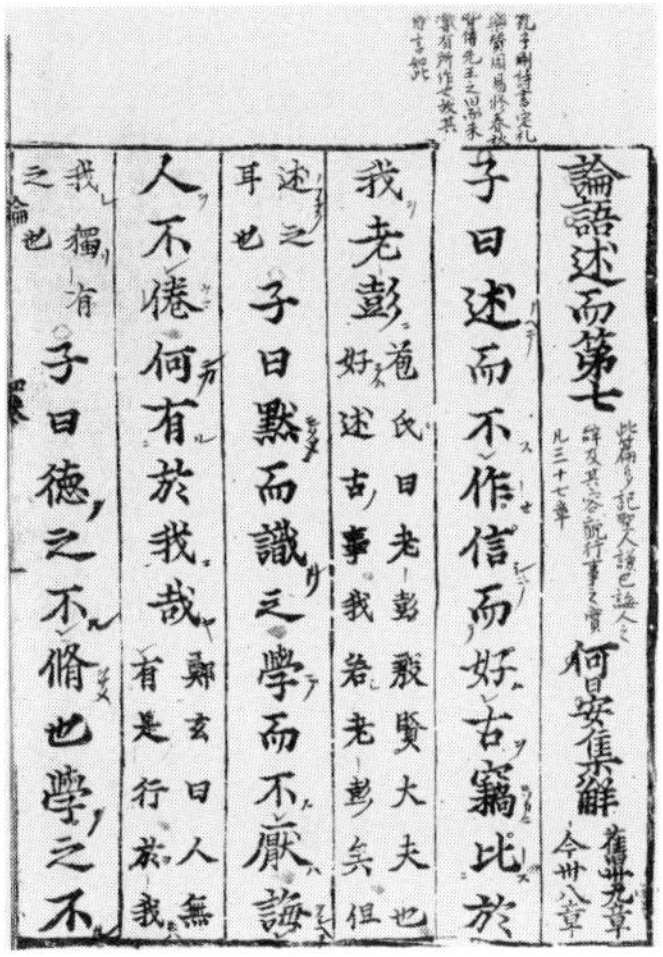

「述べて作らず」（和刻本『正平版論語』）

目録学（もくろくがく）

書物の内容を精査し、それを分類して書物の学術的位置を明らかにする学問。現存する最古の図書目録は『漢書』芸文志《げいもんし》*であるが、図書目録自体の起源は、前漢の劉向《りゅうきょう》*の『別録《べつろく》』と劉歆《りゅうきん》の『七略《しちりゃく》』に遡ることができる。目録の分類法は、作成当時の思想や歴史背景を色濃く反映しているため、各目録において多々変動が見られる。書物を、経《けい》（儒教の経典）・史《し》（歴史書）・子《し》（諸子百家の書）・集《しゅう》（詩文集）の四種に大別する分類法「四部《しぶ》分類《ぶんるい》」は、『隋書』経籍志《けいせきし》*以降一般的な漢籍分類方法となった。儒教独尊体制のもと、経部は筆頭に置かれており、後世、史書が増加して史部の勢力が増しても経部の地位が揺らぐことはなかった。清代に完成した『四庫全《しこぜん》書総目提要《しょそうもくていよう》』*は四部分類を用いた中国史上最大の書籍目録である。現在の漢籍分類方法では、右記の四部に「叢書」の部を足して五部とすることが多い。また、各時代に幾度も作成された図書目録によって、早くに散逸した書物の存在について知ることができる。

コラム2　世界遺産「天壇」と天の思想

北京市内の世界遺産といえば、故宮（紫禁城《しきんじょう》）であろう。ただもう一箇所、見逃せない遺産がある。故宮の南東に位置する「天壇《てんだん》」である。世界最大の祭天建築群として、一九九八年、ユネスコの世界遺産に登録された。

落成したのは、明の永楽《えいらく》一八年（一四二〇）。はじめ「天地壇」と呼ばれていたが、明の嘉靖《かせい》九年（一五三〇）、天壇と地壇に分離された。敷地面積は故宮よりも広く、約四倍もある。主な構造物は、「圜丘壇《かんきゅうだん》」「皇穹宇《こうきゅうう》」「祈《き》年《ねん》殿《でん》」。これらが南から北へ中心軸に沿って並んでいる。

まず「圜丘壇」は、皇帝が祭天の儀式を執行する円形の壇で三段からなる。屋根はない。冬至の日に、上層壇中央の天心石《てんしんせき》の上に立って豊作を祈る。天をかたどる円形で構成され、階段や欄干の数は、陽の最大数「九」およびその倍数となっている。ちなみに古代中国では、奇数が陽、偶数が陰を表す。

次に「皇穹宇」は、皇（皇帝）＋穹（大空）＋宇（宇宙）の意で、高さ一九・五メートル、直径一五・五メートル。祭天の儀式の際、天の神や歴代皇帝の神位（位牌）を安置する。

そして「祈年殿」は、皇帝が正月に五穀豊穣を祈る建物。直径三二メートル、高さ三八メートルで、現存する中国最大の祭壇である。「年」は「みのり」の意。その屋根は円錐三層の瑠璃瓦葺きで、宝頂は金メッキがなされている。

興味深いのは柱の数。三層の屋根を三重に支える形で、内側から四本、一二本、一二本の計二八本である。四は四季、一二は一年一二カ月、二四は一年二十四節気、二八は星座の数を表す。

天壇（祈年殿）

要するに天壇は、その構造そのものが天を象徴している。古代中国の建築物といえば、方形のものが多い中で、この天壇だけは、円形を基調としている。明清代の歴代皇帝はここに立ち、自ら天に通じようとしたのである。

第三章　諸子百家

――深まりゆく思索――

春秋戦国時代、数多くの諸侯国が乱立して天下は麻の如く乱れており、当時の思想家たちは、この乱れを恢復《かいふく》しようとして知恵を絞っていた。儒家は乱れの原因を人倫（人間関係の秩序）の喪失に求め、人々が自身の立場と役目とを守ることが、最終的に天下の安定につながると考えた。墨家は、乱れの原因は人々が身内だけを愛して人類を平等に愛さないことにあると考え、天下の人々をすべて平等に愛する「兼愛《けんあい》」を主張、道家は、理想的な自然の状態に人間が小賢しい知恵を加えたために天下が乱れたと考え、「無為《むい》」を主張した。法家は、人間は自己利益の極大化を行動基準とする利己的な生き物だとの認識から、強制力が強く外在的な規範である法を統治に用いるべきであるとした。本章では、墨子、老子、韓非子などの人物や、『管子』『呂氏《りょし》春秋《しゅんじゅう》』などの書物、さらには「気」「道」「勢」といった重要概念や「陰陽五行説」「尚賢論」「加上説」といった学説など、様々な角度から諸子百家の思想に光を当てる。

〈人物〉

老子（ろうし）（生没年未詳）

春秋時代末期頃の思想家。『老子』の著者とされ、のちに道教の中で神格化される。『史記』*には老子とされる人物が三名記されていて、そのうちの一人老聃《ろうたん》は、周王朝の図書室の役人をしていたことがあるとされ、その際、上京した孔子*が礼*について教えを請うたとされる。実在の人物であるかどうかについても疑問視され、その著とされる『老子』についても、後世の偽作ではないかと疑われてきた。しかし、一九七三年に馬王堆漢墓帛書《まおうたいかんぼはくしょ》『老子』、一九九三年に郭店楚墓竹簡《かくてんそぼちっかん》『老子』が出土し、また二〇〇九年に北京大学が竹簡『老子』を入手するなど、先秦から漢代初期にかけての『老子』古写本（帛書本・竹簡本『老子』*）が相次いで提供されるに至った。これにより、老子の実在や『老子』の成立についても再考が進んでいる。『老子』の思想は、人間のことさらな作為を否定して「無為自然」の境地を評価するもので、戦国時代の荘子*やのちの道教・仏教の思想とも相まって、中国の思想史に大きな影響を与えていった。

老子（『列仙全伝』）

荘子（そうし）（生没年未詳）

戦国時代中期の道家*思想家。宋《そう》の出身で名は周《しゅう》。その生涯については不明な点が多いが、魏《ぎ》の恵王《けいおう》・斉の宣《せん》王《おう》・楚の威王《いおう》と同時代の人物であり、漆園《しつえん》（地名、一説には漆《うるし》畑）の吏であったという。荘子は当時すでに有名人であり、斉王や楚王が相次いで荘子を召し抱えて大臣にしようとしたが、荘子はこれをにべもなく断ったと伝わる。その思想は、あらゆる物事を等しいとみる斉物《せいぶつ》説と、名声や功名を求めず、本性を損なわないことを説いた全性《ぜんせい》説を主とする。荘子の思想を伝えるとされる書『荘子《そうじ》』は、内篇・外篇・雑篇に大別され、内篇は荘子本人の著作で、外篇と雑篇は後学の手によるものである

荘子（荘子祠夢蝶楼）（安徽省）

と考えられている。全体の篇数は『漢書《かんじょ》』芸文志《げいもんし》*には五二篇と記録されており、司馬彪《ひょう》や孟氏が注したものはこれであった。現行のものは三三篇となっており、外篇と雑篇に郭象《かくしょう》*が取捨選択を行ったものである。

列子（れっし）（生没年未詳）

戦国時代の道家*思想家。名は禦寇《ぎょこう》（御寇あるいは圄寇とも表記される）。その生涯については史書に記載がないため、明らかでないところが多い。『荘子《そうじ》』にはたびたび列子についての言及があり、あるいは常人として、またあるいは神仙として描かれる。その思想は、是非の判断を捨て、「虚」を貴ぶというものである。列子に関する著作として伝わる『列子』は、天瑞《てんずい》・仲尼《ちゅうじ》・湯問・楊朱《ようしゅ》・説符・黄帝・周穆王《ぼくおう》・力命の八篇からなり、

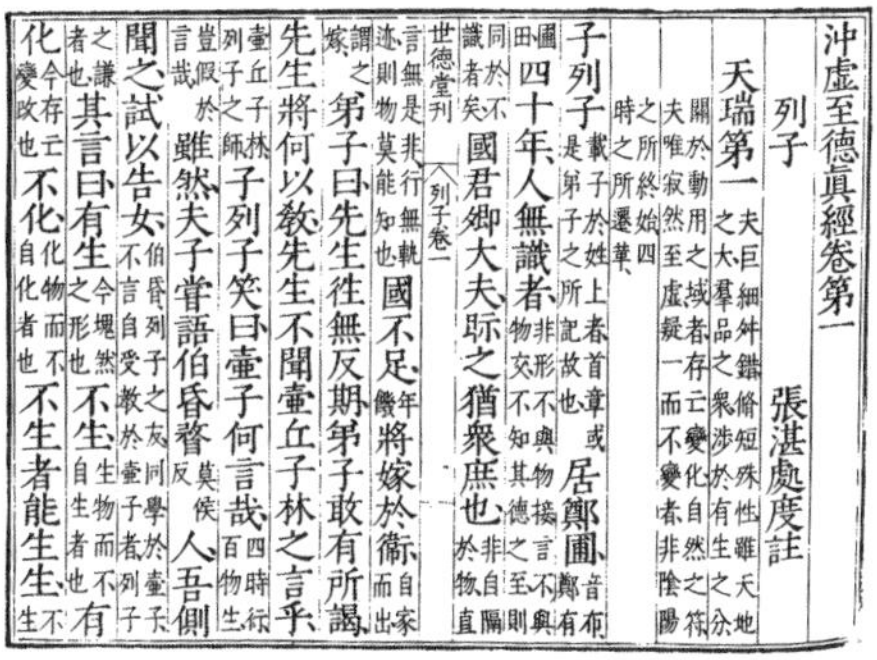

沖虛至德眞經卷第一

列子　張湛處度註

天瑞第一 夫巨細舛錯脩短殊性雖天地之大群品之衆涉於有生之分關於動用之域者存亡變化自然之符夫唯寂然至虛凝一而不變者非陰陽之所終始四時之所遷革

子列子 載子於姓上者首章或是弟子之所記故也 居鄭圃 音布鄭有圃田 四十年人無識者 非形不與物接言不與物交不知其德之至則同於不識者矣 國君卿大夫眎之猶衆庶也 非自隔於物直言無是非行無軌迹則物莫能知也 國不足 年饑 將嫁於衛 自家而出謂之嫁 弟子曰先生往無反期弟子敢有所謁先生將何以敎先生不聞壺丘子林之言乎 壺丘子林列子之師 子列子笑曰壺子何言哉 四時行百物生豈假於言哉 雖然夫子嘗語伯昏瞀 莫侯反 人吾側聞之試以告女 伯昏列子之友同學於壺子不言自受教於壺子者列子之謙也 其言曰有生 今塊然之形也 不生 生物而不自生者也 有化 今存亡變改也 不化 化物而不自化者也 不生者能生生 生不

世德堂刊　列子卷一

『列子』

道家思想の代表的な著作の一つである。ただし、『列子』の来歴には多くの疑問が呈されている。『漢書《かんじょ》』芸文志《げいもんし》*には『列子』八篇とあるが、これは現行のものではない。注釈者である東晋の張湛《ちょうたん》の序によると、現行の『列子』は、張湛の祖父が王弼《おうひつ》*らの家より得たテキストを整理したものであるという。しかしながら、その中には仏教的思想の混入や漢代以降の文法の使用が見られるため、現在では先秦時代に成立したものではないとみなされている。

楊朱（ようしゅ）（生没年未詳）

戦国前期の思想家。字は子居《しきょ》。「楊子《ようし》」とも呼ばれる。伝記が明らかでなく、著作も散逸して伝わらないが、『列子《れっし》』の楊朱篇がその思想を伝えるとされる。そのほか、『荘子《そうじ》』『韓非子《かんぴし》』『孟子《もうし》』などに逸文が見えており、その思想傾向や、多く『老子《ろうし》』の言を引用することから、道家*系の思想家であることが知られる。「為我説《いがせつ》」と呼ばれる徹底した個人主義・快楽主義を唱え、「人の寿命は有限であるから、人生の目的は個人的快楽の追求にある」ことを主張した。また、既存の価値観や社会にとらわれて身を苦しめることを避け、自然に生きることを主軸とする養生《ようせい》*説《せつ》などを説く。その個人主義（利己主義）は、墨家《ぼっか》*の兼愛説《けんあいせつ》（利他主義）と完全に対立するものであったが、両説の極端さを嫌った孟子《もうし》*は、「楊朱と墨《ぼく》翟《てき》（墨子*）の言葉が天下に満ちている」（『孟子』滕文公下）として、墨家説と並べて強く批判した。

孫子（そんし）（生没年未詳）

春秋時代の兵法家。名は武《ぶ》。呉《ご》王の闔廬《こうりょ》（在位前五一四～前四九七）に仕え、楚《そ》や越《えつ》を破って闔廬を覇者の地位に押し上げたという。その兵学思想を記した書として『孫子』一三篇が伝わる。春秋時代末期は戦争が大規模化し、勝つための合理的な戦術が求められた時代であった。従来、開戦の是非や勝負の行方は占いで予測されていたが、孫子はこれを否定し、戦争の勝敗は人為によって決まるとして、開戦前の「廟算《びょうさん》」（祖先を祀る建物で、自分と相手の戦力を分析すること）を重視した。また、戦争の本質は「詭道《きどう》」（敵の裏をかくこと）にあるとして、敵兵力との直接的な対峙を避け、情報戦を制して戦いを有利に導くことを説いた。『孫子』は戦国時代以降広く

孫子（山東省恵民孫子故園）

読まれ、宋代に代表的な兵書を集めて刊行された『武経《ぶけい》七書《しちしょ》』*では筆頭に置かれる。戦国時代に活躍した孫臏《びん》（前四世紀頃、孫武の子孫とされる）も「孫子」と呼ばれ、孫臏を『孫子』の著者とする説もあったが、現在では否定されている。

呉子（ごし）（生没年未詳）

戦国時代の兵法家。名は起《き》。はじめ儒家の曾子《そうし》*のもとで学んでいたが破門され、魯《ろ》に仕えて将軍となった。のちに魏《ぎ》の文侯（在位前四四五～前三九六）・武侯（在位前三九五～前三七〇）の二代に仕え、将軍として秦《しん》や韓《かん》と戦い軍功をあげたが、宰相と不仲になり楚《そ》へ移った。楚では悼《とう》王（在位前四〇二～前三八一）の宰相として法整備や軍事改革を断行し、それに反感をもった旧臣たちによって殺されたという。呉起の思想をまとめた書として『呉子』六篇が伝わる。その内容は、敵情分析の方法や少数部隊の用兵のほか、平時からの国政の充実や国内の団結の重要性を説くことに特色がある。『呉子』は中国の代表的な兵書として『孫子』と並び称され、宋代に刊行された『武経七書《ぶけいしちしょ》』*にも収録されている。

墨子（ぼくし）（生没年未詳）

春秋時代末期から戦国時代初期にかけて活動したとされる思想家。名は翟《てき》。記録が少ないために詳しい活動時期や出身地ははっきりしないが、孔子*と同時期かそれより少し後に魯《ろ》で活動を始めたと考えられる。墨家《ぼっか》*と呼ばれる学団を組織し、兼愛《けんあい》（親疎や身分で区別せず自分を愛するように他人を愛すること）・非攻《ひこう》（侵略戦争への反対）等の思想を掲げて諸国に説いた。墨子および墨家学派の思想を記録した書が『墨子』であり、五三篇が現在に伝わっている。『墨子』には、「十論」と呼ばれる

墨子（墨子紀念館）

墨家の活動の柱となる思想のほか、論理学や守城技術、光学・幾何学といった自然科学についての記述も見られる。漢代以降『墨子』を学ぶ者はなく、長年研究や注釈が施されず難解な書物となっていたが、清末の孫詒譲《そんいじょう》が注釈書『墨子間詁《かんこ》』を著して、その内容が理解されるようになった。現代の中国において、墨子は中国科学技術の源流「科聖」として再評価されている。

商鞅（しょうおう）（?～前三三八）

戦国時代の政治家。法家《ほうか》*思想の先駆者の一人。氏は公孫。衛《えい》の公族であるため衛鞅とも。商は封ぜられた地名で、商君とも呼ばれる。秦《しん》の孝公《こうこう》（在位前三六一～前三三八）に仕え、法治*主義に基づいた富国強兵策を推進し、二度にわたって「変法」と呼ばれる制度改革を断行した。その内容は、身分に関係なく戦功の有無で爵位の与奪を行い、大家族に税を課して分解を促し、国民を什伍《じゅうご》（十人組・五人組）の組織に編成し、連座制を採用して互いを監視させ農耕と軍事に集中させる、といったものであった。この試みにより秦は強大国へと発展したが、不満に思う者も多かった。孝公の死後、商鞅は反対派によって追い詰められ、挙兵したが戦死し、その遺骸は車裂きの刑に処されたという。商鞅の言説をまとめたとされる書に『商君書』があり、二六篇（うち二篇は内容が失われている）が現在に伝わる。商鞅の法思想は、のちに韓非子*によって継承された。

慎到（しんとう）（?～前三一五頃）

戦国時代中期の思想家。法家*思想の先駆者の一人。戦国の七雄*の一つ「趙《ちょう》」の出身で、のちに当時の文化大国「斉《せい》」に遊学し、稷下《しょっか》（斉のシンクタンク）の学士*として活動した。その著として『慎子《しんし》』が今に伝わるが、慎到が直接書いた内容そのままであるかについては疑問視されている。中心的な学説は、自然への因循《いんじゅん》を説く「勢《せい》*」の思想である。それまでの儒家的な統治論は、君主や臣下の徳や賢智を頼りとするものであったが、慎到は、それらを不安定要素だとして批判し、より自動的な統治に必要なものとして「勢」を説いた。のちに戦国時代末期の韓非子*は、この思想を発展させ、慎到の勢を「自然の勢」とした上で、より強力な人工的「権勢」が法治*に必須であると説き、法家思想を集大成した。慎到のこうした思想は、人為よりも自然の勢を重視するという側面が、法家よりもむしろ道家*に近いとのちに批評され、『史記』*では、道家の術を学んだ思想家として紹介されている。

申不害（しんふがい）（?～前三三七）

戦国時代中期の思想家。法家*思想の先駆者の一人。戦国の七雄*の一つ「韓《かん》」の出身。韓の昭侯《しょうこう》のもとで宰相を務めたこともある。秦や魏などの強国に隣接した韓の政情は常に不安定であったが、申不害が宰相の時には国勢が盛り返したという。著書に『申子《しんし》』があったとされるが現存しない。その思想は、統治理論としての「術」の重要性を説く点に特色があった。君主が臣民を統治する場合、最も警戒しなければならないのは、自身の内心をみすかされ、権勢を有する臣下に逆に統御されてしまうという点である。そこで、申不害は、そうした下剋上を招かぬよう、君主が臣民をコントロールする術が大切だと主張した。のちにこの思想は、戦国時代末期の韓非子*によって継承され、法治*を徹底するための技術として高く評価された。韓非子の集大成した法家思想が「法術《ほうじゅつ》思想」とも呼ばれるのはそのためである。

韓非子（かんぴし）（?～前二三三）

戦国時代の思想家。韓の公子として生まれ、荀子《じゅんし》*のもとで学んだとされる。自身の学説を書に著したが韓では採用されず、この書を見て感激した秦王（のちの始皇帝《しこうてい》*）が韓を攻めて韓非子を人質とした。しかし、秦の臣李斯《りし》と姚賈《ようか》は韓非子の才能を妬み、告げ口をして韓非子を投獄した。韓非子は弁明の機会も与えられず、自殺に追い込まれたという。韓非子の思想を伝える書として『韓非子』五五篇が現在に伝わる。韓非子は、利（賞）

を求め害（罰）を避けるのが人の本性であると考え、法を明示した上で、信賞必罰を徹底することを説いた。また、儒家のように聖人君主の出現を待ち望むのは非現実的だと考え、為政者を凡庸な人物と想定した。その上で、君主に付与される圧倒的な権勢で臣下を服従させ、結果主義・実力主義を採用して官僚を職務に集中させることで、君主の能力にかかわらずオートマチックに運営される国家を目指した。これらの思想は、商鞅《しょうおう》*・慎到《しんとう》*・申不害《しんふがい》*ら法家《ほうか》*の先学の思想を集大成したものである。

公孫龍子（こうそんりゅうし、こうそんりょうし）（生没年未詳）

戦国時代の思想家。名家《めいか》*に分類される。字は子秉《しへい》。趙《ちょう》の公子平原君《へいげんくん》が召し抱えた食客の一人であり、はじめ厚遇されたが、鄒衍《すうえん》*との論争に敗れてからは退けられたという。その著書と伝えられる『公孫龍子』六篇が現代に伝わる。公孫龍子は名実論の立場から論理学に取り組み、鋭い現状認識で名実の混乱を指摘し、論証を通じて認識論を体系的に組み立てようとした。有名な説に「白馬非馬論」（「白馬」は「白」という色、「馬」という形からなる複合概念であり、単なる「馬」という単一概念とは異なるため、白馬は馬ではない）や「堅白論」（堅い・白いというのは存在を物体に依存する観念であり、それぞれ触覚・視覚という異なった感覚作用で認識されるから、堅くて白い石があっても一度に認識できる概念は堅い石・白い石のどちらかだけ）がある。

恵施（けいし）（生没年未詳）

戦国中期の思想家。魏の宰相となったともされるが明らかでない。『恵子《けいし》』一篇という著作があったとされるが散逸して伝わらない。『荘子《そうじ》』天下篇を中心として『荀子《じゅんし》』『説苑《ぜいえん》』といった諸書にその思想が散見しており、そこに見える思想内容は名家《めいか》*に属するものが多い。特に『荘子』には荘子《そうし》*の論敵として幾度も登場しており、両者が深い交誼を結んでいた様子が見てとれる。『荘子』天下篇には、恵施の主張した、「歴物十事《れきぶつじゅうじ》」と呼ばれる論理学的な命題が見える。命題のみで証明がないため論の詳細は明らかでないが、おおよそ、時間・空間の区別を相対的なものとみなし、無限大と無限小やそれらに象徴される万物が一体であることを主張したものと考えられている。

鄒衍（すうえん）（生没年未詳）

戦国時代の思想家。陰陽家《いんようか》*に分類される。稷下《しょくか》の学士*の一人。活動時期は明白でないが、孟子*よりやや遅れるとされる。陰陽五行説《ごぎょうせつ》*を深化させ、身近な物の観察から始めて宇宙の根源までを類推したが、その説の帰着するところは必ず仁義と節倹や君臣・親族関係であったという。鄒衍が唱えた学説に「大九州説」と「五徳終始説」がある。大九州説は、儒家の説く「中国」を赤県《せきけん》神州《しん》という「州」だとし、似たような州が中国の外に八つあり、これら九州*は一つの大陸をなし、ほかにも九州をもった大陸が八つある、という説で鄒衍が類推により導いた世界観があらわれている。五徳終始説は、土→木→金→火→水→土…の順番で、それぞれの気に対応する徳をもった王朝が興亡するという考えである。のち、黄帝*は土徳、夏王朝は木徳、殷王朝は金徳、周王朝は火徳で、秦帝国が水徳と説かれたが、漢代に至ると漢王朝を火徳とみなす、五行相生《そうせい》に基づく五徳終始説が説かれるようになった。

蘇秦（そしん）（生没年未詳）

戦国時代の縦横家《しょうおうか》*。『史記《しき》』*蘇秦列伝によれば、東《とう》周《しゅう》の洛陽《らくよう》の人で、弟に同じく縦横家の蘇代《そだい》・蘇厲《それい》がいる。若い頃、張儀《ちょうぎ》*とともに斉《せい》の鬼谷《きこく》先生（『鬼谷子《きこくし》』*の著者と伝わる人物）に学んだ。各地を放浪した後、燕《えん》の文侯《ぶんこう》（在位前三六一～前三三三）に進言して趙《ちょう》と同盟を結ばせ、韓《かん》・魏《ぎ》・斉《せい》・楚《そ》にも「合従策《がっしょうさく》」（戦国の七雄*のうち、秦《しん》を除く六カ国が同盟して秦に対抗する外交策）の重要性を説いて六カ国同盟を完成させ、自身は同盟の宰相を兼任した。この同盟の約定書を秦に送ったところ、秦はおよそ一五年間攻めてくることがなかった。「合従」解体後は燕に仕えたが、立場が危うくなったので斉に出向し、その斉で政敵に刺殺された。ただし、この蘇秦列伝の記述は、『史記』の他の内容と整合しない部分があるため、従来疑問が呈されてきた。一九七三年に湖南《こなん》省長沙《ちょうさ》市馬王堆漢墓《まおうたいかんぼ》で発見された帛書《はくしょ》*『戦国縦横家書《せんごくじゅうおうかしょ》』には、蘇秦のものとされる書簡が含まれており、近年、蘇秦の活動に対する研究が進展している。

張儀（ちょうぎ）（?～前三〇一）

戦国時代の縦横家《しょうおうか》*。『史記《しき》』*張儀列伝によれば、魏《ぎ》の人で、蘇秦《そしん》*とともに斉《せい》の鬼谷先生《きこく》（『鬼谷子《きこくし》』*の著者と伝わる）に学んだ。その後、諸国を遊説するもなかなか受け入れられず、当時六カ国連合の宰相に出世していた蘇秦に面会を求めたが蔑ろにされ、発憤して秦《しん》に赴いて恵文王《けいぶんおう》に仕えた。秦の宰相になると、楚《そ》の懐王《かいおう》を巧みな弁舌で騙して斉・楚の同盟を破棄させ、蘇秦の死後には「連衡策《れんこうさく》」（六カ国が各々秦と和睦する外交策）を提唱し、「合従」を崩壊させた。しかし、恵文王が死没すると、張儀と不仲であった武王《ぶおう》が即位したため、張儀は魏に逃げて宰相となり、一年後に死没した。司馬遷《しばせん》*は張儀を蘇秦と並べて「傾危《けいき》の士」（詭弁で国を傾ける危険人物）と評している。

告子（こくし）（生没年未詳）

戦国中期の思想家。著作が伝わらず、その思想の全体像は明らかでないが、『孟子《もうし》』告子篇《こくしへん》に、孟子《もうし》*と行った人性《じんせい》（人の本来の性質）についての議論が見える。人性の善・不善に関して、孟子が人の性は善であるとする性《せい》善説《ぜんせつ》*を主張したのに対し、告子は人性を水に喩《たと》え、水が水平移動に一定の方向性を有さず、東に傾ければ東に西に傾ければ西に流れ出すように、人性も善悪という方向性を有してはいないと主張した。また、仁*・義*といった性質が心の内にあるのか外にあるのか（内在的か外在的か）という問題に関して、孟子が仁・義ともに心の内にあると主張したのに対し、告子は、仁は欲と同様に心の内にあり、義は心の外にあるという仁内義外説《じんないぎがいせつ》を唱えた。

揚雄（ようゆう）（前五三～後一八）

前漢から新にかけて活動した文人・学者。楊雄とも書く。字は子雲《しうん》、成都《せいと》の出身。多才な人物であり、活躍した分野は『法言』などの思想方面にとどまらず、賦や散文などの文学方面や、『方言』に代表される小学*方面でも重要な功績を残している。揚雄は幼い頃から学を好み、同郷の高名な文人である司馬相如《しばしょうじょ》を手本に賦を作っていた。その後四〇歳を過ぎてから上京し、王莽《おうもう》（前四五～後二三）や劉歆《りゅうきん》（?～二三）らの同僚となるが、地位や富貴に対して淡白な性格もあり、終生出世することはなかった。都では諷刺《ふうし》に富んだ賦を作っていたが、のちに賦に見切りをつけ、思想的著作に方向転換し、『易経』*を模して『太玄《たいげん》』を、『論語』*を模して『法言《ほうげん》』を著した。これらの著作は当時の人々には軽視されたが、劉歆らはこれに敬服し、また桓譚《かんたん》*はこれを「絶倫《ぜつりん》」（他に並ぶものがないほど優れている）と評したという。晩年には、王莽の怒りに触れたと思い込み、飛び降り自殺を図るという事件もあったが、七一歳まで生きた。

王充（おうじゅう）（二七～一〇〇頃）

後漢初期の思想家。字は仲任《ちゅうじん》。幼い頃から優秀で、青年期には首都・洛陽《らくよう》の太学《だいがく》に遊学して班彪《はんぴょう》（班固《はんこ》*の父）に師事し、諸学に通じた。一方、役人としては地方官を転々とし、栄達することはなかった。彼が数十年をかけて完成させた『論衡《ろんこう》』八五篇は、「虚妄《きょもう》を疾《にく》む」という著作態度に基づき、世の俗説を合理的に批判して真偽を論じた著書である。批判対象は、当時流行した災異《さいい》説*や讖緯《しんい》説*、また自身が不遇な生涯を終える原因となった、当時の社会矛盾などについてである。特徴としては、①世の中の出来事はすべて偶然の産物であるととらえる思想、②天地を無為《むい》であるとし、人を含む万物はすべて陰陽の気によって生成されているという思想、③人の貴賤貧富や寿命といった「命」は、天*から受けた気*の厚薄で先天的に決まっているという思想、④人は死後、自然の気に還るため鬼神《きしん》*にならないという思想などがあげられる。

王符（おうふ）（生没年未詳）

後漢後期の思想家。和帝《わてい》・安帝《あんてい》（八八～一二五）の頃に生まれ、桓帝《かんてい》・霊帝《れいてい》（一四六～一八九）の頃に死去した。字は節信《せつしん》。若い頃から学問を好み、馬融《ばゆう》*や張衡《ちょうこう》などの学者と交流があった。当時の官吏登用制度は名門に有利で、官吏になりたい者は名門と交友関係を結ぶ必要があった。しかし、王符は生まれも卑しく、節操を守って俗人と同じようにしなかったため、生涯仕官する機会を得ることはなかった。この鬱憤《うっぷん》に基づいて著されたのが『潜夫論《せんぷろん》』である。現存するのは三六篇。「潜夫」には、自身の名が知られることを欲せず、世に潜むという意味が込められている。後漢後期は政治の腐敗が顕著となり、社会秩序が混迷をきわめた時代であった。『潜夫論』は、こうした後漢の政治や社会について批判した書であり、後漢初期の王充《おうじゅう》*の『論衡《ろんこう》』と同じく合理的な批判主義が貫かれている。その批判の対象は、当時の為政者や臣下にとどまらず、政治制度や風俗にまで及ぶ。政治論においては、厳しい刑罰の必要性を主張したが、一方では徳化を重視するといった二面性も見られる。

何休（かきゅう）（一二九〜一八二）

後漢の経学者。字は邵公《しょうこう》。党錮《とうこ》の禁にあい、その後は官を退いて著述に専念した。六経を研究したが、特に『春秋』*研究に優れ、公羊学*に基づく『公羊墨守《くようぼくしゅ》』『春《しゅん》秋《じゅう》公羊伝解詁《くようでんかいこ》』を撰した。特に、『春秋公羊伝』*の注釈である『春秋公羊伝解詁』は、『十三経注疏』*にも採用されており、後代『春秋公羊伝』の標準的な解釈となっている。『春秋公羊伝解詁』は経典の注釈であるが、その内容には漢王朝の現状に対する批判が多く見えるとされる。また、ここで示された「三科九旨《さんかきゅうし》」説といわれる『春秋』の義理《ぎり》（物事の正しい道筋）には、『春秋』の理念や筆法《ひっぽう》*（記述方式）に関する説明や一種の進歩史観《しんぽしかん》などが見える。これらの説は、のちの清朝公羊学にも大きな影響を与えている。そのほか『春秋』に関する著作として、『春秋左氏伝』*に対する批判である『左氏膏肓《さしこうこう》』、『春秋穀梁伝』*に対する批判である『穀梁廃疾《こくりょうはいしつ》』がある。

荀悦（じゅんえつ）（一四八〜二〇九）

後漢後期の学者。字は仲予《ちゅうよ》。貧しい家庭で、家に書物がなかったため、他人の書を一読し暗記したという。また、一二歳にして『春秋』*を解説したといわれている。代表的な著作に『申鑒《しんかん》』『漢紀《かんき》』がある。『申鑒』は、曹《そう》操《そう》（一五五〜二二〇）の政権掌握を憂い、漢王朝再興の願いを込めて様々な制度について述べたものである。この書の特徴として、社会の現状に対する施策において、相反する道徳と刑罰との併用を認め、どちらを用いるかはその時々によるとしたこと、讖緯説《しんいせつ》*を斥《しりぞ》けて神秘思想を否定したことなどがあげられる。『漢紀』は、献帝（在位一八九〜二二〇）の命を受け、内容が煩瑣であった『漢書』を、『春秋左氏伝《しゅんじゅうさしでん》』*をまねて編年体を用いて再編したものである。

仲長統（ちゅうちょうとう）（一八〇?～二二〇）

後漢末の思想家。字は公理《こうり》。思うがままに発言する性格で、「狂生」と呼ばれた。曹操《そうそう》（一五五～二二〇）に仕え、漢王朝に対して政治批判を行った。著書の『昌言《しょうげん》』は、もと三四巻あったとされるが現在は散逸し、逸文が『後漢書』仲長統伝などに見えるのみ。仲長統は、当時主流であった天人相関思想*を批判し、天*を単なる自然ととらえた。また、人間を中心に考え、理性を尊ぶ合理的な思想を展開した。たとえば孝*に関して、無条件で親に従うことには異議を唱え、子供が学ぶことに父母が反対したとしても、子供は自身が学びたければ親の意思に反してでも学ぶべきであると主張した。

王弼（おうひつ）（二二六～二四九）

三国時代の思想家。字は輔嗣《ほし》。幼少の頃から秀才の誉れ高く、一〇歳余りで『老子《ろうし》』を論じたが、才能を鼻にかけ人を嘲笑したため、人々に憎まれたという。老荘思想《ろうそうしそう》を好み、何晏《かあん》*とともに清談《せいだん》や玄学《げんがく》の創始者と称される。また二人の清談は「正始《せいし》の音《おん》」と呼ばれ、喜怒哀楽の情に関する論争などが知られる。著に『老子』『易』*の注釈があり、『老子』王弼注は、河上公注《かじょうこうちゅう》とともに、代表的な『老子』注釈とされている。また『易』注は、老荘の概念が援用された思想性・哲学性の高いもので、その解釈法は、漢代流行した卦《か》の象形《しょうけい》や易の数理から法則を導き出す「象数易《しょうすうえき》」に対して、「義理易《ぎりえき》」と呼ばれる。この義理易の考え方は以降の主流となり、王弼の易注は『五経正義《ごきょうせいぎ》』*に採用され、『十三経注疏《じゅうさんけいちゅうそ》』*にも収められている。

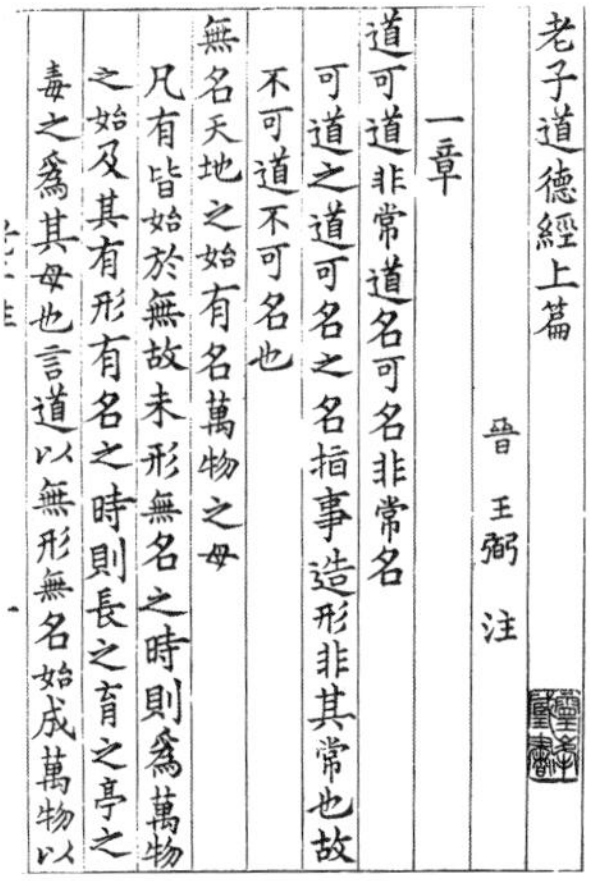
老子道德經上篇　晉 王弼 注
一章
道可道非常道名可名非常名
可道之道可名之名指事造形非其常也故
不可道不可名也
無名天地之始有名萬物之母
凡有皆始於無故未形無名之時則爲萬物
之始及其有形有名之時則長之育之亭之
毒之爲其母也言道以無形無名始成萬物以

『老子』（王弼注）

郭象（かくしょう）（生没年未詳）

西晋《せいしん》の思想家。字は子玄《しげん》。幼少より才知に優れ、当時

南華眞經卷第一
莊子内篇逍遥遊第一 夫小大雖殊而放於自得之場則物任其性事稱其能各
郭象子玄註　陸德明音義
當其分逍遥一也豈容勝負於其間哉。音義曰内篇内者對外立名說文云篇書也字從竹從卄者草名耳非也逍音銷亦作消遥如字亦作搖遊如字亦作游逍遥遊者篇名義取閒放不拘怡適自得夫音符揚直良反稱尺證反當丁浪反分符問反
北冥有魚其名爲鯤鯤之大不知其幾千里也
化而爲鳥其名爲鵬 鵬鯤之實吾所未詳也夫莊子之大意在乎逍遥遊放无爲而自得
故極小大之致以明性分之適達觀之士宜要其會歸而遺其所寄不足事事曲與生說自不害其弘旨皆可略之。北冥本亦作溟覓經反北海也嵇康云取其溟漠无涯也梁簡文帝云窅冥无極故謂之冥東方朔十洲記云水黒色謂之冥海无風洪波百丈鯤徐音昆李侯温反大魚名也崔譔云鯤當爲鯨簡文同幾居豈反下同鵬步登反徐音朋郭甫登反崔音鳳云鵬

『荘子』（郭象注）

「王弼《おうひつ》の亜《あ》」（王弼*に次《つ》ぐ才能）と評されたという。老荘の学に通じ、清談に優れた。主著である『荘子』の注釈（『荘子』郭象注《かくしょうちゅう》）は、従来の五二篇本『荘子』を三三篇に改編し、注釈を附したもの。現存最古の『荘子』の注釈であり、後世、最も標準的な『荘子』注として現代に至るも広く読まれている。当時主流であった「貴無論」（「有は無より生ずる」という説）に反して、万物は「無」より生ずるのではなく、もともと存在すると説く。この郭象注に関しては、古くより秋水篇《しゅうすいへん》・至楽篇《しらくへん》以外の部分は同時代の向秀《しょうしゅう》の『荘子』注を剽窃《ひょうせつ》したものだとの説があるが（『世説新語《せせつしんご》』*文学篇など）、現在ではすべて郭象の手になるとの説が有力。このほか、『論語体《ろんごたい》略《りゃく》』『郭象集《かくしょうしゅう》』という著作があったとされるが散逸して伝わらない。

〈文献〉

『管子』（かんし）

春秋時代の政治家管仲《かんちゅう》の言説や思想を集めたとされる書。管仲は斉《せい》の人で、名は夷吾《いご》、字は仲、諡《おくりな》*は敬。斉の桓公《かんこう》（在位前六八五～前六四三）の守り役であった鮑叔《ほうしゅく》と親しく、推薦されて宰相となった。管仲は商業を振興して国を富ませ、桓公を春秋の五覇*へと押し上げたという。『管子』は本来八六篇あったとされるが、現存するテキストは七六篇。その内容は政治・経済・倫理・軍事・教育・地理など多岐にわたる。目録においては、はじめ『漢書《かんじょ》』芸文志《げいもんし》*では道家《どうか》*に分類されたものの、それより後は法《ほう》家*に分類されている。しかしその内容には、道家や法家のみならず儒家や陰陽家《いんようか》*に類する思想も散見し、雑《ざっ》家*に近い性格をもっているといえる。こうした多彩な内容は、稷下《しょくか》の学士*たちの手によって作り上げられたものではないかと推測される。「終世変わらない友情」を意味する「管鮑《かんぽう》の交《まじ》わり」という故事成語は、管仲と鮑叔との交友に基づく。

『文子』（ぶんし）

老子《ろうし》*の弟子の文子の作と伝承される道家*の書。老子の遺言を記録するという体裁をとり、『老子』の説を敷衍して説いている。特に為政者の政治哲学としての無為自然を強調している。部分的には『列子《れっし》』『荘子《そうじ》』『淮南《えなん》子《じ》』*などと一致するところがある。唐《とう》の玄宗《げんそう》（六八五～七六二）の時代に老子を祖とする道教が国教化され、それに伴って崇玄学《すうげんがく》（国営の道教学校）のテキストとして『老子』『荘子』『列子』とともに選ばれ、科挙《かきょ》*の科目に設定された。また玄宗より文子に「通玄真人《つうげんしんじん》」、『文子』に「通玄真経」の尊称が贈られ、聖典としての地位が与えられた。後世の偽作であるという説も根強いが、一九七三年、前漢《ぜんかん》の中山懐王《ちゅうざんかいおう》・劉修《りゅうしゅう》の墓から『文子』の竹簡*が発見され、その内容の多くが現行本と一致したことから、魏晋《ぎしん》以降の偽作であるという説については否定された。

『国語』（こくご）

西周から春秋末期を記述対象とする歴史書。『春秋左氏伝』*と同じく、左丘明《さきゅうめい》によって編纂されたと伝承されてきた。そのため、『春秋』*の「内伝」（本編）である『春秋左氏伝』に対して、その「外伝」とみなされていたが、現在では各国の記録をもとに戦国期に完成したものであり、『左伝』とは無関係であると考えられている。本文は各国の君臣の言行が記録されており、ほぼ国別に、周語・魯《ろ》語・斉《せい》語・晋《しん》語・鄭《てい》語・楚《そ》語・呉《ご》語・越《えつ》語の計八部で構成されている。『国語』の「語」とは、君主や貴族の子弟の教育に有用な先人の言葉のことであり、各国に伝わっていた「語」が整理されたものがこの書であると考えられる。伝統的に高く評価されてきたが、鬼神*や予見に関する記述を含むため、唐の柳宗元《りゅうそうげん》は『非国語』を著しそれを批判した。代表的な注としては、三国期の呉の韋昭《いしょう》によるものがある。

『晏子春秋』（あんししゅんじゅう）

春秋時代の政治家、晏子の言行録。晏子は萊《らい》の人で、名は嬰《えい》、字は仲、諡《おくりな》*は平。斉の霊公《れいこう》（在位前五八二～前五五四）・荘公《そう》（在位前五五三〜前五四八）・景公《けい》（在位前五四七〜前四九〇）の三代に仕え、景公のとき宰相となった。節倹に努め、常に恐れず諫争を行ったので諸国にその名が響いたという。『晏子春秋』は、諫言や問答を中心とした八篇二一五章の説話からなり、その記述からは民本思想や礼*・節用を重んじる考えがうかがえる。著者は明らかでないが、成書時期については、前漢の司《し》馬遷《ばせん》*の『史記《しき》』*管晏列伝に「世上に多く出回っている」とあることや、一九七二年に中国山東省で出土した銀《ぎん》雀《じゃく》山《さん》漢《かん》墓《ぼ》竹《ちっ》簡《かん》の中に、一八章分の『晏子春秋』の説話が含まれていたことから、前漢よりも前、戦国時代から秦代にかけて成立したと考えられている。伝世のテキストは前漢末の劉向《りゅうきょう》*の編纂にかかるものとされ、かつて唱えられていた後代の偽作だとする説は、現在では否定されている。

『鬼谷子』（きこくし）

戦国時代の思想家・鬼谷子の撰とされる書。『漢書《かんじょ》』芸文志《げいもんし》*に見えず、『隋書《ずいしょ》』経籍志《けいせきし》*に至って初めて著録されるため、鬼谷子に仮託した偽書《ぎしょ》との説が有力。内容は縦横《しょうおう》の説を述べ、説得・権謀の術を主題とする。現行本は一巻で、捭闔《はいこう》・反応・内揵・抵巇《ていき》・飛拑・忤《ご》・揣《ずい》・摩篇・権篇・謀篇・決篇・符言の一二篇よりなる。著者である鬼谷子については、『史記《しき》』*蘇秦列伝《そしんれつでん》・張儀《ちょうぎ》列伝《れつでん》に、縦横家《しょうおうか》*の蘇秦《そしん》*と張儀《ちょうぎ》*がともに鬼谷先生（鬼谷子）に学んだとあるが、鬼谷子本人に関しては伝記が残されておらず詳細は明らかでない。また鬼谷子には、易卦《えきか》の爻《こう》に十二支を割り振り、陰陽五行《いんようごぎょう》*に基づいて占う断易《だんえき》（または五行易《ごぎょうえき》・鬼谷易《きこくえき》）と呼ばれる卜術《ぼくじゅつ》の開発者との伝承もある。

『呂氏春秋』（りょししゅんじゅう）

戦国末期の思想書。前二三九年成立。『呂覧《りょらん》』とも呼ばれる。秦の宰相《さいしょう》・呂不韋《りょふい》が食客《しょっかく》として招いた三〇〇〇人の思想家の論説を収集し、天地万物古今にまつわる内容を集約して編纂したという、一種の百科全書《ひゃっかぜんしょ》。十《じゅう》二紀《にき》（一二巻）・八覧《はちらん》（八巻）・六論《りくろん》（六巻）の三部二六巻よりなる。十二紀は、春夏秋冬をそれぞれ孟《もう》・仲《ちゅう》・季《き》に三分割し、それぞれの時節に出される政令について解説したもので、その内容は、法令・禁令・儀礼・祭祀*・政務など季節に応じて行うすべての人間社会の活動に関わる。八覧は、人材登用や君臣・親子関係など実践的な八つのテーマに関して、故事や教訓を記したもの。六論は八覧の補説。儒家・道家*・法家*・墨家*・名家*・兵家・陰陽家*・農家*など、諸学派による様々な説が収録されることから、『漢書《かんじょ》』芸文志《げいもんし》*などの書籍目録において、多く雑家《ざっか》*に分類される。代表的な注釈として、後漢の高誘《こうゆう》の注がある。

陸賈『新語』（りくかしんご）

前漢初期の儒家系文献。陸賈《りくか》の撰。漢の高祖《こうそ》（劉邦*）より、秦が天下を失い高祖が天下を得た理由、および古《いにしえ》の成功した国と失敗した国とについて著述せよ、との命を受け撰したもの。内容は、政治論が中心であり、仁義を用いた王道《おうどう》*を崇《たっと》び、過度な刑罰や謀略を用いた覇道《はどう》*を黜《しりぞ》ける。堯《ぎょう》*・舜《しゅん》*の治世を理想とし、『論語《ろんご》』*や『春秋《しゅんじゅう》』*を多く引用するなど儒家思想を基盤とする。一部黄老思想《こうろうしそう》*も取り入れられているが、隠遁主義《いんとんしゅぎ》や不老《ふろう》不死《ふし》*を求める神仙説《しんせんせつ》などは否定している。現行本は二巻で、道基・術事・輔政・無為・辨惑・慎微・資質・至徳・懐慮・本行・明誡・思務の一二篇よりなる。『漢書《かんじょ》』芸文志《げいもんし》*に「陸賈二三篇」とあり篇数が合わないことなどから『四庫全書総目提要《しこぜんしょそうもくていよう》』*などに偽作説もあったが、現在では、現行本はおおむね陸賈の著作であると認められている。

『淮南子』（えなんじ）

前漢《ぜんかん》中期に編纂された雑家《ざっか》*の書。編纂者の淮南王《わいなんおう》・劉安《りゅうあん》（前一七九〜前一二二）は、劉邦《りゅうほう》*の孫で、文才に優れた人物であった。劉安が封《ほう》ぜられた淮南の地域は、漢の都から離れた戦国時代の楚《そ》の地域にあたり、自由で独特な文化的風土が形成されていたと考えられる。そのため、漢の武帝《ぶてい》*が中央集権化による統一政策を推進していた当時において、劉安のもとには自由な思想を求める食客《しょっかく》が多く集まった。彼らの手によって編纂されたのが『淮南子』二一篇である。内容は、儒家《じゅか》や法家《ほうか》*や墨家《ぼっか》*などの諸子百家《しょしひゃっか》の思想から、天文・地形・時令《じれい》説《せつ》*・神話（女媧《じょか》が崩壊した天地を補修する神話など）・宇宙生成論・理想的な神仙郷として崇拝された崑崙山《こんろんさん》*の伝説など多岐に及んでいるが、その根幹は道家《どうか》*の思想によって貫かれている。また、道家を基軸とする主張の中には、武帝の統一政策と相対する思想も含まれている。

『戦国策』（せんごくさく）

　戦国時代の約二五〇年にわたる遊説家《ゆうぜいか》の策謀・言説など四八〇条を収録した書物。全三三篇で、一二の国別に収録されている。「戦国時代」という語はこの書に由来する。劉向《りゅうきょう》*が宮中に所蔵されていた不完全な八篇の文章とバラバラになっていた竹簡*とを校正・編纂して『戦国策』と名づけた。その内容は、『史記《しき》』*の記述と一致する部分が多い。後漢《ごかん》末の高誘《こうゆう》が初めて注を付けたが、隋《ずい》から宋《そう》にかけて篇数に混乱が生じたため、北宋の曾《そう》鞏《きょう》が再校定し、南宋期には、曾鞏のテキストに依拠した姚《よう》本（姚宏《ようこう》撰）と鮑《ほう》本（鮑彪《ほうひょう》撰）という二種類のテキストが刊行された。蘇秦《そしん》*や張儀《ちょうぎ》*などの縦横家《しょうおうか》*の説話が多く含まれており、その一部は、現代でも故事成語として受け継がれている。有名なものとしては「鷸蚌《いつぼう》の争い（漁夫《ぎょふ》の利）」「蛇足《だそく》」「虎の威《い》を借る狐」「百里を行く者は九十里を半《なか》ばとす」などがある。

『漢書』芸文志（かんじょげいもんし）

　現存最古の図書目録。『漢書』は後漢の班固《はんこ》*撰、班《はん》昭《しょう》補修の紀伝体による正史で、芸文志は諸制度を解説した「志」のうち、書物の分類を明らかにするもの。すべての書物を、六芸《りくげい》略・諸子略・詩賦略・兵書略・数術略・方技略の六部に分類する。六芸略は、易*・書*・詩*・礼*・楽・春秋*の六芸《りくげい》に『論語《ろんご》』*『孝経《こうきょう》』*・小学*を加えた儒教経典、諸子略は九流十家*の書、詩賦略は賦や歌詩、兵書略は兵法や陰陽に関する書、数術略は天文や占いなどに関する書、方技略は医学書などの目録である。『隋書』経籍志《けいせきし》*以降、正史の図書目録では経《けい》（儒

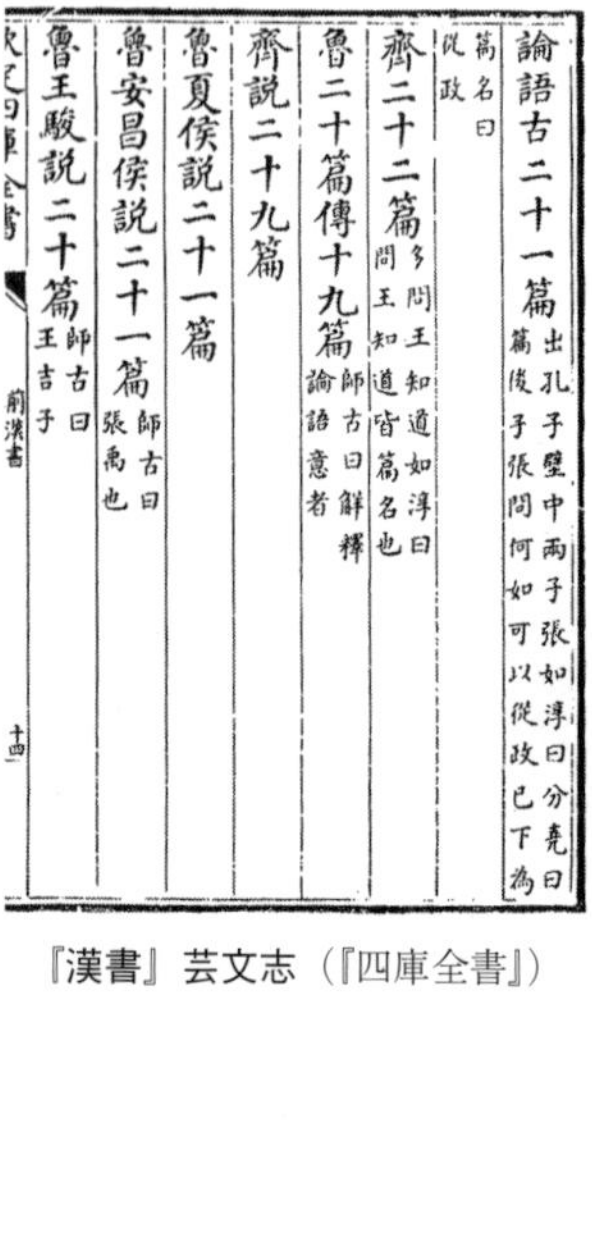
前漢書　十四
論語古二十一篇 出孔子壁中兩子張如淳曰分堯曰篇後子張問何如可以從政已下為篇名曰從政
齊二十二篇 多問王知道如淳曰問王知道皆篇名也
魯二十篇傳十九篇 師古曰解釋論語意者
齊說二十九篇
魯夏侯說二十一篇
魯安昌侯說二十一篇 師古曰張禹也
魯王駿說二十篇 師古曰王吉子

『漢書』芸文志（『四庫全書』）

教の経典）・史《し》（歴史書）・子《し》（諸子百家の書）・集《しゅう》（詩文集）の「四部分類」が一般的になったものの、すべての学術・文芸の中で最も価値があるとされた儒教に関する書物を筆頭に置く配列方法は、『漢書』芸文志以降、現在に至るまで変わらない。

『風俗通義』（ふうぞくつうぎ）

伝説や歴史上の出来事を論じた書。後漢の応劭《おうしょう》（二世紀頃）撰。略称『風俗通』。『隋書』経籍志《けいせきし》＊によると、もとは三一巻存在したが、現行本は一〇巻を残すのみ。応劭は執筆動機について「孔子＊の死後、後学が乱立し、経典の本来の解釈が見失われてしまった。文章を作る者によって山のような書物が記された一方、民間の俗語に至っては誤りが語り継がれており、もとの意味が分からなくなっている。今の国家の混乱により、後世の人々がますます混乱に陥ることを私は恐れている。そこで、自分が知っていることを取り上げ、分類した」（自序）と述べる。葬礼や音楽などについて、儒家の立場からあらゆる古典を引き、その来歴を解説するだけでなく、当時の民間信仰を批判対象とし、後世祀られなくなった神々についても記述しているため、当時の迷信や信仰を知る上で重要な書物といえる。

『傷寒論』（しょうかんろん）

外因性熱病の治療法に関する医学書。張仲景《ちょうちゅうけい》（後漢後期）撰とされる。自序「傷寒卒病論集」で、本書執筆の理由を「建安紀年（一九六）以来、十年も経たぬうちに一族の三分の二が亡くなり、そのうち七割の死因が傷寒（広義では、外因性熱病の総称）であった。そこで、昔救うこともできず亡くなっていった人々のことに思いを馳せ、古の教訓を探し求め、広く薬方を集めた」と述べる。病状の進行状況に合わせて、太陽《たいよう》病・陽明《ようめい》病・少陽《しょうよう》病・太陰《たいいん》病・少陰《しょういん》病・厥陰《けついん》病の六つの病期（六経《りくけい》病）に分け、各期に適した治療法を説く。その治療法は、従来少数派であった湯液《とうえき》（煎じ薬）を主体とした薬物療法である。六経病と薬剤の間に関係性を見出し、湯液による薬物療法の体系化を進めた功績は大きく、今日の臨床医学の基礎となった。この医学理論は日本にも伝わり、江戸時代に医学の学派の一つである古方《こほう》派によって重んじられた。

『孔叢子』（くぞうし）

孔子*やその子孫の言行を集めた書。秦代の孔鮒《こうふ》（孔子の子孫）の撰と伝えられる。しかし『漢書《かんじょ》』芸文志《げいもんし》*に書名が見えないことなどから、『孔子家語《こうしけご》』*と同様に、魏の王肅《おうしゅく》*の偽作とする説がある。そのため資料的信憑性には欠けるものの、名家《めいか》*の公孫龍子《こうそんりゅうし》*が登場する公孫竜篇や墨子《ぼくし》*を論難した詰《きつ》墨篇といった、諸子の思想がうかがえる篇も含まれている。現在伝わるテキストは二一篇で、さらに前漢の孔臧《ぞう》（孔子の子孫）の撰といわれる『連叢子』上下二篇が付加されている。

『斉民要術』（せいみんようじゅつ）

南北朝時代の農書《のうしょ》。北魏の賈思勰《かしきょう》の撰。完本が現存する中国農業書としては最古のもの。「斉民《せいみん》」とは平民の意で、書名は「平民の必要とする技術」を意味する。農業に関する史料を数多く引用しており、その中にはその後散逸した農書の逸文も多く含んでいる。巻一耕種総《こうしゅそう》説《せつ》（耕田・採種・粟の栽培）・巻二耕圃作物《こうほさくもつ》（穀物類の栽培）・巻三園圃作物《えんぽさくもつ》（野菜類の栽培）・巻四果樹（果樹類の栽培）・巻五樹木（樹木の栽培・養蚕・染料作物）・巻六畜産（畜産・畜産加工・酪農・養魚）・巻七醸酒（酒造）・巻八調味料醸造（醸造加工・調味料製法）・巻九蔵肉蔵菜《ぞうにくぞうさい》（各種調理・貯蔵）・巻一〇外国物産（南方の植物）の一〇巻よりなり、農業のみならず、牧畜・養蚕・衣類・料理など、その内容は多方面の生活・産業に関わる。

『世説新語』（せせつしんご）

後漢《ごかん》末から南朝宋《なんちょうそう》初期までの人々の逸話を集めた書。撰者は、南朝宋の王族・劉義慶《りゅうぎけい》（四〇三～四四四）とされてきたが、実際は彼の幕中にいた文人らが編纂したと考えられている。現存最古の注釈は、南朝梁《りょう》の劉峻《りゅうしゅん》（四六二～五二一）のもので、現在散逸した多くの書物を引用しており、資料的価値が高い。『隋書《ずいしょ》』経籍志《けいせきし》*によると、もとは『世説』と呼ばれ、八巻の本文と劉峻の注釈書が一〇巻あったとされるが、現在は三巻三六篇のみが伝わる。伝統的には「小説家《しょうせつか》」（「小説」とは取るに足らぬ些細な話のこと）の書とされてきたが、すべてが創作というわけではなく、特に後漢末から流行しはじめた清談《せいだん》（貴族や名士の間でかわされた談論や人物批評）の内容が記されている点は、当時の貴族社会における制度や思潮を理解する上で有益である。また、竹林《ちくりん》の七賢《しちけん》*など、当時の有名人の記録も多く記されている。

『隋書』経籍志（ずいしょけいせきし）

『漢書』芸文志《げいもんし》*に続く、正史の図書目録。『隋書』は唐の太宗の命により魏徴《ぎちょう》（五八〇～六四三）らが編纂した歴史書で、経籍志は隋以前の書籍の分類を明らかにしたものである。経《けい》（儒教の経典）・史《し》（歴史書）・子《し》（諸子百家の書）・集《しゅう》（詩文集）の「四部分類」を採用した。子部は、『漢書』芸文志の諸子略《しょしりゃく》同様に諸子の書を収録するが、陰陽家《いんようか》*・法家*・名家《めいか》*などの学派の子目は衰え、兵書・術数*・方技*などの自然科学や技術の書が多く収められるようになった。また、集部に収録された詩文の数は『漢書』芸文志よりもはるかに多く、六朝期に詩文の制作が活発であったことが分かる。各部の最後に記された総論からは、漢以来の学問の変遷を辿ることができる。経籍志成立以前に散逸した書物に関しては、「梁有今字石経鄭氏尚書八巻。亡」のように、その書物が存在した時代と巻数が記載され、末尾に「亡」と記された。この記述法により、散逸した書物についてもある程度知ることができる。

『五行大義』（ごぎょうたいぎ）

五行説《ごぎょうせつ》*に関する書。隋の蕭吉《しょうきつ》の撰。先秦より隋代までの経緯《けいい》の書や諸子の説から五行関連の説を輯集し、五行の意味を究明しようとしたもの。序に、「五行に配当される事象は全て包含している」と述べるとおり、数字・陰陽・干支・年月・味・食物・季節・病気・身体・情性・神々・禽獣など様々な事項が五行に関連して記載されている。その引用は、経史子集《けいしししゅう》のすべてにわたり、一六〇余種、六〇〇余条に及ぶ。二四段四〇節より構成されるが、これは節気《せっき》の数（二十四節）と五行の成数《せいすう》とに合わせたものという。中国では宋代以降散逸したが、早く日本に伝わり、陰陽道・神道・仏教・文学・風俗など、様々な分野に大きな影響を与えた。その後、佚存書《いつぞんしょ》（中国では失われたが他国に残されていた漢籍）として中国に逆輸入されている。

『顔氏家訓』（がんしかくん）

六朝末期の家訓書《かくんしょ》。北斉の顔之推《がんしすい》の撰。乱世を生き南北四朝に仕えた顔之推が、子孫のために、いかに生きるべきかを説いた処世訓《しょせいくん》。後世の家訓類の祖とされ、単に「家訓」といえばもっぱら『顔氏家訓』を指す。内容は、儒家思想を主としつつ立身・治家・処世の法について述べ、子孫に対して、時俗《じぞく》に流れず富貴権勢《ふうきけんせい》を求めないよう誡《いまし》めるとともに、文字の音訓・典故《てんこ》の考証・文学批評・時俗批判なども見える。また帰心篇《きしんぺん》など仏教思想に基づく箇所もあり、儒教と仏教との折衷が見られる。このため、『新唐書《しんとうじょ》』芸文志《げいもんし》などは儒家類とするが、『四庫《しこ》全書《ぜんしょ》』*は雑家類《ざっかるい》*に収めている。またその記述内容の広さから、当時の南北両朝の貴族社会についての貴重な史料ともなっている。

『武経七書』（ぶけいしちしょ）

『孫子』『呉子』『司馬法《しばほう》』『尉繚子《うつりょうし》』『六韜《りくとう》』『三略《さんりゃく》』『李衛公問対《りえいこうもんたい》』の七つの兵書。中国を代表する兵書として、宋代にまとめられ刊行された。略して『七書』ともいう。元豊《げんぽう》三年（一〇八〇）、北宋の神宗《しんそう》は、宋の軍事教育体制の不備を憂え、国子監《こくしかん》（教育行政官庁）に兵書の選定とその校訂とを命じた。その際、選定されたのが、この七書である。これらは、武学の教科書として刊行され、中国古代を代表する軍事経典として、その評価を確立していった。内訳は次の通りである。『孫子』は春秋時代の呉《ご》の孫武《そんぶ》*の著、『呉子』は戦国時代の呉子《ごし》*（呉起《ごき》）の著、『司馬法』は春秋時代の斉の将軍司馬穰苴《しばじょうしょ》の兵法をまとめたとされる書、『尉繚子』は戦国時代の尉繚の著とされる兵書。また、『六韜』は周の太公望呂尚《たいこうぼうりょしょう》*の書、『三略』は秦の隠者の黄石公《こうせきこう》の書とされるが、いずれも後世に作られた書と考えられている。『李衛公問対』のみ、時代が大きく異なり、唐の太宗李世民《たいそうりせいみん》と名将李靖《りせい》との問答で構成された兵書である。

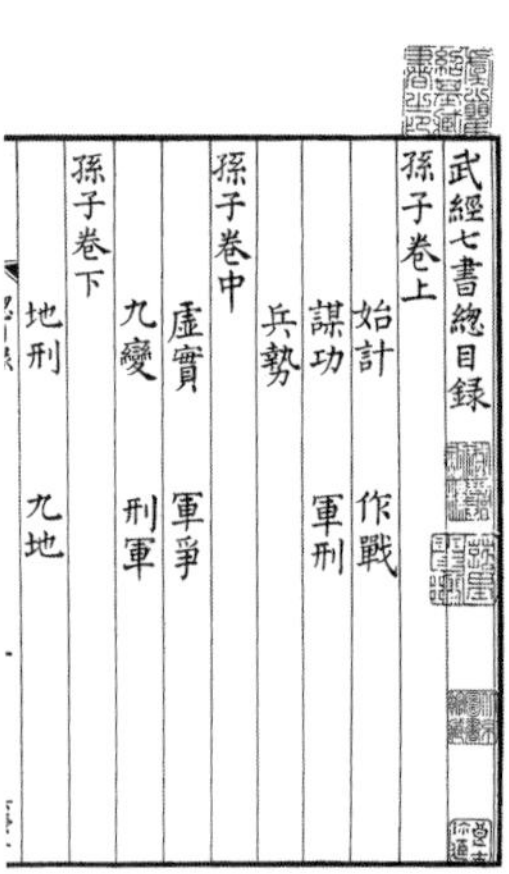
武經七書總目録
孫子巻上
始計　作戰
謀攻　軍刑
兵勢
孫子巻中
虚實　軍爭
九變　刑軍
孫子巻下
地刑　九地

『武経七書』
（中国国家図書館蔵影印本）

『本草綱目』（ほんぞうこうもく）

中国の本草学（薬物学）を集大成した書。明の李自珍《りじちん》（一五一八～九三）編。全五二巻。一五七八年に完成し、李自珍没後の一五九六年に刊行された。李自珍は医者として活動する中で、従来の本草書に誤りや遺漏が多いことを発見し、この書の執筆を志した。執筆に当たり、多くの書から本草に関する内容を抜き出して整理するのみならず、実際に薬草を栽培する農民たちにも教えを請うたという。一六世紀以前の中国の薬物学を体系的に整理した上で、李自珍自身による薬物の観察や研究結果をも盛り込み、薬物を性質によって一六部の「綱」に分類し、その下に六〇部の「目」を設けた。本草学以外にも、人体生理・病理・植物学・化学など多くの分野について論じており、博物学的側面も有する。水銀を服用すれば神仙になれるという中国古来の伝承を批判するなど、現代にもつながる視点が多く見られる。刊行後、世界中に伝わり、日本語・朝鮮語・ラテン語・英語などに翻訳された。

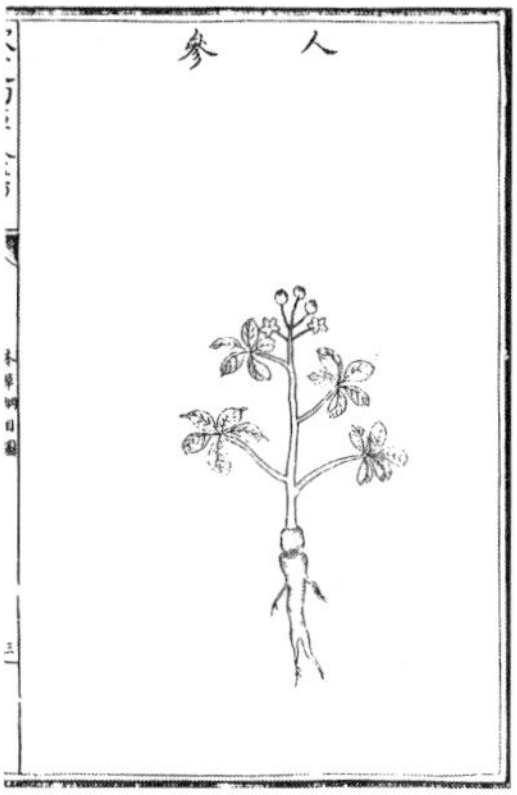

『本草綱目』（人参の図）
（『四庫全書』）

『逸周書』（汲冢書）（いつしゅうしょ（きゅうちょうしょ））

周代の王命や制度を記した書。二七九年に発見された汲冢書（『竹書紀年《ちくしょきねん》』『穆天子伝《ぼくてんしでん》』などを含むこの時出土した先秦文献の総称）に含まれており、成立時期は周から秦漢代とされる。『漢書』芸文志《げいもんし》*には、六芸略に『尚書《しょうしょ》』*関連の書として「周書七十一篇」の名が見え、この「周書」が『逸周書』に当たると考えられている。しかし、『隋書』経籍志《けいせきし》*以降は歴史書として史部に分類されている。このように目録学上の分類が定まらない理由の一つに、内容が政治・経済・軍事・農業・商業など多方面に及び、繁雑であることがあげられる。ただ、その内容には、『国語』*や『管子《かんし》』*などの記述と齟齬《そご》がないものも多く、先秦時代の制度などを知る重要な手がかりとなっている。現存本は六〇篇で、うち四二篇に孔晁《こうちょう》（西晋の五経博士《ごきょうはかせ》）の注が附されている。

銀雀山漢墓竹簡『孫臏兵法』（ぎんじゃくざんかんぼちっかんそんぴんへいほう）

一九七二年、中国山東省の臨沂銀雀山《りんきぎんじゃくざん》にある漢代初期の墓から副葬品として発見された『孫臏兵法』の古写本。『史記』*には、春秋時代末期の孫武《そんぶ》と戦国時代中期の孫臏の二人の孫子*について伝記が残されていたが、今に伝わるテキストは一三篇の『孫子』一つだったため、そのいずれの書であるのかについて長く論争があった。ところが銀雀山漢墓竹簡には、十三篇本に対応する孫武の兵法とともに、孫臏に関わる兵書も含まれており、かつては二つの孫子の兵法があったことが明らかになった。ただし、竹簡*の破損はかなり深刻で、どこまでが『孫臏兵法』だったのかという全体の復元については現在も研究が続いている。おおよその内容は、『孫子』の合理主義的な兵学を継承するもので、勝敗は人為的な努力と奮闘にかかっていると説く。ただ、より過酷な時代状況を背景として、戦争の正当性に対する深い思索があるなど、『孫子』には見られなかった要素も含まれている。

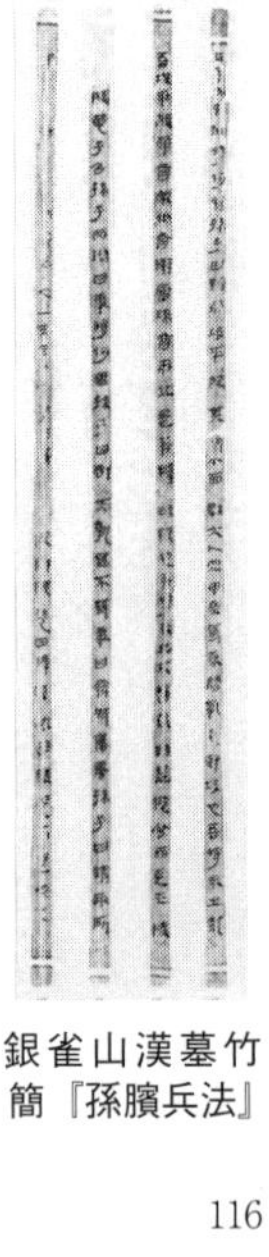
銀雀山漢墓竹簡『孫臏兵法』

帛書本・竹簡本『老子』（はくしょぼん・ちっかんぼんろうし）

一九七〇年代以降、新たに発見された『老子』の古写本。古代中国の書写材料である帛《はく》（絹）*や竹簡《ちっかん》*に記されていたため、帛書本・竹簡本と呼ばれ、これまで伝わっていたテキスト（通行本）と区別される。一九七二年、湖南省の長沙《ちょうさ》で発見された漢代初期の墓の副葬品として出土したのが、馬王堆漢墓帛書《まおうたいかんぼはくしょ》『老子』である。通行本とほぼ同内容であったため、老子*の実在性や『老子』の信憑性について再考を促す資料となった。ただ、通行本が、「道経《どうけい》」と「徳経《とくけい》」の二部からなるのに対して、帛書本は、その順番が逆になっていた。続いて、一九九三年に湖北省の郭店楚墓《かくてんそぼ》から出土したのが郭店楚

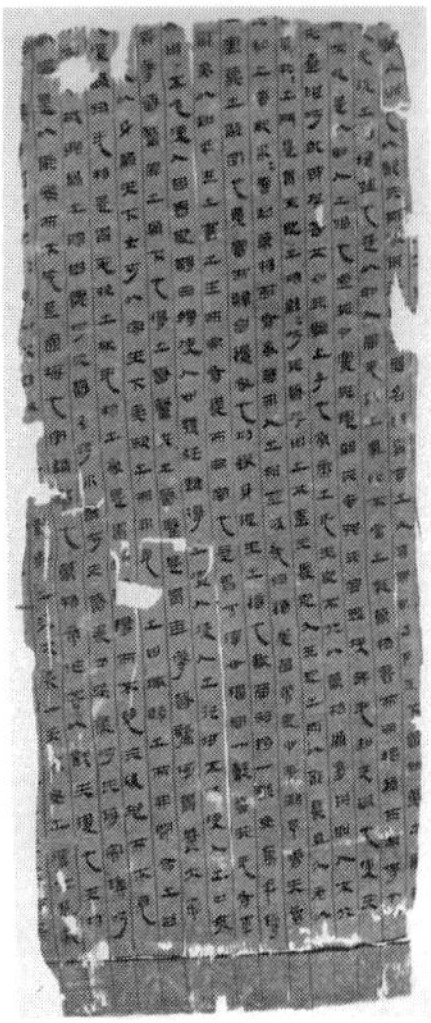

帛書本・竹簡本『老子』
（馬王堆帛書『老子』）

簡『老子』である。戦国時代中期（前三〇〇年頃）の墓からの出土古写本で、通行本の約五分の二の分量が確認され、やはり『老子』が古い時代から流布していた可能性が高くなった。さらに二〇〇九年に北京大学が新たに入手した竹簡にも漢代の『老子』古写本が含まれており、『老子』の成立と伝承についての研究が大きく前進している。

〈事項〉

六家（りくか）

陰陽《いんよう》家*・儒家・墨家*・名家《めいか》*・法家*・道家*の六つの学派。前漢の司馬談《しばたん》（司馬遷《しばせん》*の父。?～前一一〇頃）が先秦以来の諸家の思想を六つに分類したと伝わる。『史記』*太史公《たいしこう》自序に見える「六家要指《りくかようし》」の中では、陰陽・儒・墨・名・法家の特質の長短が述べられ、道家は上記五家の長所をあわせもつものとされる。「六家要指」によると、陰陽家は四季の運行法則を把握しているが、禁忌が多く人間を拘束させる。儒家は君臣父子や夫婦幼長の秩序を形成したが、その内容は煩瑣である。墨家は

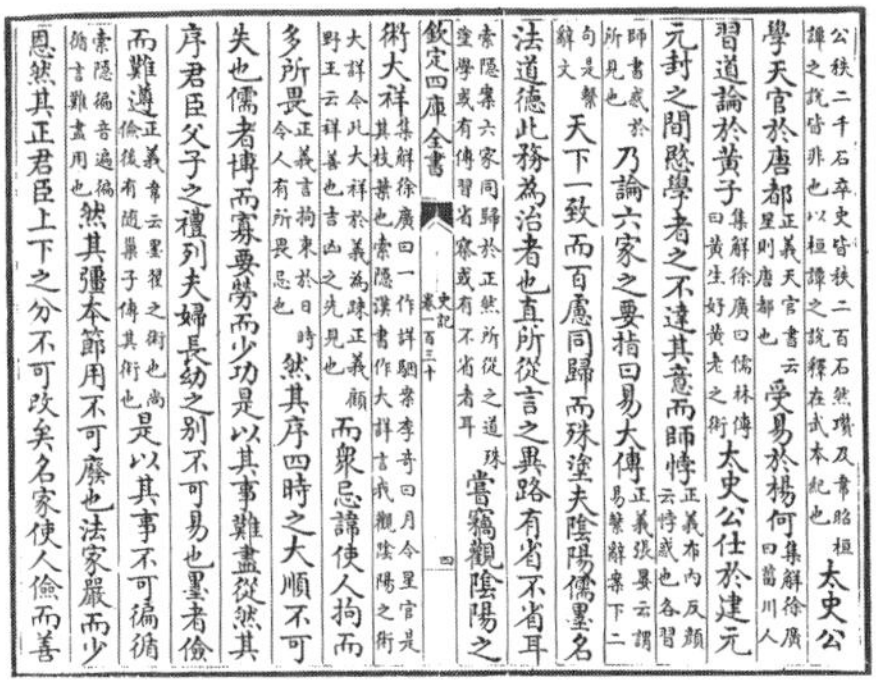
公秩二千石卒史皆秩二百石然瓚及韋昭桓譚之說皆非也以桓譚之說釋在武本紀也 太史公
學天官於唐都 正義天官書云星則唐都也 受易於楊何 集解徐廣曰菑川人
習道論於黃子 集解徐廣曰儒林傳曰黃生好黃老之術 太史公仕於建元
元封之間愍學者之不達其意而師悖 正義布内反顔云悖惑也各習
師書惑於所見也 乃論六家之要指曰易大傳 正義張晏云謂易繫辭象下二
句是繫辭文 天下一致而百慮同歸而殊塗夫陰陽儒墨名
法道德此務為治者也直所從言之異路有省不省耳
索隱案六家同歸於正然所從之道殊塗學或有傳習省察或有不省者耳 嘗竊觀陰陽之
欽定四庫全書 史記 卷一百三十 四
術大祥 集解徐廣曰一作祥駰案李奇曰月令星官是其枝葉也索隱漢書作大祥言我觀陰陽之術
大祥令此大祥於義為疎正義顧野王云祥善也言凶之先見也 而衆忌諱使人拘而
多所畏 正義言拘束於日時令人有所畏忌也 然其序四時之大順不可
失也儒者博而寡要勞而少功是以其事難盡從然其
序君臣父子之禮列夫婦長幼之別不可易也墨者儉
而難遵 正義韋云墨翟之術也尚儉後有隨巢子傳其術也 是以其事不可徧循
索隱徧音遍循言難盡用也 然其彊本節用不可廢也法家嚴而少
恩然其正君臣上下之分不可改矣名家使人儉而善

『史記』の六家要指（『四庫全書』）

生産に努め、浪費を省くことで人々の生活を豊かにするが、そのあまりにも厳しい節制は生活を苦しめる。名家は名実を明らかにするが、論理にこだわるがゆえに人情味が欠ける。法家は尊卑の別を明確にして各人の職分を定めたが、法を重視しすぎている。以上の五家が長所短所の両方をもつのに対して、道家は五家の長所を兼ね備えており、「無為」の状態になることで精神を統一させることが可能であるとして、高く評価されている。

九流（きゅうりゅう）

先秦から漢初までの、儒家・道家*・墨家*・名家《めいか》*・法家*・陰陽家《いんようか》*・縦横家《しょうおうか》*・農家*・雑家*の九つの学派の総称。小説家を含めて「十家《じっか》」ともいい、並べて「九流十家」とも称される。『漢書』芸文志《げいもんし》*の諸子略は、漢初までの思想家を十家に分けてそれぞれの人物・文献をまとめているが、重要なのは小説家を除く九家（九流）であるとする。九「流」という呼称は、諸子略の各学派の概説部分に「儒家者流」「道家者流」などとあることによる。芸文志によれば、各家の源流は周の王官の職にあって、それらの学説は長短を補完する関係にある。さらに、六芸《りくげい》（六経のこと。易*・書*・詩*・礼*・楽・春秋*）を修め、九流の学説を理解してその長所を吸収すれば、あらゆる物事に通じることができるという。

道家（どうか）

諸子百家の一つ。宇宙の根源であり万物を貫く原理である「道*」を規範にした思想を説いた。代表的な思想家に老子《ろうし》*や荘子《そうし》*がいる。『老子』では、人間の知識や欲望といった作為が社会に混乱や争いを招くとし、作為を捨てて道に従った統治やあるがままの生き方（無為自然）が尊ばれる。『荘子』は「道」の立場に立ち、万物に区別や対立はなくすべて等しいとみなし、俗世間から離れて自由の境地に至ることを説いた。道家の思想のうち、前漢の初めに栄えた「黄老思想*」は、老子と黄帝*とを結びつけた思想で、ことさらな作為を排除した政治思想である。魏晋の時代に流行した「老荘思想」は、老子と荘子の思想が融合したもので、処世の思想として主に貴族層を中心に好まれた。また、道の思想は民間信仰と結びつき、陰陽《いんよう》五行説《ごぎょうせつ》*や神仙思想を取り入れて、老子を開祖とする「道教《どうきょう》」（中国の三大宗教の一つ）へと発展した。

法家（ほうか）

諸子百家の一つ。儒家が徳治*や礼治を説いたのに対し、法家は賞罰によって臣下や民を従わせる法治*を主張した。法家の源流は、富国を推し進めた斉《せい》の管仲《かんちゅう》（?～前六四五）や、成文法を公布した鄭《てい》の子産《しさん》（?～前五二二）にあるともいわれる。周の封建制度*や礼*による社会秩序の維持が困難になった戦国時代、富国強兵策を求める諸国の君主に応ずる形で、法家の思想家たちが次々と現れた。秦《しん》に仕えた商鞅《しょうおう》*は「変法」と呼ばれる大改革を行い、法治を徹底し中央集権的な体制を整えた。それと時を同じくして、韓《かん》の申不害《しんふがい》*は黄老思想*に基づいた法治を実施した。君主が臣下を統御する手段「術」を考察し、臣下にそれぞれの職務を遂行させて君主自身は手を出さないことを唱えたという。稷下《しょくか》の学士*であった慎到《しんとう》*は「勢*」の考察に優れていた。君主に内在する能力ではなく、法や権勢といった外的要素に依存する現実的な政治思想を説いたという。これら先学の説を摂取し法家思想を集大成したとされるのが、韓非子《かんぴし》*である。

墨家（ぼっか）

諸子百家の一つ。墨子《ぼくし》*を開祖とする学派集団。墨家の源流は、城郭の構築や防御兵器の作成を仕事とした技術者集団だったとされる。墨家は鉅子《きょし》と呼ばれる統率者を中心に結束し、遊説や思想の実践的活動を行った。その学説を収録した書が『墨子』である。身分に拘泥せず賢者を登用する「尚賢《しょうけん》*」、上意下達の支配体制を整える「尚同《しょうどう》」、血縁や親疎にとらわれず無差別に人を愛する「兼愛《けんあい》」、兼愛を国家間に拡大し戦争を非難する「非《ひ》攻《こう》」、贅沢を廃し生産性の向上を図る「節用《せつよう》」、節用と同じ立場から儒家の贅沢な葬儀を否定する「節葬《せっそう》」、主宰神である天*を根拠に不義を戒める「天志《てんし》」、善悪に対して賞罰を与える鬼神*の存在を説く「明鬼《めいき》」、音楽に代表される為政者の贅沢を否定する「非楽《ひがく》」、宿命論を否定し努力によって運命は変わるとする「非命《ひめい》」、以上の各論は墨家の十論とも呼ばれ、『墨子』の中核をなす思想である。学団の分裂を経ながらも、戦国時代末まで儒家と並んで隆盛を誇った墨家だったが、秦による中国統一後は思想の実践集団としての存在理由を失い、漢代の儒教国教化*もあって絶学したとされる。

名家（めいか）

諸子百家の一つ。巧みな弁舌と鋭い観察によって論理学を発展させた。名家という名称は、事物の概念である「名」とその実体の正しさを追求したことから付けられた。代表的人物に公孫龍子《こうそんりゅうし》*と恵施《けいし》*がいる。公孫龍子は、名実論（名と実とは一致すべきであるという考え）に立ち、物象が有する概念を正しく認識して是非を定め、それによって社会の秩序を正そうとした。「白馬非馬」や「堅白異同」の論は、公孫龍子の論理学的名実論を表している。恵施は時間・空間の無限定を認識して、万物の相対価値を疑い、すべてが一体であると説いた。名家の説は、詭弁に流れていると批判されることも多かったが、既成の概念にとらわれず対象を認識することで、論理学の発達に貢献したといえる。

陰陽家（いんようか）

諸子百家の一つ。陰陽五行説《ごぎょうせつ》*を応用して自然界の摂理や秩序を追究した。代表的人物に戦国時代後期の鄒《すう》衍《えん》*がいる。鄒衍は、陰陽五行説を用いて未知の領域を類推した。世界のあらゆる事象を木・火・土・金・水の五行に配当できると考え、さらに五行には「相剋《そうこく》」という循環関係が成り立つとした。そこで歴代の王朝を五行に配当し、相剋に従って交代していったとする「五徳《ごとく》終始説《しゅうしせつ》」を唱えた。また、儒家の説く「中国」が全世界の八一分の一にすぎないという「大九州説*」は、鄒衍が自身の学説に基づき計算して打ち出したものである。世界には普遍的法則があると信じる古代中国の人々にとって、陰陽五行説はその信念を強化してくれる理論であり、特に漢代では高く評価され、前漢の司馬談《しばたん》（?〜前一一〇頃）が著した「六家要指《りくかようし》」では陰陽家が六家*の筆頭に置かれている。

縦横家（しょうおうか・じゅうおうか）

諸子百家の一つ。外交の策士として各国間で巧みな弁舌をふるい戦国の世を動かした人々が分類され、その活躍は『戦国策』*に多く収録されている。代表的人物に蘇《そ》秦《しん》*と張儀《ちょうぎ》*がいる。戦国時代後期、戦国の七雄*の中で秦が抜きん出て強大になり他国を脅かすようになった。そこで蘇秦は、斉《せい》・燕《えん》・楚《そ》・韓《かん》・魏《ぎ》・趙《ちょう》の諸国に説き、南北に連なる同盟を実現させて西方の秦に対抗した。これを合従策《がっしょうさく》という。一方、秦に仕えた張儀は、連合国の利害の対立を利用し、個別に秦と同盟を結ぶよう各国に説いて合従を打ち破った。これを連衡策《れんこうさく》という。縦横家という名称は、縦（南北）の合従策と横（東西）の連衡策から付けられた。

農家（のうか）

諸子百家の一つ。農本主義に立ち、農業を重視する政策を説いた。代表的人物に戦国時代の許行《きょこう》がいる。許行については『孟子』に記述があり、もと楚《そ》の国の人で滕《とう》という小国に行き、弟子たちとともに農業に従事する生活を送っていたという。許行一派は神農という農業神を尊んでおり、その教えと称して、一国の君主であっても自ら耕作に励むべきだという「君民並耕」を説いた。また、同じ長さの布や同じ重さの穀物は同じ値段であるべきだという物価統制策を唱え、農業を保護しようとした。孟子*はこうした許行の学説について、君民の分業や物価の差別がなくなることは、天下を乱す原因になると批判した。

雑家（ざっか）

諸子百家の一つ。独自の学説や特定の主張をもった学派ではなく、諸家の学説を折衷して思想を表現した思想家やその書が分類されている。なお、どの書を雑家に含めるかは目録によって大きく異なる。現存する最古の目録である『漢書《かんじょ》』芸文志《げいもんし》*で雑家に分類される書のうち、現代に伝わっているのは『呂氏春秋《りょししゅんじゅう》』*と『淮南子《えなんじ》』*のみ。『呂氏春秋』は、秦の呂不韋《りょふい》（?～前二三五）が自身の抱える食客の学説をまとめたとされる書。儒家を中心に道家《どうか》*・墨家《ぼっか》*・法家《ほうか》*などの学説を網羅する、百科全書的な性格をもっている。『淮南子』は前漢の淮南王劉安《りゅうあん》（前一七九～前一二二）が編纂した書で、こちらは道家の思想が基調になっている。

稷下の学（しょくかのがく）

戦国時代、斉《せい》の国で興隆した諸子の学問。戦国の君主たちは自国の存立や理想的国家の建設を目指して、幅広く優秀な人材を招いて厚遇していた。斉の威王《いおう》（在位前三五六～前三二〇）と宣《せん》王（在位前三一九～前三〇一）も人材を好み、各地から学者を都の臨淄《りんし》に集めて邸宅や資金を与え、研究や述作に専念させた。このとき稷門（都城の門）付近（あるいは稷山のふもと）に学堂を建てて互いに議論させたことから、集まった学者たちを「稷下の学士」と呼ぶ。稷下の学士は数百から数千人にも及んだといい、特に有名な思想家に、陰陽家《いんようか》*の鄒衍《すうえん》*、法家*の慎到《しんとう》*、儒家の荀子*、弁士の淳于髡《じゅんうこん》、道家*の田《でん》駢《べん》らがいる。また、このころ孟子*も遊説のために斉を訪れている。

気（き）

中国思想において、人間を含む自然界全般の機能と構造を説明するために用いられる概念。原義は天地の間（人間の体内も含む）に充満・流動する、自然現象としての風（大気）や霧や雲のような空気状のものであったが、前漢《ぜんかん》の頃までに、ここからさらに三段階の展開を見せている。すなわち、①原義のようなものだけではなく、天地そのもの、および人を含むあらゆる物を形成する素材となる、生命力や活動力の根源。②陰気《いんき》と陽気《ようき》の二種類の気と、その二気から形成される五行《ごぎょう》の気（陰陽五行《いんようごぎょう》説《せつ》*）。③多様な気の本となる元気《げんき》（根源となる一つの気）、「太一《たいいつ》」「太極《たいきょく》*」。この三段階である。この③ののち、「気」のさらに根源となるものとして「道*」や「無*」という形而上的な概念を設定する思想が現れ、「気」はこれらのものによって動いて森羅万象を形成する、最小単位の物質として位置づけられるようになった。このような発想を受け、宋《そう》の朱熹《しゅき》*は「理」を最高の根源とする理気論*を唱えた。

道（みち）

普遍的法則（道理）や倫理規範（道徳）などを意味する中国思想史上の概念。原義である「道路」のもつ、「まっすぐに続く」「通るべき道筋」といった語義が拡大されたもの。道家《どうか》*は、道を自然の法則および天地万物の生成の本源や存在の根拠（天道《てんどう》）と考え、原始の混沌や普遍的法則としての道を説いた。のちの道教《どうきょう》においては、宇宙の法則である道との合一によって不老長生が得られると主張され、道を神格化することも行われた。

儒家は道を、人間社会における人の踏み行うべき規範（人道《じんどう》）と考え、理想の政治である「先王《せんおう》の道《みち》」や、倫理規範としての道を説いた。宋代流行した儒教の一派である宋学《そうがく》*は、道学《どうがく》とも呼ばれるように、道に関する思考を深化させ、道は陰陽の根拠や万物の根源たる太極《たいきょく》*と結びつけられ、天道に近い性質も有するようになった。また、法家《ほうか》*である韓非子《かんぴし》*は、道家の生成論的・存在論的な道観念を取り入れ、法の根源としての道を想定している。

勢（せい）

中国古代思想史の重要概念。その漢字の構成要素に「力」を含むことからも明らかなように、もともとは盛んな力を意味する。これを兵学思想の概念として重視したのは、『孫子』である。『孫子』は、春秋時代末期の呉《ご》越《えつ》戦争を背景に、それまでの戦争形態が一変し、貴族戦士の個々の武勇ではなく、大量動員された兵卒の集団としてのエネルギーが勝利をもたらすと考え、軍隊における「勢」の重要性を説いた。丸い岩を千尋《せんじん》の谷に切って落とすようなものを軍隊の「勢」とし、将軍は兵卒をそのような状況に追い込むことが肝要であるとした。これを受けて、戦国時代中期の『孫臏《そんぴん》兵法』も、同じく「勢」を軍事用語として取り上げ、機械仕掛けの強力な弓「弩《ど》」を喩えとして、その威力を解説した。一方、法家*の思想家も「勢」に着目した。戦国時代の慎到《しんとう》*は、統治の術として、君主や重臣の個別的な才能を頼りにするのではなく、自然の勢に任せることを説いた。これをさらに補強したのが韓非子*で、法治を支える強力な人工的権勢として理論化した。

陰陽五行説（いんようごぎょうせつ）

陰陽思想と五行説（資料編⑦参照）が結びついて生まれた思想。陰陽思想は、世界が陰と陽という二種類の気*（物質の最小単位）で構成されているとする考えで、二気の相互作用によって万物が生じるとし、それをどちらの属性が高いかによって陰か陽に分類する二元論である。五行説は、木・火・土・金・水の五つの元素に万物が配当されるとする考え。陰陽家*の鄒衍《すうえん》*によって陰陽思想と結びつけられ、理論化されたとされる。前漢には、天人相関思想*と結合し、時令《じれい》説*や災異《さいい》説*の根拠とされた。また、鄒衍が考案した「相剋《そうこく》」（各元素間で互いに勝敗関係が円順するとの考え）に加えて、「相生《そうせい》」（各元素間で互いを生成する関係が円順するとの考え）の理論が出現した。ほかにも、陰陽五行説は十干十二支《じっかんじゅうにし》や暦、『周易』*の六十四卦と結合し、政治思想から祭祀*・占い・医療など幅広い分野に影響を与えた。陰陽五行説は日本にも早くに伝来し、八世紀には陰陽五行説に基づいて占いを司る「陰陽師《おんみょうじ》」の官が朝廷に設けられている。

時令説（じれいせつ）

時節に応じて行うべき人為を主張する学説。古代中国の天*に対する信仰を背景とした政治思想で、その時節に行うべき政治を実行しなかったり、その時節に外れた人為を強行したりすれば、天の禍《わざわい》が下るとする。陰陽五行思想*と結びつき、戦国時代から漢代にかけて理論化された。その典型的な記述は、秦の宰相呂不韋《りょふい》が編纂を命じた『呂氏春秋《りょししゅんじゅう》』*と、漢代までの礼学をまとめた『礼記《らいき》』*に見える。いずれも、一年を一二紀に分けた上で、それぞれの時節に行うべき政治、行ってはならない愚行を列挙する。これらは五行思想を背景に整然と記述されているが、近年発見された時令関係の出土文献では、戦国時代後半から漢代初期にかけて様々な形の時令説が並行して行われていた状況が明らかになった。また、この学説は、漢代の董仲舒《とうちゅうじょ》*の唱えた災異《さいい》*思想として展開した。天道に逆らった政治に対して、はじめ比較的小さな「災」害が下り、それでも改善しないと、より甚大な「異」変が起きるという思想である。

尚賢論（しょうけんろん）

君主が賢才を尚《たっと》ぶことに関する論。血統によらず有能な人材を登用し、政治を任せることを主眼とする。国家運営や中央集権のためには血統によらない官僚制度の整備が不可欠であり、老子*を除く諸子百家はいずれも基本的にこれを是認した。すでに『論語《ろんご》』*に、「（政治には）賢才を抜擢する」（子路篇）とあり、その萌芽が見られる。『孟子《もうし》』においては、さらに具体的に政治の上で賢者を登用することの重要性が語られ、『荀子《じゅんし》』では、尚賢思想を身分制と関連づけ、「賢者を貴賤によらず採用して卿大夫の位につけよ」という主張が見られる。また『墨子《ぼくし》』は、特に「尚賢篇」を設けて強く尚賢を主張した。ただ尚賢論は、つきつめれば「君主位は（世襲によらず）賢者へ譲られるべきである」という禅譲《ぜんじょう》*論へ行き着く方向性も孕《はら》んでおり、新出土資料の郭店楚墓竹簡《かくてんそぼちっかん》『唐虞之道《とうぐのみち》』に見える「賢才を尊ぶ。そのため（国を）禅《ゆず》る」との言葉は、このことを端的に示している。

正名論（せいめいろん）

名（名辞）と実（実態）との関係性に関する中国思想史上の議論。「名を正す」とは、名と実との乖離《かいり》を「乱」ととらえ、実を名に合わせる方向で名実の一致を目指すことを意味する。早くは『論語《ろんご》』*にこの考えの萌芽《ほうが》が見られる。『荀子《じゅんし》』は、当時の名家*や墨家*の名と実とに関する考えを、名実の関係性を混乱させるものとして批判しつつ、王者の定める礼法《れいほう》（名）で現実社会（実）を規制することを唱え、大義名分論《たいぎめいぶんろん》につながる政治思想としての正名論の性質を鮮明にした。また後世、『春秋《しゅんじゅう》』*には正名に関する孔子《こうし》*の真意が込められていると考えられ、それを説きあかすことを目的とした春秋学《しゅんじゅうがく》が生まれた。このほか、法家《ほうか》*である韓非子《かんぴし》*は「刑名参同《けいめいさんどう》」（実際の行動・実績〔形〕と発言・申告〔名〕とを一致させること）として名実の一致を説いている。

術数（じゅつすう）

『易』*の占い、天文観測、五行思想など、自然科学と占術とが複合した数理的思考、またはそれに関する学説。現存最古の図書目録『漢書』芸文志《げいもんし》*には「数術略《すうじゅつりゃく》」の項目があり、そこでは、「天文」「歴譜《れきふ》」「五行」「蓍《し》亀《き》」「雑占《ざっせん》」「形法」に六分類した上で、総計一九〇家二五二八巻の関係書があったと記す。ただ、そのほとんどは「亡」（『漢書』編纂の時点ですでに亡逸していたもの）とされている。これは、術数の技術が難解で、文献だけがあってもそれを実践・継承するのは難しいこと、また、時代とともにその術も変化していくこと、さらに、術そのものが秘伝であったため、文献が伝承されにくかったこと、などの理由による。古代の術数の全容はまだ解明されておらず、近年発見の新出土資料にもこれまで知られていなかった術数関係文献が多く含まれていることから、今後の探究が課題となる。近代科学誕生前の思想状況を解明するものとして重要である。

方技（ほうぎ）

医術・占術・神仙《しんせん》術*などの総称。古代中国では、神仙を求め、金丹《きんたん》（薬）を精製し、占いや祈祷《きとう》を行う人を方士《ほうし》*と呼んだ。秦の始皇帝*は不老不死*を願い、方士を派遣して仙薬を探させたという。そうした人々は世の注目を浴びていたらしく、『史記』*では、特に「亀策《きさく》伝」「日者《にっしゃ》伝」を立てて顕彰している。前者は卜筮《ぼくぜい》を得意とした人の伝記、後者は日の吉凶を見て占いをする人の伝記である。また、『漢書』芸文志*には「方技略」、『後漢書』には「方術伝」があり、『三国志』*に「方技伝」の名が見える。その後も歴代の正史の中で、「芸術伝」または「方技伝」の名で伝が立てられている。このことは、方技が単なる迷信や占いとしてではなく、最先端の技術・技芸ととらえられていたことを示すものであろう。ただその性格は相当に神秘的なものを含み、古代中国の様々な技術が近代科学へと飛翔していくのを妨げたという一面もある。

加上説（かじょうせつ）

後世の学者が自説の優位性を示すため、先行する他の学説より前の時代に自身の起源を設定してきたという説。「上」の時代に説を「加」えていくので「加上」説という。提唱者は、江戸時代大阪の学者・富永仲基《とみながなかもと》（一七一五～四六）で、著書『翁《おきな》の文《ふみ》』『出定《しゅつじょう》後語《ごご》』において説かれている。一九二五年、東洋史学者・内藤《ないとう》湖南《こなん》の講演で仲基が高く評価され、それを機に加上説も広く学界に認知された。仲基は『翁の文』において、まず孔子《こうし》*が当時尊崇されていた覇者より古い周《しゅう》の文王《ぶんおう》*・武王《ぶおう》*・周公旦《しゅうこうたん》*を尊崇し、のちに墨子《ぼくし》*がさらに古い夏《か》の禹《う》*を、孟子《もうし》*が堯《ぎょう》*・舜《しゅん》*を、楊朱《ようしゅ》*が黄帝《こうてい》*を尊崇したと説く。上記のうち黄帝は起源として最も古いが、尊崇されるようになったのは時代として最も新しく、後世に権威が付加されたことが確認できる。中国では、一九二一年に擬《ぎ》古《こ》派の学者・顧頡剛《こけつごう》が、加上説と同様の理論（「層塁地造成古史観」）を発表している。

コラム3　日本に伝来した諸子百家の書

西郷隆盛の銅像があることで知られる東京上野公園に、「博士王仁《わに》碑」という石碑が二基たっている。上野駅の公園口を降りて左手（南）に向かうと、上野の森美術館があり、その北側に二つの石碑がある。西郷さんの銅像を見ようと先を急ぐ人は見落としてしまうかもしれない。

この二基の石碑が示すのは、中国大陸と日本との古くて長い交流の歴史である。『古事記』などによれば、王仁は、古墳時代の前期に百済《くだら》から渡来し、日本に『論語』や「千《せん》字文《じもん》」（漢字習得のため四字句ずつ千字で構成された漢文）を伝えたという。これ以来、日本の学術史に最も強い影響を与えたのは、『論語』に代表される儒家系の文献である。江戸時代には、寛政二年（一七九〇）に「寛政異学の禁」が布告され、儒教の朱子学の経典が正統であるとされた。

しかし、日本に伝来したのは儒教文献だけではない。平安朝初期の漢籍目録である藤原佐世《ふじわらのすけよ》『日本国見在書《げんざいしょ》目録』（八九一年頃）によれば、当時日本に伝わっていた書籍は一五七九部、一万六七九〇巻もあったという。

この目録のモデルとなったのは、中国の『隋書《ずいしょ》』経籍志《けいせきし》である。書籍を四部に分類し、それを「経」「史」「子」「集」と命名した。現在、漢籍を四部に分類するのは、ここに起源がある。そして『日本国見在書目録』も、この大枠に従って、当時の書籍を分類・記録するのである。

たとえば、「道家」の文献は、『老子』『荘子』など四五八巻。また、「天文」の部に四六一巻、「暦数《れきすう》家」の部に一六七巻、「五行《ごぎょう》」の部に九一九巻の書が記載されている。

老荘の書は、正統的な朱子学には癒やされなかった人々の心のオアシスとなり、天文暦法や陰陽五行の書は、宮廷や貴族の書庫・書斎に大切に収蔵された。儒教経典以外の大量の書籍群も、日本の文化と歴史を彩ってきたのである。

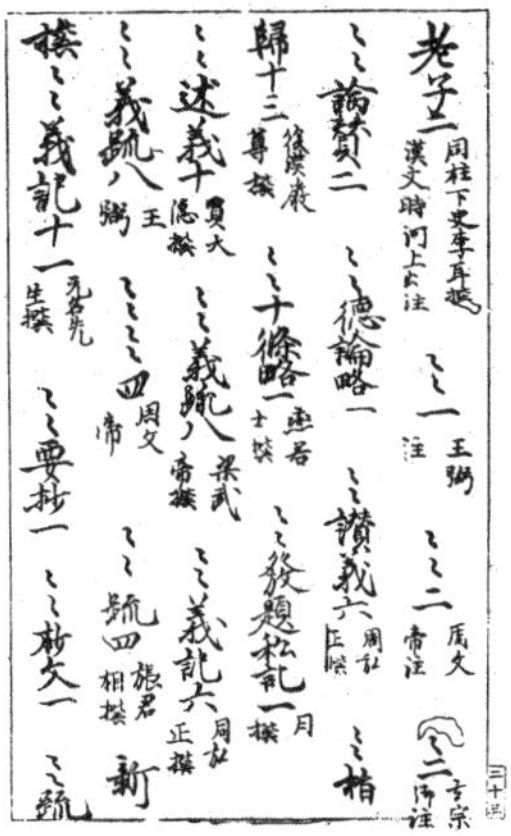

『日本国見在書目録』道家の部

第四章　仏教・道教

——人々の心を支えるもの——

中国では儒教・仏教・道教を三教という。この三教の中では、漢代以降に正統教学としての権威を確立した儒教がまず最も有力となったが、魏晋時代から隋唐時代にかけては仏教と道教とが勃興してきた。儒教が特に政治の担い手たる士大夫に必須の教養だったのに対して、仏教と道教とは士大夫だけでなく民衆にとっても心のよりどころとなってゆく。仏教は後漢以後に中国に定着し隋唐時代にその全盛期を迎え、道教も後漢時代末期の太平《たいへい》道《どう》・五斗米道《ごとべいどう》以降、徐々に勢力を拡大していった。ともに時の王朝の保護を受けたり逆に弾圧されたりという歴史を辿ったが、いわば儒教を土台として、ある時期は仏教が尊重され、またある時期には道教が重んじられたという方が適当であろう。特に明代末期以降、仏教や道教は民衆の中により一層浸透してゆく。この第四章では、古代から現在に至るまで中国の人々にとって心の支えとなっている仏教や道教に関係する重要人物・神々や事項、さらには民間信仰に関係する内容について紹介する。

仏教関係

〈人物〉

仏図澄（ぶっとちょう）（二三二〜三四八）

神秘的な霊能力で仏教を弘めた西域出身の仏教僧侶。三一〇年に洛陽に来たが、それ以前のことは、よく分からない。五胡十六国時代の後趙の初代皇帝石勒《せきろく》（二七四〜三三三）や後趙第三代皇帝石虎《せきこ》（二九五〜三四九）の信頼を得たので、教化の力は大きかった。特に、霊能者として呪術や予言に長じており、その伝記は、慧皎《えこう》の『高僧伝』*巻九の「神異《じんい》篇」に収められている。また自ら戒律を護ることに厳しかった。仏教寺院を建立すること、八九三箇寺といわれ、また多くの弟子を育て、門徒一万人といわれた。弟子のうちには優れた人物が多く、特に道安*は、次代の中国仏教界を背負っていくことになる。仏図澄は、訳経はしなかったものの、優れた門弟を養成したことで、初期の中国仏教史上において重要な位置を占めている。

仏図澄（『仙仏奇踪』）

道安（どうあん）（三一二〜三八五）

五胡十六国時代における指導的立場の仏教僧侶。河北省の出身。幼くして両親を失い、一二歳で出家する。のちに、仏図澄《ぶっとちょう》*に出会い、その才能を大いに認められ、以後仏図澄の弟子となる。しかし、世は戦乱の時代だったので、避難しつつ修学した。三七九年、前秦の王苻堅《ふけん》により襄陽《じょうよう》が攻略され、道安は長安へ連れ去られた。生涯を通じて『般若経《はんにゃきょう》』の研究を続け、『道行集異《どうぎょうしゅうい》注《ちゅう》』『放光般若折疑准《ほうこうはんにゃしゃくぎじゅん》』など多くの注釈書を著している。また、禅観（坐禅して真理を観ずること）や戒律にも深い造詣を示した。さらに、仏教者が出身地を姓にしていることを嘆き、仏教者は釈迦の弟子であるから、釈《しゃく》姓《せい》を名乗るべきとして、自ら釈《しゃく》道安と称した。道安の弟子は多いが、その戒律主義や禅観重視の点で後継者といえるのは、廬山《ろざん》の慧遠《えおん》*である。道安と慧遠の登場により、中国仏教の基礎が築かれたといえる。

慧遠（『晩笑堂画伝』）

慧遠（えおん）（三三四～四一六）

東晋時代に活躍した仏教僧侶。「廬山《ろざん》の慧遠」とも呼ばれる。少年時代より儒教や老荘思想を学んだが、二一歳の時、名僧道安《どうあん》*の『般若経《はんにゃきょう》』の講義を聞き感激し、出家して道安の弟子となった。三年後には、早くも仏典を講義できるようになっていた。のち三七九年、前秦の王苻堅《ふけん》によって道安は長安へ連れ去られた。慧遠は、別れて弟子たちと南下し、三八四年、廬山の東林寺に入った。以後、没するまでの三〇余年、廬山を下りず、修行と研究と教化に専念した。また、鳩摩羅什《くまらじゅう》*が長安に来たことを知り、しばしば書簡を送り、親交を深めた。慧遠の著述の中で有名なものは、『沙門不敬王者論《しゃもんふけいおうじゃろん》』である。これは、権力者桓玄《かんげん》が、仏教僧侶に対して、王者に礼拝を強要することに答えたものである。この中において、仏教の出家者は国家権力の外にあることを、力強く述べている。このように、中国の伝統思想や習俗に対して、仏教徒のとるべき態度を明らかにしている。また、四〇二年、慧遠を中心に出家在家の信者一二三人とともに、白蓮社《びゃくれんしゃ》という念仏結社をむすんでいる。これは、後世の称名念仏《しょうみょうねんぶつ》とは違って、禅定の中で阿弥陀仏を観ずる「観仏三昧《かんぶつざんまい》」の修行である。慧遠の念仏の系譜は、後に「慧遠流浄土教」と呼ばれる。

法顕（ほっけん）（三三九？～四二〇？）

インド留学をはたした仏教僧侶。山西省平陽の出身。三歳で出家。仏教僧侶の生活規範である「律蔵《りつぞう》」の不備を嘆いて、インド留学を決意する。三九九年、六〇歳頃に長安を出発する。陸路を約六年かけてインドに至る。

マガダ国の天王寺にて学び、仏典のサンスクリット写本を入手する。また、セイロン（現在のスリランカ）に赴き、ここでも仏典の写本を入手する。セイロンには、紀元前三世紀に仏教が伝わり、仏教国としての歴史も古く、多くの仏教遺跡がある。ここに二年滞在したのち、帰国の途についた。帰路は、海路をとり、しばしば海難に遭遇するも、ようやく山東省の青州に上陸した。帰国後は、仏駄跋陀羅《ぶつだばだら》とともに、『摩訶僧祇律《まかそうぎりつ》』『方等泥洹経《ほうどうないおんきょう》』『雑《ぞう》阿毘曇心論《あびどんしんろん》』などを訳出する。また、自らの旅行記を著し、『法顕伝』（あるいは『仏国記』）と呼ばれている。これは、のちの玄奘*の『大唐西域記』にさきがけて、インドや中央アジアの実情を伝えた貴重な文献である。

鳩摩羅什（くまらじゅう）（三四四〜四一三または三五〇〜四〇九）

多くの漢訳仏典を訳出し、訳経僧として著名な仏教僧侶。インド出身の仏教僧である父と、亀茲国《きゅうじ》（クチャ）の王妹である母との間に生まれる。七歳で出家し、九歳でカシミールに留学する。そこで、『阿含経《あごんきょう》』や、上座《じょうざ》部《ぶ》系の教義である有部《うぶ》の論書を学んだ。またカシュガルにおいて、大乗仏教の教義書である『中論《ちゅうろん》』『百論《ひゃくろん》』などを学んだ。一四〜一五歳の頃、亀茲国に帰国する。二〇歳の時、カシミールから来た卑摩羅叉《びまらしゃ》から『十誦《じゅうじゅ》律《りつ》』を学び、受戒して、一人前の僧侶である比丘《びく》となった。その後、前秦の呂光《りょこう》により亀茲城が陥落し、羅什は涼州に連行された。涼州に一七年滞在した羅什は、ここで漢語を習得したとされている。四〇一年、後秦の二代皇帝姚興《ようこう》が涼州を攻め落とし、羅什は長安へ移された。長安において、『坐禅三昧経』『阿弥陀経』『大品般若《だいぼんはんにゃ》経《きょう》』『維摩経《ゆいまきょう》』『妙法蓮華経』『大智度論《だいちどろん》』『中論』『百論』『十二門論』『成実論《じょうじつろん》』などを訳出する。七〇歳の時、長安にて亡くなった。後に玄奘《げんじょう》*が翻訳した漢訳仏

鳩摩羅什
（『三教源流捜神大全』）

典を「新訳《しんやく》」というのに対して、それ以前の翻訳は「旧《く》訳《やく》」と呼ばれ、羅什は「旧訳」の代表者とされる。また、羅什以前の翻訳は「古訳《こやく》」と呼ばれている。

僧肇（そうじょう）（三八四～四一四？）
鳩摩羅什《くまらじゅう》*門下の俊英と呼ばれた仏教僧侶。長安の出身。出家する以前は、書物の書写を生業としていたので、経史など多くの古典に親しんでいた。特に道家*思想に通じていた。ある時『維摩経《ゆいまきょう》』を読み、初めて心のよりどころを知り、歓喜した。それを機に出家した。その後、鳩摩羅什を慕い、その弟子となる。羅什は、後秦の王姚興《ようこう》に招かれ、長安の逍遙園《しょうようえん》にて訳経にあたり、僧肇は、僧叡らとともに、これを助けた。僧肇の著作としては、『肇論《じょうろん》』『注維摩《ちゅうゆいま》』がある。『注維摩』は、正しくは『維摩詰所説経註《ゆいまきつしょせつきょうちゅう》』といい、羅什の訳本に基づき、羅什、道生《どうしょう》、道融の解釈を紹介し、自らの解釈をも述べたものである。日本の聖徳太子は、『維摩経』を重んじ、『維摩経義疏《ゆいまきょうぎしょ》』を著しているが、『注維摩』を大いに参考にしている。

謝霊運（しゃれいうん）（三八五～四三三）
仏教に好意的であった南朝宋の詩人。字は宣明。河南省陽夏の出身。一時期、宋の文帝に仕えたが、左遷され、のちに広州で処刑された。書画に巧みで、優れた自然詩を残している。廬山《ろざん》の慧遠《えおん》*ら仏教僧と親交をもち、仏教に深い理解を示している。著書『弁宗論《べんしゅうろん》』は、法《ほう》勗《きょく》・僧維《そうい》・慧琳《えりん》ら仏教僧との論議をまとめたものである。この書において、礼楽文化を基底とする儒家的な政治原理だった「理」の概念を、道家*・仏教的な哲学原理へと大転換させている。このことは、それ以降に始まる仏教文化全盛時代を、哲学的に根拠づけた。また、慧《え》厳《ごん》・慧観とともに、曇無讖《どんむせん》訳の『大般涅槃経《だいはつねはんきょう》』四〇巻

謝霊運（『集古像賛』）

を再編集して三六巻二五品にあらためた。これを『南本《なんほん》涅槃経《ねはんきょう》』と称する。

梁の武帝（りょうのぶてい）（四六四～五四九）

仏教を篤く信奉した南朝梁の初代皇帝。姓名は蕭衍《しょうえん》。在位は、五〇二～五四九。在位中、前半は徳政を敷いたが、後半は仏教に溺れ、国力を疲弊させた。五二七年に完成した同泰寺をはじめ、大愛敬寺、大智度寺、皇基寺、光宅寺、開善寺など多くの寺院を建立している。また、多大の財物や金銭を寺院に寄付する「捨身《しゃしん》」という催しを四回にわたって挙行している。さらに、無遮大会《むしゃだいえ》、水《すい》陸大斎会《りくだいさいえ》などの仏教行事をしばしば行い、多額の出費をして、梁の財政を圧迫した。一方で、過剰な仏教保護政策ではあったが、名僧や学僧が輩出し、仏教研究が盛んになった。法雲《ほううん》、僧旻《そうびん》、智蔵《ちぞう》は、「梁の三大法師」と称された。学僧の僧祐《そうゆう》（四四五～五一八）は、『弘明集《ぐみょうしゅう》』*一四巻の編纂、『出三蔵記集《しゅつさんぞうきしゅう》』一五巻の著述で知られる。慧皎《えこう》（四九七～五五四）は、『高僧伝』*一五巻を著す。外国僧の渡来も多く、真諦《しんたい》（インド名パラマールタ、四九九～五六九）は、『摂大乗論《しょうだいじょうろん》』『中辺分別論《ちゅうへんふんべつろん》』『倶舎釈論《くしゃしゃくろん》』など、多くの仏典を訳出した。武帝自身は、侯景《こうけい》の反乱によって死去するが、庇護された南朝の仏教は、着実に発展することになる。

梁の武帝（『歴代古人像賛』）

天台智顗（てんだいちぎ）（五三八～五九七）

中国の天台宗《てんだいしゅう》*開祖とされる仏教僧侶。天台山に住んだので、天台大師智顗または、天台智者《ちしゃ》大師ともいう。湖南省荊州の華容の出身。一八歳で出家する。五六〇年、法華経を中心として修行していた大蘇《だいそ》山の慧思《えし》（五一五～五七七）に入門する。やがて慧思の指導によって「法華三昧」の悟りを得た。これを「大蘇開悟《だいそかいご》」という。のちに、陳の都建康《けんこう》に入り、『大智度論』『次第禅門』などを講説し、禅観（坐禅して真理を観ずる）修行に裏づけられた教説を述べた。しかし、五七五年には、天台山に隠棲する。ここで禅観の修行に励み、山頂の華頂峰《かちょうほう》にて魔を降伏《ごうぶく》させる体験をする。これを「華頂降魔《かちょうごうま》」という。のち、五八五年に再び建康に出て、諸経を講説する。さらにのち、故郷の荊州に帰り、法華経などを講じる。五九五年、一〇年ぶりに天台山に帰る。五九七年、病没する。智顗の代表的講説は、弟子の灌頂《かんじょう》が筆記して残っている。すなわち『法華文句《ほっけもんぐ》』『法華玄義《ほっけげんぎ》』『摩訶《まか》止観《しかん》』である。これらは天台宗の教義の中心となるもので、「天台三大部」または、「法華三大部」と呼ばれ、中国仏教はもとより、日本の天台宗や日蓮宗に大きな影響を与えて今日に至っている。

玄奘（げんじょう）（六〇二～六六四）

大翻訳事業を成し遂げた、唐代を代表する仏教僧侶。「玄奘三蔵《げんじょうさんぞう》」と称される。『西遊記』の三蔵法師のモデルとなった。六〇二年、洛陽近郊に生まれ、六一四年、出家する。以後、仏教学を研鑽するが、その非凡な才能を認められ、「釈門千里《しゃくもんせんり》の駒《こま》」と呼ばれた。修学する中で、特に唯識《ゆいしき》学に関して疑問を抱き、唯識学典籍の請《しょう》来《らい》を企図したインド留学を決意する。六二七年（あるいは六二九年）に長安を出発し、六三〇年、マガダ国に入り、仏教総合大学であったナーランダー寺院に留学する。ここで、碩学戒賢《かいけん》（インド名シーラバドラ）に師事して、主に唯識学の根本典籍である『瑜伽師地論《ゆがしじろん》』を学ぶ。その後、六三七年から六四〇年にかけて、広くインドの仏蹟を巡拝した。六四五年一月、膨大な仏教典籍のサンスクリット写本を伴って、長安に帰国する。唐の太宗からは手厚い待遇を受け、仏典翻訳事業は、その年の五月から着手された。また、インド・西域の見聞録を『大唐西《たいとうさい》域記《いきき》』としてまとめた。翻訳された仏典は、『瑜伽師地

玄奘（『三教源流捜神大全』）

論』『摂大乗論釈《しょうだいじょうろんしゃく》』『倶舎論《くしゃろん》』『大般若経』など、総計七五部一三三五巻に及ぶ。これは、質量ともに中国訳経史上に残る大翻訳事業である。玄奘の翻訳は「新訳《しんやく》」と呼ばれ、それ以前の翻訳は「旧訳《くやく》」と呼ばれる。ちなみに、現在日本の仏教界で通用している『般若心経』も、玄奘が漢訳したものである。

義浄（ぎじょう）（六三五～七一三）

海路スマトラ経由でインドに留学した仏教僧侶。多くの仏典を翻訳して「義浄三蔵」と呼ばれる。山東省の出身。幼くして出家する。仏教を学習する中で、僧侶の生活規範である「律蔵《りつぞう》」の漢訳の不備に気づき、法顕*や玄奘*のようにインドに留学したいと望むようになる。六七一年、広州から海路インドへ出発した。まずは、スマトラの僧院に滞在したのち、海路インドに到着し、ナーランダー寺院で一〇年間研究に没頭した。その後、六八五年、海路でインドを出発し、スマトラを経由したのち、六九五年に洛陽に戻った。帰国した義浄は、逝去するまで訳経に従事した。訳出した仏典は、『金光明最《こんこうみょうさい》勝王経《しょうおうきょう》』『孔雀王経』『根本説一切有部毘奈耶《こんぽんせついっさいうぶびなや》』など、五六部二三〇巻に及ぶ。また著書に、インドおよび南海諸国の仏教僧侶の生活、風俗、習慣などを詳細に記述した『南海寄帰内法伝《なんかいききないほうでん》』がある。

〈文献〉

『弘明集』（ぐみょうしゅう）

梁《りょう》の僧祐《そうゆう》（四四五～五一八）が編集した仏教に関する文集。序に「弘道明教」（道を弘め教えを明らかにす）とあることから命名され、仏教を擁護する文章を主とする。全一四巻に一〇〇人以上の論文を収め、中国に仏教が伝来した当初の実態を知る資料として貴重なものである。インドから伝来したばかりの仏教は、中国人にとっては夷狄《いてき》（中華より文化的に劣る外国）の邪教であった。儒家や道家*の思想が根づいていた中国社会において、中国文化と仏教思想との間に、どのような軋轢《あつれき》があり、どのような論争が展開し、どのように仏教が受容されるに至ったのか。それらの歴史的な背景がうかがえる。特に著名なものとしては、牟子《ぼうし》「理惑論」（恐らく作者は牟子ではない）、宗炳《そうへい》（三七五～四四三）「明仏論」などを収録する。また、「難范縝神滅論《なんはんしんしんめつろん》」（范縝の神滅論を難ず）は、神滅論・神不滅論*の詳細を知るのに役立つ。范縝（四五〇?～五一五?）の「神滅論」に対する論難であり、蕭琛《しょうしん》（斉～梁の人）の序、曹思文《そうしぶん》（梁の人）の本論がある。詳細な訳注として、『弘明集研究』全三巻（京都大学人文科学研究所）がある。

『大蔵経』（だいぞうきょう）

仏教聖典の総称。『蔵経』とも『一切経』ともいう。世界的に見て、パーリ語の『南伝大蔵経』やチベット語の『大蔵経』などがあるが、本項目においては『漢訳大蔵経』を取り上げる。『漢訳大蔵経』は、漢語に翻訳された仏典であるが、広義には、中国・日本の撰述書をも含む。『大蔵経』という呼称は、隋代頃より用いられたとされる。二世紀中葉以来、次々と漢訳される仏典の数が増えるにつれて、漢訳仏典の目録が求められた。最初期のものは、道安*の『綜理衆経目録《そうりしゅきょうもくろく》』であり、次いで僧祐《そうゆう》の『出三蔵記集《しゅつさんぞうきしゅう》』、道宣《どうせん》の『大唐内典録《たいとうないてんろく》』、智昇《ちしょう》の『開元釈教録《かいげんしゃっきょうろく》』などが作られた。そして、木版印刷技術*の発展により、『大蔵経』が刊行されるようになる。宋の太宗の命による『蜀版《しょくはん》大蔵経』がそれである。『蜀版』は、勅命により国内外に普及し、朝鮮の『高麗版』に影響を与えた。さらに、『元版』『明版』が刊行された。今後は、各『大蔵経』の系統的な整理と研究が期待されている。

『高僧伝』（こうそうでん）

梁の慧皎《えこう》（四九七～五五四）が撰述した中国仏教の高僧の伝記。『梁高僧伝《りょうこうそうでん》』ともいう。五一九年に完成した。高僧とは、高徳の僧侶のことで、名僧とは、名声のある僧侶のことである。慧皎の自序によれば、名声があっても徳の低い僧侶は取り上げず、名声がなくても、徳の高い僧侶は取り上げているとのことである。本伝のあるものの二五七名、付録として名の見えるものは二四三名である。内容は、「訳経」「義解」「神異」「習禅」「明律」「亡身」「誦経」「興福」「経師」「唱導」の一〇の項目に分けて、各々の徳業に従って紹介している。構成は、後世の僧伝の模範となり、唐の道宣《どうせん》（五九六～六六七）の『続高僧伝』、宋の賛寧《さんねい》（九一九～一〇〇一）の『宋高僧伝』、明の如惺《じょせい》の『大明高僧伝』などが、本書に倣っている。

また、著者の慧皎は、会稽上虞《かいけいじょうぐ》の出身で、嘉祥寺《かじょうじ》に住み、春夏には仏法を弘め、秋冬には著述に専念した。五五四年に五八歳で亡くなった。

『法苑珠林』（ほうおんじゅりん）

中国最大規模の仏教における類書。唐の道世《どうせい》（?〜六六八?）の著作。六六八年成立。全一〇〇巻。仏教に関する様々な問題を一〇〇篇六六八部に分類し、概説し、典拠となる引用をまとめたもの。引用文献は、四百数十種に及び、経典、論書、疏書、僧伝などから、偽経*、道教典籍、中国における史伝、小説、雑書にまで及んでいる。この中には、すでに散逸してしまったものも含まれ、その価値はきわめて貴重である。また、内容別に分類されているので、参照に便利である。古来、多くの学者により重宝されてきた。中国のみならず、日本においても、奈良・平安時代以来、仏教百科全書として珍重された。日本の仏教文学に与えた影響力も大きい。日本においては、江戸時代に至っても版行されており、その読者層の厚さを示している。

『臨済録』（りんざいろく）

唐末の禅僧臨済義玄《りんざいぎげん》（?〜八六七）の言行録。正式には『鎮州臨済慧照禅師語録《ちんしゅうりんざいえしょうぜんじごろく》』。臨済の弟子三聖慧然《さんしょうえねん》が編集した。内容は、上堂語《じょうどうご》・示衆《じしゅう》・勘弁・行録《あんろく》の四部構成。このうち、行録の内容から、臨済の生涯が分かる。臨済は、若くして出家し、仏教学を学んだが満足せず、禅僧黄檗希運《おうばくきうん》（?〜八五〇頃）のもとで、座禅修行した。黄檗に三度棒で打たれたことを機縁に大悟し、黄檗の継承者となる。この臨済の法脈を、臨済宗と呼ぶ。「臨済将軍」と呼ばれるように、その禅風は峻烈で、厳しく怒鳴ることで修行者の力を引き出すものであった。のちに臨済宗は、大いに栄え、日本にも伝来する。『臨済録』は、「語録《ごろく》の王」とも呼ばれ、中国、日本においても重用された。日本では、禅宗文化の浸透により、『臨済録』にある「随処《ずいしょ》に主《しゅ》となれば、立処皆真《りっしょみなしん》なり」や「無位《むい》の真人《しんにん》」の言葉が一般にも知られている。

〈事項〉

空・無（くう・む）

「空」は、梵語《ぼんご》（サンスクリット）sūnya（シューニャ。「〜を欠く」という形容詞）の漢訳で、仏教における重要な概念。「無」は、『老子』における重要な概念。「空」の思想は、仏典では『般若経《はんにゃきょう》』、宗派では三論宗*に顕著に見える。一般に仏教では、一切のものを「自性空《じしょうくう》」、すなわち「もの自体には定まった性質はない」ととらえる。ものの性質は関係性の反映にすぎず、主観的かつ一時的であり、「無常」である（変化し続ける）と考える。他方、『老子』の「無」とは、元来は言葉で表現できないが、「有《ゆう》」（存在するもの）に先立ち、あらゆるものが生じる根源であり、道*とも表現される。「無」も「空」も、徹底的な否定という理解にとどまるなら類似点があり、「有」の背後にある真理・法則という点においてもよく似ている。格義仏教*では sūnya の漢訳に「無」をあてることもあるが、本来はまったく異なる概念である。よく唱えられる『般若心経《はんにゃしんぎょう》』は、「空」の思想を二七〇字程度で簡潔に説く経典である。

格義仏教（かくぎぶっきょう）

仏教について説明する際、中国思想の用語になぞらえて理解を助ける方法。「格義」（義を格《はか》る）とは、「ことばの意味を推量する」こと。竺法雅《じくほうが》（晋《しん》の僧侶）の伝記（『高僧伝』*に収録）や『世説新語《せせつしんご》』*に見える語であるが、そこではきわめて限定的に使用する。「格義仏教」は中国仏教研究者による造語であり、そのような名称や内容の仏教が存在したわけではない。魏《ぎ》晋の頃、竹林の七賢*に代表されるような清談が流行した。その風潮に乗って仏教者が談論する時、中国人の理解を助けるために儒家・道家*などの語彙を便宜的に利用した。たとえば、仏教の「五戒」は儒教の「五常」（仁*・義*・礼*・智・信）と同じであるなどという。狭義の「格義」は、このように数字を含む言葉の解釈に限る。広義の「格義」には梵語《ぼんご》（サンスクリット）から漢語への意訳語全般を含む。たとえば、nirvāna（ニルヴァーナ。音写語は「涅槃《ねはん》」）を「無為」、bodhi（ボーディ。音写語は「菩提《ぼだい》」）を「道*」などと訳す。しかし、道安*らは、正確な概念を伝えられないとして「格義」という手法に批判的であった。仏教が中国に定着するにつれ、格義的な手法は次第に減少していく。

神滅論・神不滅論（しんめつろん・しんふめつろん）

人が死んで肉体が失われた後、霊魂は残らないとする考え方、あるいは逆に残るとする考え方。「神」は、ここでは霊魂と同義。六朝期、中国で仏教が説かれ始めると、中国人の関心は輪廻転生《りんねてんしょう》に向けられた。現世以外に考えが及ばない中国人にとって、前世・現世・来世と永遠に続く輪廻は不可解な思想であった。もし輪廻が本当だとすれば、何が輪廻するのか。輪廻の主体がなければ、輪廻はありようがない。このように考えるなら、仏教を信じ輪廻を信じる者は神不滅論をとることになり、逆に、仏教を排し輪廻を否定する者は神滅論をとることになる。主な論争については、『弘明集《ぐみょうしゅう》』*によって確認できる。神滅論を説く者には慧琳《えりん》（宋の人。僧侶だが神滅を説く）・何承天《かしょうてん》（三七〇〜四四七）・范縝《はんしん》（四五〇?〜五一五?）らが、神不滅論を説く者には、慧遠《えおん》*・宗炳《そうへい》（三七五〜四四三）・蕭子良《しょうしりょう》（四六〇〜四九四）らがいる。しかし、本来の仏教は輪廻の主体など認めない。神不滅論は、やがて中国仏教の大衆化とともに民間信仰の中に埋没していく。

観音信仰（かんのんしんこう）

中国仏教において、最も民衆に親しまれている観音菩薩の信仰。観音信仰は、インドに発生したものであるが、四〇六年に鳩摩羅什《くまらじゅう》*が訳した『妙法蓮華経』の中の「観世音菩薩普門品」（『観音経』）の普及とともに、中国においても流行する。六朝時代における観音信仰については、傅亮《ふりょう》（三七四〜四二六）の『光世音応験記』、張演（五世紀前半）の『続光世音応験記』、陸杲《りくこう》（四五九〜五三二）の『繫《けい》観世音応験記』にその実態が伝えられている。この信仰の高まりに応じて、中国にて撰述された『高王観世音経』『観世音三昧経』などの偽経*が、さらに、唐代になって密教が伝わると、種々様々な姿の観音が登場する。特に、白衣《びゃくえ》観音や魚籃《ぎょらん》観音の信仰は、中国において最も盛んになる。その信仰の実態は、きわめて現世利益的で、中国各地での道教信仰との習合も顕著である。また、浙江省の舟山《しゅうざん》群島の普陀山《ふださん》には観音像が祀られ、唐代の末から、観音の聖地である補陀落《ふだらく》山に見立てられ、漁民たちを中心に信仰を集めている。

三論宗（さんろんしゅう）

隋代に中国において成立した仏教の宗派。「宗派」とはいうが、具体的な信仰を主張せず、むしろ教理の研究に努めたので、「学派」というに等しい。隋末唐初の学僧嘉祥《かじょう》大師《だいし》吉蔵《きちぞう》（五四九～六二三）によって大成された。三論とは、インド成立の『中論《ちゅうろん》』『十二門論《じゅうにもんろん》』『百論《ひゃくろん》』の三つの論書のことで、この三論書を所依《しょえ》の論書とする。この三論書は、いずれも鳩摩羅什《くまらじゅう》*によって漢訳されており、『般若経』の空《くう》*の思想を論じたものである。この宗派の教義を簡潔に述べたものが、『三論玄義《さんろんげんぎ》』であり、吉蔵によって五九七年から五九九年頃に著されている。内容は、空の思想を中心とした仏教概論ともいうべきものである。この総論部分で、「破邪顕正《はじゃけんしょう》」が説かれる。「破邪」とは、仏教以外の教えや仏教内の間違った教えを破ることであり、「顕正」とは、空の思想に基づく三論の教えを顕わすことである。しかし、唐末以降は、他の宗派が栄え、三論宗は衰退していった。なお、この宗派は、日本にも伝えられ、南都六宗《なんとろくしゅう》の一つとして、奈良時代には多くの学僧を輩出した。しかし、本来「学派」であるため、平安時代以降、宗教色の強い各宗派の出現により、衰退した。

天台宗（てんだいしゅう）

天台大師智顗《ちぎ》*により、中国において成立した仏教の代表的宗派。『法華経』を所依の聖典とする。智顗は、慧思《えし》から『法華経』の教えを受け、自らの思索と修行により、天台宗を大成する。まず、「五時八教《ごじはっきょう》」の教相判《きょうそうはん》釈《じゃく》*により、『法華経』こそが、釈迦の説いた教えの中で最も優れているとした。また、天台教学は、「教観双《きょうかんそう》美《び》」といわれ、教理と実際の修行が密接に関連している。まず、我々凡夫が直面している一切の事象の真実の姿は、空《くう》*・仮《け》・中《ちゅう》の三つの側面があり、この空・仮・中の三《さん》諦《たい》（三つの真理）が相互に不可分であることを「円融三《えんゆうさん》諦《たい》」という。さらに、空・仮・中のそれぞれを観じる修行を、空観・仮観・中道観というが、「円融三諦」に基づく天台の修行である円頓止観《えんどんしかん》には、空・仮・中の三観がすべて備わっている。これを「一心三観《いっしんさんがん》」という。また、地獄から仏界に至る十の世界のそれぞれに、また十の世界が備わっているという「十界互具説《じっかいごぐせつ》」に基づき、我々凡夫の一瞬の心にも、地獄から仏界に至る三千の一切法が備わっているという「一念三千説《いちねんさんぜんせつ》」がある。智顗の教説は、『法華玄義《ほっけげんぎ》』『法華文句《ほっけもんぐ》』『摩訶止観《まかしかん》』としてまとめられ、天台三大部という。智顗の後、灌頂《かんじょう》（五六一～六三二）が教えを継承し、さらに、湛然《たんねん》（七一一～七八二）が、大いに教えを広めた。日本の最澄《さいちょう》は、湛然の弟子である道邃《どうすい》と行満《ぎょうまん》から教えをうけて、日本に天台宗をもたらしている。

華厳宗（けごんしゅう）

初唐代に中国において成立した仏教の宗派。『華厳経』を所依の経典とする。初祖は杜順《とじゅん》（五五七～六四〇）、第二祖は智儼《ちごん》（六〇二～六六八）で、第三祖の賢首大師《げんじゅだいし》法蔵《ほうぞう》（六四三～七一二）が大成した。杜順は、長安郊外の驪山《りざん》に隠棲した修行者で、華厳経信仰の布教者であった。智儼は、『華厳経捜玄記《そうげんき》』や『華厳経孔目章《くもくしょう》』などを著し、教学を基礎づけた。法蔵は、長安の出身で、智儼の華厳経講義を聞いて、弟子となった。智儼没後の六七〇年に出家し、たびたび華厳経を講義し、また『華厳経探玄記《たんげんき》』『華厳五教章《ごきょうしょう》』『華厳経伝記』などを著した。また、実叉難陀《じっしゃなんだ》（六五二～七一〇）が新たに八〇巻本の『華厳経』を翻訳した時には、訳出に協力している。さらに、法蔵には、祈禱師としての一面もあり、たびたび雨や雪を祈り、霊験を得ている。この宗派の教義としては、まず「五教判《ごきょうはん》」があり、仏教の教えを『華厳経』を頂点とする五つの階梯に分類している。また「法界縁起《ほっかいえんぎ》」と呼ばれ、あらゆる事象・事物は、互いに縁となり、無限に相即《そうそく》し、融通《ゆうずう》すると考えられ、「一即一切、一切即一」と表現される。なお、この宗派は、七四〇年に、法蔵門下の新羅僧審祥《しんじょう》によって日本に伝えられている。日本においては、『華厳経』『梵網経』の思想によって、東大寺大仏が造立され、現在に至るまで、東大寺は、華厳宗の法灯を伝えている。

禅宗（ぜんしゅう）

中国において成立した、坐禅を中心とする仏教の宗派。初祖を菩提達摩《ぼだいだるま》（？～五三〇？）とする。二祖を慧可《えか》、三祖を僧璨《そうさん》とするものの、四祖道信《どうしん》（五八〇～六五一）と五祖弘忍《こうにん》（六〇二～六七五）とが、蘄州黄梅《きしゅうおうばい》の双峰山で多くの修行者を率いていた「東山法門《とうざんほうもん》」が、禅宗の始まりと見られる。弘忍没後、「東山法門」は活動を広げ、神秀《じんしゅう》（?～七〇六）とその弟子普寂《ふじゃく》（六五一～七三九）は、唐の朝廷の帰依を受けた。この神秀・普寂の系統を、北宗《ほくしゅう》禅という。一方、弘忍門下の慧能《えのう》（六三八～七一三）を六祖とするのが、慧能の弟子神会《じんね》（六八四～七五八）である。この系統を、南宗《なんしゅう》禅という。北宗は、段階的に煩悩を払拭していく漸悟《ぜんご》*説であり、南宗は、自己の本性が本来清浄《しょうじょう》であることに徹する頓悟《とんご》*説である。その後、北宗は衰退し、南宗のみが発展していくことになる。唐末以降、諸派分立の時代となり、臨済宗（黄龍《おうりょう》派・楊岐《ようぎ》派）、潙仰《いぎょう》宗、曹洞《そうとう》宗、雲門宗、法眼《ほうげん》宗の「五家七宗」に分派した。公案《こうあん》（禅の問答、または問題）を重視する看話《かんな》禅が盛んになり、『碧巌録《へきがんろく》』や『無《む》門関《もんかん》』などの公案集が多く作られた。日本からの留学僧も多く、栄西《ようさい》は臨済宗を、道元《どうげん》は曹洞宗を日本に持ち帰っている。

浄土教（じょうどきょう）

阿弥陀仏の極楽浄土に往生し、成仏することを説く仏教の教え。南北朝時代に、曇鸞《どんらん》（四七六?～五四二?）が『往生論註《おうじょうろんちゅう》』を著したのが、中国における浄土教信仰の端緒となった。また、末法《まっぽう》思想が流行しはじめ、修行しても悟りに至れない時代という認識が広まった。このような末法の意識をもっていたのが道綽《どうしゃく》（五六二～六四五）である。彼は、六〇九年、玄中寺《げんちゅうじ》にて、曇鸞の碑文を見て感動し、浄土教に入信した。道綽は、「聖《しょう》浄《じょう》二《に》門判《もんはん》」という教相判釈《きょうそうはんじゃく》*により、仏教の教えを聖《しょう》道門《どうもん》と浄土門に分け、末法の世の中では、ただ浄土門の教えだけが、衆生を救済できると説いた。道綽の門下が、善導《ぜんどう》（六一三～六八一）である。善導には、『観経疏《かんきょうしょ》』『往生礼讃』『般舟讃《はんじゅさん》』などの著書がある。特に重要なのが『観経疏』（正式には『観無量寿経疏《かんむりょうじゅきょうしょ》』）で、口で「南無阿弥陀仏」と称える「称名《しょうみょう》念仏」を往生行の中心に据えたことである。この考え方は、のちに日本に伝わり、法然《ほうねん》や親鸞《しんらん》に大きな影響を及ぼした。

頓悟・漸悟（とんご・ぜんご）

中国仏教において、教義上論争となる問題点。頓悟《とんご》とは、悟りに区分を設けず、凡夫も直ちに悟りを得ると主張する説。この説は、道生《どうしょう》（三五五～四三四）が初めて主張した。一方、漸悟《ぜんご》とは、悟りに段階を設け、浅い悟りから漸次《ぜんじ》に深い悟りに至るとする説で、道生の同門の慧観《えかん》（四世紀～五世紀頃）によって主張された。道生と慧観との間には論争が発生した。この時、道生の頓悟説を支持した学者に、謝霊運《しゃれいうん》*（三八五～四三三）がいる。謝霊運は、『弁宗論《べんしゅうろん》』の中で、道生の説を祖述している。また、インドの聖人*は長い修行の過程が必要であるが、中国の聖人は一挙に真理と一体となると説いている。このように、頓悟説は、多くの人々の支持を得た。さらに、唐代に禅宗*内部においても、頓悟・漸悟の論争があった。南宗《なんしゅう》禅の神会《じんね》は、北宗《ほくしゅう》禅は漸悟説であると批難し、南宗禅こそが頓悟であると主張した。この「南頓北漸《なんとんほくぜん》」説は、広く受け入れられることになる。

偽経（ぎきょう）

梵語《ぼんご》（サンスクリット）からの翻訳ではなく、中国において撰述された仏教経典。「疑経《ぎきょう》」「疑偽経《ぎぎきょう》」とも呼ばれる。偽経に対して、梵語から翻訳された経典を真《しん》経《きょう》と呼ぶ。仏教僧侶にとっては、真経こそが大切で、偽経は仏教の真実の教えを乱す邪魔な存在であった。しかし経録《きょうろく》（仏教経典目録）に記録された偽経の数は、東晋の道安*の時には二六部三〇巻、梁の僧祐の『出三蔵記集』によれば四六部五六巻、隋の彦琮《げんそう》の『仁寿録《にんじゅろく》』では二〇九部四九〇巻、唐の智昇の『開元釈教録』では四〇六部一〇七四巻と、時代が降るに従って増加している。偽経作成の目的・動機については、当時の中国の人々の要求に応じて作成されたことが、先学の研究により明らかにされている。また、鎮護国家を説く『仁王経《にんのうきょう》』、父母への孝行を説く『父母恩重経《ぶもおんじゅうきょう》』、大乗菩薩が守るべき戒律を説く『梵網経《ぼんもうきょう》』、禅宗*で重用された『円覚経《えんがくきょう》』など、中国国内のみならず、広く東アジアの仏教国において長く影響を及ぼしているものも多い。

教相判釈（きょうそうはんじゃく）

中国における、仏教経典の優劣の解釈学。教判《きょうはん》ともいう。インドにおいては、仏教は歴史的に発展し、経典を次々に生み出したが、中国においては、仏教経典が、歴史的前後関係を無視して伝来し翻訳されたため、中国人独自の価値観で経典を分類し、判定することが必要になった。そこで、中国の高名な学僧たちは、独自の価値観で、大量の仏典を釈迦の一代の事績に配列し、体系化した。たとえば、慧観《えかん》（四世紀～五世紀）は、釈迦成道《じょうどう》の時、まず四諦法輪《したいほうりん》を説き、第二時には『大品般若経《だいぼんはんにゃきょう》』を説き、第三時に『維摩経』などを説き、第四時に『法華経』を説き、最後に入滅にあたって『大般涅槃経《だいはつねはんきょう》』を説いたとする「五時教判」を立てた。そのほか、天台大師智顗《ちぎ》*（五三八～五九七）の五時八教《ごじはちきょう》、法相《ほっそう》宗基《き》（六三二～六八二）の三教八宗《さんきょうはっしゅう》、華厳宗*法蔵《ほうぞう》（六四三～七一二）の五教十宗《ごきょうじっしゅう》などの教相判釈がある。

三階教（さんがいきょう）

隋・唐代に栄えた中国仏教の一宗派。三階宗、普法宗ともいう。開祖は隋代の仏教僧の信行《しんぎょう》（五四〇～五九四）。三階とは、仏教の教えを三段階に分けることを意味する。まず第一階は仏滅後五〇〇年で、一乗《いちじょう》の教えがふさわしく、第二階はその後五〇〇年で、三乗《さんじょう》の教えがふさわしく、第三階は現在で、世は末法《まっぽう》で、人々は破戒邪見《はかいじゃけん》の凡夫《ぼんぷ》という最悪の状態と考えている。この第三階の衆生を救うべき教えが三階教なのである。この思想は、末法思想の影響を強く受けている。釈迦入滅後、正法《しょうぼう》時代、像法《ぞうぼう》時代、末法時代と、次第に時代が悪くなっていく。中国では、北斉の頃から末法といわれ、隋唐の仏教者には、末法意識が普及していた。信行もその影響を受けたと見られる。その教えの内容はきわめて実践的で、三宝《さんぼう》（仏と、その教えと、その教えを奉ずる人々の集団）やあらゆる人々に徹底的に帰依する「普敬《ふきょう》」の実践と、自己の悪行を懺悔する「認悪《にんあく》」が勧められた。信行の厳しい持戒の実践と高潔な人柄により、生前から信者が多かったが、死後、熱烈な祖師信仰となって、発展した。しかし、唐の朝廷からたびたび弾圧を受け、ついに三階教は、消滅することになる。

白蓮教（びゃくれんきょう）

中国における浄土信仰に基づく、民衆中心の宗教結社。南宋の慈照《じしょう》子元《しげん》（？～一一六六）が開祖。東晋代の廬《ろ》山《ざん》の慧遠《えおん》*（三三四～四一六）が中心となった念仏結社白《びゃく》蓮社《れんしゃ》を慕って始められた。当初は、五戒の実践と念仏を中心とする穏健な集団であったが、民衆を対象としているため、誤解を招き、異端の説として弾圧される。元代には、弥勒菩薩《みろくぼさつ》の下生《げしょう》（釈迦の入滅後五六億七〇〇〇万年後にこの世に現れて人々を救済すること）の信仰と結びつき、現体制を批判し救世主を待望する教団へと変質した。一三五一年の紅巾《こうきん》の乱は、白蓮教を中心とした反乱であった。この騒乱の中から登場したのが明の太宗であった。しかし太宗は、帝位につくと、一転して白蓮教を弾圧し、左道乱正《さどうらんせい》の術（治安を乱す邪教）として禁断した。その後、教団は、秘密結社化して、反乱の温床となった。

道教関係

〈人物〉

黄帝（こうてい）

中国古代の神話に登場する帝王。司馬遷《しばせん》*『史記《しき》』*の五帝本紀では最初の帝王とされている。名は軒轅《けんえん》で、蚩尤《しゆう》の反乱を討伐したとある。ただ、『尚書《しょうしょ》』*では反乱を鎮めたのは「皇帝」だとされており、恐らく戦国時代に成立した五行説《ごぎょうせつ》*の五つの要素のうち、土の色が黄色であることに基づいて黄帝の名称に変えられたのであろう。また、黄帝は、他書では草木を吟味したことにちなんで医学の創始者とされたり、初めて弓矢を作ったことから兵法の創始者とされたりすることもある。漢代になると、老子*とともに無為の治を説いたとして黄帝と老子とを結びつける黄老《こうろう》思想*が流行するが、その後、長生の道を説くようになった道家*思想が神仙思想と習合するようになると、もともと神仙的性格を有していた黄帝は、さらに按摩や房中術《ぼうちゅうじゅつ》などの神仙術*の始祖とされるようになる。『列仙伝《れっせんでん》』*では、多くの鬼神*を巧みに使役する能力を有する仙人として黄帝が描かれ、その黄帝は天*から降りた龍に乗って最後は昇天したとある。このように神話上の帝王だった黄帝は、徐々に仙人的性格に変質していった。

黄帝（『集古像賛』）

玉皇大帝（ぎょくこうたいてい）

現代の道教における最高神。上帝・天帝とも同一視されることがあり、異名も多い。北宋の時代、真宗《しんそう》（在位九九七～一〇二二）は軒轅氏《けんえんし》（黄帝《こうてい》*）を聖祖とし、昊天《こうてん》玉皇上帝、さらには玉皇大天帝などの聖号で呼んだ。すなわち、黄帝が道教の最高神であることを国家が認めたのである。その背景には、唐が老子*を王室の始祖として尊崇していたことが関係している。老子は太上老君*として道教の最上位の一角を占める。宋の皇帝も道教を信奉していたため、宋と道教との関係が、唐にまさる必要があった。そこで、老子を超える存在として黄帝を位置づけ、黄帝に聖号を献上して道教の最高神として祀《まつ》ったのである。これ以後、玉皇は民間信仰における最高神となった。現代では、玉皇は人間世界の人事考課である「功過格《こうかかく》」を司るため、神々からの報告書に基づいて賞罰の判決を下すとされる。聖誕日の旧暦一月九日には、帝廟で盛大な祭が開かれる。『西遊記』では、孫悟空が訪れた天界における最高神として登場する。

元始天尊（げんしてんそん）

道教の最高神、玉清元始天尊《ぎょくせい》の略称。三清《さんせい》と呼ばれる三神（玉清・上清・太清）の一角を占めるが、その中でも最高位に置かれる。宇宙の根源である太元《たいげん》（『漢書』では「泰元《たいげん》」とある）より先に生まれ、本質的に永久不滅であり、少なくとも四度の天地開闢《かいびゃく》に立ち会ったとされる。その性質から、『老子』にいう道*の神格化であると考えられる。六朝《りくちょう》時代の斉《せい》の頃には神格化されており、梁《りょう》の陶弘景《とうこうけい》*が編集し、神々の階位を記した『真《しん》霊位業図《れいいぎょうず》』で最高神とされており、隋《ずい》代には存在が確立していたと思われる。また、関連する文献の表現からは、仏教の影響がうかがわれる。たとえば、『隋書』経《けい》籍志《せきし》*によると、天地が初めて開いた時、元始天尊が秘道を仙人たちに授けるとされるが、これを「開劫度人《かいごうどにん》」という。「劫」とは、永遠とも思われるほどの長い時間を表す仏教の用語である。また「度人」とは、人々を救済することを意味し、「済度」「得度」などの語が仏教でもよく使われる。主要な経典である『元始無量度人上品妙経《げんしむりょうどにんじょうぼんみょうきょう》』の題からも、仏教色が感じられる。『封神演義』*では周の文王《ぶんおう》*や姜子牙《きょうしが》（太公望*）に味方する。

太上老君（たいじょうろうくん）

道教において、老子*を神格化したもの。黄老思想《こうろうしそう》*は漢初に流行した後、武帝*（在位前一四一～前八七）の頃から政治の現場における力を失っていく。黄帝*は漢民族による文化・文明すべての創始者であることから、方術・神仙術*も同じく黄帝を祖とする。やがて、黄帝や神仙術が道教と一体化するようになると、老子もおのずと道教における神仙の一人として受け容れられた。道教では、元始天尊《げんしてんそん》*・太上道君《たいじょうどうくん》・太上老君を三尊として尊ぶ。前の二尊は太上老君より上位に置かれるが、これは道*のような形のない理法を象徴したものであり、人の姿をもつ神としては太上老君が最高位にある。その名が文献に現れるのは、仏教・道教の歴史を記す『魏書《ぎしょ》』釈《しゃく》老志《ろうし》が最初である。太上老君は天地開闢《かいびゃく》に先立って存在しており、伏羲《ふっき》や堯《ぎょう》*といった三皇五帝*の時代にも、それぞれ名を変えて帝王の師となったとされる。老子もまた、その化身の一つと理解される。張陵《ちょうりょう》（五斗米道*の創始者）や寇謙之《こうけんし》*（新天師道の創始者）に会い、教えを垂れたとされる。『封神演義《ほうしんえんぎ》』*や『西遊記』にも、強い霊力をもつ神仙として登場する。

太上老君（『三才図会』）

関聖帝君（かんせいていくん）

三国時代の蜀漢の武将関羽《かんう》を神格化した神。関帝、あるいは関公ともいう。道教だけでなく儒教・仏教・民間信仰を含めても最も人気のある神の一人。史実としては、蜀漢の劉備《りゅうび》に仕えて張飛《ちょうひ》とともに活躍した忠義と勇猛とを象徴する英雄だったが、その非業の最期が民衆の同情を集め、さらに明の長編通俗小説『三国志演義《さんごくしえんぎ》』の流行によってその人気が不動のものとなってゆく。特に清王朝に顕彰されたことで道教神の地位が確固たるものになった。その英雄のイメージからもともと武神的な性格が強く、脇侍の周倉《しゅうそう》と養子の関平《かんぺい》とを従えた上で、赤

関聖帝君（『台湾民俗大観』）

い面で長いひげを伸ばした顔だちに青龍刀を持ち、赤兎《せきと》馬《ば》を駆る姿で描かれることが多い。のちには義に厚く金銭に淡泊だったイメージからかえって財神（商売繁盛の神）の性格もあわせもつようになり、海外で経済活動に従事する華僑《かきょう》を中心に、より一層人気に拍車がかかった。現在、中国だけでなく台湾や香港の各地に関羽を祀った関帝廟《かんていびょう》があり、日本でも横浜や神戸などにあって多くの人々でにぎわっている。

文昌帝君（ぶんしょうていくん）

道教において、学問や試験・文章に関することを司る神。日本の天神に当たる。梓潼帝君《しどうていくん》ともいう。文昌とは文昌星のことで水を汲む部分の北斗七星の四星（魁星《かいせい》ともいう）の近くにある六星を指し、魁星が文運を司る奎《けい》星《せい》と混同されたことから学問と結びつけられるようになった。魁星は北斗星の第一星の意もあり、科挙《かきょ》*に第一位の成績で合格した者をも指したことから、試験と関係するようになる。のちに文昌帝君は特に科挙及第を目指す知識人たちにこぞって信仰されるようになった。これとは別に、学問に秀でた張亜《ちょうあ》という人物が四川《しせん》の梓潼県でその死後に梓潼神として祀られるようになり、科挙の成績をよく予言すると評判になった。その後、元代以降に同じ学問の神として文昌帝君と梓潼帝君とが習合したようである。学問の神としては儒教の祖孔子*が考

文昌帝君（『台湾民俗大観』）

えられるが、庶民にとっては孔子を祀った孔子廟*はやや敬遠されがちで、むしろ文昌帝君の方がよく信仰された。

寇謙之（こうけんし）（三六五？～四四八）

北魏の道士*。新天師道の創始者。字は輔真《ほしん》。若くして仙道を好み、服餌《ふくじ》（内丹*以前に流行した養生*の方法）を実践したが、効果は得られなかった。成公興《せいこうこう》という仙人とともに、華山《かざん》に入り、次に嵩山《すうざん》に入ったが仙人になることはできなかった。成公興は「帝王の師と為るべし」と彼にいい、七年後に人間世界を去った。四一五年（神瑞《しんずい》二）、寇謙之は太上老君*と遭遇し、天師道（五斗《ごと》米道《べいどう》*）の創始者である張陵《ちょうりょう》（？～一一七？）以来の天師（宗教的指導者）の位や道教経典を授かると、道教の教義を整理し、それまでの誤った手法を除き去るよう命じられた。また、辟穀《へきこく》（内丹以前に流行した養生の方法）によって一〇人を超える弟子が仙術を得た。その後、北魏の太武帝（在位四二三～四五二）の信奉を得ることができ、静輪天宮という高層建築物を建てようとして、太武帝に符籙《ふろく》（天師の免状）を受けさせた。しかし、天宮の完成を見ずに、尸解変化《しかいへんげ》し（人間の表皮を脱ぎ去って）世を去った（したがって、死んだのではない）。寇謙之の新天師道は、仏教儀礼を取り入れ、教団組織を官僚的に整えることで、土着の習俗だった道教を宗教組織へと改編し、国教化に成功した。

陸修静（りくしゅうせい）（四〇六～四七七）

南朝宋の天師道（五斗《ごと》米道《べいどう》*）の道士*。字は元徳、号*は簡寂《かんじゃく》先生、諡《おくりな》*は高道処士。廬山《ろざん》（歴代、僧侶・道士が多く住んだ名山）に長く住み、そこで仏教の一切《いっさい》経目録《きょうもくろく》（すべての仏典を分類した目録）を目にしていたと思われる。その後、南朝宋の明帝（在位四六六～四七二）に迎えられて、首都の建康にあった道教寺院である崇虚観《すうきょかん》に移る。先の一切経目録を参考に、道教経典を収集・整理し、三洞《さんどう》の分類に基づいて『三洞経書目録』を作成した。三洞による分類は、のちに『道蔵』*でも採用しているが、この方法を陸修静が考案したかどうかは未詳。また、仏教を参考に道教儀礼を整備することで、『霊宝経』を編纂したと思われる。なお、史実ではないが、日本・中国でよく絵画の題材になった「虎渓三笑《こけいさんしょう》」

という故事がある。盧山に住んでいた高僧の慧遠《えおん》*は、客を送る時でも寺の前の虎渓という渓谷を越えることがなかった。ある日のこと、陸修静と陶淵明《とうえんめい》（隠者の詩人。三六五？～四二七）と三人で歩きながらの清談《せいだん》（竹林の七賢*が好んだ哲学談義）に夢中になっていたところ、虎渓を越えてしまったことに気づき、三人で大笑いしたという話。儒・道・仏の三教合一*を象徴的に表す。

陶弘景（とうこうけい）（四五六～五三六）
茅山派《ぼうざんは》（上清派ともいう）道教の大成者である道士*。字は通明。母が青竜や天人の夢を見て産まれたとされる。一〇歳の時に『神仙伝』*（『抱朴子』*を著した葛洪《かっこう》の著作）を読み、養生《ようせい》*の道に志す。眉目秀麗な青年に育ち、万巻を読破し、琴や碁をたしなみ、書道にも巧みであった。二〇歳になる前から、斉《せい》朝に仕えたが、四九二年（永明一〇）に職を辞した。漢代の三茅君《さんぼうくん》（仙人になった茅姓の三兄弟）にちなんで茅山と呼ばれていた句曲山《こうきょくざん》に住むようになった。孫遊嶽《そんゆうがく》という道士から「符図経法」（道教の秘伝各種）を受け、名山を巡って仙薬を探し求めた。彼の心は明鏡のようであり、理解力に優れ、言葉は明瞭であったとされる。松風を愛し、彼が散歩するのを見かけた人からは仙人と思われていた。著書の『真誥《しんこう》』には、仙界・人界・鬼界という世界観が説かれ、仙・人・鬼は徳を積むか否かによって、相互に昇降するとされる。また、薬学書として、後世の『本草綱目』*にも連なる『神農本草経《しんのうほんぞうきょう》』を整理・増補し、『神農本草経集《しっ》注《ちゅう》』を著した。梁の武帝*からの信任も篤く、道教以外に儒教・仏教・歴史・文学にも通じており、六朝における一流の文化人であった。

陶弘景（『三才図会』）

司馬承禎（しばしょうてい）（六四七～七三五）
唐代の茅山派《ぼうざんは》道教（陶弘景《とうこうけい》*が創始者）の道士*。字は

司馬承禎（『三才図会』）

子微《しび》、号*は白雲子、諡《おくりな》*は貞一先生。茅山派道士の第一二代宗師。二一歳で嵩山《すうざん》の潘師正《はんしせい》（五八五～六八四）に師事した。辟穀《へきこく》・導引*などの術（内丹*が流行する以前の養生*の方法）を伝えられたが、すべてに優秀だった。その後、各地の名山を周遊し、天台山に廬《いおり》を結んだ。武則天（在位六九〇～七〇五）は彼を招くと、讃美し丁重にもてなした。睿宗《えいそう》（在位六八四～六九〇、七一〇～七一二）が招いて、身の修め方、国の治め方を問うと、「国は猶《なお》身のごとし」と答え、『老子』や『周易』*を引いて無為の道を説き、褒美や詩をたくさん贈られた。玄宗（在位七一二～七五六）もまた、彼を何度も招いた。七二七年（開元一五）に招かれた時、五岳（五つの霊山）にある神の祠《ほこら》に不備があると進言し、五岳それぞれに真君《しんくん》祠《し》を置かせた。承禎は書にも優れていたので、彼が発案した金剪刀書《きんせんとうしょ》に篆書《てんしょ》*・隷書《れいしょ》*を合わせた三書体で『老子』を写すよう玄宗に命じられた。そこで承禎は、『老子』を自分で校訂し奏上した。著作の多くは『道蔵』*に収録されている。

〈文献〉

『黄帝内経』（こうていないけい）

漢方医学に関する現存する最古の書。『漢書』芸文志《げいもんし》*にその書名が掲載されているが、のちに『黄帝内経素《そ》問《もん》』『黄帝内経霊枢《れいすう》』にいったん分かれ、唐の王冰《おうひょう》がこれらを再構成して編纂した『素問』が現行本である。また、別系統で唐の楊上善《ようじょうぜん》が編纂した『黄帝内経太素《たいそ》』もあり、王冰はこちらも参照して現行本を編纂したとされる。『太素』は南宋時代以後に中国では散逸したが、江戸時代になって日本の仁和寺《にんなじ》に写本が残存していることが判明した。そもそも黄帝*は医学の創始者とされているが、本書は主にその黄帝が質問し、医学に詳しい岐《き》伯《はく》らがそれに答える形式で議論が展開される。内容は人間の生理に始まり、病気の原因や診断法・治療法など多岐にわたるが、中国古来の陰陽《いんよう》五行《ごぎょう》説《せつ》*に基づいた記述が多く見られる。なお、治療法については、漢方医学の経絡《けいらく》（全身に気と血を循環させる経脈とその支流の絡脈）の考えに基づき、経脈上のツボ（『素問』では「兪穴《ゆけつ》」「気穴《きけつ》」と呼ばれる）の刺激によって治療する方法が説かれ、道教医学、引いては現代漢方医学への影響をうかがうことができる。

『周易参同契』（しゅうえきさんどうけい）

『周易』*の理念を用いて煉丹《れんたん》（不老不死*のために服用する丹薬を作成すること。外丹*や内丹*などの方法がある）の方法を説いた書。後漢の魏伯陽《ぎはくよう》の撰とされる。「参同契」の語は「『周易』の理念に通じてその意義が合致する」の意だといわれている。経書名に三字を付加する書名が漢代に流行した緯書《いしょ》（当時の神秘思想に基づく未来予言の書）と同様であることから、確かに後漢時代の書のようだが著者も含めてその成立時期を疑う説もある。本書の内容には三つの要点があると著者はいう。すなわち、まず『周易』には天地運行の理が示されており、聖人*はその理を規範として政治を行うべきこと。第二に、理想の政治を行うには自己修養に努めて身を安らかにする必要があるが、そのために黄老《こうろう》思想*に基づいて性を養う道を知る必要があること。第三に、その具体的方法として服食の方法を整える必要があり、そのために煉丹の方法を知るべきことである。したがって、本書は単に煉丹の方法を説いているだけでなく、その裏づけとしての理念を説くことに特徴があり、以後の煉丹の書の標準を打ち立てた点にその歴史的意義があるといえる。

『列仙伝』・『神仙伝』（れっせんでん・しんせんでん）

ともに中国古代にいたとされる仙人の伝記を記した書。仙人とは神仙ともいい、不老不死*となって下界から隔絶された仙境に住み、様々な仙術を使うことができる。『列仙伝』は上下二巻の構成で、七〇余名の仙人の伝記を掲載している。前漢の劉向《りゅうきょう》*の撰とされるが、実際は後漢時代以降に作られたものだと推定できる。一方、『神仙伝』は全一〇巻で、東晋の葛洪《かっこう》の著。九〇余名の仙人の伝記が記されている。ただし、現行本は葛洪自身の著に後人が改変を加えたものだとされる。葛洪は、『列仙伝』の記述が簡略に過ぎて重要な内容に十分触れていないことを憂えて、そこに載せられていない仙人を中心に紹介するために『神仙伝』を著したと述べており、『列仙伝』を受け継ぐ意図が明確に示される。実際に『列仙伝』に比べて『神仙伝』の記述は詳細であり、両書に重複して取り上げられる仙人は老子*と彭祖《ほうそ》*だけである。この両書の後、道教では仙人の数は徐々に増えてゆき、仙人の伝記類が多く著されるようになった。

『抱朴子』（ほうぼくし）

葛洪《かっこう》（二八三～三四三?）による神仙術*の書。葛洪は晋《しん》の人、字は稚川《ちせん》、号*は抱朴子。元帝（在位三一七～三二三）の時に丞相《じょうしょう》（今日の総理大臣）となるが、その後、外丹*を生成する術を求め、丹砂《たんしゃ》（硫化水銀）を産する地に赴いた。著作には『神仙伝』*『隠逸伝《いんいつでん》』なども ある。『抱朴子』は内篇と外篇とからなる。『抱朴子』自叙によれば、内篇は「神仙・方薬、鬼怪・変化、養《よう》生《せい》*・延年、禳邪《じょうじゃ》・却禍《きゃっか》」をいうので道家*に属し、外篇は「人間得失《じんかんとくしつ》、世事臧否《せじぞうひ》」をいうので儒家に属する。

葛洪（『図像本草蒙筌』）

内篇では、仙人の実在を証明し、神仙術を得る方法を説き、仙人の種類や占星術・宇宙論にも言及し、不老不死*の手法や災いを避ける手段なども記す。外篇では、社会の構成、世情の善し悪し、処世の法、隠棲者《いんせいしゃ》の尊重などを説く。現代の言い方になぞらえれば、内篇は哲学・自然科学・医学などの分野に通じ、外篇は社会学・政治学などに通じるものといえる。外篇については、黄老思想*に近いとする見解もある。

『老子化胡経』（ろうしけこきょう）

老子*がインドへ行って釈迦《しゃか》になり仏教を広めたと説く偽経*。各種の『大蔵経』*も収録している。「化」は、民衆を教化する意。「胡」は、西域の異民族を指す。『史記』*老子伝は、関所から中国の外へ出て行った老子について、「其《そ》の終わる所を知る莫《な》し」と記す。その後、中国に仏教が伝来したが、当初は釈迦の教えと老子の教えとの間に大した違いを認めなかった。その結果、後漢末頃から、老子がインドへ行って釈迦になったとする説や、老子が釈迦に教えを説いたとする説、すなわち老子化胡説が起こったと思われる。やがて、道教と仏教との優劣を論じる時期になると、老子と釈迦との誕生の先後が争われるようにもなる。そのような中、道教側が仏教に対して優位に立つため、流布していた老子化胡説に基づいて『老子化胡経』を作ったと考えられる。仏教側が優位な時期には廃棄されるが、道教側が勢力を盛り返せば作り直すことが繰り返されるため、老子化胡を説く経典は複数存在する。中国との出入国を巡る伝奇的な説話としては、徐福《じょふく》*が和歌山県に来たという話や、源義経がチンギス・ハンになったなどの伝説がある。

『道蔵』（どうぞう）

道教に関係する典籍の収集を意図して編纂された叢書。現存するものは『正統《しょうとう》道蔵』五三〇五巻、『続道蔵』一八〇巻が有名で、明代の編纂。同様の叢書として、最古のものに南朝宋の陸修静*『三洞経書目録』一〇九〇巻がある。以来、各王朝において、各種の道蔵が編纂された。北宋には、道蔵の精要を採って編纂した張君房（生卒年未詳）『雲笈七籤《うんきゅうしちせん》』がある。これは小道蔵とも呼ばれ、道教の源流・教義を知るのに有益である。「七籤」の名は、道蔵の内容を七部に分類したことに由来するが、分類の方法はこれ以前に成立していたと思われる。それを継承して、明の『道蔵』もまた「三洞《さんどう》四《し》輔《ほ》」（三つの基本分類と、四つの補助的分類）の七部で構成される。「三洞」は、『上清経』に関係する経典群を洞真部に、『霊宝経』経典群を洞玄部に、『三皇経』経典群を洞神部に分類している。「四輔」は、老子*に関係するものは太玄部に、太平道*に関係するものは太平部に、外丹*や内丹*に関係するものは太清部に、五斗米道《ごとべいどう》*（天師道・正一《しょういつ》教《きょう》）に関係するものは正一部に分類している。各種の道蔵は、一見して道教と無関係に思われるものも含んでおり、分類が合理的でないことも多い。

〈事項〉

不老不死（ふろうふし）

　身体の永遠の若さと生命とを保つこと。そもそも中国では生は基本的に楽しいものだという観念があり、生を苦しみだと考えるインドなどとは立場が相違している。その中国において、特に現世の栄華をきわめた帝王たちは最終的に不老不死の願いに向かっていった。秦の始皇《しこう》帝《てい》*が方士*たちに三神山《さんしんざん》（蓬莱《ほうらい》・方丈《ほうじょう》・瀛州《えいしゅう》）の仙薬を求めさせたのはその典型的な例である。三神山には不死の体得者として仙人（神仙・神人などともいう）がおり、彼らは不死の仙薬を産する仙境に住み、皇帝らはその利益にあずかって自分自身の不死願望を充足させようとした。ただ、のちには仙境に行かずに自ら不老不死の仙薬を作る方向に進む者も出てきた。葛洪《かっこう》の『抱朴子《ほうぼくし》』*に見える金丹《きんたん》（外丹*の一種で、水銀などを調合することで仙薬としての金を合成する方法）の術がその代表である。その後、さらに不老不死のための様々な養生《ようせい》*の術が説かれるようになる。このように不老不死となって昇仙することが究極の目的だが、一方であえて仙界に昇らずに現世での長生を目指すような立場もあり、主に道教において不老不死は様々な展開を見せるようになっていった。

日書（にっしょ）

　中国古代の様々な占いの方法を集成した書。日書は、古代において占術を担当していた日者《にっしゃ》と呼ばれる者たちに関わる書だと見られるが、その占いの内容としては、結婚や葬儀・農業・旅行などの日の吉凶に関するもの、あるいは天文暦法*などの政治的内容に関わるものが多い。前者は社会における庶民の階層、後者は貴族など比較的上位の階層に用いられたようである。その内容が実用的であるために文献として後世に残ることはほとんどなかったが、近年、中国各地で相次いでいる出土文献の発見の中に、多くの日書関係の内容を有する竹簡《ちっかん》*も含まれており、従来よく分からなかった中国古代における庶民の日常生活や政治向きの暦法に対する考え方の様相を知ることができる貴重な資料である。占いに関する内容以外にも、たとえば、湖北《こほく》省雲夢《うんぼう》県睡虎地《すいこち》から発見された秦代の竹簡には禹符《うふ》という符*の使用方法や禹歩《うほ》という独特の歩行法に関する内容があり、後世の道教への影響もうかがうことができる。

方術・神仙術（ほうじゅつ・しんせんじゅつ）

　仙人や神仙になるための技法の総称。「方術」の語は古く『荘子《そうじ》』天下篇にも見えており、本来、天文暦法＊や観天望気・陰陽五行《いんようごぎょう》＊などの知識をも指す広義の語だった。また、方技《ほうぎ》＊や術数《じゅっすう》＊などとも称されていたが、仙人を目指すための不老長生など、のちの道教系の知識がその主な地位を占めるようになってきたことから、徐々に神仙術とほぼ同義に扱われるようになった。神仙術の具体的内容は、導引《どういん》＊や調息《ちょうそく》などの呼吸法や薬物・食物の服用による服餌《ふくじ》法・房中術《ぼうちゅうじゅつ》（男女の性行為の技法）などによる養生《ようせい》＊の方法に始まり、不老不死＊のための丹薬を作成する煉丹《れんたん》の技術、はたまた未来を予知したり物事の吉凶禍福を判断したりする卜占《ぼくせん》術に至るまで、様々な技法がある。隋唐時代以降、金丹《きんたん》（水銀などを調合することで仙薬としての金を合成する方法）を含めた外《がい》丹《たん》＊と呼吸法などを含めた内丹《ないたん》＊とが大きな展開を見せたが、特に内丹術が神仙修行の中心的存在として発展してゆくことになった。

方士・道士（ほうし・どうし）

　方士は、中国古代に不老不死＊のための方術＊や占い・祈禱などを行っていた呪術者。主に戦国時代から漢代にかけて、仙人の存在を説きその仲介役となって不老長生の仙薬を入手できると喧伝することで時の権力に接近した。山東半島を中心に活動しており、秦の始皇帝《しこうてい》＊に仙人の住む三神山《さんしんざん》（蓬莱《ほうらい》・方丈《ほうじょう》・瀛州《えいしゅう》）を紹介したり、漢の武帝《ぶてい》＊に封禅《ほうぜん》＊の儀式を勧めたりしたことが『史記《しき》』＊封禅書などの史書に見えている。道士は、道教を信仰し道教の教えに従って修行したり儀礼を担当したりする者で、仏教の僧侶に当たる。古代の呪術的要素がのちに道教にも取り込まれていったため、道士は方士的側面をも継承している。道士の服装は時代や宗派・階級によって様々だが、一般的には道服（道袍《どうほう》ともいう）を着て、道巾《どうきん》という頭巾をかぶる。彼らは主に道観《どうかん》（仏教の寺院に当たる）や廟・宮などに住み、そこで修行を行う。また道教の宗派によって、出家する者の多い宗派や在家の道士の多い宗派など、様々な点で相違している。

黄老思想（こうろうしそう）

法家*と道家*とが融合し、戦国時代末に起こった思想。「黄」は黄帝《こうてい》*、「老」は老子*を指す。黄帝は漢民族の祖とされ、最古の帝でもあることから、あらゆる文化・文明の発明者とみなされ、原初的な法律の制定者、法家の源と位置づけられる。老子は道家の始祖とされる。馬王《まおう》堆漢墓《たいかんぼ》から出土した帛書《はくしょ》*と呼ばれる史料などが、黄老思想を知る手がかりとなる。人が作った法律の根源をたずねれば、心の奥にある仁*などの道徳や、超越的な無為・自然の道*に行き着く。この思想を政治に応用すれば、人為的な法律に従いつつも、現実社会における法律の限界を知り、その不備は人の道徳や自然の道によって処理するという臨機応変な態度が生まれる。漢初の為政者・官僚には黄老思想を政治の手法として実践した者が多くいたが、儒教を尊重する武帝*（在位前一四一〜前八七）の時に衰退した。その後、黄老思想は超越的な側面を強めることで宗教色を濃くし、道教を生み出す土台の一つになったと考えられる。

養生思想（ようせいしそう）

肉体や性（人間の本性《ほんせい》）を健全に養うことで長寿を得ようとする思想。早い例が『荘子《そうじ》』『呂氏春秋《りょししゅんじゅう》』*『荀子《じゅんし》』などに見えるので、戦国時代末期には流行していたと考えられる。肉体を主とするか、性を主とするかは、文献により異なる。具体的な方法としては、服餌《ふくじ》・辟穀《へきこく》・導引《どういん》*・行気《こうき》・房中術《ぼうちゅうじゅつ》などが知られる。服餌は、外丹*などの薬を服用すること。辟穀は、穀類の摂取を避けること。導引は、ストレッチのようなこと。行気は、気*を体内に巡らせること。房中術は、性的（sexual）な行為に関連すること。これらは、漢代にはすでに広まっていたが、やがて内丹*に取って代わられる。また、天子の使命には民衆の生をまっとうさせることも含むという考えもあり、養生から政治思想へという展開が見て取れる。『抱朴子《ほうぼくし》』*も養生を説くが、そこに見えるのは不老不死*をも実現しようとする考え方であり、神仙術*の成立過程がうかがわれる。日本には養生《ようじょう》という言葉があり、健康で長生きしたいという思いは、いつの時代も変わらない。

太平道（たいへいどう）

張角《ちょうかく》（後漢末の人。生卒年未詳）を教主とする宗教の一派で、道教の源流の一つ。張角の出自は未詳であるが、鉅鹿《きょろく》の人とされる。後漢の順帝（在位一二五～一四四）の時、干吉《かんきつ》（?～二〇〇頃。「于吉《うきつ》」ともされる）が得た『太平清領書《たいへいせいりょうしょ》』が献上されたものの、妖しい典籍として収蔵された。のちに張角がこの書を手に入れ、『太平経』という根本経典にしたとされる。彼が「大賢良師」を自称し、黄老思想*を重んじて弟子を養ったことが、太平道の基盤となる。太平道では、罪過を告白させ、符水（符*を浮かべた水）を用いて病気を治癒した。これらの方法は、同時期の五斗米道《ごとべいどう》*も取り入れた。当時の社会不安を背景に、八州の郡国に数十万の信者を得た太平道は、宗教教団を密かに軍事組織に仕立て上げる。渠帥《きょすい》と呼ばれる団長が信者を率い、「蒼天已《そうてんすで》に死す、黄天当《こうてんまさ》に立つべし」を合い言葉に、一八四年（中平元）に蜂起した。挙兵した信者は黄色い頭巾を目印にしていたので、「黄巾《こうきん》の乱」と呼ばれる。この反乱は漢王朝を滅亡させる大きな要因となった。なお、『道藏』*が収録する現存の『太平経』は、後世の偽作とする説もある。

五斗米道（ごとべいどう）

後漢末に起こった宗教の一派で、道教の源流の一つ。入信する者に五斗（約一〇リットル）の穀物を求めたことにより、この名称がある。また、教主を天師と呼んだことから、天師道ともいわれ、その流れを汲むのが、現在も信仰されている正一教《しょういつきょう》である。張陵《ちょうりょう》（?～一七七?）が鶴鳴山《かくめいざん》（あるいは鵠鳴山《こくめいざん》）において道*（道教の基盤となる教え）を学んだことに始まるとされる。子の張衡《ちょうこう》（生卒年未詳）、孫の張魯《ちょうろ》（生卒年未詳）が教団組織を整備し、三人は「三張」として尊ばれた。後漢末の混乱期には、約三〇年間、独自の王国を樹立していた。教法は呪術的な病気治癒を中心とする。病気の原因は個

張陵（『三才図会』）

人の罪過にあるとし、その罪過に対して神罰が降るのだとされた。病人は罪過を告白し、反省文のような祈禱書《きとうしょ》を神に捧げ、符水（符*を浮かべた水）を飲むなどの行為を実践した。また、信者に『老子』を学ばせるために作成されたのが、『老子想爾注《そうじちゅう》』という特異な注釈であると考えられている。

竹林の七賢（ちくりんのしちけん）

阮籍《げんせき》（二一〇～二六三）・嵆康《けいこう》（二二三～二六二）・山濤《さんとう》（二〇五～二八三）・向秀《しょうしゅう》（二二七？～二七二）・阮咸《げんかん》（三世紀後半？）・王戎《おうじゅう》（二三四～三〇五）・劉伶《りゅうれい》（三世紀後半？）の七人の総称。七人は三国時代の魏の末期から晋の初め（三世紀頃）にかけての賢者で、世俗を避けて竹林に集まり、清談《せいだん》したとされる。ただし、全員が竹林で一堂に会したという歴史事実はなく、なかには高位高官の者もいた。七人の共通点は、政争から身を守るという姿勢にある。清談とは、道家*思想を中心とした哲学的な談論のこと。漢王朝は儒教を国教化*して社会の秩序を維持していたが、滅亡してしまった。さらに、漢末から魏・晋にかけて、政治上の反対勢力は処罰の対象とされた。そこで、現実社会に不満をもつ人は清談を好むようになった。無為・自然を根本とする道家思想は、虚無的な思考や厭世観《えんせいかん》などを表現するのに適していた。清談は、空理空論をもてあそんだ点は否定できないが、中国の思想を深化させたという側面もある。冷たい目つきで人を見ることを意味する「白眼視」という言葉は、客を歓迎する時には青眼《せいがん》（黒目の正視）で、歓迎しない時には白眼《はくがん》で（白目をむいて）対応したという阮籍の伝記に由来する。

全真教（ぜんしんきょう）

王重陽《おうちょうよう》（一一一二～七〇。または「おうじゅうよう」）が開いた新道教の一派。新道教とは、宋以前の道教諸派と区別するため、金・元代に成立した諸派を指す呼称。宋王朝の庇護《ひご》のもとに堕落した旧道教（太平道*や五斗米道*など）に代わる革新勢力といえる。新道教は呪術を排し、三教合一*の教説を特徴とするが、全真教もまた儒・道・仏の兼修を勧め、禅宗*で行うような座禅を主とする。王中孚《ちゅうふ》（名・字が複数あり、「重陽」は道士*としての号）は科挙*に失敗した後、武挙（武官の登用試験）に合格したものの志を得られずにいた。一一五九年（正隆四）、一人の仙人と出会い、口伝《くでん》を授けられたのを機に道士*となった。妻子を捨てて修行に入り、一一六一年（大定元）からは「活死人《かっしじん》の墓」と呼ぶ穴で座禅を始める。二年後に穴を埋め、庵《いおり》を結んで布教するも弟子が集まらず、やがて庵を焼いて山東地方へ赴いた。山東を巡りながら多くの弟子を集め、各地に五つの全真教結社を組織した。隆盛であった全真教も、その後の政治的圧力や革新性を失うことで衰退したが、現在も北京の白雲観で活動している。

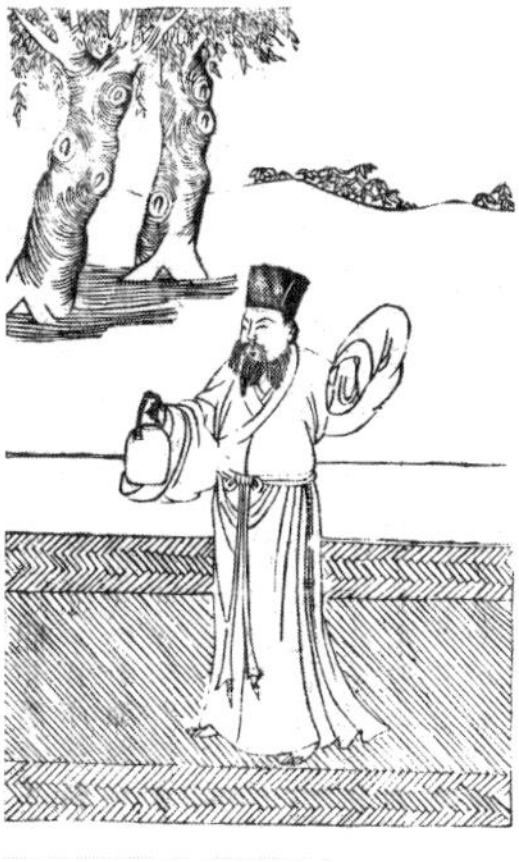
王重陽（『有象列仙全伝』）

符（ふ）

宗教的な意味に限定すれば、神霊の力が宿る御札《おふだ》。たとえば、山に入る者が符を身につけることによって、悪鬼や毒蛇・鳥獣などに襲われるのを防ぎ、身を守ることができる。実例が『抱朴子《ほうぼくし》』*に見える。また、符を浮かべた水（符水）を飲むことによって、病気の治癒に役立てた。これは、太平道*・五斗米道《ごとべいどう》*などの道教で実践された。符の作成には異様な書体を使用するが、この書体を符書という。一般的な意味における符は、王などの為政者による、認証・識別の道具である。竹や木の板に文字・図像などを記し、その板を左右二つに割る（割り符）。戦時を例に取ると、二つの割り符を別々に管理し

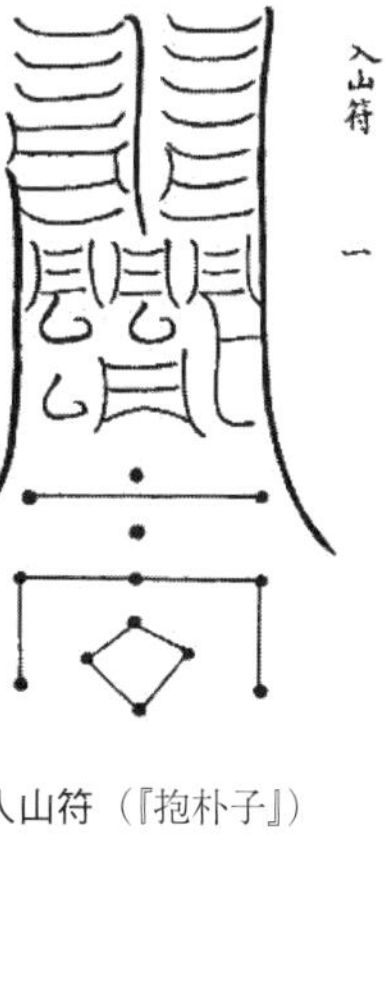

入山符（『抱朴子』）

ておき、伝令が持参したものと現場にあるものとを合わせ、「符節を合する」ことで元の文字を復元できれば、命令が偽物でないと分かる。宗教的な符は、敵（猛獣・悪鬼・病気など）を退治する命令を、神が発動するための道具であるともいえよう。現在では、神社・仏閣・道観（道教の寺院）でいただく御守りとして残っている。ドラマや映画でも、符を操る道士*や陰陽師《おんみょうじ》をしばしば目にする。

導引（どういん）

古代の養生《ようせい》*法の一つで、現代のストレッチやヨガのようなもの。『荘子《そうじ》』刻意篇では、呼吸法とともに熊や鳥の動きをまねることで長生を実現する人物について、「道引の士、養形の人」と表現している。『史記』*亀策《きさく》列伝や『後漢書』方術伝にも見え、戦国時代以来、医術に並ぶ健康増進法として認識されていたと考えられる。導引では呼吸法を重視するが、呼吸に特化したものとして「調息《ちょうそく》」があり、息を調えることによって延命をはかる。さらに、体内に入った空気や飲食物は、気*となって体中に行き渡る。体内の気を円滑に巡らせる術が「行気《こうき》」である。また、胎児の呼吸法を理想として「胎息《たいそく》」という術も推奨された。導引・行気・胎息が『抱朴子』*で言及される時には、不老不死*につながる神仙術*としての傾向が強い。また、ここにあげた養生法は『道蔵』*が収録する『雲笈七籤《うんきゅうしちせん》』に詳しく記されている。健康を促進する方法は、基本的に今も昔も変わらないようである。

外丹（がいたん）

道教の秘術によって作り出す薬の一種。丹は長生を得て仙人になるための薬。器具を使って体外で生成するものを外丹、体内で生成するものを内丹*という。火にかけた容器に、鉛・水銀・薬草など多種多様な鉱物や生薬《しょうやく》を混ぜて作る。丹砂《たんしゃ》（硫化水銀）を主な原料とすることから「煉丹《れんたん》」、金を作り出すことを究極の目的とすることから「金丹」ともいう。六朝《りくちょう》期には確立していたと見られ、『抱朴子《ほうぼくし》』*には、丹薬を服用すれば不老不死*が得られると記す。中国で発掘された遺体からは、実際に丹薬の成分を飲んだ形跡が見つかるものの、現代医学では水銀中毒の有害性が指摘される。一方で、中国伝統の博物学として『本草綱目《ほんぞうこうもく》』*に結実する本草学、中国医学における漢方薬、科学における化学変化の発見などに寄与した側面もある。のちには、成分と無関係に、丸薬を一般に「丹」と呼ぶようになる。日本では、万能の解毒剤として「万金丹」が伊勢の名物として残っており、古来、「〇〇丹」と称する丸薬が多数ある。

内丹（ないたん）

道教の秘術によって作り出す薬（煉丹《れんたん》）の一種。丹は、長生あるいは不老不死*を得て仙人になる薬。体内で生成するものを内丹、器具を使って体外で生成するものを外丹*という。内丹は外丹に遅れつつ、唐代には成立していたと考えられる。しかし、元代になると外丹よりも内丹の方が主流になる。気*を背骨や内臓・脳に巡らせて生成するという理論が、複数の道教経典に見える。「臍下丹田《せいかたんでん》」とは、ヘソの下が丹を生成する場所であることから出た語。内丹が流行する以前は養生《ようせい》*という方法があった。「辟穀《へきこく》」は、体内の気を清浄にする行為。大地の濁った気を含む穀物の摂取を避け、天*の清らかな気を吸った特別な食物を摂ることで、身体を純潔にする方法である。また、「服餌《ふくじ》」は、薬物や食物を積極的に摂取することで体質を改善する行為。現在の漢方でいう生薬《しょうやく》や、大豆・生姜《しょうが》などの摂取を奨励することから、「薬膳」や「医食同源」の考え方に通じるものがある。

扶乩（ふーちー）

中国で古代から行われてきた神降ろしの術で占いの一種。扶鸞《ふらん》あるいは扶箕《ふき》ともいう。日本の「コックリさん」と似ている。まず二股で木製の筆記具（乩筆《けいひつ》あるいは柳乩《りゅうけい》と呼ばれる）を砂盤の上に置き、それに手を添えた一人ないし二人の占い手に神降ろしを行うと筆記具が動いて砂盤に文字や記号が記されてゆき、それを解読することで神意が示される（その文章を乩示《けいし》という）。扶乩の起源は六朝《りくちょう》時代に紫姑《しこ》神という神を人形に憑依させて行っていた占いだといわれるが、宋代以降に道教や民間信仰で盛んに行われるようになって、霊符*（お札）を燃やしたり祭壇を設えたりするなどの儀式の体裁も整備されてきた。扶乩で降霊するのは道教では呂洞賓《りょどうひん》（もと唐代の人で、のちに仙人になったとされる）や関聖帝君*などの神仙が多いが、民間信仰では伝説上の人物や歴史上の人物・近親の死者など多様な例がある。なお、直接、人間（男性が多い）に神霊が憑依して何らかのご託宣を伝えるのは童乩《たんきー》と呼ばれ、こちらも道教に限らず民間信仰でも盛んに行われている。

三教合一（さんきょうごういつ）

儒教・道教・仏教という三つの教えの内容が一致するという考え方。この時、道家*思想と道教との厳密な区別はされない。孔子*・老子*・釈迦の誰が最も優れているか。王と僧侶とではどちらが偉いか。孝*の道徳から見て出家は許されるか。儒家は人倫・道徳を説くが、道家は無為・自然を説く。仏教は夷狄《いてき》（中華より文化的に劣る外国）の邪教である。このように、考え方を異にする三教には対立する要素が多い。しかしインドの仏教に対する時、儒家と道家とには共通する中国思想の側面がある。道教と仏教とには宗教としての類似性が見出される。仏教は中国化し、道教は仏教の思想・儀礼を取り入れる。仏教にも儒教の仁*や義*と同様な道徳性がある。これらの共通点に着目して、三教一致の解釈がなされ、その影響は朱子学にも及ぶ。日本においては、空海（七七四～八三五）の『三教指帰《さんごうしいき》』が三教合一を説くものとして有名である。また、「神仏習合」「本地垂迹《ほんじすいじゃく》」という考え方も、神道と仏教との融合をはかるものといえる。

民間信仰

〈人物〉

城隍神（じょうこうしん）

中国の民間信仰における土地の守り神のうち、城壁に囲まれた大きな町の守護神。狭義の土地神（土地爺・土地公ともいう）は村落の守護神、后土神《こうどしん》は墓の守護神である（后土神は大地神の意もある）。「城隍」の語は城（城壁）と隍（堀）とに由来する。この名称は南北朝時代あたりから見ることができるが、唐代に定着したようである。中国では伝統的に現世（陽界という）だけでなくあの世（陰界という）でも官僚機構が整備されていると考えられており、城隍神は玉皇大帝《ぎょくこうたいてい》*を頂点とする陰界の官僚機構に組み込まれ、さらにその業績によって昇進や更迭もあるとされる。また、土地神は陰界の官僚機構における城隍神の部下に位置づけられた。ただ、城隍神は陰界の行政官だけでなく陽界における行政の範囲外

城隍神（『台湾民俗大観』）

の超自然事象にも責任を有するとされ、清代以降、その町に赴任した行政官がその土地の城隍廟に着任の挨拶をすることが習わしとなった。なお、宋代以降、その土地に関係する実在の人物がその功績によって死後に城隍神になると信じられるようになった（これは土地神も同様である）。

竈神（そうしん）

台所や厨房にあるかまどなど、各家庭で火を扱う場所に祀られる神。竈神のことは『論語』*にも見えており、古代から中国の民間信仰の中で身分にかかわらず各家庭において最も普遍的に信仰されている神だといってよい。

竈神はその家族の一年間の行動を逐一監視しており、旧暦一二月二三日に天に昇って玉皇大帝《ぎょくこうたいてい》*にその善行・悪行を報告する。報告内容によってその家族の次の一年間の吉凶禍福が決まるとされていたから、各家庭では竈神の昇天日にかまどの掃除をし、祭壇を設けて供え物をした上で、竈神が天帝に家庭の悪口をいわないようにその口に飴を塗って祈願する（この儀式を送竈《そうそう》という）。新年になると各家庭は再降下してきた竈神を迎える（この儀式を接神《せっしん》という）。道教では、唐代以降に竈神を司命神《しめいしん》（人間の運命や寿命を司る神）としての性格をもあわせもつとみなすようになり、勧善懲悪のための根拠としてより一層利用するようになった。

竈神（『中国迷信之研究』）

媽祖（まそ）

道教で航海の守護神とされる女神。天上聖母・天后《てんこう》娘娘《にゃんにゃん》とも呼ばれる（道教で「娘娘《にゃんにゃん》」は女神を指す）。明代以降、媽祖は従者としてよく目の利く千里眼《せんりがん》と風を読むことのできる順風耳《じゅんぷうじ》という二人の侍神《じしん》を左右に祀ることが多くなったが、これは航海の安全祈願のために付加されたものだろう。媽祖はもともと北宋時代に中国沿海部の福建《ふっけん》の莆田《ほでん》地方に実在した林氏の娘で家族の海難を予言するなどの奇跡を起こしたとされるが、これは後世の作り話に過ぎず、生前から吉凶禍福の予知を生業とする巫女だったらしい（出生時期には諸説ある）。彼女は生前に多くの海難を救っただけでなく、死後も様々な形で海上の安全を守ったとされるが、航海神としてのみならず、疫病の流行を抑えたり民衆を飢饉から救ったり、ほかにも様々な霊験を現したことから、徐々に福建以外の地方でも信仰され、また、時の王朝からも認められるようになった。その後、福建人を始めとする中国人が華《か》僑《きょう》として海外で活躍するようになると、媽祖信仰は台湾・香港・東南アジア・日本にまで広がり、現在でも盛んに信仰されている。

媽祖（『台湾民俗大観』）

彭祖（ほうそ）

古代中国の殷代に長生を保ったとされる大夫。劉向《りゅうきょう》*の『列仙伝《れっせんでん》』*によれば、姓は籛《せん》、名は鏗《こう》。古代の帝王顓《せん》頊《ぎょく》の玄孫とされており、八〇〇余歳の長寿を保ったのちに仙人となって昇天したとされる。また、葛洪《かっこう》の『神仙《しんせん》伝《でん》』*では、七六七歳になっても若々しいままだったが、それは食餌《しょくじ》法や呼吸法などの養生《ようせい》*術に精通していたからだとされている。ただ、『神仙伝』では長生するだけではまだ仙人ではなく、仙人は羽なくして空を飛んだり山奥に住して俗人と交わったりしないようにしてはじめて仙人だとする。また、彭祖は安静を好み生まれつき沈着で、『論語』*に「述べて作らず*、信じて古を好む。窃《ひそ》かに我を老彭《ろうほう》に比《なぞら》う」とあるように古代から尊敬の対象とされてきた。このように彭祖は一人格として扱われてきているが、実はもともと古代にいた彭姓の氏族の祖先の意であり、彭氏が封じられた国が八〇〇年間存続したことがのちの彭祖伝説になったと考えられている。なお、『列仙伝』『神仙伝』に重複して記載される仙人は老子*と彭祖とだけであり、両者が仙人の代表的存在として認知されていたことがうかがえる。

彭祖（『列仙図賛』）

徐福（じょふく）

秦の始皇帝《しこうてい》*の時に活躍した方士*。斉《せい》国の出身。また、徐市《じょふつ》ともいう。『史記《しき》』*によれば、徐福は始皇帝に上書して不老不死*の仙薬を求めるために中国の東の海に行ったが、数年の時間と多大な費用をかけても得ることができなかった。始皇帝から譴責されることを恐れた徐福は、渤海《ぼっかい》に浮かぶ三神山《さんしんざん》（蓬莱《ほうらい》・方丈《ほうじょう》・瀛州《えいしゅう》）に確かに仙人が居て仙薬もあるが、海の神に秦王からの礼物が少ないから仙薬を与えられないといわれたと述べたので、始皇帝は良家の童男童女数千人に五穀の種を持たせた上で多くの職人を徐福とともに派遣したが、徐福はそのまま戻らなかったという（あるいは、徐福は大鮫に邪魔されて蓬莱まで行き着けなかったから弓の名人を同行させて

徐福（『列仙酒牌』）

ほしいと願い出て、始皇帝自身が巨魚を捕らえようと海へ向かったが、果たせなかったという）。結局、徐福が始皇帝のもとに戻らなかったことから、彼は日本に渡ったという伝承がまことしやかに語られることになり、実際に和歌山県や三重県など日本各地に徐福渡来の伝説が残っている。

〈文献〉

『山海経』（せんがいきょう）

中国古代の地理書。古代の帝王禹《う》＊とその治水を助けた伯益《はくえき》とが著者だとされるが、実際は戦国時代から漢代にかけて複数の人物が書き継いだものと考えられている。本書は山地や河川などの地理的内容だけでなく、各地域に産する鉱物や植物・鳥獣虫魚、さらには各地域を司る神々に至るまで、博物誌的な多様な内容からなっている。紹介される鳥獣虫魚には実在しないものも多く、荒唐無稽な内容だと評されることもあるが、すでに失われた神話を題材としているものもあり、中国古代の伝承の様相をうかがう貴重な資料となっている。本書に見える神々の中には、たとえば西王母《せいおうぼ》のように後世になって道教に取り込まれたものもあり、現代まで継続する民間信仰の題材となっている。なお、もともと本書には書中に記述される鳥獣虫魚などの絵図も附されていたと推定されるがいつしか失われ、現存するテキストに見える絵図は本書の記述から逆に推定して後代に描かれたものである。

『三教捜神大全』（さんきょうそうしんたいぜん）

中国の三教（儒教・仏教・道教）の神仏や高僧の伝記を集めた書。明代の編纂とされるが作者は不明。『三教源流捜神大全』ともいう。ただし、実際には儒教に関する人物の伝記はない。書名の「三教」は明代に盛んになった三教合一＊の雰囲気の反映だと考えられる。書名に「源流」とある通り、三教の成立について孔子＊・釈迦・老子＊の伝記を中心に述べた後、神仏や高僧の伝記を挿絵とともに列記する。伝記の割合としては民間信仰の神々を含めた道教の神々が八〇％強、仏教の仏や菩《ぼ》薩《さつ》・高僧が二〇％弱となっている。伝記の記事内容は、道教関係の伝記が明代に成立した『捜神広記《そうしんこうき》』からの引用が多く、仏教関係のものは明代の『神僧伝《しんそうでん》』などからの引用が多い。これらの書もまた別の書からの引用が多いが、引用元の資料にはすでに散逸したものもあり、元代から明代にかけての民間信仰の神々の様相を知るための資料としても本書は貴重な存在である。本書の特徴としては、最も多い道教関係の神々のうち二〇%を元帥《げんすい》神（その多くは武神）が占めていることがあげられる。

『封神演義』（ほうしんえんぎ）

　中国の明代に成立した長編小説。全一〇〇回。作者については、許仲琳《きょちゅうりん》・李雲翔《りうんしょう》の合作とする説や陸西星《りくさいせい》だとする説などがあるが定説はない。殷周革命*時を舞台に主人公の姜子牙《きょうしが》（仙界出身で、後の太公望呂尚《たいこうぼうりょしょう》*）が周の武王《ぶおう》*を補佐して、狐狸の妖怪に体を乗っ取られた妲己《だっき》にそそのかされて悪政を敷く殷の紂王《ちゅうおう》を討伐するというのが基本的なストーリーである。その殷周の争いの中にあって、様々な神仙術*・妖術を駆使する道士*や仙人・妖怪たちが大小の戦争を展開する。その中で没した道士や武将らが最終的に姜子牙によって神として封ぜられることから『封神演義』の書名となった。本書は、魯迅《ろじん》の『中国小説史略』をはじめ、小説としての評価は決して高くはない。ただ、明代の民間信仰や道教に由来する神話の様相を知ることができる上、本来の姿から改変されているとはいえ本書のイメージがのちに定着した神々もあり、中国におけるその後の民間信仰への影響が非常に大きい文学作品だといえる。

〈事項〉

鬼神（きしん）

　本来、人間の感覚ではとらえることのできない霊的存在。基本的に鬼《き》とは人間の死者の霊魂を指し、日本の鬼《おに》のイメージとは相違する。また、神《しん》とは天地山川の自然神を指す。ただ、「鬼神」のように熟して使用される時もあれば、鬼と神とが別に使用される時もあり、意味の混用も多々認められる。もともと鬼神は原始信仰の担い手だった巫《ふ》（神意を人々に伝える役割をもつシャーマン）によって祀られていたが、儒教の成立後は鬼神の存在を否定しないものの、一種の合理的精神から「鬼神は敬して遠ざく」（『論語』）の態度で遇されることになった。なお、儒教では後々まで祖先崇拝の礼*を重視する立場から鬼神の有無が問題とされた。中国古代ではむしろ墨家《ぼくか》*が積極的に鬼神信仰を説き、また、後漢時代末期の道教教団成立後はこちらが鬼神信仰の中心となってゆく。道教では、たとえば、呪符*（一種のお札）や呪文を用いて病気や災いをもたらす悪鬼を加持祈禱で祓ったり、逆に人間の役に立つことをさせるために鬼を操ったりするようになる（召鬼法《しょうきほう》という）。このように鬼神は儒教や道教などの立場を問わず中国人に信仰されていた。

魂魄（こんぱく）

中国において、人間を構成する二種の基本的要素とされるもの。中国では古代から、すべてのものは気*と呼ばれる一種のエネルギーから成っているとされており、一般的に魂《こん》は精神を司る気、魄《はく》は身体を司る気に関わる。また、陰陽説《いんようせつ》*とも結びついて、魂は陽に、魄は陰に関わるともいわれる。『礼記《らいき》』*には「魂気は天に帰り、形魄は地に帰る」と見え、人間が生きている時は魂と魄が結合しているが、死ねば両者は分離して魂は天に昇り魄は地上にとどまるとされている。魂魄はまた鬼神論*とも結びつき、人間の死後に分離した両者が、魂は神になり魄は鬼になると考えられるようになった。これによって、いったん散った気が再び集まることはないとする儒教では、死者を再生させるために行われる招魂儀礼などの祭祀*の根拠を問う議論が展開されることになる。なお、『雲笈七籤《うんきゅうしちせん》』（『道蔵』*の精要を採った張君房の編著）では、三種類の魂と七種類の魄とがなければ人間は存在できないとされており、魂魄の見解にも諸説が生じるようになった。

崑崙（こんろん）

中国古代の神話上の霊山。昆侖《こんろん》や昆陵《こんりょう》ともいう。戦国時代に成立したとされる『爾雅《じが》』*や『楚辞《そじ》』*などにすでにその名前が見える。その場所については諸説あるが、中国の北西に位置して黄河《こうが》の水源だとするものが多い。その後の神仙思想の影響から、崑崙は天界と地上とをつなぐ九層からなる高峰で、登るにつれて不老不死*から徐々にレベルが上がってゆき、最後は天帝の側にあって神の段階にまで至ることができるとする説もある。また、崑崙は天帝の下都であって陸吾《りくご》（虎身九尾・人面虎爪の神）が司るとする説や西王母《せいおうぼ》と呼ばれる女神が住んでおり周の穆王《ぼくおう》が彼女と会見したという説、多くの神仙が住む聖なる山だとする説などが語られるようになっている。特に西王母については、東方の蓬萊山《ほうらいさん》に住んだという東《とう》王公《おうこう》（東王父ともいわれる神）と対置されて、西方の崑崙山とは密接な関係を有するようになる。ちなみに風水*では崑崙は龍脈《りゅうみゃく》（中国を西から東に流れる三つの大きな気*の流れ）の源とされており重要な位置を占めている。

風水（ふうすい）

中国古来の気*の概念に基づいて墓や住居・都市などの位置を策定することで人々の吉凶をコントロールしようとする技法。「風水」の語は晋の郭璞《かくはく》に仮託された『葬書《そうしょ》』に見える。また、堪輿《かんよ》ともいう。中国では存在するものすべては気と呼ばれる一種のエネルギーから成っていると考えられていたが、風水では気の流れる道を龍脈《りゅうみゃく》、気の凝結するポイントを龍穴《りゅうけつ》といって、その龍穴に家や墓を建てるとその気に感応して本人や子孫に幸運が訪れるとする。この風水の立場は人体の気の流れ（経絡《けいらく》）とツボ（経穴《けいけつ》）との身体観と類比できる。風水

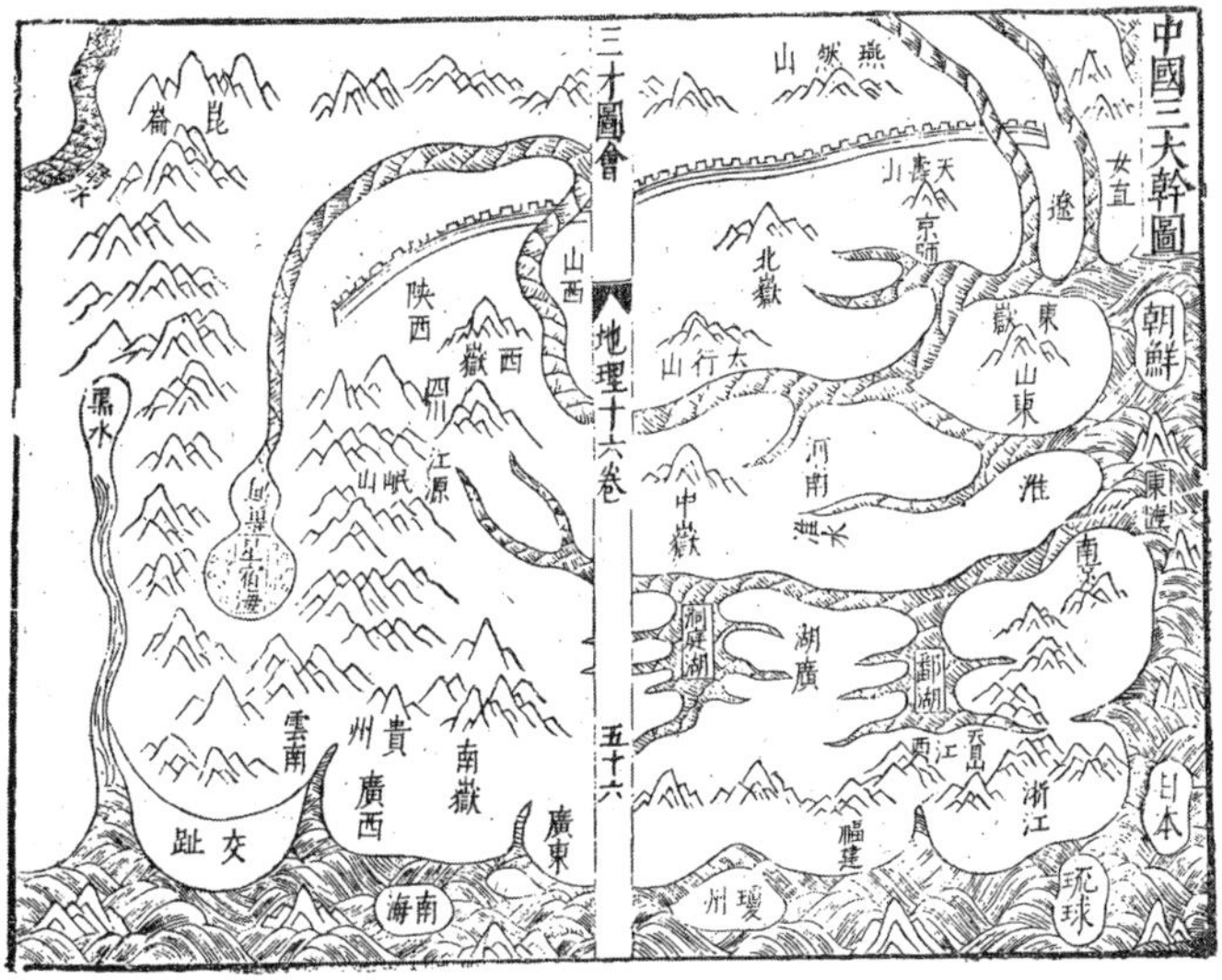

中国三大幹図（『三才図会』）

の地理観では中国大陸の北西に位置する崑崙山《こんろんさん》*から東に横断する三つの龍脈（中国三大幹図では、北に黄河、中に淮水《わいすい》、南に長江が三つの幹龍として描かれる）があるとされているが、このように龍を名称に使用しているところに中国の龍文化が反映されているといえる。なお、風水には良地を探すときに地形を重視する形法（巒頭《らんとう》ともいう）と陰陽《いんよう》*や五行《ごぎょう》*などの数的側面を重視する理法（理気ともいう）との二大流派がある。また、風水のジャンルとしては墓相を見る陰宅風水、家相を見る陽宅風水（都市や村落の位置を見る都市風水も含む）がある。これらの理論はすでに唐代までに成立していたと考えられるが、宋代以降に徐々に大衆化が進んでいった。

志怪小説・伝奇小説（しかいしょうせつ・でんきしょうせつ）

　志怪小説は主に中国の六朝《りくちょう》時代に著された短編の怪《かい》異譚《いたん》。「志怪」の語はもともと『荘子《そうじ》』に見える。ただ、怪異譚といってもごく短い怪異の事例をあげるだけで物語的なストーリーのないことが特色である。この場合の「小説」とはまさしく小ばなしの意であり、志怪小説に取り上げられた題材は伝奇小説に継承されてゆく。干宝《かんぽう》の『捜神記《そうしんき》』などが著名。次に、伝奇小説は唐代から宋代にかけて創作された短編の小説。こちらは志怪小説よりも長編でストーリーも整っており、文章自体も修辞を尽くしたものが多く見られるようになっている。したがって、志怪小説は怪異譚といえども当時の人々が事実と考えたものをベースとしており、伝奇小説の方は作者によるフィクションである点が相違しているといえる。その意味で伝奇小説の方が文学的性格を色濃く有しており、現代の「小説」的なものにより近い。沈既済《しんきさい》の『枕《ちん》中記《ちゅうき》』・白行簡《はくこうかん》『李娃伝《りあでん》』などが有名。なお、志怪小説・伝奇小説の題材からは、当時の仏教や道教・民間信仰などの様相もよくうかがうことができる。

善書（ぜんしょ）

　民衆に対して、通俗的な倫理道徳に基づいて善行を勧め悪行を諫めることを説いた書。勧善書ともいう。葛洪《かっこう》の『抱朴子《ほうぼくし》』*に、人間が普段行っている悪行を三尸《さんし》（人間の体内にいると考えられていた虫で、六〇日に一度めぐってくる庚申《こうしん》の日に人が眠るとその体から抜け出し天*にその人の罪悪を告げると信じられていた）や竈神*らが天に報告しにゆき、それによってその人の禍福が決定するとあったり、善行・悪行を列挙したりしているところから、勧善の考えは古代から存在したようである。この『抱朴子』の内容を抜き出した『太上感応篇《たいじょうかんのうへん》』が宋代に流行したことで善書の地位が定まり、その後、明清時代には、『太上感応篇』に加えて『文昌帝君陰隲文《ぶんしょうていくんいんしつぶん》』『関《かん》聖帝君覚世真経《せいていくんかくせいしんきょう》』が三聖経と呼ばれて代表的な善書として扱われるようになった。また、「功過格《こうかかく》」といって、善行を「功」、悪行を「過」として人間の日常の行為を数量化し、そのプラス・マイナスによって勧善懲悪の教化に使用するための書も現れてきて、特に明代以降に民衆の間で普及するようになった。

コラム4　庶民の中に生きる道教・仏教信仰

台湾の台北市内に行天宮《ぎょうてんぐう》という有名な関帝廟がある。関帝廟とは、三国時代の武将関羽《かんう》を神格化した関聖帝君《かんせいていくん》を祀った廟で、中国だけでなく台湾や香港、日本などにも見られる。ところが、行天宮は関帝廟といいながら、実は関聖帝君だけを祀っているわけではない。かまどの神の張単《ちょうたん》や有名な仙人の呂洞賓《りょどうひん》、南宋時代の英雄的武将岳飛《がくひ》などもあわせて祀られている。関帝廟には様々な民間信仰が習合しているのである。

そこでは、三跪九叩頭《さんききゅうこうとう》の礼を用いての参拝に始まり、擲筊《てきこう》による求籤《きゅうせん》なども行われる。三跪九叩頭とは、もともと清朝皇帝の前で臣下が行った礼で、三回ひざまずき、そのたびごとに三回、計九回頭を床に打ち付ける所作をいう。また、求籤とはおみくじを引くことで、擲筊とは、半月形をした赤色の木片二個を同時に投げ、その表裏の組み合わせが出れば吉という占いである。このような参拝を通して、行天宮は多くの地元の人々が訪れるスポットとなっている。

ただ、行天宮の歴史はそれほど古いわけではない。そもそも行天宮は実業家の黄欉《こうそう》氏（行天宮では「玄空師父」と呼ばれている）によって一九五〇年代に建てられたものである。現在は、参拝者を受け入れるだけでなく、文化・教育・医療などの諸事業を通じた社会貢献を実践している。

また、同じく台北市内の某ホテルの裏に、長春四面仏《ちょうしゅんしめんぶつ》という祠《ほこら》がある。こちらは、そのホテルのオーナー荘福《そうふく》氏がタイで人気のあったヒンドゥー教のブラフマー神を迎えて一九八四年に祀ったものである。ブラフマー神とは、仏教では梵天《ぼんてん》とされ、四つの顔をもつとされることから四面仏と呼ばれる。特に恋愛方面で御利益があると評判になり、この四面仏が花を好むとされていることから、現在でも多くの人々が花をもって参拝のために訪れる。

日本では、たとえば仏教の寺院にしても、創建何百年もする古刹《こさつ》でないと何となくありがたみが薄れる感覚がある。それに対して、行天宮にせよ長春四面仏にせよ、台湾ではどちらも現代の実業家であり篤志家でもある人物によって建てられており、決して古刹ではない。それでも多くの人々が日々熱心に参拝している様子から、現代においても庶民の中に道教・仏教信仰が深く浸透していることが十分にうかがえるのである。

第五章　近世思想
——朱子学・陽明学の世界——

仏教・道教に押され、儒教は長らく停滞していたが、五代十国《ごだいじっこく》の戦乱後、貴族社会が崩壊すると、宋代には、士大夫が新たな時代の担い手となり、彼らの心の問題の解決と現実社会への適応を両立させた朱子学《しゅしがく》が力をもった。宋代を代表する思想として、朱子学は「宋学《そうがく》」とほぼ同義に用いられる。朱子学は、南宋の朱熹《しゅき》が北宋の邵雍《しょうよう》・周敦頤《しゅうとんい》・張載《ちょうさい》・程顥《ていこう》・程頤《ていい》らの思想を集大成したもので、「性即理《せいそくり》」を唱えたことから、「性理学《せいりがく》」あるいは「理学《りがく》」と呼ばれ、「道統《どうとう》」を重んじたため、「道学《どうがく》」ともいう。「朱子学の世界」では、この六人の思想家とその後継者に加え、道学の淵源、道学の対立者、さらには道学の別派について取りあげる。一方、「心即理《しんそくり》」を標榜した陽明学《ようめいがく》は、「心学《しんがく》」と呼ばれ、人間の主体性をより重視し、教説を庶民層にまで広げ、多彩な分派を形成した。「陽明学の世界」では、その祖、王守仁《おうしゅじん》（陽明《ようめい》）とその継承者たちについて取りあげる。なお文献学を中心とする従来の儒学に対し、哲学的な内容をもつ朱子学と陽明学は、「新儒学《しんじゅがく》」と総称される。

朱子学の世界

〈人物〉

韓愈（かんゆ）（七六八〜八二四）

中唐の文学者・思想家。字は退之《たいし》、諡《おくりな》*は文《ぶん》、韓昌黎《かんしょうれい》、韓吏部《かんりぶ》、韓文公《かんぶんこう》とも呼ばれた。河南南陽《かなんなんよう》の人。七九二年（貞元《ていげん》八）に科挙*に合格。名門の出身ではなかったが、左遷に遭いながらも、吏部侍郎《りぶじろう》（人事担当次官）にまで昇進。唐宋八大家《とうそうはちだいか》の一人。新しい時代精神を表現すべく、柳宗元《りゅうそうげん》（七七三〜八一九）とともに、当時の貴族風で形式主義的な文体（駢文《べんぶん》）を排し、漢以前の自由で質実な文体（古文《こぶん》）に帰ることを提唱。また仏教や道教を排撃して儒教を復興させせようとした。宋学《そうがく》*の先駆者。堯《ぎょう》*舜《しゅん》*以来の儒教の「道*」を論じた「原道《げんどう》」と、人の性を上中下の三つに分類する「性三品説《せいさんぴんせつ》」を述べた「原性《げんせい》」とは、注目すべき論文である。前者はのちの「道統《どうとう》*」の原点として重視され、後者の「情《じょう》」を必ずしも否定的にとらえない観点などは、宋代の性説に影響を与えた。著作は『昌黎先生集《しょうれいせんせいしゅう》』にまとめられている。また娘婿の李翶《りこう》（七七二〜八四一）との共著に『論語筆解《ろんごひっかい》』がある。李翶は、『復性書《ふくせいしょ》』を著し、誰もが学問によって聖人*になれるという「聖人可学説《せいじんかがくせつ》*」を唱えた。

韓愈（『晩笑堂画伝』）

胡瑗（こえん）（九九三〜一〇五九）

北宋の思想家・教育者。字は翼之《よくし》、諡《おくりな》*は文昭《ぶんしょう》、安定《あんてい》先生と呼ばれた。泰州海陵《たいしゅうかいりょう》（江蘇《こうそ》省）の人。後世の士大夫から理想の時代とされる「慶暦《けいれき》の治《ち》」の立役者范《はん》仲淹《ちゅうえん》（九八九〜一〇五二）に推挙され、蘇州州学教授となり、教育に従事。「明体達用《めいたいたつよう》」（儒教の本義を解明し、それを社会で実践してゆく）の学問を主張し、学生を儒教の古典を学ぶクラスと軍事や治水等の技能を学ぶクラスとに分けて教育した。晩年には太学《たいがく》（国立の中央大学）における教育を管理する立場に立ち、程顥《ていこう》*・程頤《ていい》*等、多くの学生を育て、宋学《そうがく》*の先駆的役割を果たした。著作に『周易口義《しゅうえきこうぎ》』があり、程頤の『易《えき》』*説に影響を与えた。同時代の孫復《そんぷく》（九九二〜一〇五七）とその弟子の石介《せきかい》（一〇〇五〜四五）とあわせて「宋初三先生」と呼ばれる。孫復は、旧来の注釈に拠らず、『春秋《しゅんじゅう》』*を主観的に解釈した『春秋尊王発微《しゅんじゅうそんのうはつび》』を著し、天子を尊び夷《い》狄《てき》を追い払うべきことを説いた。石介は仏教・道教を批判して堯*舜*以来の儒教の正統性を主張。また当時の美文を退けて宋代古文《こぶん》の礎を築いた。

胡瑗（『聖賢像賛』）

欧陽脩（おうようしゅう）（一〇〇七〜七二）

北宋の政治家・文学者・思想家・歴史家。字は永叔《えいしゅく》、号*は酔翁《すいおう》・六一居士《ろくいつこじ》、諡《おくりな》*は文忠《ぶんちゅう》。吉州《きっしゅう》廬陵《ろりょう》（江西《こうせい》省）の人。范仲淹《はんちゅうえん》（九八九〜一〇五二）の後、宋の時代精神をさらにおし進めた。一〇三〇年（天聖《てんせい》八）に科挙*に合格。貧しい出身から副宰相までのぼりつめ、晩年は王安石《おうあんせき》*（一〇二一〜八六）を登用したが、その新法《しんぽう》に反対して引退。欧陽脩の文体は古文《こぶん》の模範とされ、唐《とう》宋八大家《そうはちだいか》の一人に数えられる。また科挙に古文を採用するなど、欧陽脩以降、古文は宋の支配的文体となった。

儒教の経典については、合理主義的立場から、『易童子《えきどうじ》問《もん》』では『易《えき》』*の十翼《じゅうよく》を孔子《こうし》*の作とする従来の説を排し、『詩本義《しほんぎ》』では旧注を排し人情に基づいて『詩』*を解釈すべきことを説いた。宋代の新注の先駆者とされる。また官撰の『新唐書《しんとうじょ》』の編纂に関わるとともに、『新五《しんご》代史《だいし》』を著し、「君臣《くんしん》道徳」や「華夷《かい》思想」を基本とする歴史観を展開。著作は『欧陽文忠公集《おうようぶんちゅうこうしゅう》』にまとめられている。

王安石（おうあんせき）（一〇二一～八六）

北宋の政治家・文学者・思想家。字は介甫《かいほ》、号*は半《はん》山《ざん》、諡《おくりな》*は文公《ぶんこう》、荊国公《けいこくこう》とも呼ばれる。撫州臨川《ぶしゅうりんせん》（江西《こうせい》省）の人。一〇四二年（慶暦《けいれき》二）に科挙*に合格。神宗《しんそう》（在位一〇六七～八五）の時に宰相を務め、新法《しんぽう》による政治改革を断行したが、保守派の反対により改革半ばで引退を余儀なくされた。詩文に優れ、唐宋八大家《とうそうはちだいか》の一人に数えられる。その学問は、程顥《ていこう》*・程頤《ていい》*の「道学《どうがく》」、蘇《そ》軾《しょく》*・蘇轍《そてつ》の「蜀学《しょくがく》」に対して、「新学《しんがく》」と呼ばれる。儒教の経典については、『三経新義《さんけいしんぎ》』（『周官《しゅうかん》新義』『書《しょ》経《きょう》新義』『詩経《しきょう》新義』）を編纂し、これは当時の科挙の標準解釈とされた。『周官新義』には、『周礼《しゅらい》』*に対する独特の解釈が見られ、同書は王安石の改革の理念を支えた。またいち早く『孟子《もうし》』を尊重し、これを科挙の必修とするなど、儒教の経典を科挙の中心に据える改革も行っている。このほか著作に会意を重視して独自の解釈を展開した『字説《じせつ》』があり、その詩文は『臨川文集《りんせんぶんしゅう》』にまとめられている。

王安石（『晩笑堂画伝』）

司馬光（しばこう）（一〇一九～八六）

北宋の政治家・歴史家。字は君実《くんじつ》。諡《おくりな》*は文正《ぶんせい》、司馬《しば》温公《おんこう》とも呼ばれる。陝州《せんしゅう》夏県《かけん》（山西《さんせい》省）の人。一〇三八年（宝元《ほうげん》元）に科挙*に合格。地方官を歴任後、中央政府に入り、宰相の地位にのぼりつめた。王安石《おうあんせき》*の新法に反対した代表的人物。博学多識で著作も多いが、なかでも歴史学に優れ、『資治通鑑《しじつがん》』が有名である。『資治通鑑』は、戦国時代から五代末までの歴史について叙述した編年体の歴史書で、「治を資《たす》ける通鑑」という書名の通り、皇帝が政治を行う上で有益かつ読みやすい通史ということで編纂された。春秋《しゅんじゅう》学の流行のもと、「大《たい》義名分論《ぎめいぶんろん》」の立場、特に君臣関係に主眼を置いた司馬光の評論が随所に記されている。南宋の朱熹《しゅき》*は、「大義名

司馬光（『聖賢像賛』）

分」をより明らかにすべく、『春秋』*の「経《けい》」と「伝《でん》」の形式に倣って、『資治通鑑』を「綱」（大要）と「目」（細目）に分類し、『資治通鑑綱目《しじつがんこうもく》』を編纂した。「綱」では朱熹が歴史事実の要点を記し、「目」では弟子の趙《ちょう》師淵《しえん》が歴史の細部や評価を記している。

蘇軾（そしょく）（一〇三六〜一一〇一）

北宋の政治家・文学者・書家。字は子瞻《しせん》、号*は東坡《とうば》。眉山《びざん》（四川《しせん》省）の人。一〇五七年（嘉祐二）に科挙*に合格。新法党《しんぽうとう》の王安石《おうあんせき》*と激しく対立し、反王安石側においては程頤《ていい》*とも対立した。党争の渦中において礼部《れいぶ》尚《しょう》書《しょ》にまで昇進したが、その前後には流罪に遭うなど、波乱に満ちた人生を送った。宋代を代表する文人官僚。詩文に優れ、欧陽脩《おうようしゅう》*の後継者として「欧蘇《おうそ》」と並称される。また父の蘇洵《そじゅん》、弟の蘇轍《そてつ》とあわせて「三蘇《さんそ》」と呼ばれ、そろって唐宋八大家《とうそうはちだいか》に数えられている。文学芸術の分野での活躍が目立つが、思想家として、王安石《おうあんせき》の「新学《しんがく》」とも程顥《ていこう》*・程頤《ていい》の「道学《どうがく》」とも違う学風を構え、その学問は「蜀学《しょくがく》」と呼ばれる。「蜀」は蘇氏の出身地である四川省の別称。蘇軾は『孟子《もうし》』を好まず、儒教・仏教・道教の三教融和を主とした。蜀学は、北宋滅亡後、金《きん》に引き継がれ、これはのちに「三教合一《さんきょうごういつ》*」を説く全《ぜん》真教《しんきょう》*の流行へとつながる。著作は『東坡七集』にまとめられている。

蘇軾（『新刻歴代聖賢像賛』）

邵雍（しょうよう）（一〇一一〜七七）

北宋の思想家。字は堯夫《ぎょうふ》、諡《おくりな》*は康節《こうせつ》。河南共城《かなんきょうじょう》の人。近郊の蘇門山百源《そもんざんひゃくげん》に住まいがあったため、邵雍の学派は「百源学派」とも呼ばれる。その後、洛陽《らくよう》に移り住んだが、推挙されても出仕せず、市井の隠者として生涯を終えた。司馬光《しばこう》*らと親交があり、張載《ちょうさい》*、程顥《ていこう》*、程頤《ていい》*はその学友。南宋の朱熹《しゅき》*に影響を与え、「北宋五子」に数えられる。思想の面では、共城の長官李之才《りしさい》から「図書先天象数の学《ずしょせんてんしょうすう》」を授けられ、図象や象数等による『易《えき》』*の哲学的解釈を試み、「先天易《せんてんえき》」を樹立。宋代易学の系譜に関わっている。著作に『皇極経世書《こうきょくけいせいしょ》』があり、『易』に基づく「数」の哲学を提唱し、これを歴史哲学、音韻学、宇宙論として展開した。また自撰の詩集である『伊川撃壌集《いせんげきじょうしゅう》』には独特な思想詩が見られる。その詩は内容的にも形式的にも唐以来の詩の規範にとらわれず、邵雍の思想が韻文の形で表現されている。

周敦頤（しゅうとんい）（一〇一七〜七三）

北宋の思想家。字は茂叔《もしゅく》。道州営道《どうしゅうえいどう》（湖南《こなん》省）の人。各地の知事を歴任し、引退後、廬山《ろざん》のふもとに濂渓書堂《れんけいしょどう》を開き、濂渓先生と呼ばれた。程顥《ていこう》*・程頤《ていい》*はその弟子。朱子学の先駆者とされ、邵雍《しょうよう》*・張載《ちょうさい》*・程顥・程頤とともに「北宋五子」に数えられる。思想面では、『易《えき》』*と『中庸《ちゅうよう》』*を中心とし、そこに道家《どうか》*思想や仏教の要素を取り入れた。著作に『太極図説《たいきょくずせつ》』と『通書《つうしょ》』がある。『太極図説』は、「陰陽五行《いんようごぎょう》」説*に基づき、「太極*」を根源として宇宙万物が生成する過程を示した「図」と、その説明にあたる二五〇字ほどの「説」とからなる。南宋の朱熹《しゅき》*はこれを重要視して、『太極図説解《たいきょくずせつかい》』を作った。『通書』では、「誠」を重視する修養論を説き、人は聖人《せいじん》*に到達できると述べた。朱熹は『通書』を『太極

周敦頤（『晩笑堂画伝』）

図説』の解説書として位置づけ、『通書解《つうしょかい》』という注釈を著した。朱熹は両書を通じて、「無極而太極」説、「主《しゅ》静《せい》」説、「誠」説、「聖人可学《せいじんかがく》」説*等、朱子学の主要な命題を提示した。

張載（ちょうさい）（一〇二〇～七七）

北宋の思想家。字は子厚《しこう》。鳳翔郿県《ほうしょうびけん》（陝西省《せんせい》）の人。郿県の横渠鎮《おうきょちん》で講学したことから、横渠先生と呼ばれる。程顥《ていこう》*・蘇軾《そしょく》*・蘇轍《そてつ》らとともに一〇五七年（嘉祐《かゆう》二）に科挙*に合格。地方官を務めるが、王安石《おうあんせき》*と合わず、故郷にて講学活動に専念する生涯を送った。程顥・程頤*の母方の叔父にあたる。南宋の朱熹《しゅき》*の思想形成に影響を与え、朱子学の先駆者とされ、邵雍《しょうよう》*・周敦頤《しゅうとんい》*・程顥・程頤とともに「北宋五子」に数えられる。「気*」の哲学を提唱したことで有名。著作に『正蒙《せいもう》』『経学理窟《けいがくりくつ》』『易説《えきせつ》』がある。『正蒙』は、朱子学において特に重要視され、『易《えき》』*『中庸《ちゅうよう》』*を根底に、「気」の原初状態を「太《たい》虚《きょ》」とし、万物万象は「気」の集散によるとした。また「天地の性」と「気質の性」を提示し、「気質」を変化させる修養論を説いた。『正蒙』中の一篇である「西銘《せいめい》」では、「万物一体《ばんぶついったい》*」論を説いた。朱熹は「西銘」を高く評価し、これを『正蒙』から独立させ、『西銘解《せいめいかい》』を著した。

張載（『新刻歴代聖賢像賛』）

程顥（ていこう）（一〇三二～八五）

北宋の思想家。字は伯淳《はくじゅん》、明道《めいどう》先生と呼ばれた。洛《らく》陽《よう》（河南省《かなん》）の人。弟の程頤《ていい》*とあわせて「二程《にてい》（子《し》）」と呼ばれる。一五歳頃に弟とともに周敦頤《しゅうとんい》*に師事。一〇五七年（嘉祐《かゆう》二）に科挙*に合格。初め王安石《おうあんせき》*の下にいたが、のちに反王安石側となり、司馬光《しばこう》*や邵雍《しょうよう》*と交流をもった。官は監察御史《かんさつぎょし》に至ったが、人生の大半は地方官として過ごした。穏やかで寛容な人柄で、弟とは学風も異なる。朱子学の先駆者で、「北宋五子」の一人。

程顥（『新刻歴代聖賢像賛』）

周敦頤・二程・張載《ちょうさい》*・朱熹《しゅき》*の学問は、それぞれの出身地にちなみ、「濂洛関閩《れんらくかんびん》の学」とも呼ばれる。程顥は、「天理《てんり》*」を善と悪の両面を含む概念としてとらえ、また人間と万物は同一の存在性を有するとする「万物一体《ばんぶついったい》*の仁《じん》」を説いた。この思想は朱熹のみならず、南宋の陸《りく》九淵《きゅうえん》*、ひいては明の王守仁《おうしゅじん》*（陽明《ようめい》）にも影響を与えた。さらに修養法としての「敬《けい》」を強調し、これは程頤によって「主一無適《しゅいつむてき》」と規定された。まとまった著作はないが、朱熹によって、語録は『程氏遺書《ていしいしょ》』および『程氏《ていし》外書《がいしょ》』に、詩文は『程氏文集《ていしぶんしゅう》』にまとめられている。

程頤（ていい）（一〇三三～一一〇七）

北宋の思想家。字は正叔《せいしゅく》、伊川《いせん》先生と呼ばれた。洛《らく》陽《よう》（河南《かなん》省）の人。程顥《ていこう》*の弟で、同じく朱子学の先駆者。「北宋五子」の一人。一四歳頃に兄とともに周《しゅう》敦《とん》頤《い》*に師事。科挙*に合格できなかったため、民間で講学活動に専念。兄の死後、皇帝に学問を講義。多くの門人を得て、一大勢力を築いた。反王安石《おうあんせき》*の立場であったが、同じ反王安石の蘇軾《そしょく》*らとも激しく対立して流され、赦免後は王安石一派の弾圧を受けた。蘇軾の「蜀学《しょくがく》」・王安石の「新学《しんがく》」に対し、二程《にてい》の学問は「道学《どうがく》」と呼ばれる。兄とは異なり、たいへん厳格な人柄だった。思想面では、「理」の哲学を提唱した点に特色があり、「理一《りいつ》分殊《ぶんしゅ》*」や「性即理《せいそくり》*」を説き、学問方法としては「居敬《きょけい》窮理《きゅうり》*」を唱えた。南宋の朱熹《しゅき》*は、二程の学問を主軸としたため、朱子学は「程朱学《ていしゅがく》」とも呼ばれる。著作に儒教的義理易の立場から注釈した『程氏易伝《ていしえきでん》』（『伊川易《いせんえき》伝《でん》』ともいう）があり、このほか朱熹が編纂した『程氏《ていし》遺書《いしょ》』『程氏外書《ていしがいしょ》』『程氏文集《ていしぶんしゅう》』がある。

胡安国（こあんこく）（一〇七四～一一三八）
北宋の思想家。字は康侯《こうこう》、諡《おくりな》*は文定《ぶんてい》、武夷《ぶい》先生と呼ばれた。建州崇安《けんしゅうすうあん》（福建省《ふっけんしょう》）の人。一〇九七年（紹聖《しょうせい》四）に科挙*に合格。太学博士《たいがくはかせ》から昇進して給事中《きゅうじちゅう》（侍従職）にまで至った。程顥《ていこう》*・程頤《ていい》*に私淑し、二程《にてい》の門人の謝良佐《しゃりょうさ》・楊時《ようじ》*・游酢《ゆうさく》らと親交があった。胡氏一族からは、胡安国の三人の息子である胡寅《こいん》・胡寧《こねい》・胡宏《ここう》などの思想家が出た。節義を重んじ、出処進退に厳しい独自の学風を立て、「湖南《こなん》学派」と呼ばれる。朱熹《しゅき》*・張栻《ちょうしょく》*・呂祖謙《りょそけん》*らの思想形成に大きな影響を与えた。『春秋《しゅんじゅう》』*を得意とし、金《きん》の侵攻に触発され、『春秋胡氏伝《しゅんじゅうこしでん》』という注釈書を著した。程頤『春秋解《しゅんじゅうかい》』の影響が大きい。孫復《そんぷく》『春秋尊王発微《しゅんじゅうそんのうはつび》』に加え、『春秋』の大義大法による国論の統一を目的として、義理による解釈を徹底して行った。後世から高い評価を得て、元・明の科挙の標準解釈とされた。このほか著作に『武夷集《ぶいしゅう》』『資治通鑑挙要補遺《しじつがんきょようほい》』があったが伝わっていない。

楊時（ようじ）（一〇五三～一一三五）
北宋から南宋にかけての思想家。字は中立《ちゅうりつ》、諡《おくりな》*は文靖《ぶんせい》、亀山《きざん》先生と呼ばれた。将楽《しょうらく》（福建省《ふっけんしょう》）の人。程顥《ていこう》*・程頤《ていい》*の弟子。謝良佐《しゃりょうさ》・游酢《ゆうさく》・呂大臨《りょたいりん》とあわせて「程門の四先生」に数えられる。王安石《おうあんせき》*の「新学」に対抗する思想として「道学《どうがく》」を提唱し、二程《にてい》の学問を南方の地に広めた。楊時は感情がまだ表出していない心の静の状態を重視した。著作は『楊亀山先生集《ようきざんせんせいしゅう》』にまとめられている。楊時の「主静」の立場は羅従彦《らじゅうげん》（一〇七二～一一三五）をへて、李侗《りとう》（一〇九三～一一六三）に受け継がれた。李侗は朱熹《しゅき》*に禅学《ぜんがく》と決別する契機を与え、道学へと導いた人物である。李侗は羅従彦から授けられた「静坐」による心の修養を説き、「未発《みはつ》」の静の状態において根本を確立できれば、現実社会において「已発《いはつ》」の動の状態にあっても適切な対応が可能になると考えた。なお南宋初期には、楊時の弟子の張九成《ちょうきゅうせい》が道学の中心的人物であったが、のちに朱熹に批判され、顧みられなくなった。

朱熹（しゅき）（一一三〇～一二〇〇）
南宋の思想家。字は元晦《げんかい》・仲晦《ちゅうかい》、号*は晦庵《かいあん》、朱文公《しゅぶんこう》と呼ばれた。南剣州尤渓《なんけんしゅうゆうけい》（福建省《ふっけんしょう》）の人（祖籍は江西省《こうせい》

朱熹（『歴代聖賢像賛』）

の婺源《ぶげん》）。朱子学の大成者。朱子は尊称。その学問は生前から広く知られ、陸九淵《りくきゅうえん》*との論争は有名である（鵝《が》湖《こ》の会《かい》*）。官僚としては、一九歳で科挙*に合格して以降、華々しい活躍はなく、晩年には、時の権力者を批判したため、弾圧を受けた（慶元《けいげん》の党禁《とうきん》*）。死後、その名誉は回復され、朱子学は明・清および朝鮮の体制教学となり、日本では江戸幕府の官学として広く学ばれた。思想面では、初め禅《ぜん》学に心酔していたが、程顥《ていこう》*・程頤《ていい》*の学問に触れてからは、禅学批判へと転じた。そして「道統*」の継承者を自任し、従来の「五経《ごきょう》*」に加え「四《し》書《しょ》*」を重視。「理気《りき》*」に基づく世界観を提唱し、これを踏まえて孟子《もうし》*の性善《せいぜん》説*を補完するとともに、「居敬《きょけい》窮理《きゅうり》*」といった修養論を構築した。著作には『四書集《ししょしっ》注《ちゅう》』*をはじめ、儒教の経典に対する数々の注釈書があるほか、「北宋五子」の著作を編集整理したものや歴史に関わるものなどがある。またその詩文をまとめた『朱子文集』、その語録をまとめた『朱子語類』*がある。

張栻（ちょうしょく）（一一三三～八〇）

南宋の思想家。字は敬夫《けいふ》・欽夫《きんふ》、号*は南軒《なんけん》、諡《おくりな》*は宣《せん》。広漢《こうかん》（四川《しせん》省）の人。のちに長沙《ちょうさ》（湖南《こなん》省）に移り住んだ。宰相を務めた張浚《ちょうしゅん》の息子で、科挙*試験を免除されて官僚となった。朱熹《しゅき》*の友人で、その思想形成に大きな影響を与えた。呂祖謙《りょそけん》*とあわせて「東南の三賢」と呼ばれる。「道学《どうがく》」の一派である「湖南学派」の胡宏《ここう》（？～一一四六）に師事。その修養論に特色がある。人の感情が表出している動の状態を「已発《いはつ》」、感情が表出していない静の状態を「未発《みはつ》」といい、張栻は、「性」を「未発」、「心」を「已発」として、「已発」の段階で「心」が不善に向かわないよう、日常において修養することを重視した。これに対し朱熹は「未発已発説《みはついはっせつ》」を著し、「心」の静の状態を「未発」、心の動の状態を「已発」として、「已発」と「未発」をともに重視し、「未発」の段階においても「静坐」等の修養に取り組むべきことを説いた。張栻はやがて朱熹の説に同調し、「湖南学派」から離れた。著作に『癸巳論語解《きしろんごかい》』『癸巳孟子解《きしもうしかい》』『南軒易説《なんけんえきせつ》』があり、詩文は『南軒先生集《なんけんせんせいしゅう》』にまとめられている。

張栻（『晩笑堂画伝』）

呂祖謙（りょそけん）（一一三七～八一）

南宋の思想家。字は伯恭《はくきょう》、号*は東萊《とうらい》。同族の呂本《りょほん》中《ちゅう》と区別して「小東萊《しょうとうらい》」と呼ばれることもある。婺州《ぶしゅう》（浙江省《せっこう》）の人。宰相を何人も輩出した北宋以来の名家の出身であり、「中原の文献の伝統」を伝える重要人物と目されていた。朱熹《しゅき》*・張栻《ちょうしょく》*とともに「東南の三賢」と呼ばれた。その学問は「道学《どうがく》」を主軸にしつつも、歴史学に優れていた。また博学を重んじる折衷的な学風をもち、思想的に朱熹と対立した陸九淵《りくきゅうえん》*や事功《じこう》学派*の陳亮《ちんりょう》（一一四三～九四）などとも交流した。このような呂祖謙の姿勢が象徴的に示されたのが、「鵝湖《がこ》の会《かい》*」のプロデュースであった。また北宋の四子（周敦頤《しゅうとんい》*・張《ちょう》載《さい》*・程顥《ていこう》*・程頤《ていい》*）の文章を収めたアンソロジー『近思録』を、朱熹と共同編集した。朱熹は自身の長男を呂祖謙のもとで学ばせるなど、厚い信頼を寄せる一方で、浙東《せっとう》地方（現在の浙江《せっこう》省）の事功学派の横行は、呂祖謙にも責任の一端があると、その死後に批判した。著作に

呂祖謙（『聖廟祀典図考』）

『呂氏家塾読詩記《りょしかじゅくどくしき》』『東萊左氏博議《とうらいさしはくぎ》』等がある。また『宋文鑑《そうぶんかん》』を編纂した。

陸九淵（りくきゅうえん）（一一三九～九三）

南宋の思想家。字は子静《しせい》、号*は象山《しょうざん》。撫州《ぶしゅう》金渓《きんけい》（江西省《こうせい》）の人。兄の陸九韶《りくきゅうしょう》・陸九齢《りくきゅうれい》らとともに学問に励んだ。「宇宙は便《すなわ》ちこれ吾が心、吾が心は便ちこれ宇宙」「六経はみな我が注脚《ちゅうきゃく》」という言葉が示すように、人間の主体性・本来性を重んじた。朱熹《しゅき》*と論戦を繰り広げ、周敦頤《しゅうとんい》*の「無極而太極」という語句の理解などをめぐって対立した。呂祖謙《りょそけん》*の仲介で実現したシンポジウム「鵝湖《がこ》の会《かい》*」は、朱・陸が相見えた南宋儒学史のハイライトとなった。両者の対比について、「道問学《どうもんがく》」（学問への依拠）重視の朱熹と「尊徳性《そんとくせい》」（道徳性の発現）重視の陸九淵という構図（どちらも『中庸《ちゅうよう》』*の語）で整理されることも多い。特に「性即理《せいそくり》*」を主張した朱熹とは異なり「心即理《しんそくり》*」を唱えたことにより、明の王守《おうしゅ》仁《じん》*（陽明《ようめい》）の心学へと系譜づけられ、「陸王学《りくおうがく》」と並称された。王守仁は自ら『象山先生全集』に序文を寄せ、その冒頭で「聖人の学は、心学《しんがく》なり」と高らかに宣言している。

陸九淵の墓

楊簡（ようかん）（一一四一～一二二六）

南宋の思想家。字は敬仲《けいちゅう》、号*は慈湖《じこ》。慈渓《じけい》（浙江省《せっこう》）の人。陸九淵《りくきゅうえん》*の高弟。同じ明州《めいしゅう》（寧波市《ニンポー》）出身で陸九淵の弟子の舒璘《じょりん》・沈煥《しんかん》・袁燮《えんしょう》とともに、「甬上《ようじょう》四先生」（「明州四先生」ともいう）に数えられるが、彼らは、江《こう》西《せい》地方の陸九淵門下とはかなり気風を異にした。特に楊簡は、「不起意《ふきい》」説を唱え、意念を発動させず静謐《せいひつ》で霊明な本来的世界と一体化した境地を理想とするなど、特色を発揮した。この点から「禅」「師説の破壊者」と批判されることもあったが、陽明学が隆盛をきわめた明代には、「心学《しんがく》」の観点から再び議論の対象となった。「陸《りく》王学《おうがく》」との関係性でしか論じられない嫌いがあるが、『孔叢子《くぞうし》』*の「心の精神をこれ聖と謂《い》う」や「清明」「敬」という言葉を好んだところには、その穏健な学風がうかがえる。著作に『楊氏易伝《ようしえきでん》』『慈湖詩伝《じこしでん》』がある。このことが示すように、その思想の根底には儒学の経典があったが、『大学《だいがく》』*を聖人*の書と認めないなど、独創的な観点も提示した。

陳淳（ちんじゅん）（一一五七～一二二三）

南宋の思想家。字は安卿《あんけい》、号*は北渓《ほっけい》。漳州竜渓《しょうしゅうりゅうけい》（福建省《ふっけんしょう》）の人。朱熹《しゅき》*の晩年の弟子で、朱熹が漳州の知事に赴任した際に教えを受けた。朱熹に直接指導を受けた期間は短かったが、分析的思考に優れ、師とのやりとりを数多く残したため、朱熹の娘婿の黄榦《こうかん》（一一五二～一二二一）と並ぶ優秀な弟子の一人に数えられる。陸《りく》九淵《きゅうえん》*の「心学《しんがく》」や禅学をしりぞけて、朱子学を擁護すべく、朱子学の基本概念の厳密な解明に努めた。『北渓《ほっけい》字義《じぎ》』（『性理字義《せいりじぎ》』ともいう）は、正式には『北渓先生字義詳講《じぎしょうこう》』といい、一種の哲学用語辞典で、『四書集《ししょしっ》注《ちゅう》』*に見られる性・命・心・情・才などの語句に関する陳淳の講義をその弟子が記録・整理したものである。朱子学の格好の入門書として、中国だけでなく、日本や朝鮮半島でも広く読まれ、一六六八年（寛文《かんぶん》八）に和刻本*が出版されている。日本の林羅山《はやしらざん》はこれに『性理字《せいりじ》義諺解《ぎげんかい》』という注釈書を著した。

真徳秀（しんとくしゅう）（一一七八～一二三五）

南宋の思想家。字は景元《けいげん》・希元《きげん》、号*は西山《せいざん》、諡《おくりな》*は文忠。福建浦城《ふっけんほじょう》の人。一一九九年（慶元《けいげん》五）に科挙*に合格し、一二〇五年（開禧《かいき》元）にはさらに難関の博学宏詞《はくがくこうし》科《か》に合格。宰相史弥遠《しびえん》に疎まれ、官僚として過ごした期間は一〇年に満たないが、時の皇帝に数十万言の上奏を行っている。朱熹《しゅき》*の孫弟子にあたり、韓侂冑《かんたくちゅう》が朱熹の学問を弾圧した「慶元《けいげん》の党禁《とうきん》*」の後、魏了翁《ぎりょうおう》（一一七八～一二三七）とともに朱子学の復興に貢献した。その朱子学者としての業績として特に重要なのは、「全体大《ぜんたいたい》用《よう》」の思想を根底に据えて『大学章句《だいがくしょうく》』の内容を敷衍した『大学衍義《だいがくえんぎ》』を執筆したことである。『大学衍義』には、まず「帝王為治の序」「帝王為学の本」を掲げ、次いで「格物致知《かくぶつちち》*」「誠意正心《せいいせいしん》」「修身《しゅうしん》」「斉家《せいか》」の要について、経典や史実を引いて先儒の論を傍証とし、自己の考えを明らかにしている。ただし『大学章句』八条目*のうち「治国《ちこく》」「平天下《へいてんか》」の条目を欠くため、明になって丘濬《きゅうしゅん》（一四二一～九五）が『大学衍義補《だいがくえんぎほ》』を作成して補っている。

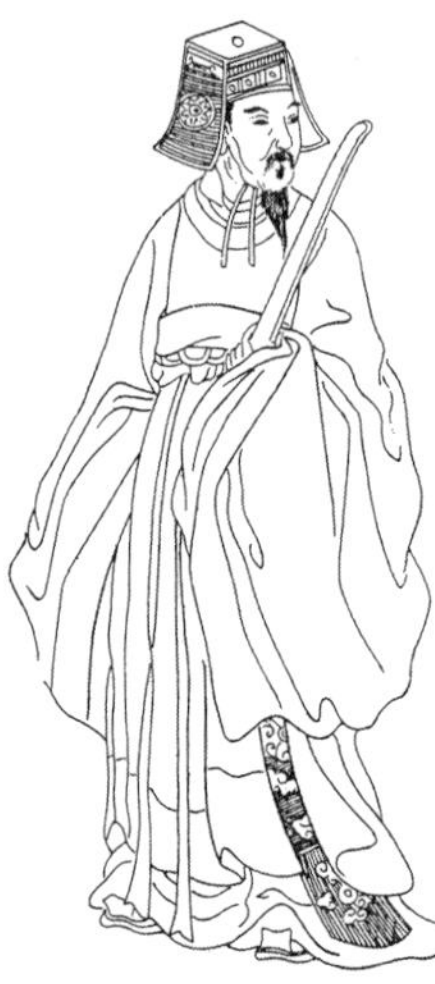

真徳秀（『晩笑堂画伝』）

王応麟（おうおうりん）（一二二三～九六）

南宋末の思想家。字は伯厚《はくこう》、号*は深寧《しんねい》。慶元府鄞県《けいげんふぎんけん》（浙江省《せっこう》）の人。一二四一年（淳祐元《じゅんゆう》）に科挙*に合格し、一二五六年（宝祐四《ほうゆう》）にはさらに難関の博学宏詞科《はくがくこうしか》に合格。礼部尚書兼給事中《れいぶしょうしょけんきゅうじちゅう》にまで昇進するが、当時の権臣とそりが合わず、辞職した。南宋滅亡後も元に仕えず、講学活動に専念した。その学問は、陸九淵《りくきゅうえん》*の学問が盛んであった浙東《せっとう》地方（現在の浙江省《せっこう》）において朱子学を奉じ、しかもそれに固執することがなかった。博学多識で、その考証の確かさには定評があり、清朝考証学《しんちょうこうしょうがく》*の先駆者とされる。主な著作に『困学紀聞《こんがくきぶん》』『玉海《ぎょくかい》』がある。『困学紀聞』は、読書で得られた知見を記した随想録で、儒教の経典や歴史・文学等に関わる文章について、考証・論評を加えている。清朝考証学者はこぞってこれに注釈をし、それを集大成したのが翁元圻《おうげんき》の『翁《おう》注困学紀聞《ちゅうこんがくきぶん》』である。『玉海』は、古今の文献に見られる事項を二一の部門に分類した類書*で、科挙の受験参考書として編纂された。宋代の文物制度に関するその記述は、史料的価値がとりわけ高いとされる。

許衡（きょこう）（一二〇九～八一）

元代の思想家。字は仲平《ちゅうへい》、号*は魯斎《ろさい》、諡《おくりな》*は文正《ぶんせい》。懐州河内《かいしゅうかだい》（河南省《かなん》）の人。呉澄《ごちょう》*とともに「元の二大儒」とされる。金《きん》の統治下に生まれ、初め博学多識な学風であったが、朱子学《しゅしがく》に出会って以後、学風を改め、朱《しゅ》

許衡（『新刻歴代聖賢像賛』）

熹《き》*の『四書集注《ししょしっちゅう》』*ならびに朱子学の入門書である『小《しょう》学《がく》』を主軸とした。金の滅亡後、元に仕え、集賢大学《しゅうけんだいがく》士《し》兼国子祭酒《けんこくしさいしゅ》（学術担当官兼国立大学学長）となり、朱子学を中心に据えた各種文教政策に取り組み、モンゴル王族の子弟にも朱子学を教授した。最晩年には郭守敬《かくしゅけい》らと授時暦《じゅじれき》の編纂という一大事業に指導的立場で参加した。許衡は北中国における朱子学の復興者として評価される一方、異民族王朝に仕えたとして後世から批判されている。敬虔な朱子学者である許衡は、朱子学の理論に変更を加えることを好まず、その主眼は朱子学理論の実践にあった。そのため著作は少なく、『読易私言《どくえきしげん》』『魯斎遺《ろさいい》書《しょ》』『魯斎心法《ろさいしんぽう》』があるだけだが、『魯斎遺書』所収の『大学直解《だいがくちょくかい》』や『中庸直解《ちゅうようちょくかい》』等、口語で説かれた啓蒙書の類は分かりやすさに定評がある。

呉澄（ごちょう）（一二四九～一三三三）

元代の思想家。字は幼清《ようせい》、号*は草廬《そうろ》、撫州崇仁《ぶしゅうすうじん》（江《こう》西《せい》省）の人。許衡《きょこう》*とともに「元の二大儒」とされる。南宋滅亡後、たびたび推挙され、ついに拒みきれず元に出仕。翰林学士《かんりんがくし》（詔勅起草官）にまで昇進した。思想面では、朱熹《しゅき》*の後継者としての強い自覚をもちながら、朱熹と対立した陸九淵《りくきゅうえん》*の学問も同じ「道学《どうがく》」の一流派ととらえ、「心学《しんがく》」的要素を導入し、些末な訓詁注釈に流れる朱子学の末流を批判するなど、朱子学の活性化をはかった。「朱陸折衷論《しゅりくせっちゅうろん》」の先駆者とされる。また異民族王朝に仕えただけでなく、宋・元という二つの王朝に仕えたため、後世から厳しい批判を受けている。膨大な量の著作を残しており、儒教の経典の注釈としては、『易纂言《えきさんげん》』『書纂言《しょさんげん》』『春秋纂言《しゅんじゅうさんげん》』『礼記纂言《らいきさんげん》』があり、清朝考証学者《しんちょうこうしょうがくしゃ》*からも高い評価を得ている。詩文は『呉文正集《ごぶんせいしゅう》』にまとめられており、『老子《ろうし》』『荘子《そうし》』『太《たい》玄経《げんきょう》』『楽律《がくりつ》』『八陣図《はちじんず》』などの校正も行った。

〈文献〉

『四書集注』（ししょしっちゅう）

朱子学の基本文献。『論語集注《ろんごしっちゅう》』*一〇巻、『大学章句《だいがくしょうく》』一巻、『中庸章句《ちゅうようしょうく》』一巻、『孟子集注《もうししっちゅう》』七巻からなる。『大学《だいがく》』*と『中庸《ちゅうよう》』*は、もともとは『礼記《らいき》』*中の二篇であった。朱熹*が「四書《ししょ》*」を重視したのは、孔子《こうし》*、曾子《そうし》*、子思《しし》*、孟子《もうし》*へと伝承された「道統《どうとう》*」の考えによるものである。朱子学が学術の中心となると、まず「四書」を学んで「五経《ごきょう》*」に及ぶ学習法が定着した。さらに朱熹の「四書」学の構想では、『大学』『論語』*『孟子』『中庸』の順に学ぶべきとされる。朱熹が「初学入徳の門」とした『大学』は、その学説上、特に重要で、臨終の間際まで改訂を重ねている。元・明以降の学術論争は主に『大学』解釈をめぐって展開された。また科挙*で『四書集注』が最も重んじられたため、読書人の必読文献となり、その影響は東アジア地域に及んだ。日本には鎌倉時代に伝来している。『十三経注疏《じゅうさんけいちゅうそ》』*所収の注釈を古注《こちゅう》と呼び、『四書集注』を新注《しんちゅう》と呼ぶ。

『朱子語類』（しゅしごるい）

朱子学の基本文献。南宋の朱熹《しゅき》*とその弟子との問答が記録されている。禅僧や儒者の言葉を記録した口語文献を「語録《ごろく》」といい、唐末から宋にかけて盛んに作られた。「語類」は、これをテーマごとに分類整理したものである。朱熹には複数の「語録」や「語類」が存在していたが、現在、『朱子語類』といえば、朱熹の晩年の弟子である黎靖徳《れいせいとく》が編纂した『朱子語類大全《しゅしごるいたいぜん》』一四〇巻を指す。同書は一〇〇人近い朱熹の弟子たちが個々に記録した講義ノートの集大成であり、朱熹の没後七〇年目に刊行された。師弟の問答は、「理気《りき》*」「鬼神《きしん》*」「性理《せいり》」などの基礎理論、学問方法論、古典解釈学、思想家論、歴史論、文学論などの項目に分類されており、これによって朱熹の学問の全体像を知り、それを体系的に学ぶことができる。また口語的表現が用いられているため、当時の講義の雰囲気を感じ取れるというだけでなく、言語資料としての価値も高い。日本には鎌倉時代末期に伝来し、江戸時代には山崎闇斎《やまざきあんさい》らによって重視され、一六六八年（寛文《かんぶん》八）に和刻本*が出版されている。

「五経四書性理大全」（ごきょうししょせいりたいぜん）

明代に編纂された科挙*の国定注釈書。朱熹《しゅき》*の学説を基本に据え、宋・元の学者の「五経《ごきょう》*」「四書《ししょ》*」の注釈と性理学説を広く集めている。永楽帝《えいらくてい》が一四一四年（永楽一二）一一月、胡広《ここう》、楊栄《ようえい》、金幼孜《きんようし》らに編修を命じ、翌年九月に完成した。内訳は『周易伝義大全《しゅうえきでんぎたいぜん》』二四巻、『書伝大全《しょでんたいぜん》』一〇巻、『詩伝大全《しでんたいぜん》』二〇巻、『礼記集説大全《らいきしゅうせつたいぜん》』三〇巻、『春秋集伝大全《しゅんじゅうしゅうでんたいぜん》』三七巻、『四書集注大全《ししょしっちゅうたいぜん》』三八巻、『性理大全書《せいりだいぜんしょ》』七〇巻。明から清にかけて多くの版が作られているため、書名や巻数には異同が多い。編修を指揮した胡広らの人格への評価が芳しくない上、一年足らずで性急に作成したため、内容が雑駁であり批判も多い。先人の著作を拠り所としているのは明白で、朱彝尊《しゅいそん》、顧炎武《こえんぶ》*などは、「大全」が宋・元の学者の著作を丸ごと剽窃していると非難する。だが明初の書籍の乏しい時期に朱子学を広めるのに果たした役割は大きい。江戸時代に和刻本*が出版されており、日本でもよく読まれた。（資料編③も参照）

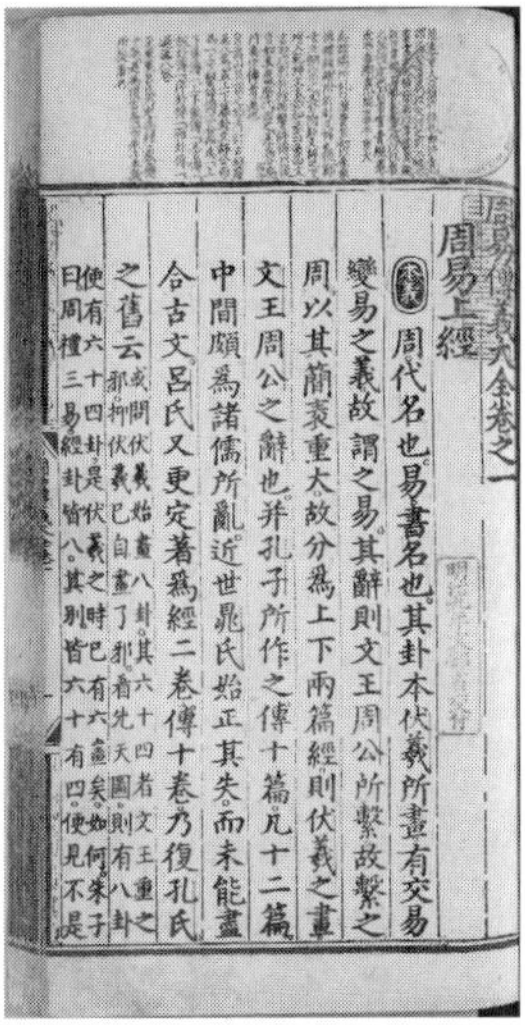
周易傳義大全巻之一
周易上經
（本義）周代名也易書名也其卦本伏羲所畫有交易變易之義故謂之易其辭則文王周公所繫故繫之周以其簡袠重大故分爲上下兩篇經則伏羲之畫文王周公之辭也并孔子所作之傳十篇凡十二篇中間頗爲諸儒所亂近世晁氏始正其失而未能盡合古文呂氏又更定著爲經二卷傳十卷乃復孔氏之舊云
或問伏羲始畫八卦其六十四者文王重之耶抑伏羲已自畫了耶看先天圖則有八卦便有六十四卦是伏羲之時已有六畫矣如何朱子曰周禮三易經卦皆八其別皆六十有四便見不是

『周易伝義大全』

〈事項〉

道統（どうとう）

朱子学の中心的な学説。聖人*による真理の継承とみなされた系譜のこと。この系譜では、堯《ぎょう》*・舜《しゅん》*・禹《う》*・湯《とう》王*・文王《ぶんおう》*・武王《ぶおう》*たちによって伝承された「聖人の道*」（真理）は孔子《こうし》*へと受け継がれ、孔子の弟子である曾子《そうし》*、曾子の弟子で孔子の孫である子思《しし》*、さらにはその教えを継いだ孟子《もうし》*へと至ったと考えられた。孔子の言行録『論語《ろんご》』*、朱熹《しゅき》*が曾子の著作とみなした『大《だい》学《がく》』*、同じく子思の著作とした『中庸《ちゅうよう》』*、孟子の言行録『孟子』といった「四書《ししょ》*」は、この真理継承の道程を具体的に現したものでもあった。孟子の没後、この伝承は一旦途絶えたかに見えたが、唐の韓愈《かんゆ》*を経て、北宋に程顥《ていこう》*・程頤《ていい》*兄弟が出現し、「道統」は復活したと考えられ、それを継承したのが朱熹自身という系譜づけになっていく。このように、儒学（聖人の学）の正統な継承を自任し主張する論理として、「道統」論は活用された。朱子学は「道学《どうがく》」と呼ばれることがあるが、この「道統」を正しく継承（体得）した者という自覚がそれを支えていた。

聖人可学説（せいじんかがくせつ）

　朱子学・陽明学の中心的な学説。「聖人*は、学問の実践を通して到達することができる存在である」という考えのこと。これを最も整った形で唱えたのは、程頤《ていい》*が胡瑗《こえん》*に提出した論文である。それは、孔子*の弟子の中で、なぜ顔子《がんし》（顔淵《がんえん》）だけが「学を好む」と称されたのかという問いに対する解答であり、「顔子好学論《がんしこうがくろん》」と呼ばれた。程頤はそこで、顔子が好んだのは「学びて聖人に至るの道」であったが、後世の者はそのことを理解せず、暗記や文章作法を学問だと誤解してしまったと述べた。人は誰もが聖人という理想的なあり方を自ら実現することが可能であり、それを実現する手立てこそが真の学問、すなわち儒学であるというこの考えは、朱子学の精神を最もよく体現したものである。陽明学では、朱子学のように、到達すべき目標として聖人をとらえるのではなく、本来そうであるところの聖人であり続けることを説く点は異なるが、自らの修練によって究極の理想的存在になり得る（であり得る）とする精神は共通している。

太極（たいきょく）

　朱子学の重要な概念。世界の根本実在のこと。「太極」の語にとって、「無極而太極」で始まる周敦頤《しゅうとんい》*の『太《たい》極図説《きょくずせつ》』が決定的に重要である。朱熹《しゅき》*は、このフレーズを「無《む》極《きょく》から太極が生じる」という意味ではなく、「無極であり且《か》つ太極である」と理解した。この理解は、「太極」を、「無から生じ、陰陽《いんよう》へと分裂していく宇宙の質料的基体（基礎となる実体）」ではなく、「無限定で究極の形而上《けいじじょう》的原理」として解釈するものである。もともと「太極」という語は、『易経《えききょう》』*の「易に太極有り。これ両儀《りょうぎ》を生ず」を出典の一つとする。「両儀」、すなわち陰となり陽となる変化を生ずる根源が「太極」である。中国思想史では、この「生ず」という語を文字通りに解して宇宙生成論的に説明する流れと、構造論的にとらえる流れとに分かれた。前者は主に道家《どうか》*・道教で展開された。後者は上記の朱熹の解釈を受けたものであり、陰陽とは別に（陰陽の前に）「太極」があるのではなく、陰陽の働きを根源で支える構造的原理として「太極」が理解される。

天理（てんり）

朱子学・陽明学の重要な概念。万事万物を貫く道理のこと。「天*の理《ことわり》」という以上、「現実の人間社会を超えた、普遍的で一貫した理法」という意味を含むが、朱子学・陽明学では、これを絶対者・超越者から賦与された外来のものとは考えず、ありとあらゆるものが本来的に備えもつ固有の性質であるとみなした。その意味では、「天性自然の道理」とも定義でき、人間に即していえば、「本性《ほんせい》」と同義である。しばしば「天理を存し人欲《じんよく》を去る」という言い方がされるが、これは社会的な義理道徳を優先させて人間の基本的な欲求を抑圧することを説くものではない。「もともと有する本性をそのまま発揮し、後天的で人為的な欲望にとらわれない」という意味であるから、最も人間らしい生き方を推奨する主張だともいえる。ただし「普遍的で一貫した理法」という含意が「人間を疎外した画一的な道理」として理解され機能した側面も現実にはあり、その点に関し様々な批判を受けた概念でもある。

万物一体（ばんぶついったい）

朱子学・陽明学の中心的な学説。「あらゆる存在は、一つの身体を共有し合うような関係にある」とする考えのこと。しばしば「万物一体《ばんぶついったい》の仁《じん》」という形を取るが、それは「自己も他者も一つの身体でつながっているのだから、他者の痛みや苦しみであってもそれを見過ごすことはできない」という「仁*」、すなわち同胞愛の精神がこの考えを貫いているからである。中国医学では、身体の不具合のせいで痛みや痒《かゆ》みを感じない状態を「不仁」と呼ぶが、程顥《ていこう》*は、その発想に「仁」の精神がよく現れていると考えた。明の王守仁《おうしゅじん》*（陽明《ようめい》）はこの考えを引き継ぎ、利己心や功名心によって自己と他者が隔たるようになってしまったけれども、本来はすべての生きとし生けるものは一つながりの、相互に親愛や憐憫《れんびん》の情を抱き合う関係にあり、その関係を阻害する要因は根こそぎ取り除かねばならないと説いた。このような社会的連帯感・一体感の強調は中国の歴史で繰り返し説かれ続けてきたけれども、端的にそれを表現したのが、この考えである。

理一分殊（りいつぶんしゅ）

朱子学の中心的な学説。「理は一にして分は殊《こと》なる」、すなわち「万事万物を貫く理法は一つであるけれども、その具体的なあり方は様々である」という考えのこと。程頤《ていい》*が張載《ちょうさい》*の「西銘《せいめい》」という論文を評した文章を出典とする。程頤はそこで、墨家《ぼっか》*の「兼愛《けんあい》」思想を、現実の人間社会にあるべき親しさの序列（差等）を無視した主張であると批判し、逆に「西銘」は、親疎の序列という個別的な多様性を踏まえながら「一なる理」を推し究めていくことを説く点で評価できるとした。朱熹《しゅき》*はこの考えを発展させ、「あらゆる存在は、天*を父とし地を母とする点で『理一』であるが、それぞれがそれぞれの親を親とし子を子としている点で『分殊』である。大切なのは、実際の親に事《つか》える真心に立脚しながら、天に事える道*を明らかにしていくことである」と考えた。このような発想は、朱子学の様々な議論、たとえば「体《たい》用《よう》*」論や「太極《たいきょく》*」論でも発揮され、本質の一貫性と現象の多様性を調和的かつ階層的に説明する原理となった。

体用（たいよう）

中国思想の重要な概念。「体用」概念は歴史が長く、あらゆる事象を「体」と「用」の関係性で説明する理論を体用論という。「体」は本体・本質、「用」は作用・現象のこと。浜辺に打ち寄せる波を例に、海水が「体」、揺れ動く波が「用」と説明されることもある。程頤《ていい》*が「体と用とは一源、顕と微とは無間」と述べたように、現れ出ている現象とそれを根底で成り立たせている本体との間に隔《へだ》てはない、両者は相即不離の関係にあるとされた。朱子学では、この対概念を人間論にも適用し、天*から賦与された人間本性が「体」、外部に向けて表出する感情を「用」とみなした。また論敵批判の原理としても使用され、仏教や老荘思想は「体」のみ重んじて「用」を軽視するものとして、事功《じこう》学派*は「体」を忘却して「用」だけを追求するものとして批判された。そして「全体大用《ぜんたいたいよう》」の立場、すなわち「体」と「用」とを二つながら完成させるところに真正な儒学のあり方を見出した。

理気（りき）

朱子学の重要な概念。この世界の成り立ちを「理」と「気*」の関係で説明する理論を理気論という。「理」は、もともと玉石《ぎょくせき》が帯びている筋模様《すじもよう》のことで、「すじめ」「きめ」を意味する。「気」は「いき」「くうき」を意味する言葉であったが、古代中国において、「世界に充ち満ちる、根源的な生命エネルギー」を表す思想用語となった。この二つの語を、朱子学は思想的に統合し、世界のありとあらゆるものはこの「理」と「気」から成り立っているとする理論へと昇華させた。朱子学において、「理」は、あるものが「なぜそのようにあらねばならないのか」という根源的道理と、「そうなるべくしてそうなっている」という法則性・条理との二つの側面から説明される。「気」は、あるものが存在する上での物質的な基体（基礎となる実体）である。「理」と「気」は、「騎手と馬」「漕《こ》ぎ手と舟」の関係に喩《たと》えられることもあるが、「理」と「気」は相即不離の関係にあり、「理」のない「気」も、「気」のない「理」もあり得ない。

性即理（せいそくり）

朱子学の中心的な学説。朱熹《しゅき》*の心性論《しんせいろん》を支える理論のこと。朱熹は、程頤《ていい》*のこの語に張載《ちょうさい》*の「心は性と情とを統《す》ぶ」を接合し、心性論を構築した。人間は身体なしに生きられないが、その身体を統括するのが「心」、この「心」の本体が「性」、作用が「情」である。賢愚・剛柔といった人間の多様性を、朱熹は「気質の性」という語で説明したが、「性即理」の「性」は、「本然の性」（天*から賦与された純粋至善な本性）を指す。「本然の性」は本来、皆に等しく完全な形で備わるが、それ自体は人間存在の根底にあって発動することがない。現実の人間は、外界に反応して様々な「情」を発動させるが、持ち前の気質が影響して、純粋至善な発動は難しい。だが根底に「性＝理」が存する以上、人間は純粋至善に生きることができるし、そうすべきである。「性即理」説には、このような、人間の根底に対する確信と信頼が込められていたが、人間をまるごと肯定する「心即理《しんそくり》*」の立場からは、確信と信頼が不十分だと批判された。

三綱領八条目（さんこうりょうはちじょうもく）
　朱子学・陽明学の重要な概念。『大学《だいがく》』*に見える三つの大綱と八つの条目のこと。朱子学・陽明学では、「修己治人」（己を修めて人を治む）という一連のプロセスを実現する点に儒学の本領があるとされ、「三綱領八条目」はそのプロセスを端的に表現したものとして重視された。「三綱領」の「明徳《めいとく》を明らかにする」が「八条目」の「格物《かくぶつ》*、致知《ちち》*、誠意《せいい》、正心《せいしん》、修身《しゅうしん》」（＝修己）と対応し、同じく「民を新たにする」が「斉家《せいか》、治国《ちこく》、平天下《へいてんか》」（＝治人）と対応する。「三綱領」最後の「至善《しぜん》に止《とど》まる」は、それぞれの綱領において最高のあり方を実現することである。朱子学の理解でまとめれば、具体的な物事に即して道理を究明し（格物）、自己の知識を十全なものにし（致知）、意志を純粋にし（誠意）、心全体を正しく保ち（正心）、身のふるまいを正し（修身）、家族関係を整え（斉家）、国を治め（治国）、世界を平和にする（平天下）という行為連関が「八条目」である。なお、「民を新《あら》たにする」と読むのは朱子学の立場で、陽明学は『礼記《らいき》』*大学篇の原文どおり「民に親《した》しむ」と読む。

格物致知（かくぶつちち）
　『大学《だいがく》』*の言葉の解釈に基づく学説。「八条目《はちじょうもく》*」の中で特に重視された二項目。朱熹《しゅき》*は、「格物」を「具体的な物事に即して道理を究明すること」、「致知」を「その道理に関する知識を十全なものにすること」と解釈した。そして、『礼記《らいき》』*大学篇にこの二項目に関する説明が見当たらないのは、伝承過程でそれが失われたからであると考え、『大学章句《だいがくしょうく》』の注釈の中で「補伝《ほでん》」（失われた説明の復元案）を示した。これは古の経典を捏造《ねつぞう》する所業であると後世非難されたが、朱子学の重要資料の一つである。そこでは「格物致知」の修養を続ければ、やがて「豁《かつ》然として貫通」する境地に至り、「衆物の表裏精《ひょうりせい》粗《そ》は到らざる無く、吾が心の全体大用《ぜんたいたいよう》*は明らかならざる無し」と記されている。なお明の王守仁《おうしゅじん》*（陽明《ようめい》）は、「格物」を「物事との関係を自《みずか》ら正すこと」、「致知」を

「自らが具有する先天的な道徳判断能力（＝良知）を発揮すること」と解釈し、朱熹の理解は自己自身の外に道理を追い求めるものであると批判した。

居敬窮理（きょけいきゅうり）

朱子学の中心的な学説。朱熹《しゅき》*の修養論における「車の両輪、鳥の両翼」。「窮理」は、『大学《だいがく》』*「八条目《はちじょうもく》*」の「格物《かくぶつ》*」と対《つい》をなし、「具体的な物事に即して道理を究明する」ことを意味する。この理知的な修養が朱子学において重要であることはいうまでもないが、現実の人間は、理知的にのみ生きているわけではない。欲望に引きずられ、なかなか自律的に生きることができないため、「居敬」という修養も必要になってくる。「居敬」は「持《じ》敬《けい》」「主敬《しゅけい》」ともいい、身心を慎み引き締めて、自己の統一性と自律性を最大限に高める修養法のことである。これは朱熹により「主一無適《しゅいつむてき》」（心を一つに集中して、あちこちに行かせない）と定義され、仏教の「禅定《ぜんじょう》」（心を統一する修行法）とは異なる「動も静も貫く」修養であることが強調された。明の王守仁《おうしゅじん》*（陽明《ようめい》）は、「居敬」を蛇足であると考えたが、それは「窮理」の修養に後から「居敬」を付け足すような論法を批判したものであり、「居敬」によって目指されていた自律的な境地それ自体を否定したわけではない。

事功学派（じこうがくは）

南宋の思想グループ。「南宋功利学派」とも呼ばれ、浙東《せっとう》地方（現在の浙江《せっこう》省）におこった。動機の純粋性を軽視し、政治的な有用性や成果ばかりを優先させる思想として、朱熹《しゅき》*に批判された。永康《えいこう》（金華《きんか》市）出身の陳《ちん》亮《りょう》（一一四三〜九四）および永嘉《えいか》（温州《おんしゅう》市）出身の陳傅《ちんふ》良《りょう》（一一三八〜一二〇三）と葉適《しょうてき》（一一五〇〜一二二三。「ようてき」ともいう）が中心人物であったため、「永康永嘉学派」と呼ばれることもある。なかでも陳亮は、朱熹と熱心に論争を交わした。「義*と利」「王道《おうどう》と覇道《はどう》*」とを明確に弁別し、前者のみを重んじる朱熹に対し、陳亮は義利王覇の併存を認め、漢や唐の君主が政治的な功績をあげたのには、いくばくかの道義が存していたからだと擁護した。朱熹により、事功学派は陸九淵《りくきゅうえん》*一派以上に有害な思想とみなされたが、後世には、規格外の英雄豪傑を評価する事功学派の視点に共感を示す人々もいた。

鵝湖の会（がこのかい）

南宋期に開催された学術シンポジウム。一一七五年（淳熙《じゅんき》二）、現在の江西省上饒《じょうじょう》市鉛山《えんざん》にあった鵝湖寺《がこじ》に、呂祖謙《りょそけん》*、陸九齢《りくきゅうれい》・陸九淵《りくきゅうえん》*兄弟や朱熹《しゅき》*らが集った。『近思録《きんしろく》』を共同編集し終えた朱熹・呂祖謙が訪ねた鵝湖寺に、陸氏兄弟が立ち寄ったことで実現したが、これは朱陸の学問の相違を調停しようとした呂祖謙の仲介によるものであった。当時、朱熹が四六歳、呂祖謙が四〇歳、陸九淵は三七歳。その場で陸九淵が呈した詩の文句「易簡《いかん》の工夫《くふう》は終《つい》に久大、支離の事業は竟《つい》に浮沈」はあまりにも有名である。これは「易簡」を旨とする自説とは異なり、朱熹の学問は主体性を喪失した「支離」（ばらばら）なものであると批判したものである。結局、両者の論戦は物別れに終わったものの、その後も交流が長く続けられた点からすれば、両者が互いを好敵手と認める機会になったことは確かである。なおこの会合が開かれた地には、後世、鵝湖書院《がこしょいん》が建てられ、今も保存されている。

鵝湖書院

慶元の党禁（けいげんのとうきん）

南宋の慶元年間（一一九五～一二〇〇）に発生した思想弾圧事件。「偽学《ぎがく》の禁」ともいう。事の発端は、宰相の趙汝愚《ちょうじょぐ》（?～一一九六）と協力して寧宗《ねいそう》（在位一一九四～一二二四）を擁立した韓侂冑《かんたくちゅう》（?～一二〇七）が、外戚の立場を利用して専横をきわめていったことにある。自己の扱いに不満を抱いていた韓侂冑は、趙汝愚のみならず趙汝愚が重んじていた朱熹《しゅき》*をも失脚させ、朱熹の思想を「偽学」（異端の学問）とみなし、その一派の学者たちを徹底的に排斥した。たとえば、朱熹の友人・門人の蔡元定《さいげんてい》（一一三五～九八）は道州《どうしゅう》（湖南省《こなん》）に流され、その地で亡くなった。朱熹は趙汝愚の無実を上奏しようとしたが、門人たちに諫《いさ》められ、占筮の結果「遯《とん》、家人に之《ゆ》く」という卦が出たため、自ら遯翁《とんおう》と号して官界から身を引くことにした。なお寧宗が没し理宗（在位一二二四～六四）の治世になると、朱熹一派は復権を遂げることとなる。

書院（しょいん）

宋以降発達した民間の教学施設。精舎《せいしゃ》ともいう。蔵《ぞう》書《しょ》・祭祀《さいし》*・講学《こうがく》が書院の三大機能であった。書院は時代や地域によってその役割が複雑であり、元と清ではほぼ官学（官立の学校）と同然であったが、宋と明では朱子学や陽明学の発展に種々の貢献をした。その際、特に重要なのが講学であった。講学の内容は時代や学派によって多様であったが、共通するのは、同志が集まり経典の解釈や思想上の重要な問題について講義や討論を行うことを通じて真の学問を探求した点である。講学は陽明学の影響により明末に空前の活況を呈する一方で、自由な議論が社会の不安定要因とみなされて官憲の弾圧を受けることになった。清になると書院の活動の細部にまで規制・監視が及び、大部分の書院は科挙*のための予備校と化した。清末の一九〇一年（光緒《こうしょ》二七）には西洋式教育を求める声に押され、書院は学堂《がくどう》（西洋式の学校）へと転換された。代表的な書院に、朱熹*が再建復興した白鹿洞書院《はくろくどうしょいん》、張栻*ら湖南学派の拠点となった岳《がく》麓書院《ろくしょいん》、東林学派*の拠点となった東林書院《とうりんしょいん》などがある。

陽明学の世界
〈人物〉

陳献章（ちんけんしょう）（一四二八～一五〇〇）

明代の思想家。字は公甫《こうほ》、号*は石斎《せきさい》・石翁《せきおう》、諡《おくりな》*は文《ぶん》恭《きょう》、白沙《はくさ》先生と呼ばれた。広東新会《かんとんしんかい》の人。一四四七年（正統《せいとう》一二）に科挙*の地方試験に合格。初め科挙の受験勉強に没頭するが、二七歳の時に呉与弼《ごよひつ》に従学して多くの収穫があってから寝食を忘れて読書に励んだ。ところがいくら努力しても「自己の心と理とがぴったりと合致しない」ことに苦悩した。そこで煩瑣な「窮理《きゅうり》*」の学問を捨てて、心の自然を得る修養を続けるうちに、聖人*となる工夫《くふう》は「静坐《せいざ》」にあることを確信し、「静中に道の端倪《いとぐち》を養い出す」という独自の修養法を確立した。また天地の本である道*は「虚」であり、「虚」なる道は我が心に内在するのであるから、道は自分で心に得るよりほかないと悟った。陳献章が打ち立てた「自得《じとく》」の学問は、「心学《しんがく》」の新たな方向性を切り開き、明代心学《しんがく》の先駆者とされる。その著作は『白沙子全集《はくさしぜんしゅう》』にまとめられている。なお明代心学を集大成した王守仁《おうしゅじん》*（陽明《ようめい》）は、陳献章の学問については何も言及していない。

湛若水（たんじゃくすい）（一四六六～一五六〇）

明代の思想家。字は元明《げんめい》・民沢《みんたく》、号*は甘泉《かんせん》、諡《おくりな》*は文《ぶん》簡《かん》。広東増城《かんとんぞうじょう》の人。一四九三年（弘治《こうち》六）に科挙*に落第。その翌年、湛若水は陳献章《ちんけんしょう》*に弟子入りし、六年間教えを受け、「随処《ずいしょ》に天理《てんり》を体認《たいにん》する」という修養方法を悟った。一五〇五年（弘治《こうち》一八）に科挙に合格し、その翌年、北京で王守仁《おうしゅじん》*（陽明《ようめい》）と出会った。「天理*」を「吾が心の本体の自然」と説いた湛若水は、王守仁と意気投合し、以降、盟友としてともに「心学《しんがく》」を提唱した。ただし「格物《かくぶつ》*」を「物の理に至る」と解釈するなど、朱子学の影響を脱し切れていない点を王守仁は厳しく批判している。一五四〇年（嘉靖《かせい》一九）に七五歳で退官すると、全国に四〇近くの書院*を建てて陳献章を祀り、九五歳で死去するまで旺盛に講学活動を行った。弟子は数千人に及び、「王湛の学」と併称されたが、その思想は「良知《りょうち》*」説に比べ、心学としての徹底を欠いたため、陽明学ほどの影響力を有するには至らなかった。主な著作に『聖学格物通《せいがくかくぶつつう》』『湛甘泉先生文集《たんかんせんせんせいぶんしゅう》』がある。

王守仁（おうしゅじん）（一四七二～一五二八）

明代の思想家。字は伯安《はくあん》、号*は陽明《ようめい》、諡《おくりな》*は文成《ぶんせい》。浙《せっ》江余姚《こうよよう》の人。陽明学の創始者。一四九九年（弘治《こうち》一二）に科挙*に合格。一五〇八年（正徳《せいとく》三）三七歳の時、宦《かん》官劉瑾《がんりゅうきん》の怒りにふれて貴州竜場《きしゅうりゅうじょう》の駅丞《えきじょう》（公文書伝達のための役場の長）に左遷された。辟遠の地で自己の価値観を根底からくつがえされる体験をへて、「心即理《しんそくり》*」を確信し、「知行合一《ちこうごういつ》*」説に到達した（竜場《りゅうじょう》の大悟《だいご》）。

こうして思索を深めていき、一五一八年（正徳一三）『古本大学《こほんだいがく》』*を刊行し、さらに『朱子晩年定論《しゅしばんねんていろん》』を編集して、朱子学と決別し、独自の思想を確立した。同時期に『伝習録《でんしゅうろく》』*も出版されている。その後、一五一九年（正徳一四）、寧王朱宸濠《ねいおうしゅしんごう》の反乱を鎮圧した頃から「致《ち》良知《りょうち》」*を語りはじめ、羅欽順《らきんじゅん》との論争をへた五〇歳の時に「致良知」説を定論として公然と提唱した。これ以降、銭徳洪《せんとくこう》・王畿《おうき》*等、門人が急速に増えていった。著作は『王文成公全書《おうぶんせいこうぜんしょ》』にまとめられており、最初の三巻が『伝習録』である。陽明学は、日本には江戸時代初期に伝わった。幕末維新期には多くの思想家に影響を与えており、明治時代以降も信奉者が輩出した。

王守仁（『王文成公全書』）

王艮（おうごん）（一四八三～一五四〇）
明代の思想家。初名は銀《ぎん》、字は汝止《じょし》、号*は心斎《しんさい》。泰《たい》州安豊場《しゅうあんほうじょう》（江蘇省）の人。もともと塩の製造販売を生業としていたが、独学で儒学を修めた。三〇代後半になって王守仁《おうしゅじん》*（陽明《ようめい》）と出会い、弟子となった。その出身地から「泰州《たいしゅう》学派」の祖とみなされ、また王畿《おうき》*とともに「二王」と並称されるなど、王守仁門下できわめて重要な位置を占めた。王守仁から外出先で何を見たかを問われ、「満街の人がみな聖人であることを見た」と応《こた》えた問答（『伝習録《でんしゅうろく》』*）は有名である。このような人間の本来性に対する信頼は、「人心は本《もと》より楽《たの》し。…楽《らく》はこれ学、学はこれ楽」と歌い上げる姿勢（「楽学歌《らくがくか》」）にもうかがえる。そのシンプルなメッセージは、下層階級の人々をも惹《ひ》きつけた。『大学《だいがく》』*の「格物《かくぶつ》*」について、「我が身を基準にして、天下国家のありかたを正す」という独特な解釈を施した（「淮南格物説《わいなんかくぶつせつ》」）。このように社会改革の志が高かった一方で、「明哲保身《めいてつほしん》」（『詩経』*の語。思慮深く生きて我が身を安らかに保つこと）を説く面も備えていた。

心斎園の王艮像（江蘇省塩城）

聶豹（じょうひょう）（一四八七〜一五六三）

明代の思想家。字は文蔚《ぶんい》、号*は双江《そうこう》、諡《おくりな》*は貞襄《ていじょう》。江西永豊《こうせいえいほう》の人。一五一七年（正徳《せいとく》一二）に科挙*に合格。一五二六年（嘉靖《かせい》五）に王守仁《おうしゅじん》*（陽明《ようめい》）と初めて会うが、弟子と称するに至らず、書簡で教えを受け、王守仁が死去した後に門人と称した。一五四七年（嘉靖二六）に権臣夏言《かげん》に憎まれて捕えられ、二年間の獄中生活を強いられる。ただ苛酷な中も閑静な境遇がその思索を深めさせ、「良知帰寂《りょうちききじゃく》」説を確立した。それによれば、「良知」とは「未発《みはつ》の中《ちゅう》」であり、「致良知《ちりょうち》*」とは「虚霊なる本体を充満する」こと、すなわち心が事物と接する前の「静寂」の状態において修養を加えることであった。そして「格物*」はその効験であるとする。その説は「未発」や「静」に偏り、「良知」説の特色を後退させ、朱子学に接近するものだと同門から厳しく批判された。一方、聶豹が否定したのは「現成《げんせい》」説であり、「知覚」を「良知」とみなす王畿《おうき》*の説を弁難している。主な著作に『困辨録《こんべんろく》』『双江聶先生文集《そうこうじょうせんせいぶんしゅう》』がある。

鄒守益（すうしゅえき）（一四九一〜一五六二）

明代の思想家。字は謙之《けんし》、号*は東廓《とうかく》、諡《おくりな》*は文荘《ぶんそう》。江西安福《こうせいあんぷく》の人。一五一一年（正徳《せいとく》六）の科挙*の試験に第三位の優秀な成績で合格。一五一九年（正徳一四）に王守仁《おうしゅじん》*（陽明《ようめい》）に初めて会い、「格物《かくぶつ》*」と「慎独《しんどく》」との関係について教えを受け、長年の疑問が氷解して弟子入りした。その伝記には、この時、王守仁は「良知《りょうち》」の学を授けたとある。一五二四年（嘉靖《かせい》三）、「大礼《たいれい》の議《ぎ》」で皇帝の怒りに触れ広徳州《こうとくしゅう》（安徽省《あんきしょう》）に左遷されると、復初書院《ふくしょしょいん》を建て、陽明学の研鑽に勉めた。やがて中央に復帰するも、一五四一年（嘉靖二〇）に職を奪われ、晩年は郷里の復古書院《ふっこしょいん》で講学活動に専念した。「四句教《しくきょう》」をめぐっては、心の本体を「至善無悪《しぜんむあく》」と理解し、「良知《りょうち》」を説く際には「心」よりもむしろ「性」に言及した。また「致良知《ちりょうち》*」の工夫としては、「戒慎恐懼《かいしんきょうく》」や「敬」を重んじた。王畿《おうき》*・聶豹《じょうひょう》*といった「良知」理解が両極の思想家に比べ、「良知」思想の根本的立場に留意しつつ師説を遵守する穏当な学風を堅持した。主な著作に『東廓鄒先生文集《とうかくすうせんせいぶんしゅう》』がある。

王畿（おうき）（一四九八～一五八三）

明代の思想家。字は汝中《じょちゅう》、号*は竜渓《りゅうけい》。浙江山陰《せっこうさんいん》の人。銭徳洪《せんとくこう》（一四九六～一五七四）とともに晩年の王守仁《おうしゅじん》*（陽明《ようめい》）に親しく接して教えを受け、「良知《りょうち》*」説の普及に重要な貢献をした。王守仁の喪が明けた一五三二年（嘉靖《かせい》一一）に科挙*に合格するが、官僚として過ごしたのは約一〇年であった。退官後は、四〇年余りにわたって各地で講学《こうがく》一筋の生涯を過ごした。王畿は、万人に「現成《げんせい》（生まれつき備わる）の良知《りょうち》」は「天則《てんそく》」（天*の法則）であって、「修証《しゅうしょう》」（修養や検証）を必要とせず「当下《とうか》」（そのまま）に完全であるという「良知現成《りょうちげんせい》」説を主張した。「四句教《しくきょう》」をめぐる王畿と銭徳洪の論争は有名（天泉橋問答*）。「良知」の「無*」的性格を強調して「本体即工夫」を説く王畿の思想は、頓悟《とんご》*を説く禅宗《ぜんしゅう》*だとする批判もあるが、「良知」説の特色は王畿によって鮮明となった。李贄《りし》*をはじめ王畿から深い影響を受けた思想家は多く、羅汝芳《らじょほう》*とともに「二渓」と並称される。日本陽明学の祖中江藤樹《なかえとうじゅ》も『王竜渓語録《おうりゅうけいごろく》』を読んで陽明学に目覚めたとされる。主な著作に『竜渓王先生全集《りゅうけいおうせんせいぜんしゅう》』『竜渓王先生会語《りゅうけいおうせんせいかいご》』がある。

羅洪先（らこうせん）（一五〇四～六四）

明代の思想家。字は達夫《たっぷ》、号*は念庵《ねんあん》、諡《おくりな》*は文恭《ぶんきょう》。江西吉水《こうせいきっすい》の人。一五二九年（嘉靖《かせい》八）に首席で科挙*に合格。一五歳の時、王守仁《おうしゅじん》*（陽明《ようめい》）への従学を望むが、父の許しが得られず断念し、私淑の徒として「良知《りょうち》*」の学を実践して晩年に弟子を称した。一五三九年（嘉靖一八）、南京で陽明門下の講学会に参加し、王畿《おうき》*の「良知現成《りょうちげんせい》」説に強い影響を受けた。翌年、皇帝の怒りに触れ、官職を剥奪されると、郷里の石蓮洞《せきれんどう》を拠点に講学に専念した。一五四七年（嘉靖二六）、逮捕された聶豹《じょうひょう》*を見送り、この頃から「帰寂《きじゃく》」説に強く惹かれはじめる。翌年、王畿と講学を行った際、「良知現成」や「当《とう》下聖人《かせいじん》」の主張に疑義を呈し、「収摂保聚《しゅうせつほしゅう》」（心を引き締め保つ）の工夫を強調するようになる。そしてその二年後に、聶豹の『困辨録《こんべんろく》』に序文を書き、「帰寂」説を支持する考えを明確にした。ただ最晩年には聶豹の「帰寂」説をも、心の内外動静を渾一とする立場から批判している。主な著作に『冬遊記《とうゆうき》』『念庵羅先生文集《ねんあんらせんせいぶんしゅう》』がある。

羅汝芳（らじょほう）（一五一五～八八）
明代の思想家。字は惟徳《いとく》、号*は近渓《きんけい》。江西南城《こうせいなんじょう》の人。一五五三年（嘉靖《かせい》三二）に科挙*に合格。明末の思想家には王艮《おうこん》*を祖とする泰州《たいしゅう》学派の系譜につらなる者が多いが、羅汝芳の与えた影響はとりわけ大きい。若い頃、科挙の受験勉強に没頭するうちに「心火」（心のいらだち）をひどく病むが、王艮の弟子顔鈞《がんきん》と出会い、人間の自然な欲望を無理に制御しようとするのをたしなめられて沈静化した。その思想に心酔した羅汝芳は、顔鈞が牢獄に入れられた時には、全資産を売り払って救出に奔走した。また羅汝芳は、王守仁《おうしゅじん》*（陽明《ようめい》）が説いた「不学不慮」の「良知《りょうち》*」を、人の本源的な心である「赤子《せきし》の心」で説明し、「赤子の心」に目覚めれば、誰でも直ちに聖人*になれるとする「当下《とうか》」思想を広めた。羅汝芳は弁舌に優れ、読書と無縁の庶民に対して孝《こう》*悌《てい》等の道徳や聖人の教えを平易に説いたり、「六諭《りくゆ》」（洪武帝の教育勅語）や「郷約《きょうやく》」（郷村の規約・道徳）を歌で覚えさせたりして、民衆教化に尽力した。自《みずか》らは著作をまとめていないが、『近渓子明道録《きんけいしめいどうろく》』などの語録を門人が出版している。

李贄（りし）（一五二七～一六〇二）
明代の思想家。号*は卓吾《たくご》・温陵居士《おんりょうこじ》。福建晋江《ふっけんしんこう》の人。一五五二年（嘉靖《かせい》三一）に科挙*の地方試験に合格。四四～五歳の時に南京で耿定向《こうていこう》の弟の耿定理《こうていり》や耿定向の弟子の焦竑《しょうこう》らと交流し、王畿《おうき》*・羅汝芳《らじょほう》*にも直接出会い、思想的に目覚めた。五四歳で職を辞して湖北黄安《こほくこうあん》に行き講学に専念するが、親友の耿定理の死後、耿定向と意見が合わず、麻城《まじょう》に移り芝仏院《しふついん》で剃髪出家した。麻城では公安派《こうあんは》の袁氏《えんし》三兄弟らと交流し旺盛な思想活動を行うが、官憲の告発を受け各地を転々とせざるを得なくなる。

一六〇二年（万暦《ばんれき》三〇）七六歳の時、「惑世誣民《わくせふみん》」の危険人物として逮捕され、北京の獄中で自殺した。聖人*や儒教の経典をはじめ、あらゆる伝統的権威を相対化し、既成の価値観に挑戦したその思想的立場は、「童心《どうしん》*」説に顕著に示されている。また「穿衣喫飯《せんいきっぱん》」（着ることと食べること）が人倫・物理であると主張して、人間の自然な欲望を離れて道*を説くのを否定した。主な著作に『焚書《ふんしょ》』『蔵書《ぞうしょ》』がある。日本の吉田松陰《よしだしょういん》は獄中で李贄の著作に強く心を打たれている。

劉宗周（りゅうそうしゅう）（一五七八～一六四五）
明末の思想家。字は起東《きとう》・啓棟《けいとう》・蕺山《しゅうざん》、号*は念台《ねんだい》。紹興府山陰《しょうこうふさんいん》（浙江《せっこう》省）の人。その思想は、「主敬《しゅけい》→慎独《しんどく》→誠意《せいい》」の順に「三変」したとされるが、人がいかに自律的かつ着実に善を実現できるかを追求し続けた点では一貫していた。「誠意」（『大学』*の語）に関し、朱熹《しゅき》*も王守仁《おうしゅじん》*（陽明《ようめい》）も「意」を「心の発する所」（発動した状態）と解釈したが、劉宗周は「意は心の存する所」（自律性を保った状態）と主張し、またその「意」を「慎独」（『大学』の語）の「独」と同義にとらえるなど、独自性を示した。晩年に、郷里で「証人社《しょうにんしゃ》」を結成し、講学活動に専念した。「証人」とは、「真に人たり得ているかを実証する」の意。主な著作に『人譜《じんぷ》』がある。これは道徳的自己点検簿ともいうべき内容であり、そこでは過失や悪行が形を成す前の心のあり方までもが凝視されていた。明朝崩壊の知らせを受け、絶食して最期を迎えた。朱子学・陽明学の時代の最後を飾るとともに、黄宗羲《こうそうぎ》*のような、清代初期に活躍した思想家たちを育成した点に功績があった。

〈文献〉

『伝習録』（でんしゅうろく）
陽明学の基本文献。全三巻。『王文成公全書《おうぶんせいこうぜんしょ》』の巻一～三に収録。上巻は、薛侃《せっかん》が王守仁《おうしゅじん》*（陽明《ようめい》）最初期の弟子徐愛《じょあい》が残した原『伝習録』に、陸澄《りくちょう》と自身の記録とを加えて一五一八年（正徳《せいとく》一三）に出版した。「心即《しんそく》理《り》*」「知行合一《ちこうごういつ》*」を竜場《りゅうじょう》（貴州《きしゅう》省）で大悟して間もない時期の王守仁の思想を知ることができる。中巻は、一五二四年（嘉靖《かせい》三）に南大吉《なんだいきつ》が刊行したものをのちに

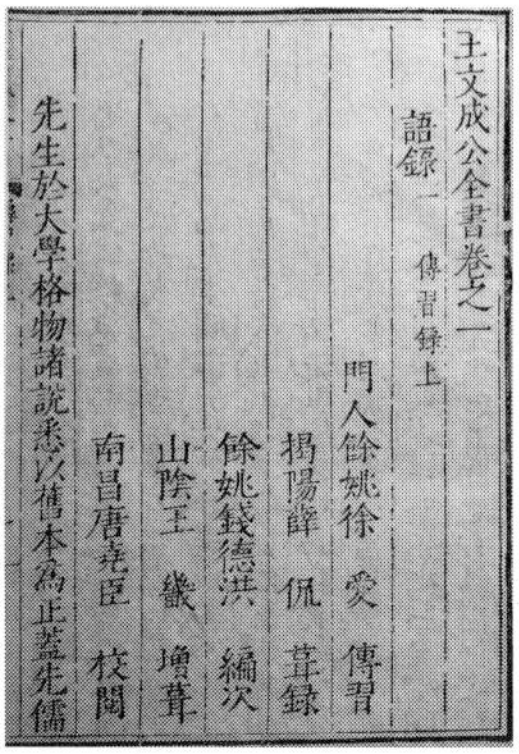
王文成公全書巻之一
語録一　傳習録上
門人餘姚徐　愛　傳習
揭陽薛　侃　葺録
餘姚銭徳洪　編次
山陰王　畿　増葺
南昌唐堯臣　校閲
先生於大學格物諸説悉以舊本為正蓋先儒

『伝習録』（『王文成公全書』）

銭徳洪《せんとくこう》が増補した。「抜本塞源論《ばっぽんそくげんろん》」（王守仁独自の万物一体論*）を説いた「顧東橋《ことうきょう》に答うるの書」をはじめ、欧《おう》陽徳《ようとく》、羅欽順《らきんじゅん》、聶豹《じょうひょう》*ら七名への書簡と二篇の文章を収録する。下巻は、陳九川《ちんきゅうせん》、銭徳洪ほか全五名の門人による記録。王守仁没後に銭徳洪が増補を重ねて一五五六年（嘉靖三五）に完成させた。「致良知《ちりょうち》*」説を確立して以降の最も充実した時期の語録であるため、古来、陽明学を学ぶには下巻から読むのがよいとされてきた。日本には江戸時代に伝わり、一六五〇年（慶安《けいあん》三）に和刻本*が出版されている。

『古本大学』（こほんだいがく）

王守仁《おうしゅじん》*（陽明《ようめい》）が真本とした『大学《だいがく》』*。内容は『礼記《らいき》』*大学篇と同じ。竜場《りゅうじょう》の大悟《たいご》から一〇年後の一五一八年（正徳《せいとく》一三）七月、王守仁は『古本大学』を刊行して「大学古本序《だいがくこほんじょ》」『古本大学傍釈《こほんだいがくぼうしゃく》』を執筆した。朱熹《しゅき》*の『大学章句《だいがくしょうく》』は、全体を「経」一章と「伝」一〇章に改編し、「親民」を「新民」に改めたり、自作の「格物補伝」を加えたりしている。一方、『古本大学』の特徴は、「格物致知《かくぶつちち》*」の伝を欠き、第一章（『大学章句』では「経」）の直後に「誠意」の解説が続くため、中心テーマが「格物」ではなく「誠意」である。王守仁が朱熹の「格物」説を否定し、「誠意」を『大学』の要《かなめ》と説き、「親民」の独自解釈を提示したのは、すべて『古本大学』に拠る。その『大学』解釈の精髄を銭徳洪が筆録したのが『大学問《だいがくもん》』である。王守仁が『古本大学』を顕彰してから『大学』のテキストをめぐる議論が盛んとなり、その状況下で豊坊《ほうぼう》が偽作した『石経大学《せきけいだいがく》』が万暦《ばんれき》年間（一五七三～一六二〇）に流行し多くの人が騙された。

『明儒学案』（みんじゅがくあん）

黄宗羲《こうそうぎ》*の著した明代儒学思想史。中国初の思想通史ともいわれる。一六七六年（康熙《こうき》一五）、黄宗羲六七歳の頃にほぼ完成した。明代儒学者を「崇仁《すうじん》学案」「姚江《ようこう》学案」というように、師承（地縁）関係を基軸にグループ分けし、系譜づけた。それぞれの「学案」には、師承関係表と思想家略伝、思想資料の摘録が載せられている。そこで描かれた構図は、陳献章《ちんけんしょう》*を源流とする明代儒学が、王守仁《おうしゅじん》*（陽明《ようめい》）において絶頂を迎え、その門下では、現在の江西《こうせい》省を拠点とした江右王門《こうゆうおうもん》（いわゆる王学右派《おうがくうは》）が最も優れているとするもので、その逆の王学左派《おうがくさは》と目される浙中王門《せっちゅうおうもん》や泰州《たいしゅう》学派は低い評価しか与えられず、李贄《りし》*に至っては採択すらされなかった。また黄宗羲自身がその流れを汲む「東林学案」「蕺山《しゅうざん》学案」によって思想史が締め括られている点にも特色がある。なお黄宗羲は『宋元学案《そうげんがくあん》』という宋・元代儒学思想史にも取り組んだが、完成を見ず、全祖望《ぜんそぼう》（一七〇〇〜五五）によって現在の形にまとめ上げられた。

〈事項〉

心即理（しんそくり）

陽明学の中心的な学説。「心即理」とは、現実に存在する人間の統一的主体である心に全幅の信頼を寄せ、心はそのままの状態で「天理《てんり》*」を実現しているという意味。南宋の陸九淵《りくきゅうえん》*が最初に提唱したが、自らの思想の根幹を「心即理」と自覚的に語ったのは王守仁《おうしゅじん》*（陽明《ようめい》）である。王守仁は、自己の心が物《こと》に在《あ》るのが「理」であり、自己の心が「父に事《つか》える」ということに在れば「孝*の理」が生まれ、「君に事える」ということに在れば「忠*の理」が生まれると説く。「心即理」とは、心がそのまま外的な「天理」に合致するというのではなく、心が行為の場に即して「理」を生み出すという意味であった。この「心即理」の思想は、最初は「知行合一《ちこうごういつ》*」説として示され、やがて「致良知《ちりょうち》*」説へと結実した。王守仁は、「吾が心の良知の天理を事事物物に致せば、事事物物はみなその理を得る」と述べ、「理」は吾が心の「良知」なのだから既成の「理」から完全に自由であるとする。このような心の本質を「無善無悪《むぜんむあく》」と表現した。

知行合一（ちこうごういつ）

　陽明学の中心的な学説。竜場《りゅうじょう》（貴州《きしゅう》省）で、「聖人*の道は吾が性に具足しており、かつて理を事物に求めたのは誤りであった」と悟った王守仁《おうしゅじん》*（陽明）は、「心即《しんそく》理《り》*」の立場から、「格物《かくぶつ》*」とは「物《こと》を格《ただ》す」（自己の心が意念として発動したのを正す）ことだという独自の解釈に到達した。朱熹《しゅき》*の「格物」解釈の誤りを確信した王守仁は、朱子学的「知先行後《ちせんこうご》」説を否定して「知行合《ちこうごう》一《いつ》」説を提唱した。好《よ》い色を見るのは「知」に属し、好い色を好《この》むのは「行」に属するが、好い色を見た時にはすでに好んでいるのであり、見終わった後に別な心（主体）が好むのではない。悪臭を嗅《か》ぐのは「知」に属し、悪臭を嫌うのは「行」に属するが、悪臭を嗅いだ時にはすでに嫌っているのであり、嗅ぎ終わった後に別な心が嫌うのではない。つまり自己の心において「知」と「行」とは分けられないと考えた。また「知行合一」を説く際に、「知行の本体」といっており、のちにこの「本体」を「良知《りょうち》*」と呼ぶようになる。

致良知（ちりょうち）

　陽明学の中心的な学説。「致良知」とは、『孟子《もうし》』の「良知」を『大学《だいがく》』*の「致知*」の「知」に相当させた表現であるが、王守仁《おうしゅじん》*（陽明《ようめい》）自身が「百死千難中より得た」というように、その思想はまったく独自のものである。王守仁によれば、「良知」とは、あらゆる外的な規範から完全に自由な、実存者の人格的統一主体である自己の「心」のことである。そして王守仁の考えでは「心《しん》即理《そくり》*」であるから「良知」は「理」にほかならない。「理」は「良知」として万人に生まれながらに備わって

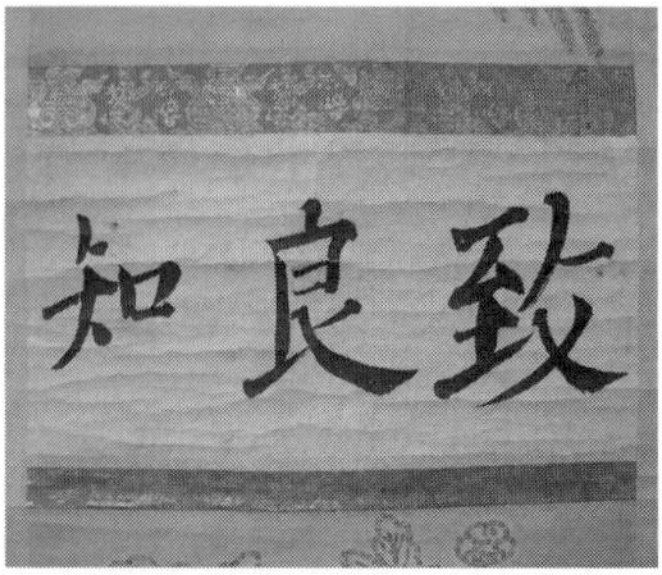

中江藤樹の書

おり、「工夫」は自己の「良知」を「致す」（十全に発揮する）ことにつきると考えた。「良知」の本質についての理解と「致良知」の工夫論とをめぐって、門人の中でも各人各様のとらえ方が生じて論争を招くが、「致良知」説の自由な教学意識が儒仏道三教の壁を取り払ったり、平易で簡便な教説が読書とは無縁の庶民を学問に目覚めさせたりしたことで、明末の思想界に空前の活況をもたらした。

天泉橋問答（てんせんきょうもんどう）

王守仁《おうしゅじん》*（陽明《ようめい》）の「四句教《しくきょう》」をめぐる論争。一五二七年（嘉靖《かせい》六）、王守仁が広西《こうせい》の思恩《しおん》・田州《でんしゅう》の乱の征討を命じられ出立する際、銭徳洪《せんとくこう》と王畿《おうき》*は、「良知《りょうち》*」の本質についての師の教説（「四句教《しくきょう》」）をめぐる理解の対立について判断をあおいだ。王守仁は二人を天泉橋《てんせんきょう》に連れだし、それぞれの主張を聞いた上で調停を行った。銭徳洪の考えでは、「善が無く悪が無いのが心の体、善が有り悪が有るのが意の動、善を知り悪を知るのが良知、善を為し悪を去るのが格物*」であるのに対し、王畿は、「心の体」が「無善無悪《むぜんむあく》」であれば、「意」「知」「物」もまた「無善無悪」のはずだと主張した。王守仁は、自分の教法には二種あり、銭徳洪の説は中級以下の者への教法で、王畿の説は上級者への教法だと述べるにとどまった。王守仁は出征先から生還できなかったため、この問題は王門の思想的命題として残され、明末の思想界において、本性論《ほんせいろん》や本体工夫論《ほんたいくふうろん》といった形で様々な論争を引き起こした。

童心（どうしん）

李贄《りし》*の中心的な学説。『焚書《ふんしょ》』によれば、「童心」とは「真心《しんしん》」、すなわち人間が生まれた当初の純粋に真なる心のこと。李贄は、人は年をとり知識が増えると道理にしばられて童心を失うが、童心を失ってしまえば直ちに真心を失い、真心を失ったら直ちに真人であることを失う。何をやってもすべて「仮《にせもの》」になり、立派な道学も仮道学に陥ると主張した。李贄が思想的に強い影響を受けた羅汝芳《らじょほう》*が説いた「赤子《せきし》の心」と「童心」は類似する語だが、前者が『孟子《もうし》』に典拠があるのに対し、後者は文字通りに童子の心という意味である。李贄独特の顛《てん》倒《とう》の発想により、旧来の思想家の手垢の付いていない語によって、人間の本来的な清浄心、根源的な生の道*を表そうとしたものである。「童心」説では、『西廂記《せいそうき》』や『水滸伝《すいこでん》』、科挙*の試験作文などを「古今の至文」と述べ、伝統的な文学観を覆す主張を行っており、真情の吐露を重視する公安派《こうあんは》の袁宗道《えんそうどう》・袁宏道《えんこうどう》・袁中道《えんちゅうどう》兄弟の「性霊説《せいれいせつ》」に影響を与えた。

東林学派（とうりんがくは）

明末の東林書院《とうりんしょいん》で活動した思想グループ。陽明後学《ようめいこうがく》による「無善無悪《むぜんむあく》」説の流行を学術の頽廃だと憂えた顧憲《こけん》成《せい》（一五五〇～一六一二）は、一六〇四年（万暦《ばんれき》三二）に高攀竜《こうはんりゅう》（一五六二～一六二六）らとともに江蘇《こうそ》無錫《むしゃく》にあった北宋の楊時《ようじ》*ゆかりの書院*を復興し、朱熹《しゅき》*の「白鹿洞書院学規《はくろくどうしょいんがくき》」を宗旨に据えて講学活動を行った。東林学派の思想的特徴は、性善《せいぜん》説*の立場を堅持する一方で、単に朱子学を墨守するのではなく陽明学の意義をも認めたところにある。それゆえ東林学派は「陽明学を通過した新朱子学派」とされることもある。黄宗羲《こうそうぎ》*の父黄尊素《こうそんそ》が東林学派と関係が深かったため、『明儒学《みんじゅがく》案《あん》』*には「東林《とうりん》学案」が設けられ一七人が立伝されている。ただし東林学派の範囲については諸説ある。東林書院の活動記録である『東林書院志《とうりんしょいんし》』は、明代の書院講学の具体的な様子を知る上で最適の資料の一つである。政治的な主張が反対派との熾烈な党争を引き起こしたため、政治結社（東林党《とうりんとう》）としての側面に注目が集まることも多い。

東林書院

コラム5　宋代の都市文化と現代の年中行事

宋代の都市文化を伝える資料に孟元老《もうげんろう》の『東京夢華録《とうけいむかろく》』と呉自牧《ごじぼく》の『夢粱録《むりょうろく》』がある。『東京夢華録』は、北宋の首都開封《かいほう》（河南《かなん》省）の繁盛記で、大運河沿いに位置する開封は、各地の物資が集まる商業の拠点として発展し、文化的な趣は古都洛陽《らくよう》に及ばないものの、人口一〇〇万の世界最大級の都市であった。著者は北宋末から南宋初めにかけての人で、金軍によって陥落した旧都の夢のような繁栄ぶりを記録にとどめた。書名の「東京」は開封の別称である。同書の前半は市内の様子や都市住民の習俗などを描き、後半はすべて宮中や民間の年中行事の紹介に当てている。一方、『夢粱録』は、南宋の首都杭州《こうしゅう》（浙江《せっこう》省）の繁盛記で、美しい西湖《せいこ》がある杭州は中国有数の景勝地であり、運河の終着点として経済的にも発展し、遷都後は開封をしのぐ賑わいとなった。著者は南宋末から元初にかけての人で、元軍に滅ぼされた旧都の栄華を追憶して記録した。書名は「黄粱《こうりょう》の夢」（人生は黄粱《おおあわ》が炊けるまでのわずかな時間に等しい儚いもの）という故事に由来する。同書は宮殿や役所、山水や人物、物産や風俗慣習などを幅広く取りあげ、なかでも年中行事の描写は全体の三分の一を占める。

両書にも紹介される古来の年中行事は、現在もなお伝統にのっとり、旧暦で実施されている。その一方で、クリスマスやバレンタインデーなど、海外の行事も積極的に取り入れ、さらにはこれを伝統行事と結びつけ、たとえば、旧暦七月七日の七夕節は牽牛《けんぎゅう》と織女《しょくじょ》にあやかって中国情人節（中国バレンタインデー）、旧暦一月一五日の元宵節は男女の密かな出会いの場でもあったことから隠形情人節（ステルスバレンタインデー）として盛り上がりを見せている。また三月八日の三八婦女節（国際婦人デー）などは、女性の人権を考えるという本来の趣旨から離れ、女王節または女神節と呼ばれ、働く女性を一律半休とし、女性限定のイベントやセールを開催して経済効果をあげている。商業イベントとの結びつきでいえば、一一月一一日の光棍節（独身者デー）は、中国最大手のECサイト阿里巴巴集団《アリババグループ》がこの日を「双十一」（中華民国の成立記念日の双十節にちなむ）と命名して一大セールを展開して以来、ネット上だけでなく、中国全土で「セールの日」として定着している。年中行事の中にも商魂逞しい活気あふれる中国人の姿が見受けられる。

第六章　明末清初から近代
――新中国への胎動――

本章では明末清初から清末に至る思想を扱う。清朝は時期的には日本の江戸時代とほぼ重なる。両者は事実上の鎖国政策をとり、安定した長期政権のもとで、独自の文化が花開いたことも共通する。しかし相違点もある。それは清朝が漢族から見れば異民族である満洲族による支配であったことである。漢民族王朝の明朝が倒れ、満洲族が中国全土を支配し、清を名乗った。中国東北部の「夷狄《いてき》」にすぎなかった満洲族が中華文明の担い手である中国皇帝の座についた。その後、満洲族は中国社会に溶けこむ中で、知識人による満洲族に対する批判に神経を尖らせ、文字の獄を引き起こした。また清朝は中国伝統学術や文化を顕彰し、漢籍の収集保存を奨励し、考証学の隆盛をもたらした。清末になると忘れられていた諸子学が発掘され、公羊学が流行し、経学の多様化と深化がもたらされた。今文と古文の争いは清末の知識人たちの思想的対立の背後に存在している。他方、満洲族の支配に対する不満が排満《はいまん》革命論を噴出させ、清朝支配を終焉に導いた。

明末清初

〈人物〉

黄宗羲（こうそうぎ）（一六一〇〜九五）

明末清初期の思想家。字は太沖《たいちゅう》、号*は南雷《なんらい》。梨洲《りしゅう》先生と呼ばれた。王守仁《おうしゅじん》*と同じ浙江余姚《よよう》の人。父、黄《こう》尊素《そんそ》（一五八五〜一六二六）は東林党《とうりんとう》*の主要人物で、宦官*魏忠賢《ぎちゅうけん》による弾圧で獄死した。父の名誉が回復された際には、獄卒らに復讐を遂げた。やがて明朝が倒れ清軍が侵攻すると、魯王の政権を支持し、一六四九年には援軍を求めて来日したとも伝えられる。反清運動から身を引いて後は、書院*での講学や講経会《こうけいかい》という名の読書会を通じて学問に専念し、明の遺老の立場を守った。思想的には劉宗周《りゅうそうしゅう》*に学び、陽明学を基本としつつ李贄《りし》*ら左派を排撃する師の立場を受け継いだ。その観点から学術史『明儒学案《みんじゅがくあん》』*を完成させ、『宋元学案《そうげんがくあん》』は未完で残されたが後人の手で整えられた。経学*や天文暦法*の研究もあるが、とりわけ明代を中心とする史学に関心が深く、『明史《みんし》』編纂には門人たちを通じて間接的に関与した。その他の主著として『明夷待訪録《めいいたいほうろく》』*がある。

黄宗羲（『清代学者象伝』）

方以智（ほういち）（一六一一〜七一）

明末清初期の思想家。字は密之《みっし》、自ら浮山愚者《ふざんぐしゃ》などと号す。出家後の法名は弘智《こうち》あるいは大智《だいち》で、無可《むか》、薬地《やくち》などの号*を用いた。安徽桐城《とうじょう》の名家の出身。科挙*の受験勉強会でありつつ事実上は東林党《とうりんとう》*の流れを汲む政治結社であった復社《ふくしゃ》に参加し、明朝最末期に進士《しんし》となった。明の崩壊後、清朝への出仕を拒否して出家、一六五三年に南京で禅僧覚浪道盛《かくろうどうせい》（一五九二〜一六五九）に入門する。江西の青原山浄居寺《せいげんさんじょうきょじ》に隠棲したが、広東での事件関与が疑われて逮捕され、護送中に病没。家学《かがく》である『周易』*研究を基礎に西洋科学をも受容し、「質測《しっそく》」（観測と分析に基づく自然科学的な方法）と「通幾《つうき》」（形而上的な兆しに通達する哲学的方法）との総合により世界の法則を探求しようとした。その学問のうち、著書『通《つう》雅《が》』『物理《ぶつり》小識《しょうしき》』、また方が序文を寄せた游芸《ゆうげい》『天経或《てんけいわく》問《もん》』などに見られる自然科学的側面は、日本にも影響するなど広く知られたが、『東西均《とうざいきん》』（「物のロクロ」を意味する）などの哲学的著作は二〇世紀半ばまで埋没していた。

顧炎武（こえんぶ）（一六一三〜八二）

明末清初期の学者。清朝考証学*の開祖と称される。初名は絳《こう》、明朝滅亡後に改名した。字は寧人《ねいじん》、号*は亭《てい》林《りん》、江蘇崑山《こんざん》の人。一七歳の時、科挙*受験生の結社、復社《ふくしゃ》に参加し、古学の復興と政治への実用を目指す理念から影響を受けた。明朝が倒れ一六四五年に清軍が江南に侵攻した際には抵抗運動に参加した。事破れてのち、地元での紛争により郷里を離れ、各地に歴遊しながら学問に打ち込んで名声を博したが、清朝には出仕しなかった。その研究の柱は地理と古音である。政治的実用を志向した『天下郡国利病書《てんかぐんこくりへいしょ》』などの地理書は未完に終わったが、精密な文献考証により古代の音韻体系を解明する『音学五書』は完成し、古音学はその後の考証学の重要テーマとなった。そのほかの著作に『日知録《にっちろく》』*『亭林文集』などがある。彼の学問観は、全祖望《ぜんそぼう》（一七〇五〜五五）が伝える「経学《けいがく》*が即ち理学である」との言葉に概括される。陽明学などの明末の理学を主観的な空談として批判し、着実な考証に立脚した経学によってこそ経世《けいせい》致用《ちよう》*が実現されると考えたのである。

顧炎武
（『清代学者象伝合集』）

王夫之（おうふうし）（一六一九〜九二）

明末清初期の思想家。字は而農《じのう》、号*は薑斎《きょうさい》。晩年に隠居した地名にちなみ「王船山《おうせんざん》」の呼び方でも知られる。湖南衡陽《こうよう》の人。科挙*で挙人《きょじん》資格を得るも明朝の崩壊に遭い、反清運動に参加、中国南西部の山間地帯に流亡し

王夫之（『船山全書』）

つつ著述を始める。その後、帰郷し講学と著述に専念して、清朝の命ずる辮髪《べんぱつ》に改めることなく生涯を終えた。膨大な著作を残したが、多くは稿本・写本のまま伝えられた。『周易外伝《しゅうえきがいでん》』『読四書大全説《どくししょたいぜんせつ》』『読通鑑論《どくつがんろん》』『張子《ちょうし》正蒙注《せいもうちゅう》』などが代表作。中国文化の精粋の解明を使命として自任し、張載《ちょうさい》＊の気＊の哲学をもとに朱子学の理気論＊を修正した世界観や、中華思想＊を基軸とした史論に特色がある。清末、曾国藩《そうこくはん》（一八一一～七二）らが地元の先人を顕彰する目的で『船山遺書《せんざんいしょ》』を刊行したことを契機にその思想が脚光を浴び、顧炎武《こえんぶ》＊、黄宗羲《こうそうぎ》＊とともに「清初の三大家」と称されるに至った。以後、民族主義や唯物主義などの様々な観点から思想解釈が試みられている。

呂留良（りょりゅうりょう）（一六二九～八三）
明末清初期の思想家。清朝に入って光輪《こうりん》と改名して後の字は用晦《ようかい》、号＊は晩村《ばんそん》、浙江崇徳《すうとく》（清代の県名は石門《せきもん》）の人。科挙＊受験答案の文体である八股文《はっこぶん》に習熟し、模範答案の批評・出版で名声を得たが、自身は清朝での生《せい》員《いん》資格を放棄し、人材招聘策にも応じなかった。出版活動としてはほかに『朱子遺書《しゅしいしょ》』などの朱熹《しゅき》＊の著作や、呉之振《ごししん》らと編集した『宋詩鈔《そうししょう》』が知られる。黄宗羲《こうそうぎ》＊とも交流があったがのちに絶交。思想的には教条的な朱子学の立場を取り、在野の張履祥《ちょうりしょう》（一六一一～七四）、官途にあった陸隴其《りくろうき》（一六三〇～九二）などの知友と同様の思想傾向を示す。一七二八年、呂の著作に含まれる中華思想＊や封建制＊復活論に心酔した曾静《そうせい》が反乱教唆事件を引き起こした。そのため、留良と長子・葆中《ほうちゅう》が墓を暴かれて遺骸を処刑されたのをはじめ呂氏一族と門人は厳しく処断され、呂の遺著は『大義覚迷録《たいぎかくめいろく》』＊など雍正帝《ようせいてい》による刊行物で激しい攻撃を加えられた。

梅文鼎（ばいぶんてい）（一六三三～一七二一）
清代初期の暦算学者。字は定九《ていきゅう》、号＊は勿庵《ぶつあん》。安徽宣《せん》城《じょう》の人。幼時に塾師から天文暦法*を学ぶ。仕官せず研究に没頭し、暦算学の専門家として名を知られた。一六七五年以後、漢訳西学書などをもとに西洋科学の研究を本格的に始める。『明史《みんし》』暦志《れきし》の編修などを通じて北京での交友も広がり、李光地《りこうち》*が梅の著書『暦学疑問《れきがくぎもん》』を上進したことから、一七〇五年には康熙帝《こうきてい》南巡時に引見の栄に浴した。孫の梅瑴成《ばいこくせい》（一六八一～一七六三）は『律暦淵源《りつれきえんげん》』*編纂の主要メンバー。文鼎は伝統数学の枠組みを駆使して三角法など西洋の理論を統一的に説明し、その達成は清代随一と評される。さらに数理の同一性への確信を背景に、中学も西学も堯*舜*時代の暦法という一つの淵源からそれぞれ進歩してきたとする西学中源説を展開し、その後の清朝考証学*の動向に大きな影響を与えた。なお、一七二三年刊の著作集『暦算全書《れきさんぜんしょ》』は一七二六年に日本に舶載され、日本での西洋数学受容に大きな役割を果した。

閻若璩（えんじゃくきょ）（一六三六～一七〇四）
清初の学者。字は百詩《ひゃくし》、号*は潜邱《せんきゅう》。本籍地によれば山西太原《たいげん》の人だが、閻家七代目の先祖が淮安《わいあん》（江蘇省）に移住して以来その地で塩商を営んでいた。幼時は吃音で、一五歳以後に学問的才能を開花させたが、科挙*には合格せず、一六七八年（康熙一七）には清朝による民間知識人登用策「博学鴻詞科《はくがくこうしか》」にも落第した。徐乾学《じょけんがく》（一六三一～九四）から『大清一統志《だいしんいっとうし》』編纂スタッフとして招かれ、そこで『禹貢錐指《うこうすいし》』の胡渭《こい》（一六三三～一七一四）や『読史方輿紀要《どくしほうよきよう》』の顧祖禹《こそう》（一六二四～八〇）といった地理考証に詳しい学者たちと交流を深めた。著書として、「古文尚書」の偽作を論証した『尚書古文疏証《しょうしょこぶんそしょう》』*、地理考証の書『四書釈地《ししょしゃくち》』六巻、読書ノート的短論文集『潜邱箚記《せんきゅうさっき》』六巻、王応麟《おうおうりん》*の主著『困学紀聞《こんがくきぶん》』への校注などがある。特に『尚書古文疏証』は、いわゆる「河図《かと》・洛書《らくしょ》*」の無根拠性を論じた胡渭『易図明弁《えきずめいべん》』と並び、清朝考証学*の「弁偽《べんぎ》」（偽作の弁別）の学風を決定づけたものと評価される。

李光地（りこうち）（一六四二～一七一八）
清代初期の政治家・朱子学者。字は晋卿《しんけい》、号*は厚庵《こうあん》、別号榕村《ようそん》、諡*は文貞。福建安渓《あんけい》の人。一六七〇年の科挙*で進士となる。朱子学者熊賜履《ゆうしり》（一六三五～一七〇九）に教育された康熙帝《こうきてい》（在位一六六一〜一七二二）のもとで、湯斌《とうひん》（一六二七〜八四）などと並び大臣級の道学官僚として活躍。同年進士の徐乾学《じょけんがく》との争いなどを通じて立てられた悪評は後世まで影響したが、巧みに政争を切り抜けて康熙帝の信任を得、文淵閣大学士に至った。李は康熙帝の朱子学尊崇を道統*・治統合一の再現と礼賛し、また『周易《しゅうえき》』*や暦数への数理科学的関心も康熙帝と共有した。こうした志向は李とその関係者らが関与した『周易折中《しゅうえきせっちゅう》』『性理精義《せいりせいぎ》』『朱子全書《しゅしぜんしょ》』『律暦淵源《りつれきえんげん》』*などの勅撰書に反映された。個人著作でも暦算学への関心が示されるほか、『大学《だいがく》』*は朱熹《しゅき》*に従わず古本《こほん》をよしとするなど、その学風は清朝考証学*とも共通点があるとされ、阮元《げんげん》*からは「一代の偉人」と評された。

〈文献〉

『明夷待訪録』（めいいたいほうろく）
黄宗羲《こうそうぎ》*の著書。一巻。一三項目二一篇の政治論からなる。明朝の命脈が絶えた一六六二年に着手、翌年自序。書名は『周易《しゅうえき》』*の「明夷《めいい》」(䷣)（資料編⑥参照）にちなみ、地下に隠れていた光明が地上に表れ出ようとする時に、治を実現する方策について明君からの諮問を待つ意。明朝が崩壊した原因を政治制度の疲弊に求め、政治本来の理念の想起と制度の抜本的改革を提言する。君主本来の役割を公共的利害に任ずるものとし、後世の君主の私欲追求を批判した「原君《げんくん》」の議論は有名。そのほか、士人を地域政治に参画させる構想などを含み、明末東林党*の政治思想の集大成とされる。清末の啓蒙思想家や革命家*は本書に『民約論』の民権思想を読み込み、黄は「中国のルソー」と呼ばれた。なお、本書は一六五三年に執筆した政論から一部だけを取り入れた。残りは『留書《りゅうしょ》』と題され、二〇世紀末編纂の黄の全集に、手写本文集から再発見された五篇を収録する。そこでは夷狄《いてき》を排撃する反清の姿勢が顕著である。

『日知録』（にっちろく）
顧炎武《こえんぶ》*の著書。個別の話題をめぐる短文が分類排列されており、抜き書きなどを記した読書ノート（箚記《さっき》）から出発して独創的立説へとまとめている。全体の執筆意図は経世致用《けいせいちよう》*にあり、歴代風俗をめぐる諸条（巻一三）などにその意識が端的に見える。顧の生前に八巻本が刊行され、没後の一六九五年に弟子潘耒《はんらい》が手稿を整理編集して三二巻本とした。その後、さらに『日知録之《にっちろくし》余《よ》』四巻が編集付録された。箚記を蓄積し、帰納的方法により個々の問題の研究を進めることは清朝考証学*の基本的態度であり、箚記体の著作がいくつも生み出されたが、学者たちが模範と仰いだのが本書であった。本書自体が多くの学者の研究対象となり、その成果は黄汝成《こうじょせい》『日知録集釈』（一八三四年）に集成されて、以後の本書の通行本となった。一九三三年に発見された雍正《ようせい》年間（一七二三～三五）の写本は、刊本が清朝を憚《はばか》って変改する以前の原文に近いものとされる。

『尚書古文疏証』（しょうしょこぶんそしょう）

閻若璩《えんじゃくきょ》*の著書。「古文尚書」二五篇が偽作であることを論証した。八巻全一二八条からなるが、巻三のすべてなど一七四五年の公刊時すでに欠落していた部分が多い。『尚書』*の通行本五八篇は、東晋の梅賾《ばいさく》が朝廷に献上した古文テキストに基づき、前漢の孔安国《こうあんこく》作とされる伝（注釈）を伴う（資料編②参照）。このうち、古文特有で今文《きんぶん》にない篇への疑念は、朱熹*などにより宋代以来表明されてきた。閻は、多くの論点につき徹底的な文献考証の手法を駆使し、二五篇とすべての伝が梅賾の偽作であると主張した。うち「大禹謨《だいうぼ》」篇の内容は、舜*から禹*に伝えられた心の教えとして朱子学・陽明学で尊重されていたため、本書が写本で出回ると大きな衝撃を与えた。毛奇齢《もうきれい》（一六二三～一七一六）が『古文尚書冤詞《こぶんしょうしょえんし》』で反駁したのをはじめ、経文《けいぶん》の排除には慎重な学者も多かった。しかし、やがて清朝考証学*では古文尚書偽作説が定説化し、本書はその先駆的な存在として高く評価された。

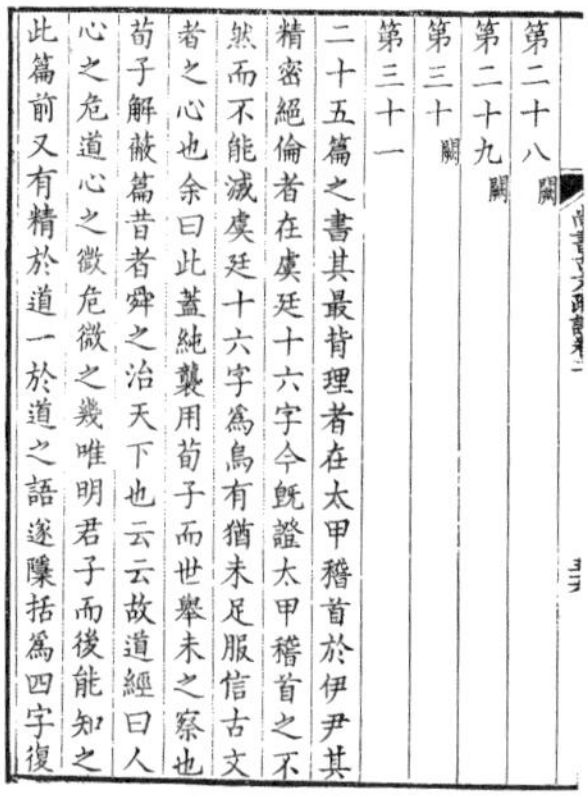
第二十八 闕
第二十九 闕
第三十 闕
第三十一
二十五篇之書其最背理者在太甲稽首於伊尹其
精密絕倫者在虞廷十六字今既證太甲稽首之不
然而不能滅虞廷十六字爲烏有猶未足服信古文
者之心也余曰此蓋純襲用荀子而世舉未之察也
荀子解蔽篇昔者舜之治天下也云云故道經曰人
心之危道心之微危微之幾唯明君子而後能知之
此篇前又有精於道一於道之語遂隱括爲四字復

『尚書古文疏証』（第31条〔「大禹謨」の十六字心伝は『荀子』から出ているとする〕。闕の条〔公刊時までに本文がすでに失われていた部分〕の存在も見える。）

『佩文韻府』（はいぶんいんぷ）

清代の韻書。『四庫全書《しこぜんしょ》』*では類書*に分類。康熙帝《こうきてい》による編纂事業の一つ。一七一一年（康熙五〇）に張玉書《ちょうぎょくしょ》らによって完成、その九年後に王掞《おうえん》らにより『韻府《いんぷ》拾遺《しゅうい》』が完成した。書名は康熙帝の書斎「佩文斎」にちなむ。韻書とは詩の押韻のための参考書。中国古典詩は、基本的には偶数句末に響きの同じ字を配して押韻する。作詩には、ある韻目に所属する字の全貌と、それぞれの字を末尾にもち詩語として使用可能な典拠ある熟語・成語を検索できると便利である。本書は一〇六の韻目で巻を分け、正編は、親字に反切《はんせつ》と語釈を与えた後、先行する『韻府群玉《いんぷぐんぎょく》』『五車韻瑞《ごしゃいんずい》』所収の語を「韻藻《いんそう》」、それ以外の語を「増」とし、それぞれ字数別に出典・用例とともに排列、平声《ひょうしょう》字の項目ではさらに対《つい》になる語の組み合わせ例、親字を韻字とする五言・七言の詩句を付する。たとえば杜甫《とほ》の五言律詩「春望」のように第二句末を「草木深」とした場合、「深《しん》」の韻目は下平声《かひょうしょう》十二侵《しん》韻で、『佩文韻府』巻二七に七〇字を載せる。このうち「金《きん》」字で押韻しようと調べれば、「黄金」以下、「萬金《ばんきん》」も含めて二～四字の多数の熟語・成語とその用例が確認できるわけである。本書をもとに『詩韻含英《しいんがんえい》』などの実用簡約版が作られたほか、用例付き大型辞書としても機能した。古典研究にとって参考価値が高く、初字から引ける索引本や電子テキストの登場により検索が容易になった。

『古今図書集成』（ここんとしょしゅうせい）

清朝のもとで編纂された類書*。一万巻。原型は、誠《せい》親王胤祉《しんのういんし》に仕えていた陳夢雷《ちんぼうらい》（一六五〇～一七四一）が一七〇一年から五年がかりで著した『彙編《いへん》』。康熙帝《こうきてい》の命で印刷が進められていたが、雍正帝《ようせいてい》即位ののち陳は辺境に追放され、蒋廷錫《しょうていしゃく》（一六六九～一七三二）らに重編が命じられて一七二六年に完成した。この時の原刊本は中国での銅活字印刷として空前絶後の規模となったが、活字はその後銅銭に改鋳された。全体は六彙編（暦象《れきしょう》、方輿《ほうよ》、明倫、博物、理学、経済）三二典六一〇九部に分類され、各部には、彙考、総論、図、表、列伝、芸文《げいもん》、選句、紀事、雑録、外編の諸項目が適宜置かれる。勅撰類書としては図版が格段に充実しており、資料引用においては出典を明示し系統性・完全性を重視する。資料探

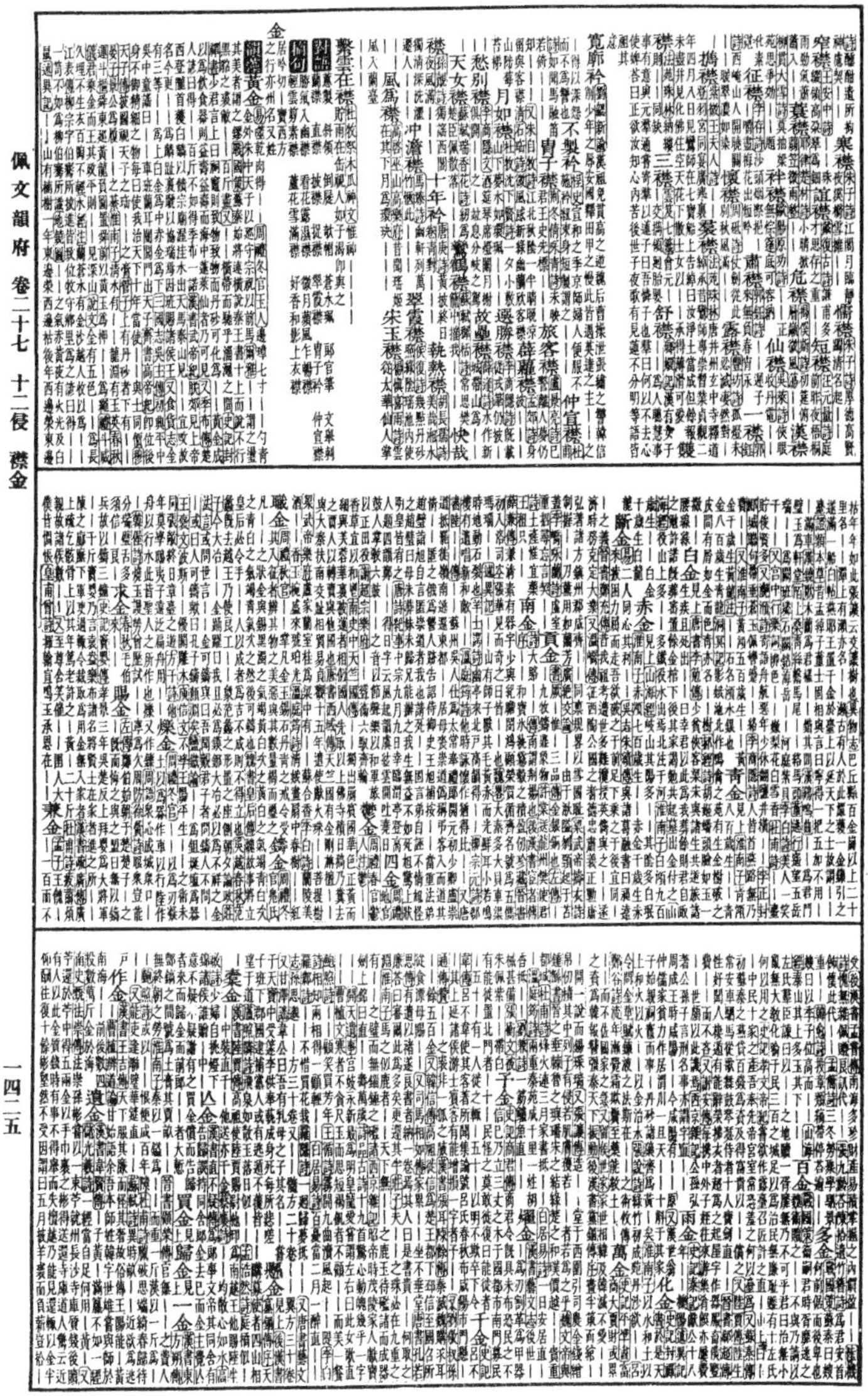

『佩文韻府』（「金」字の項。下段右寄りに「萬金」がある）

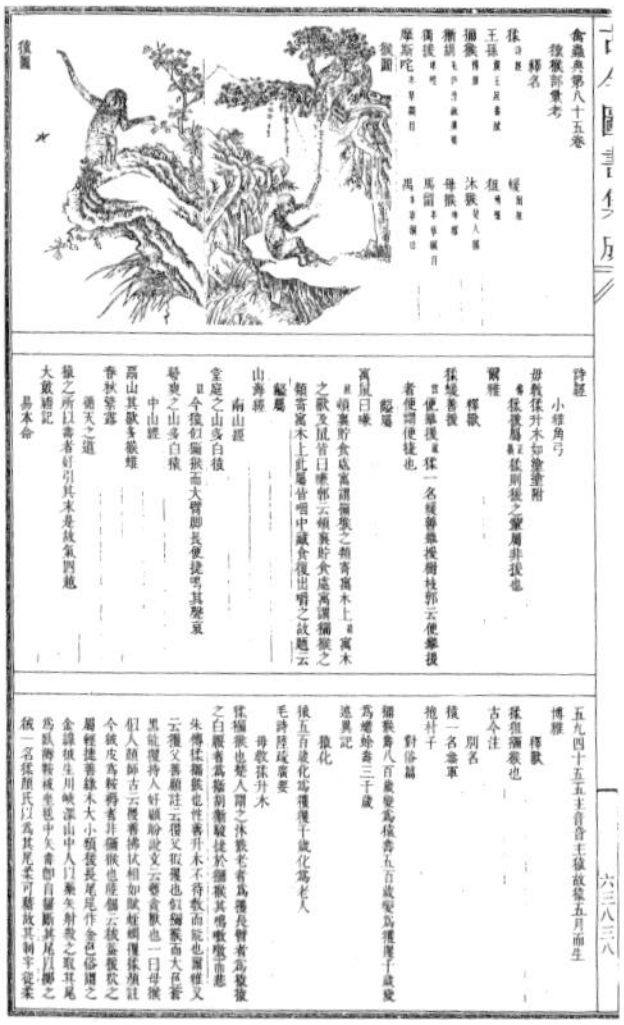

『古今図書集成』
（博物彙編禽虫典第85巻猿猴部冒頭）

索に便利であるため、普及版、影印本や索引が各種作られ、工具書として活用されてきた。北京愛如生数字化技術研究中心によりデータベースの商品化もなされている。

『律暦淵源』（りつれきえんげん）

清の康熙帝欽定《こうきていきんてい》の科学書。一〇〇巻。天文暦法*の書『暦象考成《れきしょうこうせい》』四二巻、音楽理論書『律呂正義《りつりょせいぎ》』五巻、数学書『数理精蘊《すうりせいうん》』五三巻の三部からなり、一七二四年（雍正二）に『御製《ぎょせい》律暦淵源』として合編刊行。『四庫全《しこぜん》書《しょ》』*には個別に収録されている（乾隆帝への避諱《ひき》*のため「暦」は「歴」と書かれる）。いずれも上編で基礎理論、下編で実用的側面を述べ、表や続編を加える構成で、西洋科学の成果を含む当時最高レベルの理論と知識を網羅している。その後、暦法については一七四二年（乾隆七）に『歴象考成後編』が作られ、ケプラーの天文体系を一部取り入れた。『律暦淵源』は高度な科学書でありつつ、その数理的基礎を術数*の根幹である河図《かと》・洛書《らくしょ》*に求め、西学中源説を採用して全体を無矛盾的に説明しようとする。康熙帝欽定で李光地《りこうち》*らが編集参加したことは『周易折中《しゅうえきせっちゅう》』や『性理精義《せいりせいぎ》』と同様であり、本書は彼らの信奉する朱子学の格物致知《かくぶつちち》*の一端に位置づけられた。

『大義覚迷録』（たいぎかくめいろく）

一七二九年に清の雍正帝《ようせいてい》（在位一七二二〜三五）勅撰として編集配布された書物。四巻。曾静《そうせい》（一六七九〜一七三六）という元生員《せいいん》が前年に引き起こした反乱教唆事件に関する皇帝の上諭、曾らへの尋問記録からなり、曾の「帰仁説《きじんせつ》」一篇を付録する。曾の逆書は雍正帝即位の正統性に及んでいたが、帝は争点を中華思想*の解釈とした。地域や血統を重視して夷狄《いてき》を禽獣に比し、満洲族への反逆を説く曾に対し、帝は中華かどうかは徳の有無によるとして、明末以来の混乱を平定し空前の版図を実現した清朝の正統性を主張した。そして曾が信奉した呂留良《りょりゅうりょう》*の思想を元凶として指弾、呂の遺族門人に波及する文字獄《もんじのごく》へと発展した。帝は一方で曾を赦免し、帝の説く大義により迷妄から覚醒した存在として政治的に利用しようとした。本書はその宣伝のため全国の役所や学校に配布されたが、次の乾隆帝《けんりゅうてい》は本書自体を危険視して禁書とし、曾静を処刑した。

〈事項〉

経世致用（けいせいちよう）

社会の安定的統治を目的とし、実用性を発揮すべきだという儒学の理念。「経世」も「致用」も古くから用いられる言葉で、儒学に本来あった考え方だが、その中でも特に、明末清初期に顕著になった学風を表現する標語として用いられる。明朝末期の社会は、きわめて不安定な状態にあると意識され、これに対処するために、実用的な方策や技術を「経世の実学」として重んじる学風が現れた。陳子龍《ちんしりゅう》（一六〇八～四七）らが編んだ『皇明経世文編《こうみんけいせいぶんぺん》』はその成果の一例である。やがて明朝が滅亡すると、その原因をめぐる反省意識から「経世致用の学」がいっそう深められ、黄宗羲《こうそうぎ》*、顧炎武《こえんぶ》*、王夫之《おうふうし》*らが政治制度や歴史解釈をめぐる考察を展開した。彼らに共通するのは、主観的な議論や科挙*の受験対策などに終始した明末の学問が空疎無用であったという批判である。彼らにとって文献研究は着実で有用な議論を保証する手段でもあったが、その後の清朝考証学*においては経世致用の意識は後退していった。

顔李学派（がんりがくは）

清初の顔元《がんげん》（一六三五～一七〇四）と李塨《りきょう》（一六五九～一七三三）の師弟に代表される学派。静坐・読書偏重の朱子学を批判し、六芸《りくげい》（礼*・楽《がく》・射・御《ぎょ》・書・数）の習行実践と社会的実用を目指す実学として特徴づけられる。ただし、日記による厳格な自己点検も二人の特徴である。二人はともに直隷（現在の河北省）の出身。顔元は「四存編《しそんへん》」と総称される著書において、悪を後天的要素とみなし欲望や功利を承認する人間観や復古的政治論など独特の思想を表明した。顔元自身は民間人にとどまり、影響範囲も限定的であったが、李塨は挙人《きょじん》の地位を得、毛奇齢《もうきれい》、閻若璩《えんじゃくきょ》*などの知識人と交友関係を結んで師説の顕彰に努めた。しかし、李は経学*の著作を多く著して主知主義的傾向を強め、政治論の復古的性格を緩和するなど、師の思想をより受け入れられやすく修正している。学派として注目を集めたのは清末以後であり、民国期には梁啓超《りょうけいちょう》*や胡適《こてき》*によりプラグマティズム的思想として再評価された。

典礼問題（てんれいもんだい）

カトリック布教の際に現地の宗教儀礼（典礼）をどの程度許容すべきかをめぐる論争。中国では主として儒教儀礼が問題となった。中国でカトリック布教を始めたイエズス会は、マテオ・リッチ（一五五二～一六一〇、中国名は利瑪竇《りまとう》）以来、天*や祖先や孔子*に対する祭祀*に中国人信者が参加することを許容し、それによって官僚・知識人層の支持や入信を得ていた。この方針にドミニコ会などが反対したことから教会内での論争に発展した。康熙帝《こうきてい》はイエズス会宣教師を重用していたが、一七〇四年、ローマ教皇庁は反現地化の方針を決定した。これに反発した康熙帝は一七一七年に禁教令を発布、次の雍正帝《ようせいてい》がこの禁令を厳格に実施して、宮廷のイエズス会士以外のあらゆる宣教活動が弾圧されるようになった。教皇庁の態度は、満洲国の宗教問題をめぐって一九三九年に変更され、やがて第二バチカン公会議（一九六二～六五）では現地化が全面的に公認されるに至った。

桐城派（とうじょうは）

清初の方苞《ほうほう》（一六六八～一七四九）を始祖とする文学流派。名称は、本派を代表する方苞、劉大櫆《りゅうだいかい》（一六九八～一七七九）、姚鼐《ようだい》（一七三一～一八一五）の三人がいずれも安徽桐城の人だったことから。方は古文の作法として「義法」すなわち宋学*的道義と質実典雅さを重んじ、劉は霊感・気分を伝達する表現技術を説いた。そして、姚は義理・考証・文章三者の不可欠性を主張し、弟子の教育や選本『古文辞類纂《こぶんじるいさん》』を通じて全国的な影響力を得た。姚の弟子方東樹《ほうとうじゅ》（一七七二～一八五一）は、戴震《たいしん》*や阮元《げんげん》*など清朝考証学*の主流が宋学の義理を否定していると見て『漢学商兌《かんがくしょうだ》』三巻を著し、漢学*と宋学の対立図式を描いた。清末の政治家曾国藩《そうこくはん》は桐城派中興の祖でもあり、姚の説いた三項目に「経済（経世済民）」を加えた。西洋書の翻訳者厳復《げんぷく》*も本派に連なる。しかし、民国期以後は守旧派のイメージが強まり、白話文を排撃した林紓《りんじょ》（一八五二～一九二四）も一派と目されたことから、新文化運動*で打倒対象とされた。

清代学術

〈人物〉

袁枚（えんばい）（一七一六～九七）

清代中期の文学者。浙江《せっこう》省銭塘《せんとう》県の人。字は子才、号*は簡斎・随園。一七三九年に会試に合格して進士となった後、県知事などを務めて治績をあげたが、その功績が評価されないため役人生活に見切りをつけ、一七五二年に父の喪に服するために退官した後は文筆業に転じ、名声を博した。袁枚の文学理論は、「性霊」すなわち人間が本来備えている性情を重んじることに特徴があり、詩論集『随園詩話』の中で展開され、『小倉山房詩集《しょうそうさんぼうししゅう》』の中で実践されている。個性尊重・欲望重視の立場は、旧来の知識人がほとんど行わなかったタイプの創作活動を行っていることにも現れており、料理研究書『随園食単』、怪談集『子不語』、女性の弟子の作品だけを集めた詩集『随園女弟子詩選』などを出版している。日常生活においても伝統的な規範意識から逸脱すると見られる行動が珍しくなかったので、同時代の知識人から批判されることが多かった。

袁枚（『清代学者象伝合集』）

王念孫（おうねんそん）（一七四四～一八三二）

清代中期の考証学者*。江蘇《こうそ》省高郵県の人。字は懐祖、号*は石臞《せきく》。一七七五年に会試に合格して進士となる。

王念孫
（『清代経学図鑑』）

政治面では、一七九九年、乾隆《けんりゅう》帝の寵臣にして朝廷内で比類ない権勢を誇っていた和珅《わしん》を弾劾し、失脚させたことで知られる。若い頃、父の安国が家庭教師として招いた戴震*の影響を受け、漢字の音と義との間に密接な関係があることを知る。中国近世の漢字音、すなわち近古音は、古典籍が著された時代の上古音と相当隔たっているので、当時の一部の学者と同様、上古音とその体系を解明することに力を注いだ。上古音を二一部に分ける音韻体系を構築することで、声同（字音が同一）・声近（字音が近似）の状況が明確になり、個々の漢字の本来の字音、およびその字音が備えている原義も明らかとなり、古典籍に対する合理性を備えた新解釈が多く打ち出された。『読書雑志』と『広雅疏証』は、その代表作である。息子の王引之《おういんし》も古典学者であり、父と同様の見解に立って『経義述聞《けいぎじゅつぶん》』『経伝釈詞』などを著している。

阮元（げんげん）（一七六四～一八四九）

清代中期の政治家・考証学者*。江蘇省儀徴県の人。字は伯元、号*は芸台《うんだい》など。一七八九年に会試に合格して進士となる。「一代名儒、三朝閣老、九省疆臣《きょうしん》」（学者として一つの時代を画し、大臣として乾隆・嘉慶・道光の三帝に仕え、地方官として九つの省を治めた）との評があるように、学者としても、政治家としても比類ない成功を収めた。伝統的な経学*・史学はもとより、天文・地理・金石の学に通じ、書画でも一家をなしていた。浙江省杭州に詁経精舎《こけいしょうじゃ》、広東省広州に学海堂と省の長官としての赴任先に書院*を設立し、実学重視の総合的な教育活動を展開した。自然科学も重視するカリキュラムや教学方法は、科挙*受験の専門学校と化していた観のある当時の教学機関とは一線を画していた。学者を保護・育成することに尽力し、彼らを組織した編纂事業を多数実行した。古典籍の訓詁*と清代の経説をそれぞれ集成した『経籍籑詁《けいせきせんこ》』一〇六巻と『皇清経解《こうせいけいかい》』*一四〇〇

阮元（『大雅芸台』）

巻を刊行したり、宋刊『十三経注疏』*に詳細な校訂を施した上で『校勘記』を付して四六〇巻本として出版したりするなど、現在でも利用価値の高い著作を残している。

崔述（さいじゅつ）（一七四〇～一八一六）

清代中期の思想家。直隷省大名府の人。字は武承、号*は東壁。一七六二年に郷試に合格して挙人となり県知事などの官職に就いたが、思うような政策を実行できないため、五年ほどで役人生活に見切りをつけて退官し、古史の研究に専念した。独創的なその学説は『考信録』の一書に結実しており、古の聖人*の事跡は、時間的な隔たりが少ない時期に書かれた経書、すなわち儒家の経典が最も信頼のおける情報を提供していると考え、経書によって経書の内容を理解する手法を徹底した。同時代の多くの学者が考証に利用する、経書に対する漢代の諸注釈や諸子百家の著作は、古の聖人との時間的距離が大きいため、疑わしい記述が多く混じっていると考えて、基本的に考証に用いなかった。在世時の交友がきわめて限られていたため、世に知られることは少なかったが、没後一世紀を経て、顧頡剛《こけつごう》（一八九三～一九八〇）に代表される「疑古派」から大きな評価を得た。崔述の疑古史観については、江戸時代の町人学者富永仲基（一七一五～四六）が唱えた加上説*との類似性が指摘されることがある。

章学誠（しょうがくせい）（一七三八～一八〇一）

清代中期の歴史学者。浙江《せっこう》省会稽《かいけい》県の人。字は実斎、号*は少巌。一七七八年に会試に合格して進士となったが、役人としての資質に欠けることを自覚していたので官職には就かず、学問に理解のある地方官のもとを渡り歩いて研究生活を続けた。各地の地方志編纂の実務に従事しながら、史書編纂の変遷、現状、そしてあるべき形を追究し、独自の史学理論を構築した。その思想の特徴は、経書すなわち儒家の経典よりも史書を重視すること

章学誠
（『清代経学図鑑』）

にある。代表作『文史通義』の中で示される「六経皆史」の見解は、経書も古の事柄を記した史書の一つにすぎないことの表明である。経書の価値を相対化する主張は、同時代の戴震*を念頭に置いたものと見られている。内藤湖南（一八六六～一九三四）は章学誠に「類いなき卓見」が備わっており、それは「あらゆる学問を方法論の原理から考える」点であると称賛し、中国の学者に先んじて年譜を作成している。

銭大昕（せんだいきん）（一七二八～一八〇四）

清代中期の政治家・考証学者*。字は暁徴《ぎょうちょう》、号*は辛楣《しんび》。江蘇省嘉定県の人。一七五四年に会試に合格して進士となり、『続文献通考《ぞくぶんけんつうこう》』『大清一統志』など朝廷内の編纂事業に従事した後、広東学政にまで昇進したが、五〇歳になる前に役人生活を辞し、以後は研究と教育に従事した。学問の広さと深さは、清代の考証学者の中でも第一級に位置し、経学*・史学はもとより、天文・音韻・訓詁*・金石などの諸分野に関して著述がある。『二十二史考異』は、正史の文字に関する考証であり、王鳴盛（一七二〇～九七）『十七史商権《しょうかく》』・趙翼（一七二七～一八一四）『廿二史劄記《さっき》』と並んで、清代史学を代表する三大名著と称される。『十駕斎養新録』は、長年にわたる読書の中で考察したことをまとめたノートであり創見に富む。各種の文章は『潜研堂文集《せんけんどうぶんじゅう》』に収録されている。自然科学にも造詣が深かったが、西洋の数学の優秀

銭大昕（『呉郡名賢図伝賛』）

さを認めて学ぶ江永《こうえい》（一六八一〜一七六二）に対しては批判的な見解を示している。

戴震（たいしん）（一七二四〜七七）

清代中期の考証学者*。字は東原、号*は杲渓《こうけい》。安徽省休寧県の人。一七六四年に郷試に合格して挙人となった後、会試を六回受けたが合格しなかった。『四庫全書』*の編纂事業が始まった時、地理、天文、数学方面の文献を扱える者がいなかったので、『句股《こうこ》割圜《かつえん》記《き》』を著すなどして自然科学者として知られていた戴震に白羽の矢が立ち、纂修官となった。その功績が評価され、科挙*試験を受けぬまま特別に進士となることを許されたが、程なくして病没した。「字によりて以てその詞に通じ、詞によりて以てその道に通ず」と述べ、小学*すなわち文字や言語の研究が義理すなわち経書に記されている聖人*の道*の理解につながる、という清朝考証学の理念を明示した。代表作の『孟子字義疏証』*はその理念の実践の書といえ、小学を土台に据えて、体系性・論証性を強く意識した議論を進め、孔子*・孟子*が説いた義理を考究する。朱熹*に対する批判者としても有名であり、朱子学の核心概念である天理*が人々の正当な欲望追求、ひいては生存の妨げになると見ていた。

戴震（『清代経学図鑑』）

段玉裁（だんぎょくさい）（一七三五〜一八一五）

清代中期の考証学者*。字は若膺《じゃくよう》、号*は懋堂《ぼうどう》。江蘇省金壇県の人。一七五九年に郷試に合格し挙人となる。京師で教職に就いている間に、戴震*に出会って師事することを許され、銭大昕《せんだいきん》*・邵晋涵《しょうしんかん》（一七四三〜九六）などの学者と知り合う。数か所で県知事をつとめて役人生活を終え、研究活動に専念する。最初の著作『六書音《りくしょおん》均表《いんひょう》』では、顧炎武*以来発展した音韻研究の成果を受け、古代音を一七部に分け、音と音の隔たりを勘案して漢字を配列し、解説する。該書の中で示される「同声は必ず同部」の見解は、畢生の大作『説文解字注』*に至るまでの自身の考証的な各種著作のみならず、阮元《げんげん》*が実施した宋本『十三経注疏』*刊行事業を監修する中で、編集分担者と協力して作成した『十三経注疏校勘記』においても活用されている。各種の文章は『経韵楼集《けいいんろうしゅう》』に収録されており、校勘学者顧広圻《こうこうき》（一七七〇～一八三九）と『礼記』*の文字をめぐって展開した有名な論争の手紙もその中に含まれている。

段玉裁
（『清代経学図鑑』）

皮錫瑞（ひしゃくずい）（一八五〇～一九〇八）
清末の思想家。字は鹿門《ろくもん》、また麓雲《ろくうん》。湖南省善化県の人。一八八二年に郷試に合格して挙人となるも、会試に三度落第した後は科挙*受験を断念し、湖南省桂陽県の龍潭《りゅうたん》書院、江西省南昌県の経訓《けいくん》学院において学問の講義を行う。公羊学《くようがく》*を信奉し変法改革を唱道する康有為*、廖平《りょうへい》、梁啓超*などと交友が深く、変法改革派が湖南省に設立した南学会に招かれて学長をつとめたが、急進的な改革には反対であった。戊戌《ぼじゅつ》変法*が失敗に終わると、南学会は解散させられ、挙人の身分を剥奪された。『経学歴史』『経学通論』をはじめ経学*に関する著書は多く、前者は通史の体裁を取った経学に関する中国最初の概説書であり、後者は経学上の重要問題を論じた研究書である。今古文論争*は清代後期に再び盛んとなったが、変法改革派に理論的根拠を提供した今文経のテキストや注釈書を重視したことは、清代における『尚書』*今文学を集大成したと評される『今文尚書考証』三〇巻を著した

皮錫瑞
（『清代経学図鑑』）

ことに現れている。著作に若干の偏向性は看取されるが、考証は着実で議論はおおむね穏当である。

〈文献〉

『淵鑑類函』（えんかんるいかん）

一七一〇年に刊行された類書*。四五〇巻。詩文を作るための参考に供するために作られた。康熙《こうき》帝の勅命を受けて編纂されたので、『御定《ぎょてい》淵鑑類函』とも称される。明代に兪安期《ゆあんき》によって編纂された『唐類函』の増補版と位置づけられ、同書が収録範囲に含めていない宋以降の文章を、明の嘉靖《かせい》年間のものまで収載する。全体は四五の部に分かれ、各部はそれぞれいくつかの目に分かれる。たとえば、最初の「天部」の下には、天、日、月、星以下、二一の目があり、各目の下に、それと関連する古典籍や詩文の一節が時代順に配列される。『唐類函』に収載されている文には「原」と標記し、増補した文には「増」と標記して、区別を明確にしている。日本国内では、故事の考証に便利な書物としてみなされ、たとえば博物学者の南方熊楠《みなかたくまぐす》は著作の中で本書をよく利用している。

『海国図志』（かいこくずし）

清の魏源《ぎげん》*が編纂した世界政治地理書。一八四一年に刊行された林則徐《りんそくじょ》『四洲志』を土台にして、各種史料を補い、一八四二年に初刻五〇巻本、四七年に増訂版六〇巻、五二年に定本一〇〇巻本をそれぞれ刊行した。『四洲志』は、ロンドンで一八三四年に出版されたヒュー・マレー『世界地理大全』を抄訳したものであり、『四洲志』の増補版といえる『海国図志』を魏源が編集したのは、アヘン戦争の敗北を経験した中国知識人の対外的危機意識の反映である。序の中で、「夷の長技を師《えびす》として以て夷を制す」と説かれているように、魏源は欧米を「夷」とさげすみながらも、科学技術の面で優れていることを認め、その長所を学ぼうとしている。世界各国、とりわけ欧米の歴史、政治制度、経済、軍事、科学技術、宗教、文化の理解に役立つ書物であったが、中国内ではあまり顧みられなかった。本書に関心を寄せたのはむしろ日本の知識人であり、開国派・攘夷派を問わず、幕末の志士にとって対外政治を考える上での必読書となり、

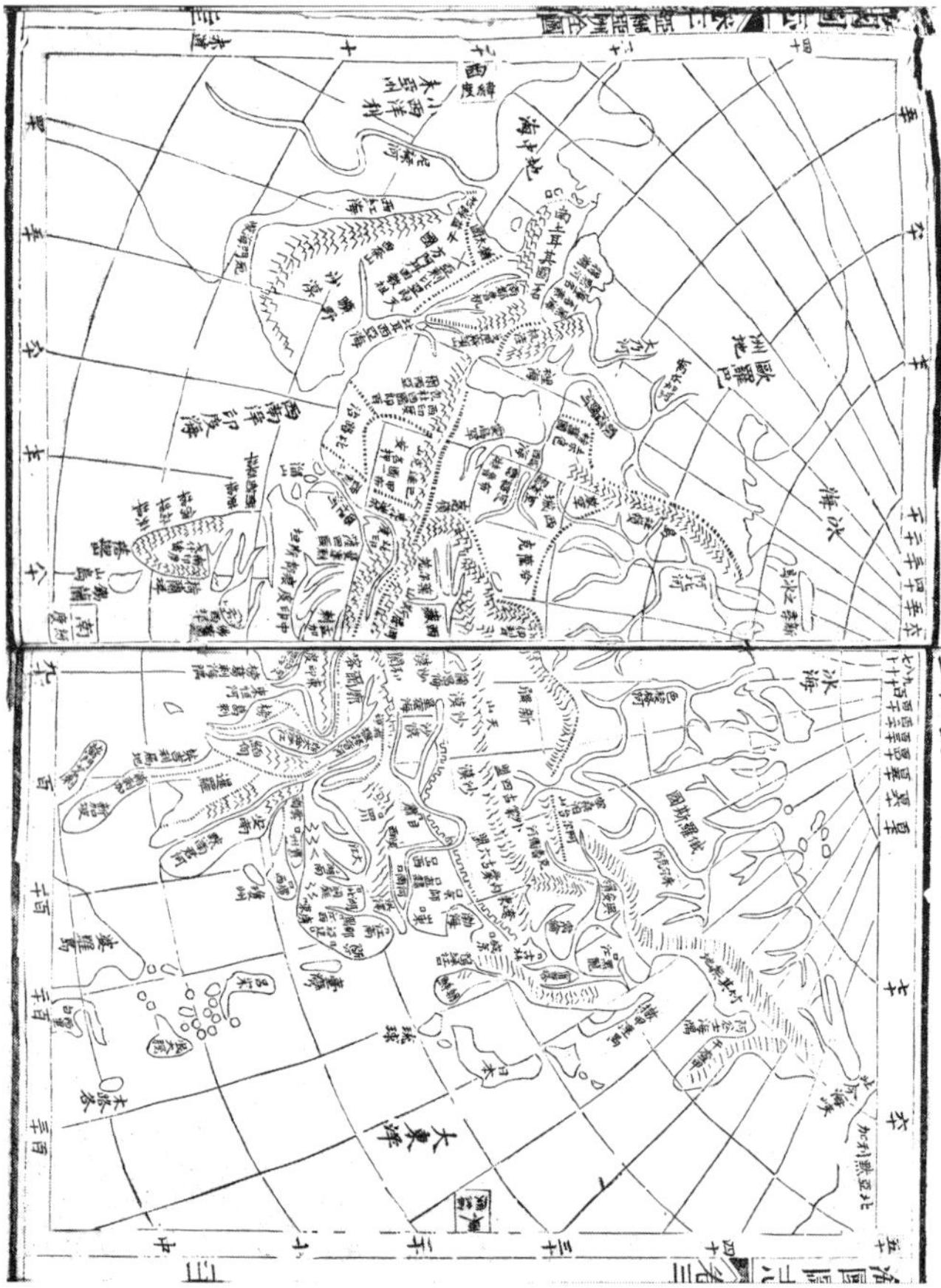

『海国図志』（アジア地図）（光緒6年本）

一八五一年に六〇巻本が流入すると数年の後に二〇種を超える和刻本*が出版された。

『皇清経解』（こうせいけいかい）

阮元《げんげん》*が編纂した経学*叢書。全一四〇〇巻。両広総督の時、広東省に開設した書院*「学海堂」において編集作業を行ったので、『学海堂経解』とも称する。清代の学者が儒家の経典に関して著した注釈や文章を集成したもの。当初の構想としては、経典の字句の下に、それに関わる記述を各家の著作から抜き出して並べる予定だったが、編集作業があまりにも繁雑になるので実現しなかった。結局、「諸経総義」「易経」「尚書」などの部の下に、関連著述を著者の年代順に並べる体裁に落ち着いた。単行の著作はそのまま収録するが、文集については経学に関わる部分のみを抜き出して載せている。本書の刊行後、王先謙（一八四二～一九一七）が同じ体例に即して続編を編集し、『皇清経解続編』一四三〇巻を刊行しており、儒家の経典に関する清朝考証学者*の注釈や学説は、二つの叢書を参照するとかなり網羅できる。『皇清経解』は、江戸時代後期の漢学に影響を及ぼしており、たとえば安井息軒は同叢書を購入して膨大な書き入れを行っており、それらは『毛詩輯疏《しゅうそ》』『論語輯説』『孟子定本』などの考証的な著作の材料になっている。

皇清經解卷一　學海堂
左傳杜解補正　崑山顧處士炎武著
北史言周樂遜著春秋序義通賈服說發杜氏違今杜氏單
行而賈服之書不傳矣吳之先達邵氏寶有左觿百五十餘
條又陸氏粲有左傳附注傅氏遜本之爲辨誤一書今多取
之參以鄙見名曰補正凡三卷若經文大義左氏不能盡得
而公穀得之公穀不能盡得而啖趙及宋儒得之者則別記
之於書而此不具也
隱元年莊公寤生驚姜氏　解寐寤而莊公已生恐無此事應
劭風俗通曰兒墮地能開目視者爲寤生
不如早爲之所　解使得其所宜改云言及今制之
皇清經解〈卷一　顧處士左傳杜解補正　一　庚申補刊

『皇清経解』（咸豊11年補刊）

『四庫全書』（しこぜんしょ）

清代乾隆《けんりゅう》帝の時に編纂された一大叢書。三四六一冊、七万九三〇九巻からなり、専従職員により書写された三五〇三種もの書物が収録されている。中国史上、最大規模といえるこの書籍編纂事業は、一七七三年に「四庫全書館」が設立されて始まり、九年後に完成した。編纂に動員された役人や学者は三六〇〇人を越え、書写に携わった人員は三八〇〇人に達する。書物が収録されるまでに、底本を定め、その底本と作成した鈔本との文字を照合して正しい文字を定める「校勘」のプロセスを経るので、事業が遂行される中で校勘学が発達・流行した。『四庫全書』の編纂は、満洲族王朝が漢族知識人を懐柔するための文化政策であったが、言論統制策という一面もあり、収録する書物を集める過程で、「文字獄」が盛んに起こされた。満洲族にとって支障のある文言を含んでいる書物や文書は摘発の対象となり、著者やその家族が死刑に処されることも珍しくなかった。

『四庫全書総目提要』（しこぜんしょそうもくていよう）

『四庫全書』*の解題目録。二〇〇巻。『四庫全書』編纂と同時に始まった編集作業は、同書が完成した一七八二年に終了した。『四庫全書』に収録されている書物（著録書）、および収録するまでもないが目録には留める価値があると認められる書物（未収書）に対して、著者の履歴、書物の内容や批評を記す。目録に掲載する書物は、伝統的な経・史・子・集の四部分類に従って配列されている。戴震*、邵晋涵《しょうしんかん》（一七四三〜九六）、周永年（一七

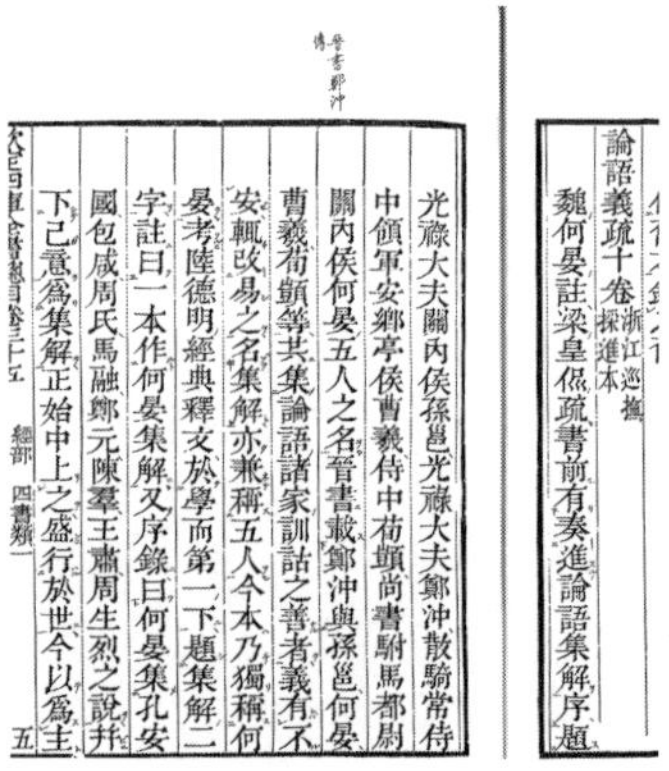
論語義疏十卷 浙江巡撫採進本
魏何晏註梁皇侃疏書前有奏進論語集解序題
光祿大夫關內侯孫邕光祿大夫鄭沖散騎常侍
中領軍安鄉亭侯曹羲侍中荀顗尚書駙馬都尉
關內侯何晏五人之名晉書載鄭沖與孫邕何晏
曹羲荀顗等共集論語諸家訓詁之善者義有不
安輒改易之名集解亦兼稱五人今本乃獨稱何
晏考陸德明經典釋文於學而第一下題集解二
字註曰一本作何晏集解又序錄曰何晏集孔安
國包咸周氏馬融鄭元陳羣王肅周生烈之說并
下己意爲集解正始中上之盛行於世今以爲主
晉書鄭沖傳
經部　四書類一　五

『四庫全書総目提要』（前川研堂旧蔵本）

三〇〜九一）ら当時の一流の学者が分纂官として目録作成に携わっているので、解題の学問的水準は高く、当該文献の学術的価値や問題点について調べる際に参照すべき資料とされる。注意すべきは、『四庫全書』所収各書の巻頭に記されている解題と『四庫全書総目提要』に収録されている解題との間に内容の違いが見られることである。この相違は、総纂官の紀昀《きいん》が後者に収録するに当たって修訂を加えたためだと考えられる。江戸幕府所蔵漢籍の目録『重訂御書籍《ごしょじゃく》目録』凡例の冒頭に、「その体例多くは乾隆四庫全書総目に拠れり」とあるように、該

目録の分類方式は日本の漢籍分類にも大きな影響を与えている。

『説文解字注』（せつもんかいじちゅう）
段玉裁*による『説文解字』の注釈書。三〇巻。一八一五年刊。『説文解字』は、後漢の許慎*によって編纂された現存最古の漢字字書であり、段玉裁の注釈書が代表的なものとみなされる。本注釈書の特色は、語釈を与える文字の古音と注釈の体例を明らかにする点にある。前者に関しては、「故訓と音声は相表裏《あいひょうり》す」、つまり漢字の九割方を占める形声文字の本義と字音とは密接に関連している、という考えに基づき、漢字の古音を一七の部に分けた上で、個々の形声文字がいずれの部に属するかを逐一明示する。後者に関しては、「凡云（凡そ……と云うは）」の形を用いて許慎の語釈の中で使われている定型表現を取り出し、その表現が意味する内容を解明することで、『説文解字』の体系的な理解を助けようとしている。博識が駆使された注解は参考になるが、時折、強引な解釈も見られる。批判・補正した書物に、馮桂芬《ふうけいふん》『説文解字段注考正』、王紹蘭『説文解字段注補訂』などがある。

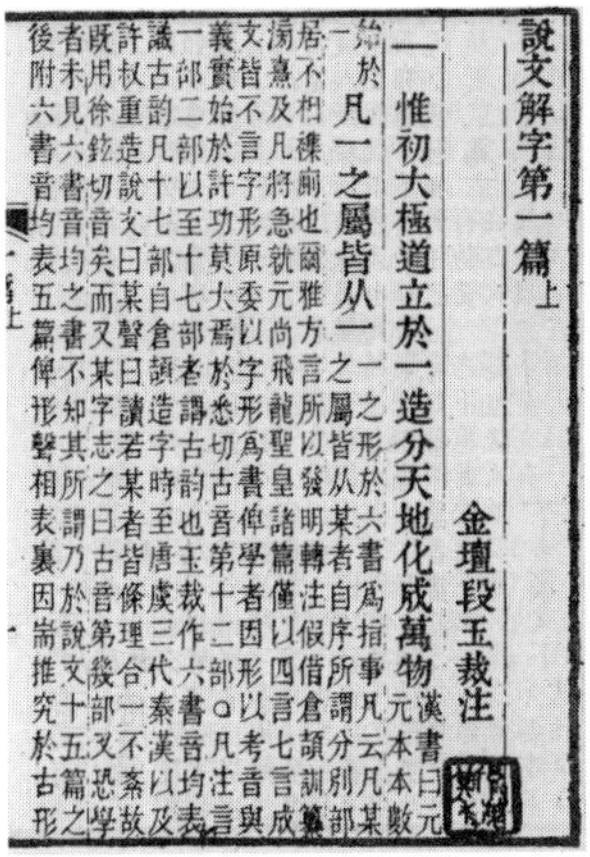
說文解字第一篇上
金壇段玉裁注
一　惟初大極道立於一造分天地化成萬物漢書曰元元本本數始於一
凡一之屬皆从一一之形於六書爲指事凡云凡某之屬皆从某者自序所謂分別部居不相襍廁也爾雅方言所以發明轉注假借倉頡訓纂滂熹及凡將急就元尚飛龍聖皇諸篇僅以四言七言成文皆不言字形原委以字形爲書俾學者因形以考音與義實始於許功莫大焉於悉切古音第十二部○凡注言一部二部以至十七部者謂古韵也玉裁作六書音均表識古韵凡十七部自倉頡造字時至唐虞三代秦漢以及許叔重造說文曰某聲曰讀若某者皆條理合一不紊故既用徐鉉切音矣而又某字志之曰古音第幾部又恐學者未見六書音均之書不知其所謂乃於說文十五篇之後附六書音均表五篇俾形聲相表裏因耑推究於古形

『説文解字注』

『疇人伝』（ちゅうじんでん）
阮元《げんげん》*が編纂した中国最初の自然科学者の伝記集。四六巻。一七九九年刊行。「疇人」は「同類の知識を備えた人」を意味し、この語が『史記』*暦書に初めて見えることを踏まえると、天文・暦法・数学など自然科学の知識を備えた人を指す。本書には、上古の羲和《ぎか》から清代の厲之鍔《れいしがく》に至る二四三名の中国の自然科学者に加え、古代アテナイのメトン（前五世紀）から、乾隆《けんりゅう》帝に仕えたイエズス会修道士ミシェル・ブノワ（一七一五〜七四）

に至る西洋の自然科学者三七名の伝記と業績が収録される。伝記の末尾には作成に用いた資料が注記され、重要な学者に対しては、「論に曰く」に続けて批評の語が加えられる。編集の実務作業を担ったのは、数学者として著名な李鋭《りえい》（一七六九～一八一七）である。本書刊行の後、羅士琳《らしりん》（一七八九～一八五三）によって四三名の伝記六巻分が増補され、一八四〇年に刊行された。その後、諸可宝《しょかほう》（一八四五～一九〇三）が『疇人伝』の体例に倣って清代の自然科学者一二八名の伝記を収めた『疇人伝三編』七巻を一八八六年に刊行している。

『孟子字義疏証』（もうしじぎそしょう）

戴震*が儒学の基本概念について論じた書物。書名に「孟子」を冠するのは、孔子*が明らかにした聖人*の道を、孟子*が最も良く理解し、誤った説を退けるのに力を尽くしたと考えるからである。書中では議論の対象とする理、天道、性などの術語や経書の中で使われる重要語に対して、古典籍の用例と語法を踏まえた厳密な定義と解釈を与えることで、議論の客観性・正当性を確保しようとしている。本書の目的は字義分析にはなく、それを土台にして性即理*などの朱子学を支える概念と理論を根底から突き崩すことにある。朱子学を攻撃するのは、社会的な影響力がきわめて大きいにもかかわらず、孔子・孟子の教えを曲解しているため、人々の考えや生活に深刻な害悪をもたらしている、と考えるからである。戴震が考証学*の方法を用いて哲学的な議論を展開する点に関して、明末に中国で布教したイエズス会士マテオ・リッチ（一五五二～一六一〇）が著したキリスト教の教理書『天主実義』の影響を認める研究者もいる。

〈事項〉

以礼代理（いれいだいり）（れいをもってりにかう）

清代に起こった礼*重視の思想的立場。朱子学が説く道徳規準としての理が民衆の欲望追求を過度に抑圧する方向に作用し、戴震*の言葉を借りれば、「理をもって人を殺す」（『孟子字義疏証』）事態に至っていた。そこで、理の代わりに社会の安定と民生の調和をもたらすものとして礼が注目されるようになり、清代中期には、儒家の経典に記されている古礼の制度の考証と聖人*が制度に込めた礼意の解明に力が注がれた。当時、礼の重要性を訴えた論者として、孫星衍《そんせいえん》（一七五三〜一八一八）・凌廷堪《りょうていかん》（一七五七〜一八〇九）・焦循《しょうじゅん》（一七六三〜一八二〇）・阮元《げんげん》*・許宗彦《きょそうげん》（一七六八〜一八一九）らがあげられるが、この中で、「以礼代理」を主張した点で有名なのは凌廷堪であり、「復礼」と題する文章の中では、孔子*が「つねに礼を言いて、いまだかつて一言も理に及ばざる」ことを指摘して礼重視の立場を鮮明にし、礼学者に反響を呼んだ議論を展開している。

漢学と宋学（かんがくとそうがく）

清代中期に起きた学派的対立。「漢学」は、当時の用法によると、考証学*と同義であり、考証学者たちの理念と方法論に基づく呼称である。理念についていうと、彼らは、「漢、古《いにしえ》を去ること遠からず」、すなわち漢は古の聖人*たちが生きていた時代から遠く隔たっていないので、純粋な教えが伝承されていた、と信じていた。方法論についていうと、古典籍に対する博識と小学*の知識を活かして考証を進めることに関して、鄭玄《じょうげん》*に代表される漢代の儒者が実践していた、と考えていた。もう一方の「宋学」は、南宋の朱熹*を代表とする「理学」もしくは朱子学と同義であり、性即理*を基本テーゼとする理気論*を根底にした学問を展開する。元以降の科挙*において、朱熹など宋儒の注釈が基本的な解釈とされていたので、朱子学が学界の主流に位置しつづけており、それに対して考証学者が漢学という旗印を立て、朱子学を宋学と称して攻撃を加えたことで争いが生じたのであるが、やがて双方の長所を活かす「漢宋兼採」と称される立場も出現するようになった。室町時代の抄物《しょうもの》に見える漢学と宋学の語は、日本の知識人による独自の呼称であり、この場合、漢学は漢代の学術のみを指している。

公羊学（くようがく）

『春秋公羊伝』*の解釈から発生した学問。漢代と清代に盛んに行われた。漢代の公羊学は、前漢の董仲舒*に始まり、後漢の何休*が『春秋公羊伝解詁』を著して「三科九旨」などの学説を整備したが、讖緯《しんい》説*が危険思想として排除される中で、讖緯的な要素を含む公羊学は衰退していった。清代中期に至って、常州の荘存与《そうそんよ》（一七一九～八八）が『公羊伝』研究の先鞭をつけ、その外孫の劉逢禄《りゅうほうろく》（一七七六～一八二九）が『公羊伝』の中で説かれている思想内容を三〇の条例に整理したことで、公羊学が再興された。魏源*は何休の「三世説」に基づいて進歩史観を表明して洋務運動*を推進した。康有為*は『公羊伝』こそが孔子*の微言大義を伝える書であるとみなし、「三世説」を理論的根拠として、社会を拠乱の世から升平の世へ、升平の世から太平の世へと導くための変法運動を展開した。

考証学（こうしょうがく）

文献の実証的な解釈を行う学問。考拠学とも呼ばれる。実証的な文献研究を行う考証学は、宋代以降、次第に高まりを見せるが、清代において顕著な発達を見せて清朝考証学と称されることが多いので、以下、これを説明する。清朝考証学は、文字・音韻・訓詁*・制度・音楽・地理・暦法などの諸学の成果を踏まえて、儒学の経典をはじめとする古代文献に対して、普遍性・論証性を意識した分析を加え、確固たる解釈を導き出そうとする学術的な営為である。顧炎武*が開祖、戴震*が完成者とみなされる。清代に考証学が発達したことについて、明末の空疎不学の風潮に対する反動、異民族王朝である清朝の言論統制策による知識人の政治的言論の自己規制、『四庫全書』*など清朝による大規模な学術事業の影響、朱子学の主知的要素の発展、など様々な理由が考えられているが、一つの理由だけで説明することはできない。近年は西洋学術からの影響にも目が向けられている。

通儒（つうじゅ）

博学にして道理に通じた儒者。劉師培《りゅうしばい》*が「論近世文学之変遷」の一文において「乾嘉《けんか》の際、通儒輩出す」と述べているように、考証学*の最盛期とされる乾隆《けんりゅう》・嘉《か》慶《けい》年間（一七三六～一八二〇）によく使われた言葉である。清代の考証学においては、単なる博学では不十分であり、個々の事象・現象を統一的に説明する「会通《かいつう》」が必要だと考えられていた。「会通」は『周易』*にも見えていて、古くから使われている語であるが、重要性が意識されるようになったのは、明末に西洋から自然科学に関する著作と技術が入ってきて、観測を通した法則の把握の必要性を知識人が痛感したからである。その結果、葛兆光《かつちょうこう》が「一八世紀末から一九世紀初めにかけて、『通例』の探求が人々の目を引く課題となった」（『中国思想史』）と概括する状況が出現し、古典籍の体例を解明する面で顕著な成果をあげた者は、「通儒」と賞賛された。たとえば、阮元《げんげん》*は、『周易』の変通の原理を明らかにした考証学者焦循《しょうじゅん》（一七六三～一八二〇）の伝記を書き、「通儒揚州焦君伝」と題している。

貞女論（ていじょろん）

女性の貞節をめぐる議論。宋代以降、三綱すなわち君臣・父子・夫婦の三つの関係において、前者に対する後者の従属度が高まり、女性に対して厳しい道徳的義務が課されるようになった。それに伴い、節義を護る女性に対して、未婚・既婚や生死の状況に応じて貞婦・貞女・烈婦・烈女の区分が設けられるようになり、女性の節義に関する言論が盛んとなった。北宋の程頤*の言葉「餓死などは大したことではなく、再婚によって節義を失うことの方がはるかに深刻だ（餓死事極小、失節事極大）」に南宋の朱熹*が賛同したことで、元以降、夫や婚約者を失った女性に対する風当たりは厳しくなっていく。貞女などを出した家を朝廷が表彰し、地方志に列女伝が立てられるようになると、自殺する女性が格段に多くなった。明末の帰有光《きゆうこう》（一五〇六～七一）が「貞女論」を著してこの風潮に対して警鐘を鳴らし、清代に入って一部の思想家が再婚を許容すべきことを主張するようになるが、反対運動にまで発展することはなかった。実際、清末の地方志にも列女伝が立てられていて、依然として多くの女性が名を連ねている。

幕府（ばくふ）

地方官が政務を執る役所。元来は、匈奴討伐に赴く武官が野外にテント（幕）で築いた役所（府）を意味していたが、後代、地方官が任地に構える役所を指すようになった。幕府で働くスタッフを幕友と称し、三年程度で異動する地方官によって雇われるので、幕府の機構は安定的ではなく人員の流動性が高かった。雇用は不安定だが経済的な待遇が比較的よいので、科挙*受験者が世俗的な生活を維持するために幕友になることが多く、学問好きな地方官の下には優秀な知識人が自然と集まった。そのため、幕府の中で多くの学術プロジェクトが実施され、とりわけ清代には、大型の書籍が幕府を通して続々と編集刊行された。秦蕙田《しんけいでん》（一七〇二～六四）、盧見曽《ろけんそう》（一六九〇～一七六八）、沈業富《しんぎょうふ》（一七三二～一八〇七）、畢沅《ひつげん》（一七三〇～九七）、翁方綱《おうほうこう》（一七三三～一八一八）、謝啓昆《しゃけいこん》（一七三七～一八〇二）の幕府は、その例としてあげられる。幕府制度を最も有効に学術活動に活用したといえるのは阮元*であり、『経籍纂詁《けいせきせんこ》』一〇六巻、『皇《こう》清経解《せいけいかい》』*一四〇〇巻、『道光広東通志』三三四巻を含む大部の著作を多数出版している。

清末以降

〈人物〉

魏源（ぎげん）（一七九四～一八五七）

清末の思想家、史学者、文学者。字は黙深《もくしん》。湖南邵《しょう》陽《よう》の人。道光《どうこう》年間の進士。劉逢禄《りゅうほうろく》の学統を受け継ぎ、龔《きょう》自珍《じちん》と同じく「経世致用《けいせいちよう》*」の今文学派《きんぶんがくは》に属する。経《けい》世学《せいがく》や有職故実《ゆうしょくこじつ》に詳しく史地学《しちがく》に通じる。林則徐《りんそくじょ》らの『四洲志《ししゅうし》』や中国内外の文献を精査して、海外事情を紹介する『海国図志《かいこくずし》』*一〇〇巻を完成させた。『海国図志』では「夷《い》の長技《ちょうぎ》に師《なら》い、夷《い》を制《せい》する」を主張し、軍事面、産業面などの改革を要求した。一八四一年にはアヘン戦争に従軍した。一八四二年に『聖武記《せいぶき》』を著し、清朝建国以来、道光年間に至る軍事史、軍事制度史を詳述した。晩年は官僚を辞め、著述に専念し、賀長齢《がちょうれい》の『皇朝経世文編《こうちょうけいせいぶんぺん》』の編纂に協力した。

魏源
（『清代経学図鑑』）

厳復（げんふく、げんぷく）（一八五四～一九二一）

清末民初の啓蒙思想家、翻訳家。字は又陵《ゆうりょう》、幾道《きどう》。福建侯官《ふっけんこうかん》の人。福州船政学堂《ふくしゅうせんせいがくどう》に入り、一八七七年にイギリスのグリニッジ海軍大学に留学、イギリスの政治や社会制度を観察する。一八七九年に帰国、福州船政学堂教習、北洋水師学堂総教習《ほくようすいしがくどうそうきょうしゅう》、京師大学堂《けいしだいがくどう》校長などをつとめる。一八九五年にハックスリーの『進化と倫理』を『天演論《てんえんろん》』*と題して訳述し、進化論を紹介し、一世を風靡した。また「世変《せへん》の亟《きょく》（はやさ）を論じる」「原強《げんきょう》（強について）」「救亡決論《きゅうぼうけつろん》」「辟韓《へきかん》（韓愈を駁する）」など一連の政論を発表し、封建的な伝統思想を攻撃し、民《みん》力《りょく》を鼓舞し、民智《みんち》を開き、民徳《みんとく》を新たにすることを目指し、変法《へんぽう》（改革）を行い、立憲君主政治の実行を唱えた。戊戌政変《ぼじゅつせいへん》*後は著述に専念し、一八九八年から一九一一年にかけて『原富《げんぷ》』（アダム・スミス『国富論』）、『法意《ほうい》』（モンテスキュー『法の精神』）、『群己権界論《ぐんきけんかいろん》』（ミル『自由論』）、『群学肄言《ぐんがくぎげん》』（ハーバード・スペンサー『社会学研究』）、『社会通詮《しゃかいつうせん》』（エドワード・ジェンクス『政治史学説』）などを刊行し、西洋の政治学、経済学、社会学、論理学などを紹介した。辛亥革命《しんがいかくめい》*後、思想は保守化したとされ、一九一三年に孔教会《こうきょうかい》、一九一五年に籌安会《ちゅうあんかい》の発起人に加わり袁世凱《えんせいがい》の復辟《ふくへき》（帝政復活）を支持した。

辜鴻銘（ここうめい）（一八五七〜一九二八）

清末民初の思想家、学者。鴻銘は字。名は湯生《とうせい》。号*は漢濱読易者《かんひんどくいしゃ》。福建同安《ふっけんどうあん》の人。マレーシア・ペナンに生まれ、幼くしてヨーロッパに渡り、西洋の数ヶ国語に通じる。エジンバラ大学で英文学、ライプチヒ大学で工学などを学び、帰国。その後、マレーシア植民地政府に通訳官としてつとめ、一八八五年に張之洞《ちょうしどう》の幕府*に入り、中国伝統学術の研究を深めるとともに英語で中国文化を紹介する著述活動を始める。清末において西洋と東洋双方の学術、文化、言語に通じた数少ない人物である。その後、南洋公学校長などの公職を経て、辛亥革命《しんがいかくめい》*後に北京大学校長蔡元培《さいげんばい》に招かれ、北京大学教授として英文学やラテン語を教える。孔子《こうし》教《きょう》を崇拝し、辮髪《べんぱつ》を垂らした奇人でもあった。一九二四〜二七年に日本の大東文《だいとうぶん》化協会《かきょうかい》の招きで来日、日本各地で講演活動を行った。

辜鴻銘（『晩清七百名人図鑑』）

著作に中国文化論である『中国人的精神』、清末の改革運動の内幕を解説した『中国牛津《ぎゅうしん》（オックスフォード）運動故事』などがあり、『論語』*『中庸《ちゅうよう》』*の英訳でも知られ、中国文化の西洋での普及に貢献した。

康有為（こうゆうい）（一八五八〜一九二七）

清末民初の学者、政治家、書家。原名は祖詒《そい》、字は広《こう》廈《か》、号*は長素《ちょうそ》。広東南海《かんとんなんかい》の人。幼時より中国伝統学術の研鑽を積み、朱次琦《しゅじき》らに師事し、今文《きんぶん》学に基づく独特の学風を形成した。一八九〇年に広州《こうしゅう》で万木草堂《ばんぼくそうどう》を開き、梁啓超《りょうけいちょう》*らを教育した。一八九一年、後漢以来の経学*はみな劉歆《りゅうきん》の偽作であるとした『新学偽経考《しんがくぎけいこう》』を刊行。一八九五年に科挙*に合格し進士《しんし》となり、工部主事《こうぶしゅじ》の職に就く。同年、北京での会試《かいし》受験で上京した際、「公車上書《こうしゃじょうしょ》」（公車とは会試受験生のこと）を発起し、下関条約への調印拒否と変法《へんぽう》を要求した。強学会《きょうがくかい》を組織し、変法を宣伝した。一八九七年に改革者としての孔子*を描いた『孔子改制考《こうしかいせいこう》』*を刊行。一八九八年に保国《ほこく》会《かい》を組織し、多くの上奏を光緒帝《こうちょてい》に対して行い、戊戌《ぼじゅつ》の変法*を推し進めた。戊戌の政変の前夜、上海から香港を経由して日本に亡命した。日本亡命後は保守化し、一八九九年に保皇会《ほこうかい》（のちに国民憲政会、帝国憲政会）を創立し、「虚君共和《きょくんきょうわ》」（名目的な君主をいただいた共和制）を主張したとされる。一九一三年に帰国、『不忍《ふじん》』雑誌を発刊し、孔教会《こうきょうかい》を組織し、孔教国教化を唱えた。

康有為（『晩清七百名人図鑑』）

孫文（そんぶん）（一八六六〜一九二五）

清末民初の革命家*、思想家。名は文《ぶん》、字は徳明《とくめい》、号*は逸仙《いっせん》。一八九七年、日本滞在中に中山樵《なかやましょう》と名乗ったことから孫中山《そんちゅうざん》という名で世に知られる。広東香山《かんとんこうざん》の人。一八九二年から香港西医《せいい》学院で医学を学ぶ。一八九四年にホノルルで興中会《こうちゅうかい》を結成した。一八九六年、ロ

孫文（『晩清七百名人図鑑』）

ンドンで清国公使館に幽閉されたが、このことは孫文の「革命家」としての世界的な知名度を高めることになった。一九〇五年に東京で革命諸団体を統合し中国同盟会を組織し総理に推される。この間、多くの反清起義《はんしんきぎ》を主導した。辛亥革命《しんがいかくめい》*後、中国に帰国し、中華民国臨時大総統に選ばれる。一九一二年、南北和議《なんぼくわぎ》成立後、大総統職を辞職し、中国同盟会を国民党に改組した。一九一三年に二次革命を失敗し、日本に亡命した。一九二五年、北伐《ほくばつ》中に逝去。孫文の主張は、民族主義、民権主義、民生主義からなる三民主義《さんみんしゅぎ》としてのちに整理されたが、中国同盟会時期からの一貫した彼の考えであった。孫文が革命拠点の一つとした日本との関係は深く、その様子は宮崎滔天《みやざきとうてん》『三十三年の夢』に描かれている。

章炳麟（しょうへいりん）（一八六九～一九三六）

清末民初の学者、思想家。名は学乗《がくじょう》、字は枚叔《ばいしゅく》、のちに炳麟《へいりん》。号*は太炎《たいえん》。浙江余杭《せっこうよこう》の人。兪樾《ゆえつ》に師事し経《けい》史《し》を修める。一八九五年、強学会《きょうがくかい》に参加、戊戌《ぼじゅつ》の政変*後、台湾に避難した。一九〇一年から蘇州《そしゅう》の東呉《とうご》大学で教えた。一九〇二年、東京で支那《しな》建国二四二周年記念会を開催する。一九〇三年に「康有為《こうゆうい》*を駁して革命を論じる書」を発表し、また鄒容《すうよう》の『革命軍』に寄せた序が清朝を侮辱したかどで投獄された（蘇報《そほう》事件）。一九〇四年に獄中で蔡元培《さいげんばい》らとともに光復会《こうふくかい》を結成した。一九〇六年出獄後、日本に再び亡命し、中国同盟会に加入して『民報《みんぽう》』で立憲派に対抗して論陣を張った。辛亥革《しんがいかく》命《めい》*後中国に帰国し、一九一二年東三省籌辺使《とうさんしょうちゅうへんし》をつとめ、一九一三年宋教仁《そうきょうじん》暗殺後、反袁世凱《えんせいがい》活動に加わった。章炳麟は幼少期から古文経学《こぶんけいがく》*の学問的な訓練を受け、それは康有為ら今文《きんぶん》派に対する厳しい批判につながっているが、その深い学識は当時、多くの人々の尊敬を集めた。晩年は蘇州で国学講習会を開くなど、音韻《おんいん》

章炳麟（『晩清七百名人図鑑』）

や小学《しょうがく》*の研究に没頭した。

梁啓超（りょうけいちょう）（一八七三～一九二九）

清末民初の学者、政治家、政論家。字は卓如《たくじょ》、号*は任公《じんこう》、別名は飲冰室主人《いんぴょうしつしゅじん》。広東新会《かんとんしんかい》の人。一八八九年挙人《きょじん》、一八九〇年より康有為《こうゆうい》*に師事。一八九五年に公《こう》車上書《しゃじょうしょ》、強学会《きょうがくかい》に参加、『時務報《じむほう》』編集に携わる。戊《ぼ》戌《じゅつ》の政変*後に日本に亡命。『清議報《せいぎほう》』『新民叢報《しんみんそうほう》』を発刊し、活発な言論活動を行った。『新民叢報』に連載した「新民説*」では中国人の国民性改造を唱えた。西洋学術や思想を明治日本の書籍に依拠しながら（日本における「西学《せいがく》」という意味で「東学《とうがく》」といわれる）、「新民《しんみん》体《たい》」と称された平易な文体で積極的に紹介した。政治思想の面では『民報《みんぽう》』に拠る革命派との論戦を行い、立憲制を主張した。その後、政治団体である政聞社《せいぶんしゃ》を発起するなど清末立憲運動の重要人物と目される。辛亥革命《しんがいかくめい》*後の一九一二年に中国に帰国、一九一三年に進歩党理事、熊《ゆう》希《き》齢《れい》内閣の司法総長をつとめた。晩年は中国学術の研究に専念し、『清代学術概論』（一九二一年）などを著した。

梁啓超（『晩清七百名人図鑑』）

陳独秀（ちんどくしゅう）（一八七九～一九四二）

清末民初の思想家、中国共産党の初期の指導者。原名は乾生《けんせい》、字は仲甫《ちゅうほ》、号*は実庵《じつあん》。安徽懐寧《あんきあいねい》（現在の安慶《あんけい》）

の人。日本に留学し、辛亥革命《しんがいかくめい》*後は安徽都督府《あんきととくふ》秘書長をつとめ、一九一三年に反袁《えん》闘争に関わる。日本亡命後、一九一五年に上海に戻り、『青年』雑誌を創刊した（一九一六年に『新青年』と改名、新文化運動*を象徴する雑誌となる）。一九一七年に北京大学文科学長となる。北京大学を拠点に民主（デモクラシー）と科学（サイエンス）を標榜する新文化運動をリードした。一九一九年以降はマルクス主義*に傾倒し、李大釗《りたいしょう》*らとともにマルクス主義の宣伝活動を行った。一九二〇年二月には上海に南下し建党活動に従事し、中国共産党創立メンバーの一人となる。一九二一年、中国共産党第一回党大会で中央局書記になって以降、中国共産党内で指導的な立場を担った。その後、右傾投降《うけいとうこう》主義の誤りを犯したとされ、一九二九年に中国共産党を除名された。一九三二年には国民党によって逮捕、三七年に出獄し、四二年に四川《しせん》にて病死。

劉師培（りゅうしばい）（一八八四～一九一九）

清末民初の思想家、学者。別名は光漢《こうかん》、字は申叔《しんしゅく》、号*は左庵《さあん》。江蘇儀徴《こうそぎちょう》の人。一九〇二年挙人《きょじん》。一九〇三年に上海で愛国学社《あいこくがくしゃ》に加わり、漢光《かんこう》と改名、革命*に加わる。同年、『中国民族誌』『攘書《じょうしょ》』などを刊行。一九〇四年『警鐘日報《けいしょうにっぽう》』主筆。一九〇五年光復会《こうふくかい》に加入、一九〇七年に日本に渡り同盟会に加入した。張継《ちょうけい》らと社会主義講習会を組織し、また『天義報《てんぎほう》』『衡報《こうほう》』を創刊し、無政府主義を宣伝し、民族革命に反対した。一九〇八年、変節したとされ、両江総督《りょうこうそうとく》の端方《たんほう》の幕府*に入り、四川鉄路《しせんてつろ》運動を弾圧し、一方四川国学院で講学した。一九一五年に籌安会《ちゅうあんかい》に参加し、袁世凱《えんせいがい》の帝政復活を擁護した。一九一七年に蔡元培《さいげんばい》に招かれ北京大学教授となる。一九一九年に『国故《こっこ》月刊』を編集し、新文化運動*を進める『新青年』に対抗した。経学《けいがく》*、小学《しょうがく》*、漢魏《かんぎ》詩《し》などに優れた研究、著述が多い。『民約精義《みんやくせいぎ》』（一九〇四年）は中国伝統思想の中に社会契約論を見出したユニークな著作。

李大釗（りたいしょう）（一八八九～一九二七）

清末民初の思想家、中国共産党初期の指導者。原名は耆年《きねん》、字は寿昌《じゅしょう》、のちに大釗《たいしょう》と改名、字は守常《しゅじょう》。直隷《ちょくれい》楽亭《がくてい》（現在の河北省唐山市《かほくしょうとうざんし》）の人。一九一三年、袁世凱《えんせいがい》の創立した天津の北洋《ほくよう》法政学校を卒業後、一九一四年渡日。早稲田大学に学び、反袁《えん》闘争に従事したとされる。一九一六年に中国に帰国、『晨鐘報《しんしょうほう》』『甲寅《こういん》』などの政論誌の編集に携わり、新文化運動*に乗り出す。一九一八年に北京大学教授、図書館主任、『新青年』の編集に携わる。一九一七年のロシア十月革命後、「庶民の勝利」などを発表、欧州情勢の情報収集につとめた。中国におけるマルクス主義*紹介の第一人者であり、「私のマルクス主義観」などの一連の論文を発表した。胡適《こてき》*と「問題と主義」論戦を行い、中国はマルクス主義の路線を歩むべきであるとする「主義」の立場を鮮明にした。一九二〇年に入り陳独秀《ちんどくしゅう》*らと中国共産党の組織作りに着手し、同年三月に北京大学マルクス学説研究会を組織、北京での共産党活動に従事。一九二二年には国共合作を推し進めた。一九二七年に奉系《ほうけい》軍閥によって逮捕され刑死。

胡適（こてき、こせき）（一八九一～一九六二）
　清末民初の文学者、思想家。原名は洪騂《こうせい》、嗣穈《しび》、字は希疆《ききょう》。のちに名を適《てき》、字を適之《てきし》。安徽績渓《あんきせきけい》の人。中国公学に学び、厳復《げんふく》*や梁啓超《りょうけいちょう》*の影響を受ける。一九一〇年に渡米、コーネル大学で農学を学び、のちに文学に転じる。一九一五年にコロンビア大学に移り、デューイに師事し、博士論文『先秦名学史《せんしんめいがくし》』を完成させた。一九一七年に北京大学教授となり、『新青年』の編集にも関わり、孔教《こうきょう》に反対し、封建道徳の打破、白話文の使用、文学革命を提唱した。新文化運動*の中心人物となり、またプラグマティストのデューイの学説の中国での紹介者となった。李大釗《りたいしょう》*らとの間で「問題と主義」論戦を交わし、マルクス主義*を批判した。一九二二年に『努力週報』を創刊し、「好人政府《こうじんせいふ》」を唱えた。一九二八年に人権運動を発起し、国民党の独裁に反対した。一九三八年に駐米大使。一九四八年にアメリカに渡った。一九五八年台湾に戻り中央研究院院長となる。著作に『中国哲学史大綱』（上巻）など。

毛沢東（もうたくとう）（一八九三～一九七六）
　近現代中国の政治家、思想家。字は詠芝《えいし》、潤芝《じゅんし》、潤之《じゅんし》。筆名は子任《しじん》。湖南湘潭《こなんしょうたん》県に生まれ、湖南第一師範学校に学び、一九一七年に『新青年』に「体育の研究」を発表した。その後、楊昌済《ようしょうさい》の勧めで上京し、李大《りたい》釗《しょう》*のもと北京大学図書館に勤務するが、帰郷し長沙の初等中学校で歴史教師としてつとめ、反軍閥運動、農民運動を指導した。一九二一年七月二三日、毛沢東は第一回中国共産党全国代表大会（党大会）に出席する。一九三一年中華ソヴィエト共和国臨時政府主席となり、国民党の圧迫をのがれ長征《ちょうせい》途上の遵義《じゅんぎ》会議で党内の主導権を握った。抗日戦争、内戦を主導し、一九四九年に中華人民共和国の主席に就き、社会主義中国の建設を行ったが、一九五〇年代末の大躍進《だいやくしん》政策の失敗から経済の停滞を招いたとされ、国家主席の座を劉少奇《りゅうしょうき》に譲った。一九六六年から一九七六年に至る文化大革命を引き起こした。主な著作に、『実践論』（一九三七年）、『矛盾論』（一九三七年）、『持久戦論』（一九三八年）、『新民主主義論』（一九四〇年）、『延安《えんあん》文芸座談会での講話』（一九四二年）がある。

馮友蘭（ふうゆうらん）（一八九五〜一九九〇）

近現代中国の学者、哲学者。字は芝生《しせい》、河南唐河《かなんとうが》の人。北京大学文科中国哲学門を卒業後、一九一九年に渡米し、一九二三年にコロンビア大学で博士号を取得。中国帰国後、国内の有力大学で教鞭をとった。新中国成立後、一九五二年以降は一貫して北京大学哲学系教授をつとめた。中国思想と西洋思想の比較の観点から中国思想と西洋思想の境界を越えた独自の中国哲学を構築し、中国哲学史研究に新境地を開いたとされる。初期の著作に『人生哲学』、『中国哲学史』（二巻本）があり、その後、哲学的な創作色の強い『新理学』『新事論』『新世訓』『新原人』『新原道』『新知言』の六部作を発表した。新中国成立後は、マルクス主義*的な観点や方法から中国哲学史の叙述を行い、『中国哲学史新編』（七冊）を完成させ、また初期の自らの著作に対する自己批判も行った。

〈文献〉

『天演論』（てんえんろん）

清末の思想界を風靡した著作。イギリスの生物学者であるトーマス・ハックスリー（一八二五〜九五）の『進化《げん》と倫理』（*Evolution and Ethics and Other Essays*）を厳復《ふく》*が抄訳するとともに、序文と各章末尾の按語《あんご》（コメント）をつけ、自らの観点を述べたもの。一八九五年

(光緒《こうちょ》二二)に翻訳稿は完成し、一八九八年に正式出版された。同書はダーウィンの「物競天択《ぶっきょうてんたく》、適者生存《てきしゃせいぞん》」(物が競い、天が択び、適応した者が生存する)や「優勝劣敗《ゆうしょうれっぱい》」(優れたものが勝り劣ったものが敗れる)(原語はstruggle for existence, survival of the fittest)の生物進化論の観点を中国に初めて体系的に紹介し、中国の読者はこれらの生物進化論が人類社会の法則としても適用できるとみなした。そのため「天演《てんえん》」(進化)の法則に従い、帝国主義列強の侵略の危機を認識し、「亡国滅種《ぼうこくめつしゅ》」(国と民族がともに滅ぶ)をまぬかれるための改革の必要性を説いた書物として受け取られ、外国書の翻訳書として空前のベストセラーとなった。また厳復は同書の序文の中で「信《しん》、達《たつ》、雅《が》」(正確さ、明瞭さ、雅やかさ)という三つの優れた翻訳の基準を提示したことでも知られる。

『孔子改制考』(こうしかいせいこう)

康有為《こうゆうい》*の著書。一八九二年より編纂に着手し、一八九八年に上海大同訳書局《だいどうやくしょきょく》から刊行された。本書は孔子*の「托古改制《たくこかいせい》」(古に托して制度を改める)の学説を述べる。康有為によれば、六経《りくけい》はすべて孔子が作ったものであり、六経の中で述べられる堯《ぎょう》*、舜《しゅん》*、禹《う》*の「盛徳《せいとく》の大業《たいぎょう》」は孔子が民を救うために古《いにしえ》に托して作ったものであり、孔子改制《こうしかいせい》の精義は『春秋《しゅんじゅう》』*の中にあり、『公羊《くよう》伝《でん》』*が『春秋』を正確に述べた典籍であるとみなす。康有為は今文学《きんぶんがく》(公羊学《くようがく》*)の「通三統《つうさんとう》、張三世《ちょうさんせい》」の理論を発展させた。康有為によれば、「通三統」とは夏《か》、殷《いん》、周《しゅう》の三代の制度はそれぞれ異なり、それぞれ改革が行われたということ、「張三世」とは、歴史は拠乱世《きょらんせ》、昇平《しょうへい》世《せ》、太平世《たいへいせ》の三段階を経て、不断に発展すると考えることを指す。従来の「述べて作らず*」の孔子像を改め、孔子は拠乱世にあって昇平世に向かうための改革を試みた者であるとした。これらの見解については康有為が幼年期に師事した廖平《りょうへい》の学問からの影響が指摘されている。

「新民説」(しんみんせつ)

梁啓超《りょうけいちょう》*の代表的な論説。一八九八年の日本亡命後の梁啓超は活発な言論活動を行った。彼は、一八九八年から横浜で発行した政論誌『清議報《しんぎほう》』に続き、一九〇二年に『新民叢報《しんみんそうほう》』を創刊した。この『新民叢報』の看板論文が「新民説」である。「新民説」は一九〇二年から一九〇六年にかけて断続的に連載された（全二〇節）。「民を新たにする」という標題に示されるように「天下の民」であった中国人を「国民」へと改造することが「新民説」の最大のモチーフであった。そのために中国人にこれまでなかったとされる「国家思想」や「公徳」の必要性が強く説かれている。近代化に遅れた「惰弱」な中国人の「国民性」を思想文化面から徹底的に改造すべきであるとする主張であった。同時代の中国知識人に対する思想的な影響は絶大であり、魯迅《ろじん》や胡適《こてき》*などもその影響を告白している。また「新民説」には日本の福澤諭《ふくざわゆ》吉《きち》の『文明論之概略』の影響が指摘される。

〈事項〉

太平天国の乱（たいへいてんごくのらん）

清末の内乱。アヘン戦争以降の中国社会の混乱により民衆の不満が高まった。一八五一年、洪秀全《こうしゅうぜん》は上帝会《じょうていかい》という擬似キリスト教的な宗教結社を組織し、多くの信者を率い広西《こうせい》省で挙兵し、太平天国《たいへいてんごく》を打ち立てた。その後、太平天国軍は貧民、流賊などを加え、勢力を拡大して北上し、武昌《ぶしょう》をうばい、南京《なんきん》を占拠して首都と定め天京《てんきょう》と名づけた（一八五三年）。太平天国は「滅満興漢《めつまんこうかん》」（満洲人を滅ぼし漢族を興す）をうたい、キリスト教と中国土着の思想を調和させ、悪習の撤廃、男女の平等、土地の均分（天朝田畝制度《てんちょうでんぼせいど》）、租税の軽減などを唱えて民衆の支持を拡大した。しかし、指導者たちの内紛により次第に内外の支持を失い、滅亡した。太平天国がとった諸政策は原始共産主義社会の試みとして、中国の歴史学界で高い評価を与えられてきた。

洋務運動（ようむうんどう）

清朝による近代化運動。アロー戦争による北京条約（一八六〇年）以降、清朝は外国との和親や西洋文化の摂取による富国強兵につとめ、経済の再建をはかった。この運動を洋務運動といい、清朝が一時的な安定期を迎えたので、当時の年号をとって同治中興《どうちちゅうこう》ともいわれる。洋務運動はしばしば日本の明治政府による殖産興業政策になぞらえられる。満洲貴族の恭親王奕訢《きょうしんのうえききん》が政権を握り、外国との交渉を司る総理各国事務衙門《そうりかくこくじむがもん》（外交部の前身）を設立し、中華思想＊（華夷思想）を脱して近代的な外交を志向したとされる。しかし、主としてこの運動を支えたのは太平天国《たいへいてんごく》の乱＊を鎮圧した曾国藩《そうこくはん》や李鴻章《りこうしょう》らの漢人大官であり、「中体西用《ちゅうたいせいよう》」論（中国の学問を本体とし、西洋の学問を作用とする）による不徹底な体制擁護策に終始したとの批判も多い。

戊戌の変法（ぼじゅつのへんぽう）

清末の青年知識人を中心にした政治運動。日清戦争（一八九四～九五）で東方の「夷狄《いてき》」にすぎなかった日本に敗北したことは、中国知識人の「亡国」の危機感を高めた。一部の知識人は洋務《ようむ》運動＊が失敗に終わったとみなし、より抜本的な改革（変法《へんぽう》）を求めた。変法とは中国の旧来の法を変えるということである。康有為《こうゆうい》＊や梁《りょう》啓超《けいちょう》＊らはいち早く近代化に成功した日本の明治政府の近代化政策やロシアのピョートル大帝の改革に倣い、欧米の政治制度を取り入れる必要があるとする立憲運動を起こした。彼らは一八九八年に若き光緒帝《こうちょてい》に改革を断行するように求め、光緒帝はそれに応じて一連の改革に着手した。一八九八年は戊戌《ぼじゅつ》の年に当たるので、これを戊戌《ぼじゅつ》の変法《へんぽう》という。しかし、西太后《せいたいごう》ら保守派はこれを弾圧し、光緒帝を頤和園《いわえん》に幽閉し、康有為らを失脚させた（戊戌の政変）。

辛亥革命（しんがいかくめい）

清朝を打倒し中華民国の成立をもたらした政治革命＊。一九一一年に満洲貴族による責任内閣は外国借款による鉄道国有化策を打ち出し、これに反対する民衆の暴動が四川《しせん》省などで起こった。その後、一九一一年一〇月一〇日、武昌《ぶしょう》（現在の武漢《ぶかん》）の軍隊の一部が反乱の狼煙を上げると、たちまち各地に広がり、一カ月後には大部分の省が独立した。アメリカから急遽帰国した孫文《そんぶん》＊は、革命軍に迎え入れられ、一九一二年一月に南京で中華民国の成立を宣言した。革命派たちが希求してきたアジアで最初の共和国が誕生した。その後、北洋《ほくよう》軍を率いる袁世《えんせい》凱《がい》との取引によって、孫文は臨時大総統の座を袁世凱に譲り、一九一二年二月、宣統帝溥儀《せんとうていふぎ》は退位し、清朝は滅亡した。

マルクス主義（まるくすしゅぎ）

ドイツ人のカール・マルクスによって体系化され、その後発展した思想体系。弁証法《べんしょうほう》的唯物論《ゆいぶつろん》、階級闘争に基づく唯物史観《ゆいぶつしかん》に立脚する哲学、経済学。マルクスの学説は清末時期の西洋人宣教師や先進的知識人によって断片的に紹介された。二〇世紀に入ると梁啓超《りょうけいちょう》*や在日留学生によって明治日本を介して社会主義についての理解が進んだが、それは講壇学問的な性格が濃く、人道主義、社会改良主義、無政府主義など雑多なものであった。一九一七年ロシア革命が起こり、ロシアに史上初めて社会主義国が成立するとマルクス主義学説に対する関心が一挙に高まった。李大釗《りたいしょう》*はいち早くロシア情勢に興味を寄せ、マルクス主義学説を日本の経済学者河上肇《かわかみはじめ》などに依拠しながら中国に紹介した。一九二一年、日本留学から帰った李漢俊《りかんしゅん》の上海の自宅に陳独秀《ちんどくしゅう》*ら当時の有力知識人がロシア人顧問の仲介によって集まり中国共産党は産声を上げた。一九四九年、中華人民共和国が社会主義国として毛沢東《もうたくとう》*の指導のもと誕生し、いまなお「中国的特色を持った社会主義」を標榜している。

新文化運動（しんぶんかうんどう）

一九一〇年代の思想文化運動。第一次世界大戦による列強勢力の後退によって中国の民族資本が成長し、また大学など高等教育機関の整備によって知識人や学生も登場した。一九一〇年代半ばから陳独秀《ちんどくしゅう》*が創刊した『新青年』（一九一五年）などを主な舞台にして啓蒙運動が起こり、儒教道徳による封建的家族制度が厳しく批判された。胡適《こてき》*は白話文学の必要性を唱え、魯迅《ろじん》は『阿《あ》Q《きゅう》正伝《せいでん》』『狂人日記《きょうじんにっき》』などの文学創作によって中国人の国民性を批判し、文学革命をリードした。「打倒孔家店《だとうこうかてん》」のスローガンで呉虞《ごぐ》らは激しい儒教批判を行った。この時期、中国の伝統文化を全面的に批判する「全面的西洋化」の風潮が起こったとされる。李大釗《りたいしょう》*はロシア十月革命の影響を受け、マルクス主義*の研究に着手し、マルクス主義者として活躍するようになり、陳独秀もそれに追随した。

コラム6　中国と日本の近代

中国にはもともと近代的な「外交」の観念がなかったが、第二次アヘン戦争後締結された北京条約（一八五八年）によって清朝も国際法に従い世界各地に駐在公使を派遣することになった。一八七五年に郭嵩燾《かくすうとう》（一八一八〜九一）がイギリス駐在公使としてロンドンに派遣されることになった。しかし、郭嵩燾の気持ちは鬱々としていた。このロンドン行きは、彼にとっては晴れがましい「洋行」ではなく、中国本国での官僚としての「出世の道」を断たれたことを意味し、「左遷」も同然であったからである。にもかかわらず、郭嵩燾は在任中、旺盛な好奇心をもって西洋社会の様々な側面を貪欲に観察した。

郭嵩燾は李鴻章《りこうしょう》あての手紙で次のように述べる。「イギリスで技芸を学んでいる日本人は二〇〇名を越え、どの都市にもいる。そのうち九割がロンドンにいて、私が会ったことのある二〇人はみな英語がよくできた。その中に長岡良助という者がいて、もとは一国の領主であったが、今は下って官吏となり、ここで法律を勉強している。……兵法を学ぶ者は少ない。なぜなら兵は末のことであり、様々な制度を作ることが立国の本だからである」と。

郭嵩燾は総理各国事務衙門の命により欧米事情を記した日記を残しており、この日記が中華文明を墨守する保守派の憤激を招き、後年の失脚の原因になったことはよく知られている。一八七八年の日記には、井上馨《いのうえかおる》が財務政策の研究にイギリスを訪れた際、郭嵩燾が良書の推薦を求めたところ、井上馨はアダム・スミスの『国富論』とジョン・スチュアート・ミルの『経済学の原理』を挙げた、との記述がある。郭嵩燾は井上馨の西洋理解の深さに衝撃に受けたという。

ちなみに厳復は一八七七年に海軍技術を学ぶために福州船政学堂からイギリスのグリニッジ海軍学校に派遣されていた。イギリス滞在中、郭嵩燾とも親しく交わり、ともに西洋理解について議論をたたかわせた。しかし当時、郭嵩燾や厳復のように西洋の「立国の本」を学ぼうとする姿勢をもつ中国人は皆無に近かった。郭嵩燾は二〇〇名を越える日本の無名の在英留学生の存在が明治日本の富国強兵の基礎になっていることを見抜いていたのである。

第七章　中国古典の名言

「ことば」とは不思議な存在である。他者に感情・思想・出来事などを伝えるためのツールであるが、同じ内容であっても、どのような言葉を使うか、誰（何）から発信するかなどによって、その影響力は異なる。このように、条件や状況によって千変万化するのが言葉であるとも言えるが、中には何百年もほぼ変化せずに伝わってきたものもある。多くの人に愛され、支持されてきたこれらの言葉は、「名言」と称される。「古典」と聞くと、現代を生きる私たちとは無縁に感じる人もいるかもしれない。しかし、「古典の名言」となると、時代を超えて私たちに語りかけてくる有益な言葉と感じる人も多いのではなかろうか。この第七章では、中国最古の文献（『尚書』『詩経』）をはじめ、中国を代表する思想家たちの書（『論語』『老子』『孫子』など）や歴史書（『史記』『戦国策』など）から、不朽の名言として伝わる六〇条を紹介する。

君子は豹変《ひょうへん》し、小人は面を革《あらた》む。

君子ハ豹變シ、小人ハ革ムレ面ヲ。（『周易《しゅうえき》』革（上六））

【訳】君子*の（天子の命に従って良い方向へと）変わることは、豹が季節の変化に応じて換毛し、より密（美しい毛並み・紋様）になるかのようであり、小人もまた向かうべき所を（良い方向へと）改める。

【解説】「君子は豹変す」という慣用句で知っている人が多いであろう。もとは易占いの典拠である『周易』*の「革《かく》」卦に登場する言葉（上六の爻辞《こうじ》）である。ちなみに革卦には、「変革」という意味がある。

さて、慣用句としてこの言葉は、「都合により態度を一変させる」や「君子のような立派な人物が、本性を現して恐ろしい人になる」、という意味で用いられることが多い。つまり、ネガティブな意味に用いられる言葉となってしまっている。しかし、本来の意味は、豹の毛が季節になると適切に抜け替わり、紋様も鮮やかになるのと同じように、君子も戸惑うことなく良い方へと変化することを表したポジティブな言葉である。

百姓昭明《ひゃくせいしょうめい》にして、万邦《ばんぽう》を協和す。

百姓昭明ニシテ、協二和ス萬邦一ヲ。（『尚書』堯典）

【訳】百姓の身分を明らかにし、万の国を協同和合させた。

【解説】元号「昭和」の出典としてよく知られているが、江戸時代の元号の一つである「明和」もこの言葉に基づいている。

もとは、中国古代の聖王の一人である堯《ぎょう》*の徳を褒め称《たた》えた言葉の一節である。ここだけでは分かりにくいので、前後を踏まえて意訳すると、次のような意味になる。「堯の偉大なる徳が世の中に行き渡って人々は感化され、親族たちは互いに愛し合い、百官は職分が明確になったことで、勤務に励むようになり、様々な国々が心を合わせて円滑な関係を築くようになった」。つまり、争いの無い平和な治世を表している箇所であり、元号の出典として用いられるのも頷ける。

なお、平成の次の元号である令和は、『万葉集』の「初春の令月《れいげつ》、気淑《うるわ》しく風和《やわ》らぐ（初春令月、気淑風和）」

（梅花歌三十二首の序文）を出典としている。国書（日本の古典）に由来する元号は、確認できる限りにおいて初めてということもあって注目されているが、『文選《もんぜん》』の「帰田賦《きでんのふ》」にある「仲春の令月、時和し気清らかなり（仲春令月、時和気清）」を踏まえた言葉である可能性が高い。このことから、令和という元号は、国書と漢籍の双方を出典とした、いうなれば、中国文化の影響を強く受けつつ土台を形成した日本文化を象徴した元号ととらえられよう。

習い性《せい》と成《な》る。

習與《ヒ》レ性成《ル》。（『尚書』太甲《たいこう》上）

【訳】習慣となってしまうと、ついには生まれつきの性質のようになってしまう。

【解説】現在、考古学的に実在したことが確認されている中国最古の王朝は「殷《いん》」である。この王朝の成立時に活躍した政治家に、伊尹《いいん》という人物がいる。伊尹は、天乙《てんいつ》（湯王*）を助けて殷王朝を立て、天乙の死後もその子・孫に仕えて補佐し、殷王朝の基礎を築いた。今回紹介した言葉は、天乙の孫である太甲《たいこう》が、即位したものの放蕩して国政を乱していたため、伊尹が繰り返しおくっていた訓戒《くんかい》の言葉の一部である。

不義を繰り返して習慣となってしまうと、それが性質となってしまう。太甲をそうするわけにはいかない。そう告げた伊尹は、太甲を都から遠ざけた。これが効いたのか、その後太甲は反省し、伊尹に許され、立派な王となった。

備《そなえ》有れば患《うれい》無し。

有《レバ》レ備無《シ》レ患。（『尚書』説命中）

【訳】備えができれば、心配事はなくなる。

【解説】「日頃から準備をしておけば、いざという時に慌てなくてすむ」という意味を表す慣用句として、人口に膾《かい》炙《しゃ》している名言。もともとは、殷《いん》（考古学的な裏づけのある中国最古の王朝）の宰相《さいしょう》を務めた傅説《ふえつ》が、王（高宗）

に進言した言葉の一部である。この前には、「自分がなすべき事をしっかり行っていれば、備えができることになる（事を事とすれば、乃《すなわ》ち其《そ》れ備《そな》え有り）」と書かれている。つまり、事前に充分な備えをしておくことを促す慣用句としてとらえられることが多いが、本来は、日頃より為すべき事をしっかりと行うことの重要性を説いた言葉なのである。

切《せっ》したるが如《ごと》く、磋《さ》したるが如く、琢《たく》したるが如く、磨《ま》したるが如し。

如ク㆑切シタルガ、如ク㆑磋シタルガ、如ク㆑琢シタルガ、如シ㆑磨シタルガ。（『詩経』衛風）

【訳】美しくみがいた骨・象牙・玉・石のようだ。

【解説】「学問や道徳、技芸を磨き上げること」という意味をもつ四字熟語、「切磋琢磨《せっさたくま》」の元となった言葉である。現代語訳に記した通り、本来は美しさの喩えとして「切（骨をみがくこと）」「磋（象牙《ぞうげ》をみがくこと）」「琢（玉をみがくこと）」「磨（石をみがくこと）」が列挙されていた。

「美しく磨き上げる」ことを述べたこの詩は、『論語』*や『大学』*、『荀子』において、自身の学問や徳行の研鑽《けんさん》を表す際に引用されている。そのため現在は、先ほど紹介した「学問や道徳、技芸を磨き上げること」の意味で、「切磋琢磨」は使われている。なお、この意味がさらに展開し、「互いに励まし合い競争すること」という意味で用いられることもある。

戦戦兢兢として、深淵に臨むが如く、薄氷を履むが如し。

戰戰兢兢トシテ、如ク㆑臨ムガ㆓深淵ニ㆒、如シ㆑履ムガ㆓薄冰ヲ㆒。（『詩経』小雅）

【訳】恐れつつしんで慎重であることは、深い淵に落ちるのを恐れるようであり、薄い氷を踏んで水に落ちるのを恐れるようである。

【解説】小旻《しょうびん》という詩に見られる一句である。慎重な態度を意味する「戦戦兢兢」という四字熟語で、現在はよく知られている。「兢」は「恐」と表記されることがあるが、「恐」がシンプルに「おそれ」る状態を示すのに対し、「兢」には「（恭敬の念をもって）おそれつつしむ」という意味があるので、字義が厳密には異なる。

ちなみに『論語』*泰伯篇では、曾子*がこの言葉を引用することで、父母から貰った自分の体を傷つけないよう、「おそれつつしんで（兢）」取り扱ったことを表現している。

鼎《かなえ》の大小軽重を問う。

問《フ》㆓鼎之大小輕重《ヲ》㆒焉。（『春秋左氏伝』宣公三年）

【訳】（王位の象徴である）鼎の大きさや重さを尋ねた。

【解説】「鼎の軽重を問う」という慣用句で知られている言葉。慣用句としての意味は、「上位者の力を疑い、権力や地位を奪おうとすること」である。

ここでの「鼎」（脚が三本付いた鍋のような器）は、「九鼎《きゅうてい》」とも称される鼎である。古代中国伝説の王朝である夏《か》の禹《う》*王が作ったとされる王室の宝であり、日本でいうならば、「三種の神器《じんぎ》」のようなものである。この至宝は、夏の次は殷《いん》、殷から周と受け継がれていった。

この言葉が誕生した当時（春秋時代）、鼎を保持していた周王室の権力は、弱体化していた。そのような時、楚国の荘王（春秋《しゅんじゅう》の五覇《ごは》*の一人）が、周の使者に鼎の重さを尋ねた。これは、暗に鼎を奪うこと、つまり楚が周に取って代わるという意思を示唆したものである。これが、「鼎の軽重を問う」の意味の元となっている。

なお、荘王から無礼な質問を受けた周の使者は、「鼎の重さではなく、鼎を持つ人の徳が重要だ。鼎が周にあるということは、徳が失われていないということだ」と返して、荘王を諫《いさ》めている。

唇亡《ほろ》ぶれば歯寒し。

唇亡《ブレバ》齒寒《シ》。（『春秋左氏伝』僖公五年）

【訳】唇がなくなると歯が寒い（互いに助け合う関係の一方が滅ぶと、もう一方も危うくなる）。

【解説】互助《ごじょ》関係を唇と歯とで喩《たと》えた有名な言葉。古くよりあることわざとして、虞の国の忠臣宮之奇《きゅうしき》が、虞公を諫《いさ》めるために用いた。その経緯は次の通りである。晋国が虢《かく》国を伐つために虞を通る許可を虞公に求めてきた。宮之奇は、虢と虞との関係を唇と歯の比喩を以て表し、唇である虢が滅ぼされれば、次は歯である自分たちの国が滅ぼされてしまうことを虞公に伝え、許可しないよう説得した。

この時に晋は、通行許可の見返りとして、高価な馬や晋国の宝ともいえるものを渡している。しかしこれは、もともと虢の次に虞を滅ぼすつもりであったため、一時的に虞に預けるという気持ちで行ったものである。そのような思惑があるとは知らず、虞公はこれらの物を受け取り、通行を許可してしまう。一度ならず二度、晋の通行を許可した時、宮之奇は虞国を去り、虞はほどなく晋に滅ぼされた。

なお、このことわざは、『墨子』や『荘子』などにも見られる。

牛耳《ぎゅうじ》を執《と》る。

執ル二牛耳ヲ一。（『春秋左氏伝』定公八年・哀公一七年）

【訳】（同盟を結ぶ際に）牛の耳をとって割《さ》く立場になる（主導権を握ること。組織や集団を思い通りに動かす立場になること）。

【解説】現在は、「牛耳る」という言い回しで耳にすることが多い。牛の耳が、なぜ「主導権を執る」という意味になるのかというと、古代中国における同盟の結び方が関係している。簡単に説明しておこう。

諸侯が同盟を結ぶ時、牛の耳を切り取って、順番にその血をすすっていた。力関係や立場によって、誰が牛の耳を切り取る（牛耳を執る）のかが変化するのだが、本来は、地位の低い者（小国）が切り取り、集まりの代表者（大国）から順にその血をすするのが正式な順番とされていた。この方法は『春秋左氏伝』*定公八年に見られ、衛国と晋国とが同盟を結ぼうとし、衛が晋に牛耳を執ってほしいと依頼したところ、晋は怒り、その後同盟を結ぶことはできなかったことが記されている。しかし、これでは現在使われている「牛耳を執る」の意味と真逆である。

別の場所（哀公一七年）にも「牛耳を執る」が見える。ここでは、魯国と斉国との同盟について記されている。魯の大夫である孟武伯が、牛耳を執る適切な人物として、自身をあげている（魯は小国だが、当時の宗主国であった周との関係を考えると斉より立場は上となる）。この判断は、後世、へりくだって牛耳を執ることが、逆に真の大国（主導者）であることを示すことになると解釈されるようになった。これが現在の「牛耳を執る」の意味につながっているのであろう。

余談であるが、「牛耳る」という言い方を使うようになったのは、夏目漱石以降と指摘されている。

小人間居シテ為シ二不善ヲ一、無シレ所レ不ルレ至ラ。（『大学』第六章）

小人閒居《かんきょ》して不善を為《な》し、至らざる所無し。

【訳】（君子*とは異なり）小人は独りで居ると不善を行って、どんな悪いことでもしかねない。

【解説】「小人閑居して不善を為す」という慣用句でよく知られており、自戒の言葉としている人もいるかもしれない。ただし、慣用句の意味は、本来のものとやや異なる。

慣用句としての意味は、「徳のないつまらない人物（小人）が独りで居ると、（他人の目がなく）ろくな事をしないので、働きなさい」という、勤労を推進する意味で用いられる。しかし、この言葉の前後には「君子は一人でいるときの行いを慎む（君子は必ず其の独りを慎む）」という言葉があることから、君子と小人との対比を述べた箇所であり、勤労を推奨する意味は含まれていないことが分かる。自分自身が自由な時間を手にした時、つまらないことをしてしまっていないか、戒めの言葉として最適である。

學ビテ而時ニ習フレ之ヲ、不二亦説バシカラ一乎。（『論語』学而）

学《まな》びて時《とき》に之《これ》を習《なら》う、亦説《またよろこ》ばしからずや。

【訳】学んだことを常に繰り返して学び、自分の身についていくのは、なんと嬉しいことではないか。

【解説】『論語』*の冒頭にある有名な孔子*の言葉である。この言葉の後には、「遠方の友人が訪ねてきてくれるとは、楽しいことではないか。世間が自分の学徳を認めてくれなくとも怒らない。それが君子*というものだ」、と続く。まったく関係のない話題が連なっているように見えるが、この言葉は「学」ぶことを三段階に分け、それに沿って人間形成がなされていく様子を記した言葉と解釈される。つまり、「学びの楽しさを知り、ともに学問について語り合える友人を得、学徳を身につけたならば泰然とした君子たることができる」、という意味である。『論語』の中には、孔子が学ぶことを重視していた言葉が多く見られる。そのことを踏まえると、『論語』の冒頭を飾る言葉として、適切な言葉といえよう。

巧言令色《こうげんれいしょく》、鮮《すくな》し仁。

巧言令色、鮮シ矣仁。（『論語』学而）

【訳】口先が上手く、人の気に入るような顔色（顔つき）をする人には、仁*（思いやり・愛情）がない。

【解説】「巧言令色」の四字熟語で広く知られている名言。『論語』*には、学而篇だけではなく、公冶長篇と陽貨篇にも「巧言令色」が見える（陽貨篇は今回紹介した文と同一）。このように繰り返し『論語』に登場するのは、人間がよくしてしまう仁徳のない行いとして、「巧言令色」を孔子*が常に気にかけていたためかもしれない。ちなみに、「巧言」が徳のない行為を示す言葉として使われている例は、『詩経』*や『尚書』*にも見られる。

学べば則ち固ならず。

學ベバ則チ不レ固ナラ。（『論語』学而）

【訳】学問をすれば、固陋《ころう》（見聞が狭くて頑固であること）でなくなる。

【解説】君子*（教養人・上の立場にある者）の心がけについて説いた孔子*の言葉。この言葉の上には「重々しく落ち着いた態度でないと、威厳がない（重からざれば則ち威あらず）」、下には「忠*と信とを生きていく上で重んじ、そのような生き方と異なる者を友人としない（忠信を主として、己《おのれ》に如《し》かざる者を友とする無かれ）」、「過《あやま》ちをすれば、面目《めんぼく》などにこだわらず直ぐに改めよ（過てば則ち改むるに憚《はばか》ること勿《な》かれ*）」とある。いずれも名言といえよう。なお、「君子」については、「為政者」と訳されることもあるが、加地伸行『論語』（講談社学術文庫）のように「教養人」と解釈する方が、万人に向けられた教訓として違和感なくとらえられる。

過《あやま》てば則ち改むるに憚《はばか》ること勿かれ。

過《テバ》則《チ》勿《カレ》レ憚《ルコト》レ改《ムルニ》。（『論語』学而）

【訳】過ちがあれば畏《おそ》れずに速やかに改めるのがよい。

【解説】「学べば則ち固ならず*」と同章の言葉。この言葉を座右の銘にしている人も多いのではなかろうか。

ちなみに「過」とは、思いがけず道*を外れて間違えてしまうことを指す。孔子*は、このような「過ち」をおかしてしまったことよりも、この「過ち」を改めることの方を重視しており、別の篇では「過ちを改めないことこそ、本当の過失だ」（衛霊公）ともいっている。これらの言葉からは、孔子の人間観がうかがえる。人間とは過ちをおかしてしまう不完全な存在であり、また、その過ちを隠したり、なかなか認められなかったりする弱い存在だと孔子はとらえていたからこそ、そのことを戒め、そして励ますような言葉が『論語』に散見されるのではなかろうか。

なお、孔子も過ちを指摘されたことがあり、「私は幸いだ。もし私が誤ったならば他の人がそれを知って教えてくれる」（述而）と述べている。年齢や立場が上がるにつれ、間違いを指摘してくれる存在は、少なくなる。そのような存在がいてくれることは、確かに幸いといえよう。

和を貴しと為す。

和《ヲ》為《ス》レ貴《シト》。（『論語』学而）

【訳】調和・和らぎが大切である。

【解説】「十七条憲法」の第一条冒頭（「和を以《もっ》て貴《とうと》しと為す」）で、知っている人が多いかもしれない。実はこの言葉は、『論語』*に基づいたものである。十七条憲法と併せて見ていこう。

まず、十七条憲法だが、「和を以て貴しと為す」の後ろには「忤《さか》うこと無きを宗と為す」とある。直訳すると、「調和することが大切であり、逆らうことがないようにすべきだ」という意味になる。これだけでは、同調を強制している言葉のように見えるが、『論語』の意味を踏まえると、そうではない。

では、『論語』の方を確認しよう。この言葉は、孔子*最晩年の弟子である、有若《ゆうじゃく》（有子）によるものである。直前に、「礼の用は」とあるため、礼*や作法の運用には「和」が大切だという文意であると分かる。その後には、「和の大切なことを知って、ただ調和をはかっていても、礼で適度な節度を設けなければうまくはいかない」といっている。また、「君子*は調和するが雷同はしない（君子は和して同ぜず*）」ともいっているため、「和」とは、自身の意見を曲げてまで同調するという意味ではないことが分かる。つまり、十七条憲法の言葉も、同様の意味で「和」をとらえるべきであり、決して同調の強制を促す文意ではないのである。

学びて思わざれば則ち罔《くら》し。

學《ビテ》而不《レバ》レ思《ハ》則《チ》罔《シ》。（『論語』為政）

【訳】知識や情報を得ても自分で考えなければ、曖昧でそれらを活用できない。


【解説】学生時代にこの言葉に出会って、印象に残っている人も多いのではないだろうか。ちなみに、この言葉の続きには、「自分の乏しい知識で考えるだけで知識や情報を学ばなければ、考え方に偏りが出てしまい独善的になってしまう（思いて学ばざれば則ち殆《あや》うし）」と記され、「学」と「思」とが相伴うべきことが説かれている。

「学びて思わざれば則ち罔し」は、学生時代に耳にするとハッとさせられる言葉だが、今紹介した「思いて学ばざれば則ち殆うし」は、頑迷固陋《がんめいころう》となりがちな大人にとって、ハッとさせられる言葉なのではなかろうか。

見テレ義ヲ不ルハレ爲サ無キレ勇也。（『論語』為政）

義を見て為さざるは勇無きなり。

【訳】人として為すべき正しいことを知りながら行わないのは、勇気のないものだ。

【解説】『論語』*を出典とする慣用句の中でも、五本の指に入るぐらい有名な言葉である。しかし、この言葉を知っていても、『論語』が出典であることを知らなかった人は多いのではないだろうか。

数年前の授業で、この言葉を知っているか学生に問いかけたところ、予想よりも多くの学生がこの言葉を知っていた。不思議に思い尋ねたところ、とある有名な少年漫画でこの言葉が用いられていたことを知った。この漫画だけではなく、この言葉は日本人に馴染みやすいためか、様々な書物で用いられている。それもまた、この言葉が人の本質を突いたものであるからだろう。まさに名言である。

君子ハ不レ黨セ。（『論語』述而）

君子は党《とう》せず。

【訳】君子*たる人物は、仲間とかばい合いをしない。

【解説】陳国の法を司る役人（司敗）と孔子*とが問答した際、孔子が不適切な返答をしたのに対し、司敗がその過失を指摘した言葉の一部である。なお、「過《あやま》てば則ち改むるに憚《はばか》ること勿《な》かれ*」の解説で、孔子が過ちを指摘された時の言葉（「私は幸いだ。もし私が誤ったならば他の人がそれを知って教えてくれる」）を紹介したが、これは、今回紹介した指摘を耳にした孔子が述べたものである。

この話には、魯国の昭公が、当時の礼制に外れた婚姻（同姓婚）をしたという背景がある。このような婚姻をした昭公は礼*が分かっていない人物だ、という意味を込めて、司敗は孔子に「あなたの主君（魯は孔子の生国《しょうごく》）である昭公は、礼を分かっているのか」と尋ねるのだが、孔子は「礼を知っています」と答えてその場を去ってしまう。これを受けて司敗は、「君子は仲間の非をかばい合うことをしないと聞いていたが、孔子のような君子でも仲間をかばうのだな（吾聞く、君子は党せずと。君子も亦《また》党するか）」といい、孔子の過失を指摘する。なお、昭公の非礼は明らかであり、孔子がなぜ「昭公は礼を知っている」と答えたのかについては諸説ある。
ちなみに孔子自身も「君子は多くの人々と仲睦まじくするが、徒党を組んで雷同し、仲間を不当にかばわない（群して党せず）」（衛霊公）と述べ、「党」を否定している。

後生畏《おそ》るべし。

後生可《シ》レ畏《ル》也。（『論語』子罕）

【訳】自分より後から生まれた若者を侮ってはならない。

【解説】広く知られている『論語』*の名言だが、誤解されていることが多い。まず、「後生」とは、「後から生まれる者」という意味である。つまり、自分（ここでは孔子*）より若い者を指している。ではなぜ「畏るべし」なのかというと、この言葉の後ろには、「成長した若者たちが、今の自分たちに及ばないとどうしていえようか、いやわたしより劣ることはない（焉《いずく》んぞ来者《らいしゃ》の今に如《し》かざるを知らんや）」とあり、自分より年若い者たちは、自分を追い越すほどの成長が可能な存在と見ているからである。いうなれば、若者に贈った、孔子の激励の言葉である。

ただし、無条件に若者を「畏るべし」としたわけではない。孔子はさらに続けて、「ただし、四〇、五〇になっても、その名が聞こえてこないようであれば、おそるるに足らない（四十五十にして聞こゆること無くんば、斯《こ》れ亦《また》畏るるに足らざるのみ）」と述べ、年少であることに安住して、精進することをやめてしまう者への戒めも告げている。

この言葉は、年代にとって受け取り方が変わってくるであろう。四〇、五〇を迎えようとする者からすると、若者への接し方を今一度考える切っかけとなるであろうし、若者からしてみると、前述の通り、叱咤《しった》激励《げきれい》の言葉となる。名言として人口に膾炙《かいしゃ》しているのも頷ける言葉である。

過ぎたるは猶《な》お及ばざるがごとし。

過《ギタルハ》猶《ホ》ごとシレ不《ルガ》レ及《バ》。（『論語』先進）

【訳】度が過ぎるのは足りないのと同じように良くないものだ。

【解説】慣用句として広く知られている『論語』*の言葉の一つ。漢文の教科書で故事成語、または「猶」の語法を学ぶために、読んだことがある人も多いであろう。

孔子*は、「中庸《ちゅうよう》」（過不足なく偏らない中正なこと・頃合い）を理想としている。つまり、「過ぎたる」も「及ばざる」も、どちらも等しく中庸を失ったものであり、宜しくないということをこの言葉は指摘している。しかし、「及ばざる」＝「良くないこと」と誤って解釈し、「過ぎたる」を非難している文意だと誤解している人が多い。誤解を避けるためだけでなく、この言葉のもつ意味や理解を深めるためにも、孔子が「中庸」を重視していたことは併せて押さえておきたい。

君子は和して同ぜず。

君子和《ハシテ》而不レ同《ゼ》。（『論語』子路）

【訳】君子*たる人は和合するが雷同はしない。

【解説】「和を貴しと為す*」の解説でも紹介したが、「和」という言葉は誤解されやすく、自分の意思を曲げてまで同調することと誤ってとらえられてしまいがちである。しかし、この言葉に表れている通り、「同（雷同）」とは異なるのである。道理に従ってそれぞれの特徴を活かしながら和合するが、不合理なことには付和雷同しない、これが君子たる態度だと孔子*はいう。なお、この言葉に続けて「小人は雷同するが和合しない（小人は同じて和せず）」とも述べている。

「和」と「同」との区別については、孔子だけではなく、春秋時代の名宰相として名高い晏嬰《あんえい》も斉公に説いている（『春秋左氏伝』昭公二〇年）。

己の欲せざる所、人に施すこと勿かれ。

己ノ所レ不ル欲セ、勿カレ施スコト二於人ニ一。（『論語』衛霊公）

【訳】自分が他人からされたくないと思うことを、他人に対してもしないことだ。

【解説】『論語』*の中でも有名な言葉であり、座右の銘としている人もいるのではなかろうか。この言葉は、孔子*と弟子の子貢とによる、次のやりとりから生まれた。「先生、一文字で表す、生涯行うべきものはあるでしょうか（一言にして以て終身之《これ》を行うべき者有りや）」、「思いやりだな（其れ恕か）。自分が人からされたくないことを、人にしないことだ」。

この言葉は顔淵篇にも見られる。そこでは、弟子の仲弓が「仁*」について尋ねており、答えとして孔子は三つの為すべき事を説いている。一つが、家の外に出たならば何人にも賓客《ひんかく》に接するようにすべきであること。一つが、人々を使う時には大切な祭祀*を執り行うように慎《つつし》んだ態度と気持ちで臨むべきであること。そしてもう一つが、この言葉である。

過ちて改めざる、是を過ちと謂う。

過チテ而不レル改メ、是ヲ謂フレ過チト矣。（『論語』衛霊公）

【訳】過ちをおかしてしまってもそれを改めない、これこそが本当の過ちである。

【解説】「過てば則ち改むるに憚ること勿かれ*」の解説で紹介した衛霊公篇の言葉が、これである。

「過」とは、思いがけずにおかしてしまった悪いことを指す。このような過ちから人間が免れるのは難しく、また、それを過ちと認めて改めることも難しい。自分のことに置き換えて想像してみると、その難しさが伝わるかと思う。このような弱さと、その弱さを自分の力で改めることができる強さ、この両方を人間は兼ね備えている存在であると孔子*は理解していたのであろう。孔子の人間観がうかがえる言葉である。

ここで紹介した以外にも、人間の「過」に関する言葉は、『論語』の中に散見される。孔子の人間観に興味があれば是非探してみてほしい。

性相《あい》近し。習い相遠し。

性相近《シ》也。習《ヒ》相遠《シ》也。（『論語』陽貨）

【訳】人の生まれつきは大差がない。その後の習慣や学習によって差が生じるのだ。

【解説】「性」とは生まれながらにもっている性質のこと。孔子*の思想を受け継いだ孟子*・荀子*が、それぞれ性善説*・性悪説*を唱えたこともあり、「性」とは孔子も頻繁に説いていたであろうと想像している人も多いかもしれない。ところが、「性」について孔子はほとんど述べていない。それは、「孔子先生は性や天道について話されることはほとんどなく、容易に聴くことができなかった（夫子《ふうし》の性と天道とを言うは、得て聞くべからざるなり）」（公冶長）という弟子の言葉に如実《にょじつ》に表れている。つまり、性について触れたこの言葉は、なかなかに貴重であるといえよう。

貴重なこの言葉からは、「習」という文字に表れているように、孔子が学問教育の力を高く評価していたことが分かる。ちなみに、生まれながらにしてもっている性質や才能が無差別と孔子はしない。しかしそれらは、「近」いものである。その差異を埋める、または決定的なものにするのが学問教育であるという孔子の考えが、この言葉からうかがえる。

以《テ》㆓五十歩《ヲ》㆒笑《ハバ》㆓百歩《ヲ》㆒、則《チ》何如。（『孟子』梁恵王上）

五十歩《ごじっぽ》を以て百歩を笑わば、則ち何如《いかん》。

【訳】五十歩逃げてとどまった者が百歩逃げてとどまった者を（馬鹿にして）笑ったら、それはどうでしょう。

【解説】「五十歩百歩」の元となった『孟子』の言葉。慣用句としての意味は、「多少の違いはあるが、本質的には同じこと」。

この言葉は、梁の国の恵王が、次のような質問を孟子*にしたことから誕生した。「自分は民のために色々と配慮して政治を行っているのに、なぜ隣国の民が私の国へと移動し、私の国の民が増えないのだろうか」と。孟子は、恵王が戦《いくさ》好きのため、戦に喩《たと》えて返そうと考え、戦場から「百歩」逃げた兵士が、「五十歩」逃げた兵士を嗤《わら》ったならば、どう思うかを問いかける。結果、恵王は「歩数は多少違うが、逃げたことには変わりない」と答えたわけだが、この恵王の答えが、現在の「五十歩百歩」の意味となっているのである。

ちなみに、恵王の答えを聞いた孟子は、「つまりそういうことです。この国がやっていることも隣国がやっていることも、（王道*ではないため）民からすると大して相違ないことなのです」といい、恵王の問いに対する答えとしている。

天下の苗《なえ》を助けて長ぜしめざる者寡《すくな》し。　天下之不ル㆓助ケテ㆑苗ヲ長ゼシメ㆒者寡シ矣。（『孟子』公孫丑上）

【訳】世の中には苗の生長を助けて無理に引っ張り、成長させようとする者が少なくない（結果を性急に求めて、無理なことをさせてしまうことは誰でもしてしまいがちだ）。

【解説】「助長」の出典となった孟子*の言葉である。「助長」には、①物事の成長のために助け育てる、という意味と、②成長を助けようとしてかえって害すること、という二つの意味がある。後者の意味が、ここで紹介した出典の意味に近いといえよう。

この言葉は、孟子が出した喩《たと》え話の一部である。孟子は、「浩然の気*」（天地の間に満ちている万物の生命力・活力の源）という、強い活力の養い方を説明するにあたり、焦ってはいけないことを伝えるため、田畑の苗が伸びないのを思い悩んだ宋の国の人が、一本一本芯を引き延ばして疲弊したが、結局苗を枯らしてしまった話をする。その一節である。

青は之《これ》を藍《あい》より取れども藍よりも青し。　青ハ取レドモ㆓之ヲ於藍ヨリ㆒而青シ㆓於藍ヨリ㆒。（『荀子』勧学篇）

【訳】青い色は藍という草から採るが、藍の色よりも青い色が採れる。

【解説】「出藍《しゅつらん》」や「出藍の誉《ほま》れ」の出典ともなった有名な言葉である。慣用句としての意味は、「弟子が師よりも優れた才能を示すこと」が一般的に知られている。しかし、前後を読むと、この言葉は師弟関係について述べているのではなく、継続して学ぶことの重要性を主張していることが分かる。
このことは、紹介した文の直前に「学問は途中でやめてはいけない（学は以《もっ》て已《や》むべからず）」と記されていることや、藍以外の喩《たと》えを数点出した後、「君子*は博《ひろ》く学び、日に何度も我が身を振り返って反省すれば、知識は磨かれてより良くなり、行動にも過ちがなくなる」と記していることからも明らかである。

遇《ぐう》と不遇《ふぐう》とは時なり。

遇《ト》不遇《トハ》者時也。（『荀子』宥坐篇）

【訳】時世《じせい》にあって栄達《えいたつ》するか、あわずに不遇で終わるかは、時の巡り合わせである。

【解説】この言葉は、楚の国に向かおうとした孔子*が妨害を受け、困難な状況に陥ってしまった時に生まれたものである。食べ物も満足に得られない状態が続いた時、弟子の子路《しろ》が「孔子先生は長年徳を積み義*を重ねてきたのに、なぜこんなことになっているのでしょうか」と問いかけてきた。これに対し孔子は、賢者や立派な人物であっても、時世にあわなければ力を発揮することもできず、立身出世するわけではないことを例を出して説明する。その説明の一部に、この言葉がある。
そしてまた孔子は、「だから君子*は学を博めて思慮を深くし、身を修めて行いを正し、時世が至るのを待つのだ（故に君子は博学深謀《はくがくしんぼう》にして、身を修め行いを端《ただ》し、以て其の時を俟《ま》つものなり）」と述べ、時世にあわないからといって倦《う》むのではなく、時が至ればすぐに対応できるように研鑽《けんさん》を止めるべきではないと説いている。今が不遇だと感じている人にとっては、心に染みる言葉であろう。

上善は水の若し。

上善若《ハシ》レ水《ノ》。（『老子』第八章）

【訳】最高の善は水のようである。

【解説】理想の姿を水に喩える名言。水は、人や作物を含む万物に恵みを与えつつも、あらゆる物と争うことがなく、しかも人々が避ける低い所へ流れる。このような水を『老子』は、理想の姿（道*）に近いとした。

別の章においても、次のような言葉が見られる。「世の中に水ほど柔弱なものはない。しかし、堅くて強いものを攻めるには、これに勝るものはない（天下に水より柔弱《じゅうじゃく》なるは莫《な》し。而《しか》れども堅強《けんきょう》を攻むる者、能《よ》く勝《まさ》る莫きは、其《そ》の以《もっ》て之《これ》を易《か》うる無きを以てなり）」（第七八章）。これは、水は柔らかく弱い存在だが、ひとたび勢いよく流れれば、丈夫な木や大きな岩石ですら動かすことが可能だと讃《たた》えた言葉である。

『老子』はこのように、物の見方に一石を投じるような名言を多く残している。一貫した考え方を持ち続けるのも大切だが、別の視点から物事を見直してみると、柔軟な思考力や創造力を育むことにつながるのではないだろうか。

三十輻《ふく》、一轂《こく》を共にす。其の無に当たりて、車の用有り。

三十輻、共《ニス》二一轂《ヲ》一。當《タリテ》二其《ノ》無《ニ》一、有《リ》二車之用一。（『老子』第一一章）

【訳】三〇本のスポーク（輻《や》）が一つの車輪の中心（轂《こしき》）に集まってできている。轂の中心に空洞があるからこそ、車輪としての働きを得られる。

【解説】車輪の仕組みを例に、「無*」（何もないこと）の効用を述べた名言。車輪の中心には空洞（無）が存在し、そこに車軸（有＝形有る物）を通し左右の車輪（有）を連動させることによって、馬車や牛車は機能する。車の働きにおいて、車輪・空洞・車軸ではどれが重要な役割を果たしているかと考える時、恐らく、「有」である車輪や車軸だと判断する人が多いかもしれない。しかし『老子』は、空洞（無）に注目し、空洞があるからこそ、車輪や車軸（有）は自身の役割を果たすことができるとして、その働きを評価する。

人は容易に形があるもの（有）に目を奪われるが、形がないもの（無）の価値を認識するのは難しい。しかし車輪の例のように、見方を変えれば、形のないものが存在するからこそ、形あるものが役割や価値を得られている、ととらえることもできる。

五色は人の目をして盲せしむ。

五色ハ令ム二人ノ目ヲ盲セ一。（『老子』第一二章）

【訳】多様な色彩は人間の目をくらませる。

【解説】五色とは、ここでは五つの具体的な色を指すのではなく、「多様な色彩」または「贅沢な色彩」という意味合いをもつ。人は通常、「多様な（贅沢な）色彩」と聞くと、好意的に受け取ることが多いが、『老子』は否定的にとらえる。なぜだろうか。

人間は、多様な色彩に慣れると、単一で素朴な色彩が味気なく感じるだけでなく、多様な色彩自体にも満足するのが難しくなり、さらなる多彩さを求める。だから、『老子』はこのように、多彩さは無限の欲望を誘発するものとして否定的にとらえるのである。

そしてこの考え方は、色彩だけではなく、音色・食事・娯楽にも適用される。人間は往々にして様々な欲望に振り回され、正常な感覚を失ってしまうことを指摘する名言である。

学を絶たば憂い無し。

絶タバレ學ヲ無シレ憂ヒ。（『老子』第二〇章）

【訳】学ぶことを止めてしまえば、心配事はなくなる。

【解説】衝撃的な言葉である。ここでいう「学」とは、特に「価値判断を学習する」という意味である。具体的には三つほどあげられている。一つ目は、返事の丁寧さの価値判断である。人間は通常、他者に対して「はい」と答えるのと「ああ」と答えるのでは、前者の方を礼儀正しいと判断する。二つ目は、美醜《びしゅう》の判断である。三つ目は、物事に対する善悪の判断である。

『老子』は、これらの価値判断は、人間が勝手に作り出した曖昧なものであり、絶対的なものではないと考える。そして、そのような価値判断を学ぶことを止めれば、心配事はなくなると主張する。

なぜならば、心配事の根本には世俗の価値判断（常識）が存在し、「世の中の常識・平均からすれば」劣っている、あるいは醜い、あるいはうまくいっていないからこそ人間は思い悩むからである。悩みと向き合う際、この名言を読めば、肩の力を抜いて「無理にうわべだけの世間の価値観に合わせて悩むことはない」と考えることができる。

柔弱は剛強に勝つ。　　柔弱勝《ハツ》二剛強《ニ》一。（『老子』第三十六章）

【訳】柔らくて弱々しいものが、かえって堅いものや強いものに勝つ。

【解説】柔らかく弱い（柔弱）存在と堅く強い（剛強）存在、勝負すればどちらが勝つだろうか。『老子』は、剛強ではなく柔弱こそが真の勝者だとする。

『老子』にとって柔弱の象徴は「水」である。水が堅強な岩石も動かしてしまうという喩えによって、柔弱なるものが真の勝者だと説いていたことは、「上善は水の若し*」で述べた通りである。

また実際、堅強な存在は、しばしば「もろさ」という性質をもつ。たとえば古今東西の歴史を見ても、強大な権力をもつ人間が、悲惨な末路を辿った例は数え切れない。権力をもつばかりに同僚や部下からねたまれ、あるいは、強大な権力をもつ人間のそばに居るばかりに、上司や君主の機嫌を損ねることがある。そして運が悪ければ命を落とす。一方、権力と無縁の柔弱な民は、そのような心配をする必要はなく、「生命を長く保つ」という点では勝者である。強さや勝利・成功とは何なのか、再考させられる言葉である。

大器《ハ》晩成《ス》。（『老子』第四一章）

大器は晩成す。

【訳】大きな器は遅く出来上がる。

【解説】現在では「将来、大人物になるような人は大成するのが遅い」という意味で用い、不遇な人物に対する励ましの言葉として認識されている。しかし『老子』本文においては、やや意味が異なる。

そもそもこの「大器」とは、『老子』が理想とする「道*」の喩えとして登場する。道は、常に現象の背後に隠れていて、見ることや聞き取ることができず、何の役にも立たないように見える。しかし実は、万物に力を与える不可思議な存在である。そして大きな器も、中々完成せず役に立たないと思われがちだが、完成していないからこそ限りなく大きくすることができ、かつ柔軟にあらゆる用途に役立てることができる。

もとは「道」の分かりづらいが優れた性質を、現実生活で用いる「大器」に喩えた言葉だが、現在では道ではなく人の器量の喩えとして用いられる。

天網《ハ》恢恢《トシテ》、疎《ニシテ》而不レ失《ハ》。（『老子』第七三章）

天網は恢恢《かいかい》として、疎にして失わず。

【訳】天*が張り巡らせた法の網は広くて大きく、網の目は粗いが何も取り逃すことはない。

【解説】テキストによっては、「失わず」が「漏らさず」になっており、後者の方で「天は人間の悪事をすべてお見通しであり、必ず罰を受ける」という慣用句として知っている人も多いであろう。しかし、現在通行しているテキストの多くが「失」と記すため、ここでは「失わず」で紹介する。

『老子』では、先に紹介した慣用句の意味よりも、政治上の厳罰主義に対する反論としての意味合いが強い。『老子』によれば、人民に対して威圧的に厳しい法律でもって治めようとすると、人民はやけになって法律を守らないようになり、逆効果である。したがって、厳しい法律ではなく、天の緩やかだが要領を得た自然の摂理に任せるべきだとする。法を厳しくすることだけが、世の治安を守る手段ではないことに気づかせてくれる名言である。

朝三にして暮れに四にせん。

朝三《ニシテ》而暮《レニ》四《ニセン》。（『荘子』斉物論篇・『列子』黄帝篇）

【訳】朝三つ、夕方四つにしよう。

【解説】猿使いが栃《とち》の実を猿たちに与えようとして、「朝三つ、夕方四つにしよう」といったところ、猿たちは怒った。「では朝四つ、夕方三つでどうだ」といったところ、猿たちは喜んだ。ここから「朝三暮四《ちょうさんぼし》」という成語が生まれ、「目の前の違いにとらわれて、結果が同じであることに気づかないこと」などの意味で用いられる。では『荘子』は、この説話によって何を伝えたかったのだろうか。

ここで登場する猿は人間の喩えであり、この説話の意図は、言葉のささいな違いで怒り喜ぶ人間の愚かさや、その背後にある善し悪しの価値判断がいかに信頼できないかを述べることにある。そして、「聖人*は評価の是非を調和させて、価値判断にとらわれない境地に身を休める（聖人之を和するに是非を以てし、天鈞《てんきん》に休《いこ》う）」と主張する。

荘周《そうしゅう》夢に胡蝶《こちょう》と為《な》る。

荘周夢為《ニル》胡蝶《ト》。（『荘子』斉物論篇）

【訳】荘周は夢の中で蝶になった。

【解説】昔、荘周（荘子*）は蝶になる夢を見た。嬉々として蝶になりきり、心の赴くままにひらひらと舞い、自分が荘周であることを忘れていた。はっと夢から覚めると、自身は荘周であった。ここで荘周は一つ疑問に思った。「自分は荘周であり、夢の中で蝶となったのか、あるいは自分は実は蝶であって、今夢の中で荘周になっているのか（知らず、周の夢に胡蝶と為るか、胡蝶の夢に周と為るか）」と。

一見、荒唐無稽《こうとうむけい》な話であるが、確かに自身が夢の中にいないことを証明するのは難しい。人は、夢は夢、現実は現実として明確に分け、現実こそが真の世界だと認識する。しかし『荘子』は、夢・現実を含めたあらゆる物事に対して区別を設けず、渾然一体《こんぜんいったい》と認識すべきではないかと主張する。壮大で自由な説話である。

なお「胡蝶の夢」は、一方で「人生も一夜の夢であり、儚いものである」という意味で用いられることもある。

七日《ニシテ》而渾沌死《ス》。(『荘子』応帝王篇)

七日にして渾沌《こんとん》死す。

【訳】七日経ったら渾沌は死んでしまった。

【解説】ある時、南海の神の儵《しゅく》と北海の神の忽《こつ》は、中央の神の渾沌の所で出会い、渾沌は二人を心からもてなした。二人は、渾沌に七つの穴(目二つ・耳二つ・鼻二つ・口一つ)がなく不便ではないかと考え、もてなしへの返礼として一日一つ穴を開けていった。そして七日後、渾沌は死んでしまった。

この話には、「ありのままの自然な状態を受け入れるべき」というメッセージが込められている。そもそも『荘子』は、人の行う善悪や美醜の価値判断は、単に周りと比べた結果生じたものであり、絶対的ではないとみなす。また、そのように比較・差別した結果、物事はその本質を失ってしまうと考え、すべてをありのまま肯定すべきだと主張している。

また『荘子』によれば、目・耳・鼻・口といった感覚器官は、無用な価値判断を下すための情報を得るものである。したがって、儵と忽の善意も余計な事であり、本質を失った渾沌は死んでしまったのである。

確かに人は、「〇〇より美しい・醜い」「〇〇より賢い・愚か」など、常に周りと比較しながら物事や人の価値を判断する。渾沌の死は、この判断方法は本当に正しいのか考えさせるとともに、「ありのままの物事の価値を認める」という別の判断方法にも気づかせてくれる。

なお現在では、渾沌(混沌)で「すべてが入り交じって区別がつかないさま」という意味を表す。

井鼃《せいち》は以て海を語るべからざるは、虚に拘《なず》めばなり。

井鼃《ハ》不《ルハ》レ可《カラ》三以語《テル》二於海《ヲ》一者、拘《メバ》二於虚《ニ》一也。（『荘子』秋水篇）

【訳】井戸の中の蛙に海の話をしても仕方がないが、それは己の住みかに閉じこもっているからだ。

【解説】全長五〇〇〇キロメートルを越える黄河の水神河伯《かはく》は、台風や大雨で黄河が甚だしく広がるのを見て思い上がった。そして、流れに任せて北海までやってくると、そこには海が広がっていた。黄河など比較にならないほど、限りない大海原《おおうなばら》を知ってしまったのである。河伯は、自身の思い上がりをひどく恥じ、北海若《じゃく》（北海の神）に、いかに自分が真理（道＊）を知らなかったか述べた。

北海若は、「井戸の中の蛙に海の話をしても仕方がないが、それは己の住みかに閉じこもっているからだ。それと同じく、見識の狭い者に真理を語っても仕方がないのは世俗の教えにとらわれているからである。しかし、あなたは今自身の小ささを知ったので、ともに真理を語ることができる」として、どうすれば比較・差別に基づいた価値判断から抜け出し、真理を体得することができるか二人で問答を行った。

現在では、「井の中の蛙《かわず》、大海を知らず」で「狭い世界に閉じこもって、広い世界があることを知らないこと」という意味で用いられる。

兵は詭道《きどう》なり。

兵者《ハ》詭道也。（『孫子』計篇）

【訳】戦争とは、敵を欺《あざむ》く行為である。

【解説】『孫子』は、戦争の本質を「詭道」（騙《だま》すこと）に求めた。中国における古い形式の戦争は、事前に開戦の日時を申し合わせ、見通しのきく平原に両軍が布陣したのち、正々堂々と行われた。しかし『孫子』は、そうしたやり方ではなく、敵軍を騙し、意表を突くことが重要と説く。

具体的な方策としては、味方に能力があっても、敵には能力がないように示し、味方がある作戦を実行しようとしていても、敵にはそれを実行しないように示す。もちろん、敵が行う詭道に対する警戒も促している。

では、なぜ詭道を重視するのだろうか。それは、単に勝利するために有効というだけではない。詭道をうまく用いることができれば、正面で衝突した場合より自国の戦力消耗を防ぐことができる。また、敵の被害も最小限となり、勝利後、多くの人的・物的資源が得られる。だからこそ、詭道を兵法の要と説くのである。

兵は拙速《せっそく》なるを聞くも、未だ巧久《こうきゅう》なるを睹《み》ざるなり。

兵《ハ》聞《クモ》二拙速《ナルヲ》一、未《ダ》レ睹《ル》二巧久《ナルヲ》一也。（『孫子』作戦篇）

【訳】戦争では、まずい点があっても早めに切り上げた事例はあるが、戦い方が巧みで長引いたという事例は存在しない。

【解説】戦争とは、いつ死ぬか分からないという意味で、一種の極限状態である。したがって、たとえ大軍を率いて勝ったとしても、それが持久戦ならば、兵士は疲れ果て士気も下がってしまう。また、兵力や戦費も相当に消耗する。さらに、自国がこのような状況にあれば、敵国以外の第三国が、隙を突いて攻め込んでくる危険性がある。そうなれば、たとえ優れた将軍であっても対処するのは難しい。

よって『孫子』は、戦い方に多少まずい点があっても、速やかに終結させるべきだと説く。また、いかに戦い方が巧みであっても、長引かせてはならないとも説く。戦争においては、巧みさより早さを重視すべきという名言である。

現在では、この名言はしばしば仕事に関連づけられ、その場合、戦争は仕事に置き換えられる。内容の完璧さ（巧みさ）を求めいつまでも作業を続けていると、集中力が途切れミスが増え、時間の浪費につながる。ならば、たとえミスが多少あっても、ある程度のところで素早く切り上げ、次の仕事に向かったほうがまだ良いのではないだろうか。

『孫子』本来の意味からは遠ざかる解釈ではあるが、このように考えれば「拙速」の考えは、仕事においても有効だといえる。

彼を知り己を知れば、百戦して殆《あや》うからず。

知《リ》レ彼《ヲ》知《レバ》レ己《ヲ》、百戰《シテ》不レ殆《フカラ》。（『孫子』謀攻篇）

【訳】敵の実情を知り味方の実情を知れば、一〇〇回戦っても危ういことはない。

【解説】戦争において、事前の情報収集・分析がいかに重要か述べた名言。「兵は詭道なり*」で述べた通り、『孫子』は、犠牲を少なくして利益を得ることを重視する。そのために非常に重要となるのが「知る」こと、すなわち事前の情報収集・分析だと、ここでは述べる。

具体的には、国の政治の正しさ、将軍の能力、兵士の練度、自然条件などを項目としてあげ、スパイを用いて自国と敵国の優劣について情報を収集・分析し、優れた項目が多ければ戦い、逆に少なければ避ける。そうすれば、たとえ一〇〇回戦おうが危機的状況に陥ることはないと述べる。

この名言は、競争や勝負事全般においても通用する。まず、自身が戦う分野では何が重要か見極めて項目を立てた後、相手と自分の力量を正確に測り、勝っている項目が多ければ挑戦する。また、劣っている項目が多い相手に勝たなければならない場合は、情報を元に劣勢を覆《くつがえ》すだけの対策を立てて努力する。このように、非常に汎用性のある言葉である。

倉廩《そうりん》実《み》つれば則ち礼節を知り、衣食足れば則ち栄辱を知る。

倉廩實《ツレバ》則知《チリ》二禮節《ヲ》一、衣食足《レバ》則知《チル》二榮辱《ヲ》一。（『管子』牧民篇）

【訳】穀物の倉庫が満たされていれば、人民は礼儀や節度を身に付けるようになり、衣食といった日常生活で不足することがなければ、栄誉と恥辱《ちじょく》をわきまえて行動するようになる。

【解説】「衣食足りて礼節を知る」の元々の出典ともいえるのが、この『管子』*牧民篇の言葉である。牧民篇には、為政者がいかに人民を養い、統治すべきかが記されている。ここでは、人民を物質的に豊かにすることが先決であり、それをクリアしたならば、節度をもった振る舞いの意識が自然と身に付くと述べる。ここには、「食べるものや着るものにすら困っている人間に、道徳や礼儀を守ることを述べても無駄である」という人間観が存在する。そして、まずは国の経済を発展させ貧困をなくせば、人民には心の余裕が生まれ、自然と秩序が生まれると考えた。

一方で、今や物質的に豊かになった我が国では、モラルやマナーの低下が叫ばれている。これを鑑みれば、人は衣食が足りたからといって、必ずしも礼節を知るわけではないようである。しかしこの名言は、どうすれば礼儀は身に付くのか考える良い契機になるのではないだろうか。

人主にも亦た逆鱗《げきりん》有り。

人主ニモ亦タ有リ二逆鱗一。（『韓非子』説難《ぜいなん》篇）

【訳】 君主にも逆鱗というものが存在する。

【解説】「逆鱗」とは、元々「龍ののどにある逆さの鱗《うろこ》」のことである。龍は、うまく飼い慣らせば乗ることもできるが、逆鱗に触ると殺されてしまう。これと同様に、君主もうまく取り入れば親しんで優遇してもらえるが、触れて欲しくない部分を刺激すれば、自分の身が危うくなる。したがって、君主に意見を述べる時は、決してその逆鱗に触れないようにすべきである。以上のエピソードから、「逆鱗」という成語が生まれ、現在では「逆鱗に触れる」＝「目上の人の激しい怒りを買う」のように用いられる。

人間誰しも触れて欲しくない事柄は存在するが、特に自身より立場が上の存在に接する際は、相手の事情や思惑から逆鱗を正確に見極めて話すべきである。上司・先輩・教師などとの関係構築において、心に留めておきたい言葉である。

三人言いて虎を成す。

三人言ヒテ而成スレ虎ヲ。（『韓非子』内儲説《ないちょせつ》上篇・『戦国策』魏策）

【訳】 三人がいえば（市場に）虎が出たことになる。

【解説】「事実ではなくても、沢山の人が言えば信じられてしまう」という意味で用いられる。昔、魏《ぎ》の国に仕えた龐恭《ほうきょう》（『戦国策』*では龐葱《ほうそう》）は、王の子とともに隣国の趙《ちょう》へ向かうこととなった。その際、魏王に対し、「一人が『市場に虎が出た』といったら信じますか」と質問した。王は信じないと答えた。次に、二人が証言した場合を質問すると、王は信じるかもしれないと答えた。最後に三人が証言した場合は、王は信じてしまうだろうと答えた。

この上で龐恭は王に対し、出国後たとえ多くの人々が自分を中傷しても信じないようにお願いして趙へ向かった。しかし結局、側近は龐恭を中傷し、王はこれを信じてしまった。龐恭は帰国後、二度と王にまみえることができなかった。

人間は時に事実を見極めず、周囲の意見や噂に流されて物事の是非を判断してしまう。このことに気づかせてくれる名言である。

子の矛を以て子の楯《たて》を陥《とお》さば何如《いかん》。

以テ二子之矛ヲ一陥サバ二子之楯ヲ一何如。（『韓非子』難一篇）

【訳】あなたの矛でもって、あなたの盾を突いたらどうなるのか。

【解説】ある商人は、楯（盾）を宣伝する際、「どのような弓や刃も通さない強靭《きょうじん》さをもつ」といい、矛を宣伝する際、「いかなる物も突き通せる鋭さをもつ」といった。それを聞いたある人が、「あなたの矛でもって、あなたの盾を突いたらどうなるのか」と質問したところ、商人は答えることができなかった。ここから、「矛盾」という成語が誕生した。

実は、この話には前半部分が存在する。昔、堯《ぎょう》*が天子であった時、舜《しゅん》*はその下で働き、道徳を世に広めていたという。儒家の祖である孔子*はこれを絶賛する一方、『韓非子』は疑問を投げかける。

舜が道徳を世に広める必要があったのは、上位にいる堯の徳が不十分であったからである。しかし、孔子やその他の儒家は、堯・舜の両方を賢人や聖人*とみなして尊敬する。これは、「最高の存在は同時に並び立つことはない」という意味でつじつまが合わないのではないか。以上の続きが矛盾の話となる。つまり矛と盾は、堯・舜の喩えであり、話の意図は、当時『韓非子』の論敵であった儒家への批判だったのである。

其の耒《すき》を釈《す》てて株を守り、復《ま》た兔《うさぎ》を得んことを冀《こいねが》う。

釋テテ二其ノ耒ヲ一而守リレ株ヲ、冀フ二復タ得ンコトヲレ兔ヲ。（『韓非子』五蠹《ごと》篇）

【訳】 耒を捨てて株を見守り、また兔が得られるのを待ち望んだ。

【解説】 昔、宋《そう》という国にある農民がいた。農作業をしていたところ、田畑の中にあった切り株に偶然うさぎがぶつかり、首を折って死んだ。そのことに味を占めた農民は、仕事をやめてしまい、また同じように苦労もなくうさぎが得られるものと期待して、切り株のそばで待ち続けた。しかし、うさぎが得られることはなく、農民は国中の笑いものとなった。

本来このエピソードは、昔の聖王（堯《ぎょう》*・舜*など立派な統治者）の政治を、後の時代でも実践すべきだと説く儒家に対し、「この農民と同じく愚かで笑いものである」と批判するための喩え話である。

現在では、「守株《しゅしゅ》」の二文字に集約され、「かたくなに古い習慣を守り、時代に応じた物事の処理ができないこと」という意味で用いられる。物事をうまく進めるためには、その時代に合わせた臨機応変さが求められることを示唆する言葉である。

福の禍と為《な》り禍の福と為るは、化 極むべからず、深 測るべからざるなり。

福之為リレ禍ト、禍之為ルレ福ト、化不レ可カラレ極ム、深不ルレ可カラレ測ル也。（『淮南子』人間訓）

【訳】 福が禍《わざわい》となり禍が福となる、このような変化を見極めるのは難しく、奥深さを予測することも難しい。

【解説】 国境の砦に占いを得意とする者がいた。ある日、その家の馬が理由もなく逃げてしまった。人々はこの事件を気の毒がったが、家の父親は「このことは福となるであろう」といった。その数カ月後、逃げた馬が良馬を引き連れて戻ってきた。人々が祝福すると、「このことは禍となるだろう」といった。ある時、家の息子がその良馬に乗って骨折してしまった。その一年後、胡《こ》（北方異民族）が国境へ攻めてきた。防衛した若者は一〇人中九人死んだが、その息子は骨折で兵役に就けなかったので生き延びた。このように、幸不幸の移り変わりを見極めることは非常に難しいのである。

この説話は、現在では「人間《じんかん》万事塞翁《さいおう》が馬」の格言で知られている。自身が苦しい境遇《きょうぐう》にある時は励ましになり、楽な境遇にある時は戒めになる言葉である。

蛇足《だそく》を為す者、終《つい》に其の酒を亡《うしな》う。　爲《ス》㆓蛇足《ヲ》㆒者、終《ニ》亡《フ》㆓其《ノ》酒《ヲ》㆒。（『戦国策』斉策）

【訳】描きあげた蛇に必要のない足を書き添えた者は、（最も早く描き終えて褒美《ほうび》の酒がもらえるはずだったのに）とうとう酒を飲みそこねた。

【解説】昔、楚《そ》の国の将軍昭陽《しょうよう》は、魏の国を大いに破り、その勢いで斉《せい》の国を攻めた。その時陳軫《ちんしん》という人が、斉側の使者として昭陽と会見し、以下のような話を聞かせた。

楚の国で祭りがあり、主宰者は仕える人たちに多くの酒を振る舞った。彼らは相談し、地面に蛇の絵を描いて、最初にできた者が酒を独り占めすることに決めた。ある者がまず蛇を描き上げ、左手で酒を飲もうとしながら、右手で蛇を描き続けて「私は足だって描けるぞ」と余裕の振る舞いを見せた。すると別の者が絵を完成させ、「蛇にはもともと足はない」といい、酒を奪って飲んでしまった。こうして先に描き上げた者は、結局酒を飲むことができなかった。

陳軫はこの話を踏まえ、昭陽はすでに偉大な功績をたて、これ以上官職が上がる訳でもないのに、さらに功績をたてようとすれば、蛇足の男のように余計なことをして、得られるはずだった官職すらも逃してしまうと述べた。昭陽はそれに納得し、斉への攻撃を止めた。
　陳軫の巧みな弁舌が光る説話だが、現在では「蛇足」だけが抜き出され、「付け加える必要のないもの」という意味を表す。

虎　獣の己を畏《おそ》れて走るを知らず、以為《おも》えらく狐を畏るるなり。

虎不レ知ラ二獣ノ畏レテレ己ヲ而走ルヲ一也、以為ヘラク畏ルルレ狐ヲ也。（『戦国策』楚策）

【訳】虎は、自分を畏れて獣たちが逃げ出したのだと気づかず、狐を恐れていると思ったのである。

【解説】有名な「虎の威を借る狐」の出典である。昔、楚の国の王は家臣に対し、「北方の国々では、我が国の宰相を畏れていると聞いたが、それは本当か」と尋ねた。この問いに対し、家臣の一人はとある話を持ち出して答えた。

　ある時、虎が狐を捕まえた。狐は、「自分は天帝から獣の長になるよう命令を受けたので、今私を食べると天*の命令に逆らうことになるぞ」といい、命令を受けた証拠を見せるから、後ろからついてくるよう虎にいった。そして、狐と虎はともに出かけたが、獣たちはそれを見ると、一斉に逃げ出した。虎は、その原因が自分ではなく狐を畏れ敬っているからだと信じてしまった。家臣はこの話を喩えに、実は北方諸国が畏れているのは宰相ではなく、その背後にいる王の力であると答えた。

　現在、「虎の威を借る狐」は「権力者の力を借りて威張る小物」のように、否定的に用いられる。しかし元々は、「自分より宰相のほうが他国に尊敬されているのではないか」という楚王の不安に対し、家臣が虎を王、狐を宰相に例えた上で、「宰相は王の力を借りているだけで、実際には王のほうが尊敬されている」と伝えるための例え話である。

燕雀《えんじゃく》安《いずく》んぞ鴻鵠《こうこく》の志《こころざし》を知らんや。

燕雀安《ンゾ》知《ラン》二鴻鵠之志《ヲ》一哉。（『史記』陳渉世家）

【訳】燕や雀のような小さな鳥に、鴻《おおとり》や鵠《はくちょう》のような大きな鳥の志は理解できない。

【解説】この言葉を発した人物である陳勝（字《あざな》は渉、陳渉とも）は、秦末に民衆反乱を主導した人物である。陳勝は若い頃、人に雇われて農作業をしていた。ある時、雇い主に向かって、「もし富貴《ふうき》な身分になっても、お互いのことを忘れずにいましょう」といったが、「どうして雇われている立場のお前が富貴な身分になろう」と笑われ、本気にされなかった。陳勝は深いため息をついて、「ああ、燕や雀に鴻や鵠の志は理解できない（燕雀安んぞ鴻鵠の志を知らんや）」と言葉を漏らす。つまり、雇い主を燕雀、自身を鴻鵠に喩え、大きな志を遂げんとする強い意思が理解されないことを嘆いているのである。

　実際にその後、陳勝は王位に就き、歴史に名を残すこととなった。陳勝の言葉は、今を生きる鴻鵠たちを力強く後押ししてくれている。

寧《むし》ろ鶏口《けいこう》と為《な》るも牛後《ぎゅうご》と為《な》る無《な》かれ。

寧《ロ》為《ルモ》二鶏口《ト》一、無《カレ》レ為《ル》二牛後《ト》一。（『史記』蘇秦伝）

【訳】鶏の口になっても牛の尻にはなるな（大きな集団や組織の末端にいるよりも、小さな集団でも長となったほうが良い）。

【解説】四字熟語「鶏口牛後」の出典となった言葉。蘇秦*という人物が、当時（戦国時代）、最も力の強かった秦国に対抗するため、弁舌を巧みに用いて六つの国に同盟を結ばせた。その弁舌の中に、この言葉が出てくる。有名な言葉なので、漢文の授業で読んだことがある人もいるかもしれない。

　ちなみに、いわゆる「教科書」に載っているもののほとんどは、年少者にも中国の歴史を分かりやすく伝えるため、話のポイントを絞って編纂された『十八史略』*に基づいたものである。そのため、蘇秦が「鶏口牛後」をどのタイミングで発したのか分かりにくい。しかし、『史記』*の方では、蘇秦の活躍が詳細に記されており、「鶏口牛後」が韓の国の宣王を説得する中で出てきた言葉であることが分かる。蘇秦がどのような弁舌を振るったのか興味があれば、是非『史記』の方も読んでみてほしい。

完《フシテ》レ璧《ヲ》帰《ス》レ趙《ニ》。（『史記』藺相如《りんしょうじょ》伝）

璧《へき》を完《まっと》うして趙に帰《き》す。

【訳】璧を壊すことなく、元の状態で持ち主（趙国）に戻すこと。

【解説】「完璧《かんぺき》」の語源となった言葉。「璧」の字を「壁」と書き間違えた経験がある人もいるのではないだろうか。この「璧」とは、「辟」の下の「玉」に表れている通り、「玉《ぎょく》」（宝石）である。形のイメージとしては、五円玉が近い。翡翠《ひすい》のような宝石で作られた大きい五円玉の形をしたもの、これが「璧」である。

ここで登場する「璧」は、「璧」の中でも特に素晴らしいとされた「和氏《か》の璧」というものである。残念ながら現在では行方が分からなくなってしまっているが、この言葉が生まれた時（戦国時代）は、趙国が保持していた。このことを知った大国の秦が、一五の城（城壁で囲まれた街）とその璧とを交換してくれと申し出た。この申し出をどうするかで趙は考えあぐむ。秦は強国、趙は弱国であるため、璧を差し出しても城は貰えない、または、申し出を断ったために攻撃されることになるのではないかと予測したためである。方針がなかなか決まらない中、返答の使者として白羽の矢が立ったのが藺相如である。藺相如は趙王との会話の中で、「両国の力関係を考えると、申し出を断るわけにはいかないが、もし城を譲らないようであれば、璧はそのまま無事に趙に持ち帰ります」と頼りになる発言をする。これが、「完璧」の由来である。

なお、秦に城を譲る気持ちがないことを見抜いた藺相如は、傷一つなく元のままの美しい姿で趙に持ち帰った。譲る気持ちがないのを知った藺相如の怒りの様子は、「怒髪天《どはつてん》を衝《つ》く」と表現され、これもまた慣用句として広く知られている。

石に漱《くちそそ》ぎ流れに枕す。

漱《ギ》レ石《ニ》枕《ス》レ流《レニ》。（『晋書』孫楚《そんそ》伝）

【訳】石で口をすすぎ、水の流れを枕とする。

【解説】孫楚は若い時、俗世間から隠居し山奥で暮らすことを理想とし、友人に「石に枕し流れに漱ぐ（石を枕として川の流れで口をすすぐ）」と述べようとした。しかし「枕」と「漱」を誤って逆にし、「石に漱ぎ流れに枕す」と述べてしまった。友人はその誤りを指摘したが、プライドの高い孫楚は、「石に漱ぐとは石で歯を磨こうとするからであり、流れに枕するのは耳を川で洗おうとするからだ」と苦しい言い訳を行った。

　ここから、「漱石枕流」で「負け惜しみでひどいこじつけを行うこと」や「偏屈な態度で、誤りを指摘されても正そうとしないこと」の意味を表すようになった。夏目漱石の「漱石」は、このエピソードを由来としたペンネームである。

以《テ》レ心《ヲ》傳《フ》レ心《ニ》。（『六祖壇経《ろくそだんきょう》』上巻）

心を以て心に伝う。

【訳】心でもって心に伝える。

【解説】仏教の一派である禅宗《ぜんしゅう》*では、師匠が教えを充分に理解した弟子に対し、達磨《だるま》（禅宗の開祖）の衣服を与え後継者としていた。六代目（六祖）である慧能《えのう》は、師の五代目（五祖）弘忍《こうにん》に認められ、衣服と食器鉢を与えられた。その際、弘忍は慧能に対し、「そもそも、達磨が衣服を代々継承させたのは、自らの教えの証拠とするためである。しかし本来、真理とは心より心に伝え、自分自身で悟らせるべきものである」と述べ、また、「衣服は弟子間での争いのもとになるから、伝えてはならない」と指示した。

　この説話より、「以心伝心」という成語が生まれた。元々、「仏陀《ぶっだ》の教えの本質を言葉ではなく心で伝える」という意味だが、現在では「言葉がなくとも心が通じ合う」という意味で用いられる。

好事は門を出でず、悪事は千里に伝わる。

好事不《ハ》レ出《デ》レ門《ヲ》、悪事《ハ》傳《ハル》二千里《ニ》一。（『景徳伝灯録《けいとくでんとうろく》』巻一二）

【訳】善行は広まることはないが、悪事ははるか遠くにまで伝わる。

【解説】紹宗禅師《しょうそうぜんじ》という人物が述べた言葉として伝わっているが、詳細は不明。いつの時代でも人は噂話が好きだが、大抵盛り上がるのは「〇〇の行いが立派である」のような話題よりも、「〇〇が悪事や不正を働いた」のような話題である。そして、時に根拠のない憶測《おくそく》が混じりながら広まっていく。

また人間は、他人に親切にしてもらうことを当たり前だと感じることはあっても、不快な思いをさせられて当然と思うことは少ない。悪事の被害を受けた人間は、しばしばその不満を周りに広めて発散するため、悪事は遠くまで伝わってしまう。人間心理を的確に言い表した名言である。

病在《ハリ》二不自信《ノ》處《ニ》一。（『臨済録《りんざいろく》』示衆《じしゅう》篇）

病は不自信の処に在り。

【訳】病は自己を信じないところから起こる。

【解説】唐の僧である臨済禅師《りんざいぜんじ》が弟子に伝えた言葉として伝わる。臨済禅師は、もし自身が学んでいる教えを信じることに徹すれば、外の環境に振り回されることなく、即座に仏陀のような存在になることができる、と弟子達に説いた。つまり、学んでいることの価値を一切疑わずに信じ、ひたむきに向き合えばよい、という意味である。

世の中には様々な教えや考え方が存在する。一つの教えや考え方に偏らず、柔軟でバランスの良い生き方を決定していくことも大切だが、ある教えや考え方と専一《せんいつ》に実践し続けながら生きてこそ、見えてくる境地があるのかもしれない。

人を知る者は智、自《みずか》ら知る者は明。

知《ル》レ人《ヲ》者《ハ》智、自《ラ》知《ル》者《ハ》明。（『貞観政要』論択官篇《ろんたくかんへん》）

【訳】他人を正確に理解している人間は智者であり、自分自身を正確に理解している人間は真に聡明な人である。

【解説】唐の太宗《たいそう》が、太平の世を築き上げるためには優秀な人材が必要であるとし、賢才を集めようとした。臣下や自分たちでは賢才を見出すのは難しいと判断した太宗は、自薦《じせん》させることを側近に提案した。これに対して異論を述べたのが魏徴《ぎちょう》である。魏徴は、右に紹介した言葉に続けて次のように説いた。「この言葉に表れているように、他人を理解することは難しいのです。まして、自分自身を理解することは非常に難しい。また愚かな人物は、自身の能力や善行を自慢します。つまり、自薦するような人物はこのような愚かな人物が多いでしょうし、争いのもとにもなるから自薦方式はよろしくないでしょう」と。

もともと、この言葉は『老子』第三三章の言葉に基づいている。『老子』では、他人を知るには「智」、自分を知るには「明」と規定し、後者の方をより高く評価する。一方、『貞観政要』*では、自己の能力を正しく理解した上で、他人にそれを伝えることや、優秀な人材を見極めることがいかに難しいか伝えるために引用されている。

家庭に個の真仏有り、日用に種の真道有り。

家庭有《ニリ》二個眞佛《ノ》一、日用有《ニリ》二種眞道《ノ》一。（『菜根譚』前集二一条）

【訳】家庭の中には一つの真なる仏（悟り）があり、日々の生活の中にこそ一つの真なる道*（生き方）がある。

【解説】「心が誠実で精神が和やかで、穏やかな顔つきで優しい言葉を使い、そして両親兄弟の関係が良好で気持ちが通じ合っていれば、修行するよりはるかに効果がある」と続く。つまり、真に正しい「悟り」や「生き方」とは、特別な修行ではなく、家庭や日常のような身近な場で見出すことができる、と述べる。具体的には、普段から温厚な言動を取り、家庭内での関係を良好に保つことを推奨する。

真に正しい「悟り」や「生き方」と聞くと、何か特別な修行が必要だという印象を受ける。しかし実は、それらは身近な人間関係に気をつければ、それで達成できるのである。理想の生き方とは、遠くではなく身近にあるという名言である。

資料編

①中国の時代区分
②『十三経注疏』一覧表
③「五経四書性理大全」一覧表
④『諸子集成』一覧表
⑤『漢文大系』一覧表
⑥易解説
⑦五行説図解
⑧性説一覧表
⑨『漢書』の人物評価表
⑩数字で学ぶ基本用語
⑪文庫・新書で読む中国の古典

①中国の時代区分

本表は、中国の歴代王朝の年代、首都名、現在の地名を一覧にしたものである。最下段の「地図」のアルファベット表記は、左の「歴代首都一覧地図」と対応している。

国名		年代	首都名	現在の地名	地図
殷（商）		?～前一一〇〇年頃	亳《はく》・殷墟《いんきょ》	河南省安陽《あんよう》県	A
西周		前一一〇〇頃～前七七〇頃	鎬京《こうけい》	西安《せいあん》付近	B
東周（春秋戦国）		前七七〇頃～前二五六	洛邑《らくゆう》	洛陽《らくよう》	C
秦		前二二一～前二〇七	咸陽《かんよう》	西安付近	B
前漢		前二〇六～八	長安《ちょうあん》	西安付近	B
新		八～二三	長安	西安付近	B
後漢		二五～二二〇	洛陽	洛陽	C
三国	魏	二二〇～二六五	洛陽	洛陽	C
	蜀	二二一～二六三	成都《せいと》	成都	E
	呉	二二二～二八〇	建業《けんぎょう》	南京《なんきん》	D
西晋		二六五～三一六	洛陽	洛陽	C
東晋		三一七～四二〇	建康《けんこう》	南京	D
南北朝（北朝）	北魏	三八六～四九三	平城《へいじょう》	大同《だいどう》	F
		四九三～五三四	洛陽	洛陽	C
	北斉	五五〇～五五七	鄴《ぎょう》	河南省臨漳《りんしょう》県	G
	北周	五五六～五八一	長安	西安付近	B

国名		年代	首都名	現在の地名	地図
南北朝（南朝）	宋	四二〇～四七九	建康	南京	D
	斉	四七九～五〇二	建康	南京	D
	梁	五〇二～五五七	建康	南京	D
	陳	五五七～五八九	建康	南京	D
隋		五八一～六一七	長安	西安付近	B
唐		六一八～九〇七	長安	西安付近	B
五代	後梁	九〇七～九二三	汴京《べんけい》	開封	H
	後唐	九二三～九三六	洛陽	洛陽	C
	後晋	九三七～九四六	開封《かいほう》	開封	H
	後漢	九四七～九五〇	開封	開封	H
	後周	九五一～九六〇	開封	開封	H
北宋		九六〇～一一二七	開封	開封	H
南宋		一一二七～一二七九	臨安《りんあん》	杭州《こうしゅう》	I
元		一二七一～一三六八	大都《だいと》	北京	J
明		一三六八～一四二一	南京	南京	D
		一四二一～一六四四	北京	北京	J
清		一六四四～一九一二	北京	北京	J
中華民国		一九一二～一九四九	北京	北京	J
中華人民共和国		一九四九～	北京	北京	J

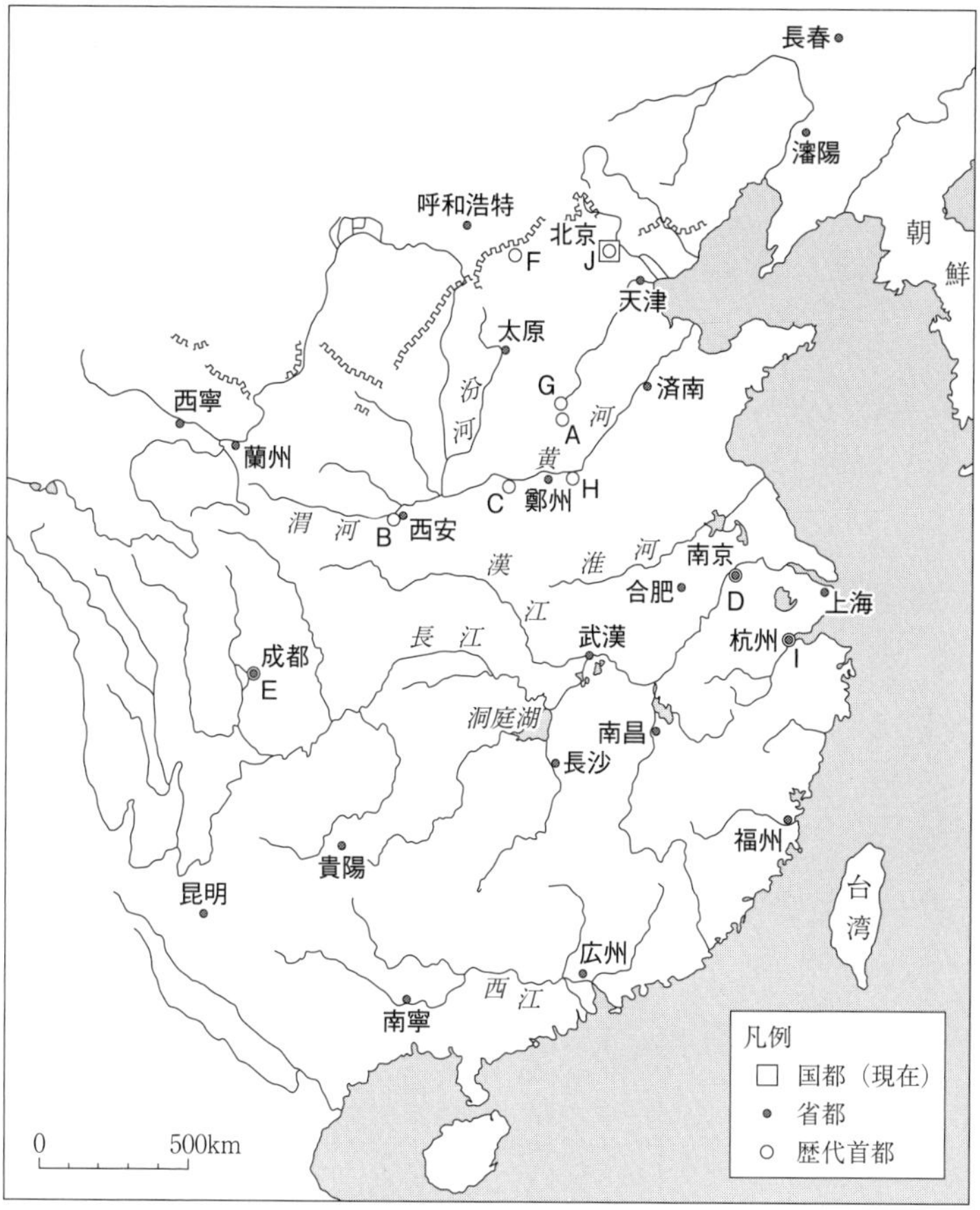
長春
瀋陽
呼和浩特
北京
F
J
朝
鮮
天津
太原
汾
河
G
A
済南
黄
河
西寧
蘭州
C
鄭州
H
渭
河
B
西安
漢
淮
河
南京
合肥
D
上海
江
長
江
武漢
杭州
I
成都
E
洞庭湖
南昌
長沙
福州
貴陽
台
湾
昆明
広州
西
江
南寧
凡例
国都（現在）
省都
歴代首都
0
500km

歴代首都一覧地図

②『十三経注疏』一覧表

『十三経注疏《じゅうさんけいちゅうそ》』*とは、中国の最も重要な経書一三部について、最も権威ある注釈（注《ちゅう》・伝《でん》・解《かい》・箋《せん》）と疏《そ》（注の解説）を集めたものである。本表は、その内訳を一覧にしたものである。

名称	注・伝・解・箋	疏
『周易注疏《しゅうえきちゅうそ》』 （『周易正義《しゅうえきせいぎ》』）	（魏《ぎ》）王弼注《おうひつちゅう》 （晋《しん》）韓康伯《かんこうはく》注	（唐《とう》）孔穎達《くようだつ》
『尚書《しょうしょ》注疏』 （『尚書正義』）	（前漢《ぜんかん》）孔安国伝《こうあんこくでん》	（唐）孔穎達
『毛詩《もうし》注疏』 （『毛詩正義』）	（前漢）毛亨《もうこう》・毛萇《もうちょう》伝 （後漢《ごかん》）鄭玄箋《じょうげんせん》	（唐）孔穎達
『周礼《しゅらい》注疏』	（後漢）鄭玄注	（唐）賈公彦《かこうげん》
『儀礼《ぎらい》注疏』	（後漢）鄭玄注	（唐）賈公彦
『礼記《らいき》注疏』 （『礼記正義』）	（後漢）鄭玄注	（唐）孔穎達

名称	注・伝・解・箋	疏
『春秋左伝《しゅんじゅうさでん》注疏』 （『春秋左伝正義』）	（晋）杜預《どよ》集解	（唐）孔穎達
『春秋公羊伝《しゅんじゅうくようでん》注疏』	（後漢）何休《かきゅう》解詁	（唐）徐彦《じょげん》
『春秋穀梁伝《しゅんじゅうこくりょうでん》注疏』	（晋）范寧集解《はんねいしっかい》	（唐）楊子勛《ようしくん》
『孝経《こうきょう》注疏』	（唐）玄宗御注《げんそうぎょちゅう》	（宋《そう》）邢昺《けいへい》
『論語《ろんご》注疏』	（魏）何晏《かあん》集解	（宋）邢昺
『爾雅《じが》注疏』	（晋）郭璞《かくはく》注	（宋）邢昺
『孟子《もうし》注疏』	（後漢）趙岐《ちょうき》注	（宋）孫奭《そんせき》

③「五経四書性理大全」一覧表

「五経四書性理大全《ごきょうししょせいりたいぜん》」*とは、明《みん》の永楽《えいらく》年間に科挙*試験の国定教科書として「五経*」「四書*」と性理学《せいりがく》に関する宋《そう》・元《げん》の学者の学説を集大成したものである。本表は、その内訳を一覧にしたものである。

名称	伝《でん》・義《ぎ》・説《せつ》・注《ちゅう》	疏《そ》の主要な藍本《らんぽん》
『周易伝義大全《しゅうえきでんぎたいぜん》』（『易経大全《えききょうたいぜん》』）	（北宋《ほくそう》）程頤伝《ていいでん》 （南宋《なんそう》）朱熹本義《しゅきほんぎ》	（元）董真卿《とうしんけい》『周易会通《しゅうえきかいつう》』
『書伝大全《しょでんたいぜん》』（『書経大全《しょきょうたいぜん》』）	（南宋）蔡沈《さいちん》集伝《しゅうでん》	（元）陳櫟《ちんやく》『尚書集伝纂疏《しょうしょしゅうでんさんそ》』 （元）董鼎《とうてい》『書集伝輯録纂注《しょしゅうでんしゅうろくさんちゅう》』
『詩伝大全《しでんたいぜん》』（『詩経大全《しきょうたいぜん》』）	（南宋）朱熹集伝	（元）劉瑾《りゅうきん》『詩伝通釈《しでんつうしゃく》』
『礼記集説大全《らいきしゅうせつたいぜん》』（『礼記大全《らいきたいぜん》』）	（元《げん》）陳澔《ちんこう》集説《しゅうせつ》	陳澔集説に未収録の四二家の説を増補。
『春秋集伝大全《しゅんじゅうしゅうでんたいぜん》』（『春秋大全《しゅんじゅうたいぜん》』）	（北宋・南宋）胡安国《こあんこく》伝	（元）汪克寛《おうこくかん》『春秋胡伝附録纂疏《しゅんじゅうこでんふろくさんそ》』
『四書集注大全《ししょしっちゅうたいぜん》』（『四書大全《ししょたいぜん》』）	（南宋）朱熹章句《しょうく》・或問《わくもん》・集注《しっちゅう》	（元）倪士毅《げいしき》『四書輯釈《ししょしゅうしゃく》』
『性理大全書《せいりだいぜんしょ》』（『性理大全《せいりたいぜん》』）	二五巻までは、（元）黄瑞節《こうずいせつ》『朱子成書《しゅしせいしょ》』に基づいて、周敦頤《しゅうとんい》『太極図説《たいきょくずせつ》』一巻・『通書《つうしょ》』二巻、張載《ちょうさい》『西銘《せいめい》』一巻・『正蒙《せいもう》』二巻、邵雍《しょうよう》『皇極経世書《こうきょくけいせいしょ》』七巻、朱熹『易学啓蒙《えきがくけいもう》』四巻・『家礼《かれい》』四巻、蔡元定《さいげんてい》『律呂新書《りつりょしんしょ》』二巻、蔡沈『洪範皇極内篇《こうはんこうきょくないへん》』二巻を収録。二六巻以降は、一二〇家以上の思想家の資料を、一三目（理気《りき》、鬼神《きしん》、性理《せいり》、道統《どうとう》、聖賢《せいけん》、諸儒《しょじゅ》、学《がく》、諸子《しょし》、歴代《れきだい》、君道《くんどう》、治道《ちどう》、詩《し》、文《ぶん》）に分けて集成している。	

④『諸子集成』一覧表

『諸子集成《しょししゅうせい》』とは、先秦から漢魏に至る「諸子」二八家について、それぞれ清代以前の代表的な注釈書に校点を加えて収録したシリーズで、諸子読解の最も基礎的かつ重要な注釈書である。中国の中華書局から出版された普及版は、一九七八年の重訂版全八冊である。その内訳は、次の通り。（諸子百家については、第二章・第三章参照。）

巻	書名	著（撰）者	備考
一	『論語正義《ろんごせいぎ》』	劉宝楠《りゅうほうなん》	何晏《かあん》の集解をあげて疏釈。
	『孟子正義《もうしせいぎ》』	焦循《しょうじゅん》	趙岐《ちょうき》の孟子注一四巻を底本とし、これに近儒教十家の説を参酌。
二	『荀子集解《じゅんししっかい》』	王先謙《おうせんけん》	清・王先謙撰。
三	『老子注《ろうしちゅう》』	王弼《おうひつ》	魏・王弼注。
	『老子本義《ろうしほんぎ》』	魏源《ぎげん》	清・魏源撰。
	『荘子集解《そうししっかい》』	王先謙	清・王先謙撰。
	『荘子集釈《そうししっしゃく》』	郭慶藩《かくけいはん》	清・郭慶藩撰。
	『列子注《れっしちゅう》』	張湛《ちょうたん》	『列子』の現存最古の注釈本。
四	『墨子間詁《ぼくしかんこ》』	孫詒譲《そんいじょう》	経訓堂本《けいくんどう》『墨子』をもとにし、さらに王念孫《おうねんそん》・王引之《おういんし》・張恵言《ちょうけいげん》等の解釈を参酌している。
	『晏子春秋校注《あんししゅんじゅうこうちゅう》』	張純一《ちょうじゅんいつ》	晏嬰《あんえい》が斉《せい》の霊公《れいこう》・荘公《そうこう》・景公《けいこう》に仕え、君を諫め、民を治めたことを記す。
五	『管子校正《かんしこうせい》』	戴望《たいぼう》	清・戴望撰。尹知章《いちしょう》注。
	『商君書《しょうくんしょ》』	厳万里《げんばんり》	西呉・厳万里撰。
	『慎子《しんし》』	銭熙祚《せんきそ》	戦国趙、慎到《しんとう》撰。物理の当然によって、各々一法を定めてこれを守り、清浄

			にして治めることを論じている。
	『韓非子集解《かんぴししっかい》』	王先慎《おうせんしん》	清・王先慎撰。
六	『孫子十家注《そんしじっかちゅう》』	吉天保《きってんほ》	曹操《そうそう》、孟氏《もうし》、李筌《りぜん》、杜牧《とぼく》、陳皞《ちんこう》、賈林《かりん》、梅堯臣《ばいぎょうしん》、王晳《おうせき》、何延錫《かえんしゃく》、張預《ちょうよ》の注。
	『呉子《ごし》』	孫星衍《そんせいえん》	周の呉起《ごき》撰。兵法の書で、『武経七書』の一つ。清・孫星衍の校訂。
	『尹文子《いんぶんし》』	銭熙祚	戦国斉の尹文《いんぶん》撰。大道上下に分かれ、学術は黄老に基づき、『申子』『管子』の刑名を交える。
	『呂氏春秋《りょししゅんじゅう》』	高誘《こうゆう》	秦の呂不韋《りょふい》が食客三千人に命じて編纂させたという。
七	『新語《しんご》』	陸賈《りくか》	王道を尚《たっと》び覇術を斥《しりぞ》け、その本を修身に帰している。『春秋』『論語』に拠るところが多い。
	『淮南子《えなんじ》』	高誘	前漢・淮南王《わいなんおう》劉安《りゅうあん》撰。後漢・高誘注。原名は、淮南鴻烈《えなんこうれつ》。
	『塩鉄論《えんてつろん》』	桓寛《かんかん》	前漢の武帝期の塩と鉄の可否をめぐる議論（塩鉄会議）を、桓寛がまとめたもの。
	『揚子法言《ようしほうげん》』	揚雄《ようゆう》	『論語』に真似て作ったもので、聖人を尊び王道を論じている。
	『論衡《ろんこう》』	王充《おうじゅう》	創造性豊かな学問的態度や、迷信打破の批判精神は、漢代思想界の異彩と注目される。
八	『潜夫論《せんぷろん》』	王符《おうふ》	当時の弊世を通論している。
	『申鑒《しんかん》』	荀悦《じゅんえつ》	明・黄省曾《こうせいそう》注。政体時事を論じ、讖緯を排斥し、義理を分析している。
	『抱朴子《ほうぼくし》』	葛洪《かっこう》	内篇は純然たる道家の言、外篇は時政の得失、人事の可否を論じて黄老を主とする。
	『世説新語《せせつしんご》』	劉義慶《りゅうぎけい》	後漢から東晋までの嘉言《かげん》・佳話《かわ》・軼事《いつじ》を集めている。
	『顔氏家訓《がんしかくん》』	顔之推《がんしすい》	子孫への戒めとして記した家訓で、立身治家の法を述べ、時俗の誤りを正している。

なお、同じく中華書局から、近年の研究成果を踏まえて『諸子集成』校点の錯誤を改め、さらに『諸子集成』未収の諸子（先秦から唐）を加えたシリーズ『新編諸子集成《しんぺんしょししゅうせい》』が現在刊行中である。

⑤『漢文大系』一覧表

『漢文大系《かんぶんたいけい》』とは、代表的な中国古典の注釈書を収録したシリーズである。全二二冊、一九〇九～一六年冨山房《ふざんぼう》刊（再刊本一九七四～七八年）。江戸時代以降の日本人による訓点・頭注を附したテキストを使用し、テキスト自体は必ずしも最善本とはいえないが、手軽に読める注釈本として利用価値が高い。その内訳は、次の通り。

巻	書名	注釈	解題
一	『大学説《だいがくせつ》（章句《しょうく》）』	安井息軒《やすいそっけん》（名は衡《こう》、字は仲平《ちゅうへい》、号は息軒）注	服部宇之吉《はっとりうのきち》（号は随軒《ずいけん》）
	『中庸説《ちゅうようせつ》（章句《しょうく》）』	安井息軒注	服部宇之吉
	『論語集説《ろんごしっせつ》』	安井息軒注	服部宇之吉
	『孟子定本《もうしていほん》』	安井息軒注	服部宇之吉
二	『箋解古文真宝《せんかいこぶんしんぽう》』（後集）	（元）林以正《りんいせい》注	服部宇之吉
	『増注三体詩《ぞうちゅうさんたいし》』	（宋）周弼《しゅうひつ》撰　（元）釈円至《しゃくえんし》注	服部宇之吉
	『箋註唐詩選《せんちゅうとうしせん》』	（明）李攀龍《りはんりょう》撰　戸崎淡園《とざきたんえん》（名は允明《いんめい》、字は哲夫《てつお》、号は淡園）注	服部宇之吉
三・四	『唐宋八家文読本《とうそうはっかぶんとくほん》』	（清）沈徳潜《しんとくせん》撰 三島中洲《みしまちゅうしゅう》（名は毅《つよし》、字は遠叔《えんしゅく》、号は中洲）評釈	児島献吉郎《こじまけんきちろう》（号は星江《せいこう》・一枝巣《いっしそう》）
五	『十八史略《じゅうはっしりゃく》』	（元）曾先之《そうせんし》編	重野安繹《しげのやすつぐ》（字は士徳《しとく》、号は成斎《せいさい》）
	『小学箋註《しょうがくせんちゅう》』	（清）高愈《こうゆ》注	星野恒《ほしのひさし》（字は徳夫《のりお》、号は豊城《ほうじょう》）
	『御注孝経《ぎょちゅうこうきょう》』	（唐）玄宗《げんそう》注	星野恒
	『弟子職《ていししょく》』	（明）朱長春《しゅちょうしゅん》評	服部宇之吉
六・七	『史記列伝評林《しきれつでんひょうりん》』	（明）凌稚隆《りょうちりゅう》輯校 （明）李光縉《りこうしん》増補	重野安繹
八	『韓非子翼毳《かんぴしよくぜい》』	太田全斎《おおたぜんさい》（名は方《ほう》、字は叔亀《しゅくき》、号は全斎）注	服部宇之吉
九	『老子翼《ろうしよく》』	（明）焦竑《しょうこう》輯	服部宇之吉
	『荘子翼《そうしよく》』	（明）焦竑輯	服部宇之吉

⑤『漢文大系』一覧表

一〇 一一	『春秋左氏会箋《しゅんじゅうさしかいせん》』	竹添井井《たけぞえせいせい》（名は光鴻《こうこう》、字は漸卿《ざんけい》、号は井井）会箋	長沢規矩也《ながさわきくや》（もともと解題を欠いており、補訂版刊行の際に附す）
一二	『毛詩《もうし》』 『尚書《しょうしょ》』	（後漢）鄭玄《じょうげん》箋　（宋）朱熹《しゅき》注 （宋）蔡沈《さいしん》	服部宇之吉 星野恒
一三	『列子《れっし》』 『七書《しちしょ》』 （『武経七書《ぶけいしちしょ》』）	（晋）張湛《ちょうたん》　諸葛晃《しょかつこう》考 『孫子《そんし》』一巻（周・孫武《そんぶ》）、『呉子《ごし》』一巻（周・呉起《ごき》）、『司馬法《しばほう》』一巻（周・司馬《しば》穣苴《じょうしょ》）、『尉繚子《うつりょうし》』一巻（周・尉繚）、『李衛公問対《りえいこうもんたい》』三巻（唐・李靖《りせい》）、『三略《さんりゃく》』三巻（唐・黄石公《こうせきこう》）、『六韜《りくとう》』六巻（周・太公望呂尚《たいこうぼうりょしょう》）。漢文大系には、（宋）吉天保《きってんほ》『孫子十家注』、（明）劉寅《りゅういん》『七書直解《しちしょちょくかい》』（武経直解）、黄《こう》献臣《けんしん》の解（武経開宗《ぶけいかいそう》）が載っている。	服部宇之吉
一四	『墨子間詁《ぼくしかんこ》』	（清）孫詒譲《そんいじょう》撰　戸崎淡園考	小柳《おやなぎ》司気太《しげた》
一五	『荀子集解《じゅんししっかい》』	（清）王先謙《おうせんけん》集解　久保筑水《くぼちくすい》（名は愛《あい》、字は君節《くんせつ》、号は筑水）増注　猪飼彦《いかいよし》博《ひろ》（名は彦博、字は文卿《ぶんけい》・希文《きぶん》、号は敬所《けいしょ》）補遺	服部宇之吉
一六	『周易《しゅうえき》』 『標注伝習録《ひょうちゅうでんしゅうろく》』	（魏）王弼《おうひつ》注　伊藤東涯《いとうとうがい》（名は長胤《ながつぐ》、字は原蔵《げんぞう》、号は東涯・慥慥斎《ぞうぞうさい》）通解 三輪執斎《みわしっさい》（名は希賢《きけん》、号は執斎・躬耕廬《きゅうこうろ》）標注	星野恒 安井小太郎《やすいこたろう》（別名朝康《ともやす》、号は朴堂《ぼくどう》）
一七	『礼記《らいき》』	（後漢）鄭玄注	服部宇之吉
一八	『文章規範《ぶんしょうきはん》』 『古詩賞析《こししょうせき》』	海保漁村《かいほぎょそん》（名は元備《もとなり》・紀之《のりゆき》、字は純卿《じゅんけい》・春農《しゅんのう》、号は漁村）補注 （清）張玉穀《ちょうぎょくこく》撰解	島田鈞一《しまだきんいち》（字は彦和、号は穆堂《ぼくどう》） 岡田正之《おかだまさゆき》（字は君格《くんかく》、号は剣西《けんせい》）
一九	『戦国策正解《せんごくさくせいかい》』	横田乾山《よこたけんざん》（名は惟孝《これたか》、字は順蔵《じゅんぞう》、号は乾山）著　安井息軒補正	安井小太郎
二〇	『淮南子《えなんじ》』 『孔子家語《こうしけご》』	（前漢）許慎《きょしん》注　久保筑水標注 （魏）王粛《おうしゅく》注　（明）何孟春《かもうしゅん》補注	服部宇之吉 服部宇之吉
二一	『管子纂詁《かんしさんこ》』 『晏子春秋《あんししゅんじゅう》』	安井息軒纂詁 （清）孫星衍《そんせいえん》校	小柳司気太 小柳司気太
二二	『楚辞《そじ》（楚辞後語《そじこうご》）』 『近思録《きんしろく》』	（宋）朱熹集注　（魏）王逸《おういつ》注　岡松甕谷《おかまつおうこく》（名は辰《しん》、字は君盈《くんえい》、号は甕谷）考 （宋）葉采《しょうさい》集解	岡田正之 井上哲次郎《いのうえてつじろう》（号は巽軒《そんけん》）

⑥易解説

・『易《えき》』（『周易《しゅうえき》』*）とは占いの書であり、五経《ごきょう》*の一つに数えられる。易の原理によると、世界は陰と陽の二つの気によって構成され、陽の気を⚊、陰の気を⚋の記号（爻《こう》）で示す。その陰⚋陽⚊の二種の爻を三本組み合わせたものが「八卦《はっか》」、すなわち乾《けん》☰・坤《こん》☷・震《しん》☳・巽《そん》☴・坎《かん》☵・離《り》☲・艮《ごん》☶・兌《だ》☱の八つの卦《か》である。それを上下（上を外卦、下を内卦という）に重ねて組み合わせると、「六十四卦《ろくじゅうしか》」となる。

・『周易』のテキストは、経《けい》（本文）と伝《でん》（解説）よりなる。経は、六四の象徴的な符号である卦と、その卦の内容を文章に表した卦辞《かじ》・爻辞《こうじ》で構成されている。卦辞とは一つの卦全体の説明、爻辞とは各卦の一本一本の爻につけられた解説文であり、これらが占いの判断の言葉となる。

・易占いは筮竹《ぜいちく》（五〇本の細い竹の棒）などを用いて行われ、その手法は様々であるが、下から順番に陰陽の爻が決まってゆき、最終的に六つの爻で構成される。六つの爻辞もその順に記されている。各爻の呼び方は、陽爻⚊が第一の場所（位という）にある時はこれを初九《しょきゅう》といい、陰爻⚋にある時は初六《しょりく》という。第二の位に陽爻があれば九二《きゅうじ》といい、陰爻があれば六二《りくじ》という。第三位は九三《きゅうさん》あるいは六三《りくさん》、第四位は九四《きゅうし》あるいは六四《りくし》、第五位は九五《きゅうご》あるいは六五《りくご》、そして一番上の位に陽爻があれば上九《しょうきゅう》、陰爻ならば上六《しょうりく》と呼ぶ。なお、九は陽爻⚊、六は陰爻⚋を代表する数である。

・「六十四卦」の順序を見ると、乾䷀の次が坤䷁で、陰と陽が反対の形、屯《ちゅん》䷂の次が蒙《もう》䷃で、全体を上下ひっくり返した形、というように一卦ずつの組み合わせになっている。『周易』の経は上下二部に分かれており、乾から離までを上経、咸《かん》䷞から未済《みせい》䷿までを下経と呼ぶ。

・『周易』は、一九七三年に馬王堆漢墓《まおうたいかんぼ》から帛書《はくしょ》*（馬王堆帛書《まおうたいはくしょ》）が、一九七七年に安徽省の阜陽《ふよう》漢墓から竹簡*（阜陽漢簡《ふようかんかん》）が出土している。また、一九九四年に上海博物館が入手した竹簡（上博楚簡《しゃんはくそかん》）にも『周易』が含まれており、それが現在発見されている最も古いテキストである。上博楚簡には、「六十四卦」のうち約半分にあたる三四の卦が含まれている。卦の順序は今本と同じであるが、符号が六種類（一説には九種類）見られることが特徴であり、それらの符号が何を意味するのかについては諸説ある。

【六十四卦一覧】

・図中の数字は『周易《しゅうえき》』の記載順序、※は上博楚簡《しゃんはくそかん》『周易』に見える卦。

☱ 兌《だ》	☶ 艮《ごん》	☲ 離《り》	☵ 坎《かん》	☴ 巽《そん》	☳ 震《しん》	☷ 坤《こん》	☰ 乾《けん》	上／下
䷪ 夬《かい》※ 43	䷙ 大畜《だいちく》※ 26	䷍ 大有《だいゆう》※ 14	䷄ 需《じゅ》※ 5	䷈ 小畜《しょうちく》 9	䷡ 大壮《だいそう》 34	䷊ 泰《たい》 11	䷀ 乾《けん》 1	☰ 乾《けん》
䷬ 萃《すい》※ 45	䷖ 剥《はく》 23	䷢ 晋《しん》 35	䷇ 比《ひ》※ 8	䷓ 観《かん》 20	䷏ 豫《よ》※ 16	䷁ 坤《こん》 2	䷋ 否《ひ》 12	☷ 坤《こん》
䷐ 随《ずい》※ 17	䷚ 頤《い》※ 27	䷔ 噬嗑《ぜいごう》 21	䷂ 屯《ちゅん》 3	䷩ 益《えき》 42	䷲ 震《しん》 51	䷗ 復《ふく》※ 24	䷘ 无妄《むぼう》※ 25	☳ 震《しん》
䷛ 大過《たいか》 28	䷑ 蠱《こ》※ 18	䷱ 鼎《てい》 50	䷯ 井《い》※ 48	䷸ 巽《そん》 57	䷟ 恒《こう》※ 32	䷭ 升《しょう》 46	䷫ 姤《こう》※ 44	☴ 巽《そん》
䷮ 困《こん》※ 47	䷃ 蒙《もう》※ 4	䷿ 未済《みせい》※ 64	䷜ 坎《かん》 29	䷺ 渙《かん》※ 59	䷧ 解《かい》※ 40	䷆ 師《し》※ 7	䷅ 訟《しょう》※ 6	☵ 坎《かん》
䷰ 革《かく》※ 49	䷕ 賁《ひ》 22	䷝ 離《り》 30	䷾ 既済《きせい》※ 63	䷤ 家人《かじん》 37	䷶ 豊《ほう》※ 55	䷣ 明夷《めいい》 36	䷌ 同人《どうじん》 13	☲ 離《り》
䷞ 咸《かん》※ 31	䷳ 艮《ごん》※ 52	䷷ 旅《りょ》※ 56	䷦ 蹇《けん》※ 39	䷴ 漸《ぜん》※ 53	䷽ 小過《しょうか》※ 62	䷎ 謙《けん》※ 15	䷠ 遯《とん》※ 33	☶ 艮《ごん》
䷹ 兌《だ》 58	䷨ 損《そん》 41	䷥ 睽《けい》※ 38	䷻ 節《せつ》 60	䷼ 中孚《ちゅうふ》 61	䷵ 帰妹《きまい》 54	䷒ 臨《りん》 19	䷉ 履《り》 10	☱ 兌《だ》

【例1　泰卦】

泰《たい》䷊は、乾の卦に坤の卦が乗っている形であり、上に昇ろうとする乾と下に降りようとする坤が互いに交わり通じ合い、安泰であることを示す。

［卦辞］

泰、小往大来、吉亨。

泰《たい》は、小往《ゆ》き大来《きた》る、吉にして亨《とお》る。

（小（陰）が行き大（陽）が来て通じ合うので、吉でうまくいく。）

［爻辞］

初九、抜茅茹、以其彙、征吉。

初九、茅《ちがや》を抜くに茹《じょ》たり、其《そ》の彙《たぐい》と以《とも》にす。征《ゆ》けば吉なり。

（茅〔イネ科の植物〕を一本引き抜くと、その株すべてが連なって抜けるように、仲間を率いて進むと吉である。）

九二、包荒、用馮河、不遐遺、朋亡、得尚于中行。

九二、荒《こう》を包《か》ね、馮河《ひょうか》を用《もち》い、遐《とお》きを遺《わす》れず、朋亡《ともうしな》えば、中行《ちゅうこう》に尚《かな》うを得《う》。

（穢《けが》れを包容する度量と、歩いて河を渡るような度胸を持ち、疎遠の者のことを忘れずに、朋党の私心を絶てば〔そのような公平さをもてば〕、泰平な中道を進むことができる。）

九三、无平不陂、无往不復。艱貞无咎。勿恤其孚、于食有福。

九三、平《たい》らかにして陂《かたむ》かざる无《な》く、往きて復《かえ》らざる无し。艱《くるし》みて貞《ただ》しければ咎《とが》なし。其の孚《まこと》を恤《うれ》うること勿《なか》れ。食に于《お》いて福有らん。

（安定していて傾くことはないというものはなく、行き去って帰って来ないということはない。苦しみに耐えて正しい道を進めば罪も過《あやま》ちもない。誠意を疑ってはならない。食については福がある。）

六四、翩翩、不富以其隣、不戒以孚。

六四、翩翩《へんぺん》たり、富《と》めりとせずして其《そ》の隣と以《とも》にす。戒《いまし》めずして以《もっ》て孚あり。

（鳥が軽快に飛ぶように、富に対して謙虚で隣人を連れ立って交わろうとする。互いに戒めることがないと誠意が生じる。）

六五、帝乙帰妹、以祉元吉。

六五、帝乙《ていいつ》 妹《いもうと》を帰《とつ》がしむ、以て祉《さいわい》ありて元吉《げんきつ》なり。

（殷の王である帝乙が妹を降嫁させたように謙虚さをもつならば、幸いがあって大吉である。）

上六、城復于隍。勿用師。自邑告命、貞吝。

上六、城隍《しろほり》に復る。師《いくさ》を用《もち》うること勿《なか》れ。邑《ゆう》より命《めい》を告《つ》ぐ、貞しけれども吝《はじ》なり。

（城が崩れて堀に落ちる。〔国内が分裂するが〕武力を用いて抑えてはならない。ただ自分の小さな村だけに命令を伝えるのがよく、正しい道を守っていても恥を免れない。）

【例2　否卦】

否《ひ》䷋は、泰卦とは逆に乾の卦が坤の卦に乗っている形で、きわめて不安定であり、また乾は上に昇ろうとし坤は下に降りようとして背き合うことから、すべてがうまくいかない八方塞がりな状態を示す。

［卦辞］

否之匪人。不利君子貞、大往小來。

之《これ》を否《ふさ》ぐは人に匪《あら》ず。君子の貞《ただ》しきに利《よろ》しからず。大往《ゆ》き小来《きた》る。

（〔陽が行き陰が来るので陰陽交わらず〕上下が通じる道を塞ぐのは人の道ではない。君子が正しい道を進んでいてもうまくいかない。大（陽）が行き小（陰）が来て背《そむ》き合う。）

［爻辞］

初六、抜茅茹、以其彙、貞吉、亨。

初六、茅《ちがや》を抜くに茹《じょ》たり、其《そ》の彙《たぐい》と以《とも》にす。貞《てい》なれば吉《きち》にして亨《とお》る。

（茅を一本引き抜けば、その株すべてが連なって抜けるように、仲間を率いて正しい道を行くならば吉でうまくいく〔初爻で陰の初めであるため、まだ背き合わない〕。）

六二、包承。小人吉。大人否亨。

六二、包承《ほうしょう》す。小人《しょうじん》は吉なり。大人《たいじん》は否にして亨る。

（包み込まれてそれに従う。小人ならば吉。大人ならば八方塞がりでも正しい道を行って耐えればうまくいく。）

六三、包羞。

六三、包羞《ほうしゅう》す。

（自己の恥を隠す〔その位に分不相応であるため〕。）

九四、有命无咎、疇離祉。

九四、命《めい》有《あ》れば咎《とが》无《な》し。疇《たぐい》祉《さいわい》に離《つ》く。

（命を受けて動けば罪も過ちもない。仲間とともに福を得る。）

九五、休否。大人吉。其亡其亡、繫于苞桑。

九五、否《ひ》を休《や》む。大人は吉なり。其《そ》れ亡《ほろ》びん其れ亡びん、苞桑《ほうそう》に繫《かか》る。

（閉塞状態を休止させる。大人は吉であるが、この身は桑の葉にぶら下がっているようなもので、いつ亡びてもおかしくはないので、慎重になるべきである。）

上九、傾否、先否後喜。

上九、否を傾《かたむ》く。先には否《ふさ》がり後には喜ぶ。

（閉塞状態が極致に達して終わりに傾いてゆく。先は塞がっているが後に喜びが訪れる。）

⑦五行説図解

五行説《ごぎょうせつ》とは、戦国時代の鄒衍《すうえん》*が唱えた学説である。五行とは、人間の日常生活に欠くことのできない木・火・土・金・水の五つの元素であり、「行」の字はめぐるという意味を含みもつ。この五元素が、ある一定の法則に従って循環交代するという考えから、鄒衍はこれを歴代王朝に配当してその変遷の順序を理論づけた。その方法は身近な事象に見られる原理を歴史的法則に当てはめようとするもので、虞《ぐ》は土徳をもって、夏《か》は木徳をもって、殷《いん》は金徳をもって、周《しゅう》は火徳をもってそれぞれ王となったと説く。

鄒衍の説く五行の循環関係は、土は木に勝たず、木は金に勝たず、金は火に勝たず、火は水に勝たず、水は土に勝たずという火・水・土・木・金の順で交代する五行相勝《ごぎょうそうしょう》（相克《そうこく》・相剋《そうこく》）説《せつ》である。すなわち、五行の循環を歴代王朝の五徳に当てはめて王朝の交代を説くもので、五徳がかわるがわる終わってはまた始まるとする循環史観による世界の解釈といえる。

前漢初期までは鄒衍の五行相勝説が盛行したが、前漢末期になるとこの循環関係に対立して五行相生説《ごぎょうそうせいせつ》が優勢となり、さらに漢代になると陰陽説と合して陰陽《いんよう》五行説《ごぎょうせつ》*が盛んとなり、万物は五行の力によって生成されるとして、季節・方位・色彩など種々の事物に配当されるようになった。

以下、その配当表を掲げる。

	木	火	土	金	水
五行属性	生発舒展	温熱炎上	長養変化	静粛収斂	寒湿下行
五季	春	夏	長夏	秋	冬
五方	東	南	中	西	北
五化	生	長	化	収	蔵
五色	蒼	赤	黄	白	黒
五味	酸	苦	甘	辛	鹹
五気	風	暑	湿	燥	寒
五時	平旦	日中	日西	合夜	夜半
五音	角	徴	宮	商	羽
五穀	麻	麦	稷	稲	豆
五畜	犬	馬	牛	鶏	豚
五臓	肝	心	脾	肺	腎
五腑	胆	小腸	胃	大腸	膀胱
五体	筋	脈	筋肉	皮膚	骨

【五行相生図】

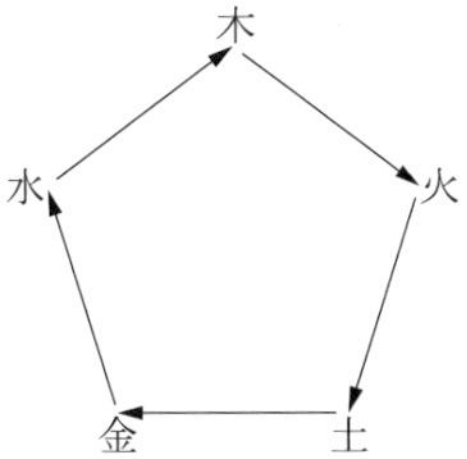

五行相生《ごぎょうそうせい》とは、五行が木・火・土・金・水の順序に従って、相互資生を繰り返す関係をいう。すなわち、木は火を生じ、火は土を生じ、土は金を生じ、金は水を生じ、水は木を生ず、という関係である。それを図示すると、上のようになる。

【五行相勝図】

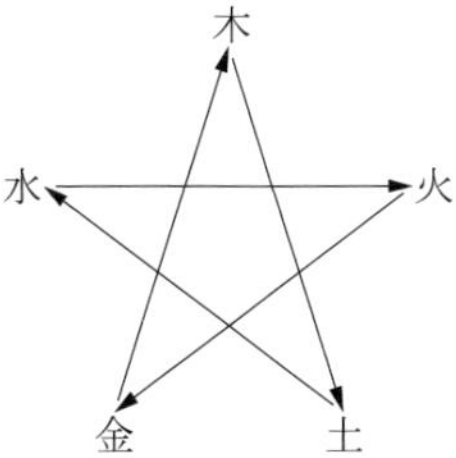

五行相勝《ごぎょうそうしょう》（相克《そうこく》・相剋《そうこく》）とは、五行が相互克服する循環の関係をいう。すなわち、木は土に勝ち、土は水に勝ち、水は火に勝ち、火は金に勝ち、金は木に勝つ、という関係である。それを図示すると、上のようになる。

⑧性説一覧表（先秦～宋代）

本表は、春秋時代から南宋までの、儒家を中心とする代表的な性説を一覧にしたものである。なお、孔子＊の言葉「唯上智与下愚不移（唯上智《ただじょうち》と下愚《かぐ》とは移《うつ》らず）」は、性について述べたものではないとするのが定説であるが、後人の性三品説《せいさんぴんせつ》に影響を与えていると思われるため、参考として掲げる。

時代	人名	性説	根拠となる文	出典
周	孔子《こうし》	（性の具体的内容については語らず）	子貢曰、夫子之文章、可得而聞也、夫子之言性与天道、不可得而聞也已矣。 性相近也、習相遠也。 子曰、唯上智与下愚不移。	『論語《ろんご》』公冶長《こうやちょう》 『論語』陽貨《ようか》
周	世碩《せせき》 宓子賤《ふくしせん》 漆雕開《しっちょうかい》 公孫尼子《こうそんじし》	性有善有悪説《せいゆうぜんゆうあくせつ》 （人の本性には善も悪もあるとする説）	周人世碩、以為人性有善有悪。挙人之善性、養而致之則善長。性悪、養而致之則悪長。如此、則性各有陰陽、善悪在所養焉。故世子作『養書』一篇。宓子賤・漆雕開・公孫尼子之徒、亦論情性、与世子相出入、皆言性有善有悪。	『論衡《ろんこう》』本性
戦国	子思《しし》		天命之謂性。率性之謂道。修道之謂教。	『中庸《ちゅうよう》』第一章
戦国	告子《こくし》	性無善無悪説《せいむぜんむあくせつ》 （人の本性には善も悪もないとする説）	告子曰、性猶湍水也、決諸東方則東流、決諸西方則西流。人性之無分於善不善也、猶水之無分於東西也。孟子曰、水信無分於東西、無分於上下乎。人性之善也、猶水之就下也。人無有不善、水無有不下。今夫水、搏而躍之、可使過顙。激而行之、可使在山。是豈水之性哉。其勢則然也。人之可使為不善、其性亦猶是也。	『孟子』告子
戦国	孟子《もうし》	性善説《せいぜんせつ》 （人の本性は善であるとする説）		
戦国	荀子《じゅんし》	性悪説《せいあくせつ》 （人の本性は悪であるとする説）	人之性悪、其善者偽也。	『荀子』性悪
	賈誼《かぎ》	性三品説《せいさんぴんせつ》の先駆 （人の本性には上・中・下があるとする説）	上主者、可引而上、不可引而下。下主者、可以引而下、不可引而上。中主者、可引而上、可引而下。	『新書《しんじょ》』連語《れんご》

時代	人物	性説	原文	出典
前漢	劉向《りゅうきょう》	性情相応説《せいじょうそうおうせつ》（性と情は相応するとする説）	劉子政曰、性、生而然者也。在於身而不発。情、接於物而然者也。出形於外。形外則謂之陽、不発者則謂之陰。	『論衡』本性
	揚雄《ようゆう》	性善悪混合説《せいぜんあくこんごうせつ》（人の本性は善と悪が混ざり合っているとする説）	人之性也善悪混、修其善則為善人。修其悪則為悪人。気也者、所以適善悪之馬也与。	『法言《ほうげん》』修身《しゅうしん》
後漢	王充《おうじゅう》	性有善悪説《せいゆうぜんあくせつ》（人の本性には善悪があるとする説）	論人之性、定有善有悪。其善者、固自善矣、其悪者、故可教告率勉、使之為善。	『論衡』率性《そっせい》
		性三品説	余固以、孟軻言人性善者、中人以上者也、孫卿言人性悪者、中人以下者也、楊雄言人性善悪混者、中人也。	『論衡』本性
	荀悦《じゅんえつ》	性情相応説	劉向曰、性情相応、性不独善、情不独悪。……唯向言為然。	『申鑒《しんかん》』雑言《ざつげん》
		性三品説	或問天命人事。曰、有三品焉、上下不移、其中則人事存焉爾。	『申鑒』雑言
唐	韓愈《かんゆ》	性三品説	曰、性之品有上中下三。上焉者善也而已矣。中焉者可導而上下者也。下焉者悪焉而已矣。	『原性《げんせい》』
	李翺《りこう》	性善情悪説《せいぜんじょうあくせつ》（人の性は善で、情は悪であるとする説）	人之所以為聖人者性也、人之所以惑其性者情也。喜怒哀懼愛悪欲七者皆情之所為也、情即昏、性斯匿矣、非性之過也。	『復性書《ふくせいしょ》』
北宋	程顥《ていこう》	本然気質説《ほんぜんきしつせつ》（人の本性を本然の性〔自然に付与された善性〕と気質の性〔物質的な性格〕に分ける説）	子曰、性無不善、其偏蔽者、由気稟清濁之不斉也。	『二程集《にていしゅう》』心性《しんせい》
	程頤《ていい》	性気一元説《せいきいちげんせつ》（性はすなわち気であるとする説）	程子曰、生之謂性。性即気、気即性、生之謂也、人生気稟、理有善悪。然不是性中元有此両物相対而生也。	『二程遺書《にていいしょ》』『性理大全《せいりたいぜん》』
	王安石《おうあんせき》	性情一元説《せいじょういちげんせつ》（性と情が一つであるとする説）	性者情之本、情者性之用、故吾曰、性情一也。	『性情論《せいじょうろん》』
南宋	朱熹《しゅき》	本然気質説	朱子曰、有天地之性、有気質之性。天地之性則太極本然之妙、万殊之一本也。気質之性則二気交運而生、一本而万殊也。愚按、性者、人之所得於天之理也、生者、人之所得於天之気也。性形而上者也、気形而下者也。	『性理大全』『孟子集注《もうししっちゅう》』

⑨『漢書』の人物評価表

『漢書《かんじょ》』古今人表《ここんじんぴょう》では、歴代の人物を上《じょう》の上《じょう》から下《げ》の下《げ》まで九つのランクに分類し、その評価が示されている。本表は、その中の著名な人物を取り上げて一覧にしたものである。なお、（　）内の数字は、本表では取り上げなかった人物をも含めた総数である。

ランク	人物
上の上（14）（聖人）	太昊帝宓羲《たいこうていふつぎ》　炎帝神農氏《えんていしんのうし》　黄帝軒轅氏《こうていけんえんし》　少昊帝金天氏《しょうこうていきんてんし》　顓頊帝高陽氏《せんぎょくていこうようし》　帝堯陶唐氏《ていぎょうとうこうし》　帝舜有虞氏《ていしゅんゆうぐし》　帝禹夏后氏《ていうかこうし》　帝湯殷商氏《ていとういんしょうし》　文王周氏《ぶんおうしゅうし》　武王《ぶおう》　周公《しゅうこう》　仲尼《ちゅうじ》
上の中（174）（仁人）	伊尹《いいん》　傅説《ふえつ》　微子《びし》　箕子《きし》　比干《ひかん》　伯夷《はくい》　叔斉《しゅくせい》　召公《しょうこう》　管仲《かんちゅう》　呉季札《ごきさつ》　左丘明《さきゅうめい》
上の下（204）（智人）	倉《そう》（蒼《そう》）頡《けつ》　子貢《しこう》
中の上（315）	
中の中（329）	文子《ぶんし》
中の下（299）	
下の上（241）	
下の中（231）	
下の下（132）	蚩尤《しゆう》

⑨『漢書』の人物評価表

顔淵《がんえん》 閔子騫《びんしけん》 冉伯牛《ぜんはくぎゅう》 仲弓《ちゅうきゅう》 子思《しし》 孟子《もうし》 屈原《くつげん》 孫卿《そんけい》
冉有《ぜんゆう》 季路《きろ》 子游《しゆう》 子夏《しか》 曾子《そうし》 子張《しちょう》 公冶長《こうやちょう》 范蠡《はんれい》 恵子《けいし》 滕文公《とうぶんこう》 公孫丑《こうそんちゅう》
老子《ろうし》 越勾践《えつこうせん》 長沮《ちょうそ》 桀溺《けつでき》 墨翟《ぼくてき》 孫臏《そんぴん》 商鞅《しょうおう》 申子《しんし》 尹文子《いんぶんし》 公羊子《くようし》 穀梁子《こくりょうし》 告子《こくし》 白起《はくき》 田単《でんたん》 平原君《へいげんくん》 韓非《かんぴ》
司馬穰苴《しばじょうしょ》 呉孫武《ごそんぶ》 扁鵲《へんじゃく》 孫子《そんし》 列子《れっし》 斉威王《せいいおう》 淳于髡《じゅんうこん》 尸子《しし》 鄒衍《すうえん》 田駢《でんべん》 孟嘗君《もうしょうくん》 春申君《しゅんしんくん》 呂不韋《りょふい》 荊軻《けいか》
呉起《ごき》 蘇秦《そしん》 張儀《ちょうぎ》 申子《しんし》 慎子《しんし》 恵施《けいし》 公孫龍《こうそんりょう》 秦始皇《しんしこう》 李斯《りし》 項羽《こうう》 陳勝《ちんしょう》 呉広《ごこう》
魯哀公《ろあいこう》
呉王闔廬《ごおうこうりょ》 秦二世胡亥《しんにせいこがい》
呉王夫差《ごおうふさ》 趙高《ちょうこう》

⑩数字で学ぶ基本用語

本表は、漢数字を冠した人名・国名・書名・概念語などを一覧にしたものである。

数字	名称	内容
二	二気《にき》	陰《いん》の気、陽《よう》の気
	二帝《にてい》	堯《ぎょう》、舜《しゅん》
	二程《にてい》	程顥《ていこう》、程頤《ていい》
三	三王《さんおう》	禹王《うおう》、湯王《とうおう》、文王《ぶんおう》
	三桓《さんかん》	孟孫《もうそん》、叔孫《しゅくそん》、季孫《きそん》（春秋時代に魯《ろ》で活躍した三大貴族、斉《せい》の桓公《かんこう》を祖とする）
	三教《さんきょう》	儒教《じゅきょう》、仏教《ぶっきょう》、道教《どうきょう》
	三皇《さんこう》	伏羲《ふっき》、女媧《じょか》、神農《しんのう》
	三綱《さんこう》	君臣《くんしん》の道《みち》、父子《ふし》の道、夫婦《ふうふ》の道
	三綱領《さんこうりょう》	明明徳《めいめいとく》（明徳を明らかにする）、親民《しんみん》（民に親しむ）、止於至善《しおしぜん》（最高の善にとどまる）（『大学』）
	三国《さんごく》	魏《ぎ》、呉《ご》、蜀《しょく》
	三才《さんさい》	天《てん》、地《ち》、人《じん》
	三史《さんし》	『史記《しき》』『漢書《かんじょ》』『後漢書《ごかんじょ》』
	三晋《さんしん》	趙《ちょう》、魏《ぎ》、韓《かん》
	三蘇《さんそ》	蘇洵《そじゅん》、蘇軾《そしょく》、蘇轍《そてつ》
	三曹《さんそう》	曹操《そうそう》、曹丕《そうひ》、曹植《そうち》

	三代《さんだい》	夏《か》、殷《いん》、周《しゅう》
	三通《さんつう》	『通典《つてん》』『通志《つうし》』『文献通考《ぶんけんつうこう》』（諸制度の沿革を記した書）
	三伝《さんでん》	『春秋左氏伝《しゅんじゅうさしでん》』『春秋公羊伝《しゅんじゅうくようでん》』『春秋穀梁伝《しゅんじゅうこくりょうでん》』
	三民主義《さんみんしゅぎ》	民族《みんぞく》主義、民権《みんけん》主義、民生《みんせい》主義
	三礼《さんらい》	『周礼《しゅらい》』『儀礼《ぎらい》』『礼記《らいき》』
四	四夷《しい》	東夷《とうい》、西戎《せいじゅう》、南蛮《なんばん》、北狄《ほくてき》（中国古代で、自国を中華というのに対し、四方の異民族を指していう語）
	四科《しか》	徳行《とっこう》、言語《げんご》、政事《せいじ》、文学《ぶんがく》（孔子が重んじた四つの科目）
	四書《ししょ》	『論語《ろんご》』『孟子《もうし》』『大学《だいがく》』『中庸《ちゅうよう》』
	四神《しじん》	青龍《せいりゅう》、白虎《びゃっこ》、朱雀《すざく》、玄武《げんぶ》
	四大奇書《しだいきしょ》	『三国志演義《さんごくしえんぎ》』『西遊記《さいゆうき》』『水滸伝《すいこでん》』『金瓶梅《きんぺいばい》』
	四端《したん》	惻隠《そくいん》（いたわり）の心《こころ》、羞悪《しゅうお》（不善を恥じ憎む）の心《こころ》、辞譲《じじょう》（ゆずりあい）の心《こころ》、是非《ぜひ》（善悪を判断する）の心《こころ》（『孟子』）
	四部分類《しぶぶんるい》	経《けい》（経書）、史《し》（歴史書）、子《し》（諸子百家の書）、集《しゅう》（詩文）
五	五音《ごおん》	宮《きゅう》、商《しょう》、角《かく》、徴《ち》、羽《う》（音階を構成する五つの音）
	五経《ごきょう》	『易《えき》』『書《しょ》』『詩《し》』『礼《れい》』『春秋《しゅんじゅう》』
	五行《ごぎょう》	木《もく》、火《か》、土《ど》、金《きん》、水《すい》
	五胡《ごこ》	匈奴《きょうど》、羯《けつ》、鮮卑《せんぴ》、氐《てい》、羌《きょう》（西晋末から華北で興亡を繰り返した五つの周辺民族）
	五常《ごじょう》	仁《じん》、義《ぎ》、礼《れい》、智《ち》、信《しん》
	五代《ごだい》	後梁《こうりょう》、後唐《こうとう》、後晋《こうしん》、後漢《こうかん》、後周《こうしゅう》（唐の滅亡後に華北で興亡した諸王朝）
	五帝《ごてい》	黄帝《こうてい》、顓頊《せんぎょく》、帝嚳《ていこく》、帝堯《ていぎょう》、帝舜《ていしゅん》

	五倫《ごりん》	父子《ふし》の親《しん》、君臣《くんしん》の義《ぎ》、夫婦《ふうふ》の別《べつ》、長幼《ちょうよう》の序《じょ》、朋友《ほうゆう》の信《しん》
	春秋《しゅんじゅう》の五覇《ごは》	斉《せい》の桓公《かんこう》、晋《しん》の文公《ぶんこう》、秦《しん》の穆公《ぼくこう》、宋《そう》の襄公《じょうこう》、楚《そ》の荘王《そうおう》とする説、穆公・襄公のかわりに呉王の闔廬《こうりょ》、越王《えつおう》の勾践《こうせん》をあげる説など、諸説がある。
	北宋五子《ほくそうごし》	周敦頤《しゅうとんい》、張載《ちょうさい》、邵雍《しょうよう》、程顥《ていこう》、程頤《ていい》
六	六義《りくぎ》	風《ふう》、雅《が》、頌《しょう》、賦《ふ》、比《ひ》、興《きょう》（『詩経』「大序」に見える中国古代詩の六分類）
	六経《りくけい》	『詩《し》』『書《しょ》』『礼《れい》』『楽《がく》』『易《えき》』『春秋《しゅんじゅう》』（「六芸《りくげい》」ともいう）
	六芸《りくげい》	礼《れい》、楽《がく》、射《しゃ》（弓術）、御《ぎょ》（馬術）、書《しょ》、数《すう》
	六書《りくしょ》	象形《しょうけい》、指事《しじ》、形声《けいせい》、会意《かいい》、転注《てんちゅう》、仮借《かしゃ》（漢字の成立と用法に関する六種類の分類）
	六朝《りくちょう》	三国時代の呉《ご》、南北朝時代の東晋《とうしん》、宋《そう》、斉《せい》、梁《りょう》、陳《ちん》
七	七経《しちけい》	五経《ごきょう》に『論語《ろんご》』『孝経《こうきょう》』、または『論語《ろんご》』『楽記《がくき》』を加える。あるいは『易経』『書経』『詩経』『周礼』『儀礼』『礼記』『春秋』を指す。
	七情《しちじょう》	喜《き》、怒《ど》、哀《あい》、懼《く》、愛《あい》、悪《お》、欲《よく》（『礼記』）
	戦国《せんごく》の七雄《しちゆう》	斉《せい》、楚《そ》、秦《しん》、燕《えん》、趙《ちょう》、魏《ぎ》、韓《かん》
	竹林《ちくりん》の七賢《しちけん》	阮籍《げんせき》、嵇康《けいこう》、山濤《さんとう》、向秀《しょうしゅう》、劉伶《りゅうれい》、阮咸《げんかん》、王戎《おうじゅう》
八	唐宋八大家《とうそうはちだいか》	唐の韓愈《かんゆ》、柳宗元《りゅうそうげん》、宋の欧陽脩《おうようしゅう》、蘇洵《そじゅん》、蘇軾《そしょく》、蘇轍《そてつ》、曾鞏《そうきょう》、王安石《おうあんせき》
	八卦《はっか》	乾《けん》、坤《こん》、震《しん》、巽《そん》、坎《かん》、離《り》、艮《ごん》、兌《だ》
	八条目《はちじょうもく》	致知《ちち》、格物《かくぶつ》、正心《せいしん》、誠意《せいい》、修身《しゅうしん》、斉家《せいか》、治国《ちこく》、平天下《へいてんか》（『大学』）
	八仙《はっせん》	鍾離《しょうり》、張果老《ちょうかろう》、韓湘子《かんしょうし》、李鉄拐《りてつかい》、曹国舅《そうこくしゅう》、呂洞賓《りょどうひん》、藍采和《らんさいわ》、何仙姑《かせんこ》
九	九経《きゅうけい》	『易経《えききょう》』『書経《しょきょう》』『詩経《しきょう》』『周礼《しゅらい》』『儀礼《ぎらい》』『礼記《らいき》』『春秋左氏伝《しゅんじゅうさしでん》』『春秋公羊伝《しゅんじゅうくようでん》』『春秋穀梁伝《しゅんじゅうこくりょうでん》』
	九州《きゅうしゅう》	冀《き》、兗《えん》、青《せい》、徐《じょ》、揚《よう》、荊《けい》、豫《よ》、梁《りょう》、雍《よう》（夏《か》王朝の始祖禹《う》が中国全土を九つの地域に分けたもの、諸説あり）

区分	用語	内容
十	孔門《こうもん》の十哲《じってつ》	顔淵《がんえん》、閔子騫《びんしけん》、冉伯牛《ぜんはくぎゅう》、仲弓《ちゅうきゅう》、宰我《さいが》、子貢《しこう》、冉有《ぜんゆう》、季路《きろ》、子游《しゆう》、子夏《しか》
	十干《じっかん》	甲《こう》、乙《おつ》、丙《へい》、丁《てい》、戊《ぼ》、己《き》、庚《こう》、辛《しん》、壬《じん》、癸《き》
	十国《じっこく》	前蜀《ぜんしょく》、後蜀《こうしょく》、呉《ご》、南唐《なんとう》、呉越《ごえつ》、閩《びん》、荊南《けいなん》、楚《そ》、南漢《なんかん》、北漢《ほくかん》（唐の滅亡後に中原以外で興亡した諸国）
	十翼《じゅうよく》	彖伝《たんでん》上下、象伝《しょうでん》上下、繫辞伝《けいじでん》上下、文言伝《ぶんげんでん》、説卦伝《せっかでん》、序卦伝《じょかでん》、雑卦伝《ざっかでん》（『周易』の解説）
	十二支《じゅうにし》	子《し》、丑《ちゅう》、寅《いん》、卯《ぼう》、辰《しん》、巳《し》、午《ご》、未《み》、申《しん》、酉《ゆう》、戌《じゅつ》、亥《がい》
	十二律《じゅうにりつ》	黄鐘《こうしょう》、大呂《たいりょ》、太簇《たいそく》、夾鐘《きょうしょう》、姑洗《こせん》、仲呂《ちゅうりょ》、蕤賓《すいひん》、林鐘《りんしょう》、夷則《いそく》、南呂《なんりょ》、無射《ぶえき》、応鐘《おうしょう》（音律）
	十三経《じゅうさんけい》	『易経《えききょう》』『書経《しょきょう》』『詩経《しきょう》』『周礼《しゅうらい》』『儀礼《ぎらい》』『礼記《らいき》』『春秋左氏伝《しゅんじゅうさしでん》』『春秋公羊伝《しゅんじゅうくようでん》』『春秋穀梁伝《しゅんじゅうこくりょうでん》』『論語《ろんご》』『孝経《こうきょう》』『爾雅《じが》』『孟子《もうし》』
	十六国《じゅうろっこく》	二趙《にちょう》（前・後）、三秦《さんしん》（前・後・西）、四燕《しえん》（前・後・南・北）、五涼《ごりょう》（前・後・南・北・西）、成漢《せいかん》、夏《か》（西晋末から五胡および漢民族が華北に立てた一六の国）
	十七史《じゅうしちし》	『史記《しき》』『漢書《かんじょ》』『後漢書《ごかんじょ》』『三国志《さんごくし》』『晋書《しんじょ》』『宋書《そうしょ》』『南斉書《なんせいしょ》』『梁書《りょうしょ》』『陳書《ちんしょ》』『魏書《ぎしょ》』『北斉書《ほくせいしょ》』『周書《しゅうしょ》』『隋書《ずいしょ》』『南史《なんし》』『北史《ほくし》』『新唐書《しんとうじょ》』『新五代史《しんごだいし》』
二十	二十四孝《にじゅうしこう》	虞舜《ぐしゅん》、漢《かん》の文帝《ぶんてい》、曾参《そうしん》、閔損《びんそん》、仲由《ちゅうゆう》、董永《とうえい》、剡子《えんし》、江革《こうかく》、陸績《りくせき》、唐夫人《とうふじん》、呉猛《ごもう》、王祥《おうしょう》、郭巨《かくきょ》、楊香《ようこう》、朱寿《しゅじゅ》昌《しょう》、庾黔婁《ゆけんろう》、老莱子《ろうらいし》、蔡順《さいじゅん》、黄香《おうこう》、姜詩《きょうし》、王裒《おうほう》、丁蘭《ていらん》、孟宗《もうそう》、黄庭堅《こうていけん》
	二十四史《にじゅうしし》	二十二史に『旧唐書《くとうじょ》』『旧五代史《きゅうごだいし》』を加えたもの。二十二史は、二十一史に『明史《みんし》』を加えたもの。二十一史は、十八史に『遼史《りょうし》』『金史《きんし》』『元史《げんし》』を加えたもの。十八史は、十七史に『宋史』を加えたもの。
	二十四節気《にじゅうしせっき》	立春《りっしゅん》、雨水《うすい》、啓蟄《けいちつ》、春分《しゅんぶん》、清明《せいめい》、穀雨《こくう》、立夏《りっか》、小満《しょうまん》、芒種《ぼうしゅ》、夏至《げし》、小暑《しょうしょ》、大暑《たいしょ》、立秋《りっしゅう》、処暑《しょしょ》、白露《はくろ》、秋分《しゅうぶん》、寒露《かんろ》、霜降《そうこう》、立冬《りっとう》、小雪《しょうせつ》、大雪《だいせつ》、冬至《とうじ》、小寒《しょうかん》、大寒《だいかん》
	二十八宿《にじゅうはっしゅく（しゅう）》	角《かく》、亢《こう》、氐《てい》、房《ぼう》、心《しん》、尾《び》、箕《き》、斗《と》、牛《ぎゅう》、女《じょ》、虚《きょ》、危《き》、室《しつ》、壁《へき》、奎《けい》、婁《ろう》、胃《い》、昴《ぼう》、畢《ひつ》、觜《し》、参《さん》、井《せい》、鬼《き》、柳《りゅう》、星《せい》、張《ちょう》、翼《よく》、軫《しん》（月・太陽などの位置を示すために、赤道・黄道付近で天球を二八に区分し、それぞれを一つの宿としたもの）

⑪文庫・新書で読む中国の古典

本表は、主要出版社の中国の古典に関する文庫・新書を一覧にしたものである。現在でも比較的入手しやすいものを掲げている。（　）内は、著者・編者・訳者と初版刊行年である。

出版社	シリーズ・書名
岩波書店	**岩波文庫**（学術的な著作をハンディに読めるようになることを目的として創刊された日本初の文庫本のシリーズで、評価の高い古典作品の訳書が出版されている。原文〔一部ないものもあり〕、書き下し文、日本語訳で構成される。）
	『荀子』（上・下）（金谷治、一九六一・一九六二、改訂新版一九九九）
	『論語』（金谷治、一九六三）
	『孫子』（金谷治、一九六三、新訂二〇〇〇）
	『孟子』（上・下）（小林勝人、一九六八・一九七二）
	『易経』（上・下）（高田真治・後藤基巳、一九六九）
	『荘子』（一）～（四）（金谷治、一九七一～八三）
	『史記列伝』（一）～（五）（小川環樹・今鷹真・福島吉彦、一九七五）
	『史記世家』（上・中・下）（小川環樹・今鷹真・福島吉彦、一九八〇～九一）
	『列子』（上・下）（小林勝人、一九八七）
	『春秋左氏伝』（上・中・下）（小倉芳彦、一九八八～八九）
	『章炳麟集』（西順蔵・近藤邦康、一九九〇）
	『韓非子』（一）～（四）（金谷治、一九九四）
	『三国志』（一）～（八）（金田純一郎・小川環樹、一九八八、ワイド版二〇一一）

『大学・中庸』（金谷治、一九九八）

岩波新書（学術性の高い書き下ろしの一般向け新書。）

『漢の武帝』（吉川幸次郎、一九四九、改版一九八六）

『孔子』（貝塚茂樹、一九五一）

『諸子百家――中国古代の思想家たち』（貝塚茂樹、一九六一）

『中国の歴史』（上・中・下）（貝塚茂樹、一九六四～七〇）

『孟子』（金谷治、一九六六）

『朱子学と陽明学』（島田虔次、一九六七）

『中国古代再発見』（貝塚茂樹、一九七四）

『中国近現代史』（小島晋治・丸山松幸、一九八六）

『中国の音楽世界』（孫玄齢著、田畑佐和子訳、一九九〇）

『論語の新しい読み方』（宮崎市定、一九九六）

『人間・始皇帝』（鶴間和幸、二〇一五）

『四字熟語の中国史』（冨谷至、二〇一五）

『論語入門』（井波律子、二〇一五）

講談社

講談社学術文庫（人文・社会科学系の学術書を文庫化したもの。単行本・選書・新書の再刊（改訂・改題も含む）や古典の訳書だけでなく、書き下ろしの出版も多い。）

『中国古典名言集』（一）～（八）・『中国古典名言集総索引』（九）（諸橋轍次、一九七〇～一九八〇）

『論語について』（吉川幸次郎、一九七六）

『中国の孝道』（桑原隲蔵、一九七七）

『論語講義』（一）～（七）（渋沢栄一、一九七七）

『中国古典名言事典』（諸橋轍次、一九七九）

『中国古代の文化』（白川静、一九七九）
『講孟箚記』（上・下）（吉田松陰著、近藤啓吾訳注、一九七九〜八〇）
『論語新釈』（宇野哲人、一九八〇）
『中国古代の民俗』（白川静、一九八〇）
『中国思想』（宇野哲人、一九八〇）
『新訳孟子』（穂積重遠、一九八〇）
『新訳論語』（穂積重遠、一九八一）
『論語物語』（下村湖人、一九八一）
『古典の叡知』（諸橋轍次、一九八一）
『孔子・老子・釈迦「三聖会談」』（諸橋轍次、一九八二）
『大学』（宇野哲人、一九八三）
『中庸』（宇野哲人、一九八三）
『儒教思想』（宇野精一、一九八四）
『菜根譚』（中村璋八・石川力山、一九八六）
『中国故事物語』（細田三喜夫、一九八六）
『中国聖賢のことば――新約中国古典抄』（五十沢二郎、一九八六）
『老子の思想』（張鍾元著、上野浩道訳、一九八七）
『荘子物語』（諸橋轍次、一九八八）
『道教百話』（窪徳忠、一九八九）
『孔子』（金谷治、一九九〇）
『詩経』（目加田誠、一九九一）
『呻吟語』（荒木見悟、一九九一）
『中国哲学』（宇野哲人、一九九二）

『淮南子の思想』(金谷治、一九九二)
『老子・荘子』(森三樹三郎、一九九四)
『道教の神々』(窪徳忠、一九九六)
『秦漢帝国』(西嶋定生、一九九七)
『中国古代帝国の興亡』(西嶋定生、一九九七)
『老子』(金谷治、一九九七)
『孫子』(浅野裕一、一九九七)
『隋唐帝国』(布目潮渢・栗原益男、一九九七)
『墨子』(浅野裕一、一九九八)
『中国＝文化と思想』(林語堂著、鋤柄治郎訳、一九九九)
『荀子』(内山俊彦、一九九九)
『古代中国』(貝塚茂樹・伊藤道治、二〇〇〇)
『科挙の話——試験制度と文人官僚』(村上哲見、二〇〇〇)
『中国通史——問題史としてみる』(堀敏一、二〇〇〇)
『乱世に生きる中国人の知恵』(諸橋轍次、二〇〇一)
『中国的思考——儒教・仏教・老荘の世界』(蜂屋邦夫、二〇〇一)
『大清帝国』(増井経夫、二〇〇二)
『秦の始皇帝』(吉川忠夫、二〇〇二)
『古代殷王朝の謎』(伊藤道治、二〇〇二)
『老子入門』(楠山春樹、二〇〇二)
『中国の古代哲学』(宇野哲人・小島祐馬、二〇〇三)
『韓非』(貝塚茂樹、二〇〇三)
『魏晋南北朝』(川勝義雄、二〇〇三)

『易の話』（金谷治、二〇〇三）
『老荘と仏教』（森三樹三郎、二〇〇三）
『論語』（加地伸行、二〇〇四、増補版二〇〇九）
『中国古代の科学』（藪内清、二〇〇四）
『始皇帝陵と兵馬俑』（鶴間和幸、二〇〇四）
『孟子』（貝塚茂樹、二〇〇四）
『長安』（佐藤武敏、二〇〇四）
『五代と宋の興亡』（中嶋敏・周藤吉之、二〇〇四）
『諸子百家』（浅野裕一、二〇〇四）
『呂氏春秋』（町田三郎、二〇〇五）
『戦国策』（近藤光男、二〇〇五）
『北京物語』（林田愼之助、二〇〇五）
『「名」と「恥」の文化』（森三樹三郎、二〇〇五）
『紫禁城の栄光――明・清全史』（岡田英弘・神田信夫、二〇〇六）
『中国古代書簡集』（佐藤武敏、二〇〇六）
『孝経　全訳注』（加地伸行、二〇〇七）
『夏王朝――中国文明の原像』（岡村秀典、二〇〇七）
『史記の「正統」』（平勢隆郎、二〇〇七）
『隋唐世界帝国の形成』（谷川道雄、二〇〇八）
『「朱子語類」抄』（三浦國雄、二〇〇八）
『十八史略』（竹内弘行、二〇〇八）
『漢文法基礎』（加地伸行（二畳庵主人）、二〇一〇）
『荘子　内篇』（福永光司、二〇一一）

『大清帝国への道』（石橋崇雄、二〇一一）
『諸葛孔明――「三国志」とその時代』（宮川尚志、二〇一一）
『訳注「淮南子」』（池田和久、二〇一二）
『王陽明「伝習録」を読む』（吉田公平、二〇一三）
『荘子　全訳注』（上・下）（池田知久、二〇一四）
『中国人の機智――『世説新語』の世界』（井波律子、二〇一四）
『論語のこころ』（加地伸行、二〇一五）
『シルクロードと唐帝国』（興亡の世界史5）（森安孝夫、二〇一六）
『モンゴル帝国と長いその後』（興亡の世界史9）（杉山正明、二〇一六）
『中国侠客列伝』（井波律子、二〇一七）
『『老子』　その思想を読み尽くす』（池田知久、二〇一七）
『荘子　全現代語訳』（上・下）（池田知久、二〇一七）
『儒教――怨念と復讐の宗教』（浅野裕一、二〇一七）
『永楽帝――華夷秩序の完成』（檀上寛、二〇一七）
『大清帝国と中華の混迷』（興亡の世界史17）（平野聡、二〇一八）
『顔氏家訓』（林田愼之助、二〇一八）
『老子　全訳注』（池田知久、二〇一九）
『孟子　全訳注』（宇野精一、二〇一九）

講談社現代新書（教養を深めることを目的として書き下ろされた新書のシリーズ。）
『論語――現代に生きる中国の知恵』（貝塚茂樹、一九六四）
『教養としての中国史』（植村清二、一九六五）
『漢文入門』（前野直彬、一九六八）

『「無」の思想――老荘思想の系譜』（森三樹三郎、一九六九）
『中国人の知恵――乱世に生きる』（諸橋轍次、一九七三）
『中国の大盗賊――天下を狙った男たち』（高島俊男、一九八九、完全版二〇一三）
『中国人の思考様式――小説の世界から』（中野美代子、一九七四）
『中国社会の成立――原始―秦・前漢』（中国の歴史1）（伊藤道治、一九七七）
『世界帝国の形成――後漢―隋・唐』（中国の歴史2）（谷川道雄、一九七七）
『征服王朝の時代』（中国の歴史3）（竺沙雅章、一九七七）
『伝統中国の完成』（中国の歴史4）（岩見宏・谷口規矩雄、一九七七）
『人民中国への道』（中国の歴史5）（小野信爾、一九七七）
『史記――司馬遷の世界』（加地伸行、一九七八）
『漢字――その特質と漢字文明の将来』（鈴木修次、一九七八）
『科挙の話――試験制度と文人官僚』（村上哲見、一九八〇）
『「論語」を読む』（加地伸行、一九八四）
『「三国志」の知恵』（狩野直禎、一九八五）
『中国の名句・名言』（村上哲見、一九八六）
『老荘を読む』（蜂屋邦夫、一九八七）
『「韓非子」の知恵』（狩野直禎、一九八七）
『ジンギス・カンの謎』（川崎淳之助、一九八八）
『「戦国策」の知恵』（市川宏、一九八九）
『三国志の英傑』（竹田晃、一九九〇）
『故事成語』（合山究、一九九一）
『「孫子」を読む』（浅野裕一、一九九三）
『漢字の字源』（阿辻哲次、一九九四）

『秦・始皇帝陵の謎』(岳南、一九九四)
『気で読む中国思想』(池上正治、一九九五)
『四字熟語——四文字が語る悠久の知恵』(島森哲男、一九九五)
『孔子——中国の知的源流』(蜂屋邦夫、一九九七)
『中国古代の予言書』(平勢隆郎、二〇〇〇)
『「タオ＝道」の思想』(林田愼之助、二〇〇二)
『春秋戦国の処世術——中国古典に学ぶ「逆転の寓話」』(松本肇、二〇〇三)
『中国文明の歴史』(岡田英弘、二〇〇四)
『古代中国の虚像と実像』(落合淳思、二〇〇九)

明治書院

新書漢文大系(完訳書である新釈漢文大系をコンパクトに編集・解説したダイジェスト版。総ルビの書き下し文、現代語訳、作品の背景を詳しく説明している。丸数字はシリーズの巻数。)

①『論語』(吉田賢抗、一九九六)
②『老子』(阿部吉雄・山本敏夫、一九九六)
③『孫子・呉子』(天野鎮雄、一九九六)
④『十八史略』(林秀一・堀江忠道、一九九六)
⑤『戦国策』(林秀一・福田襄之介、二〇〇二)
⑥『唐詩選』(目加田誠・渡部英喜、一九九六)
⑦『日本漢詩』(猪口篤志・菊地隆雄、一九九六)
⑧『古文真宝』(星川清孝・柚木利博、一九九六)
⑨『文章軌範』(前野直彬・藤原満新、一九九六)
⑩『唐代伝奇』(内田泉之助・乾一夫、一九九六)
⑪『孟子』(内野熊一郎・加藤道理、二〇〇二)

⑫『荘子』（市川安司・遠藤哲夫、二〇〇二）
⑬『韓非子』（竹内照夫・篠田幸夫、二〇〇二）
⑭『史記〈列伝〉』（水沢利忠・佐川繭子、二〇〇二）
⑮『詩経』（石川忠久・福本郁子、二〇〇二）
⑯『古文真宝〈前集〉』（星川清孝・白石真子、二〇〇三）
⑰『史記〈本紀〉』（吉田賢抗・瀧康秀、二〇〇三）
⑱『史記〈列伝二〉』（水沢利忠・佐川繭子、二〇〇三）
⑲『文選〈詩篇〉』（内田泉之助・網祐次、二〇〇三）
⑳『文選〈賦篇〉』（中島千秋・高橋忠彦、二〇〇三）
㉑『世説新語』（目加田誠・長尾直茂、二〇〇三）
㉒『伝習録』（近藤康信・鍋島亜朱華、二〇〇三）
㉓『楚辞』（星川清孝・鈴木かおり、二〇〇四）
㉔『列子』（小林信明・西林真紀子、二〇〇四）
㉕『荀子』（藤井専英・井ノ口哲也、二〇〇四）
㉖『文選〈賦篇二〉』（今井佳子・高橋忠彦、二〇〇四）
㉗『孔子家語』（宇野精一・古橋紀宏、二〇〇四）
㉘『蒙求』（早川光三郎・三沢勝己、二〇〇五）
㉙『論衡』（山田勝美・田辺淳、二〇〇五）
㉚『唐宋八大家文読本〈韓愈〉』（星川清孝・白石真子、二〇〇六）
㉛『史記〈世家〉』（吉田賢抗・瀧康秀、二〇〇六）
㉜『史記〈世家二〉』（吉田賢抗・瀧康秀、二〇〇六）
㉝『墨子』（山田琢・山辺進、二〇〇七）
㉞『淮南子』（楠山春樹・本田千恵子、二〇〇七）

㉟『文選〈文章篇〉』（原田種成・竹田晃、二〇〇七）
㊱『史記〈列伝三〉』（青木五郎・小出貫暎、二〇一四）
㊲『史記〈列伝四〉』（青木五郎・小出貫瑛、二〇一六）
㊳『史記〈列伝五〉』（青木五郎・向高亜由美、二〇一七）
㊴『唐宋八大家文読本〈蘇軾〉』（王連旺・向嶋成美・髙橋明郎、二〇一八）
㊵『易経』（今井宇三郎・辛賢、二〇一九）

中央公論新社

中公クラシックス（一九六六〜七六年にかけて刊行された『世界の名著』の改訂新版を軸に、人文・社会科学系の著作を再刊している。）
『荀子』（澤田多喜男・小野四平訳、町田三郎解説、二〇〇一）
『史記列伝』（Ⅰ・Ⅱ）（貝塚茂樹、二〇〇一）
『論語』（Ⅰ・Ⅱ）（貝塚茂樹、二〇〇二・二〇〇三）
『東洋文化史』（内藤湖南、二〇〇四）
『伝習録』（溝口雄三、二〇〇五）
『孟子』（貝塚茂樹訳、湯浅邦弘解説、二〇〇六）
『諸子百家争鳴』（中公クラシックス・コメンタリィ、貝塚茂樹・森三樹三郎・金谷治・小川環樹、加地伸行・湯浅邦弘解説、二〇〇七）
『孫子』（町田三郎訳、湯浅邦弘解説、二〇一一）
『墨子』（金谷治訳、末永高康解説、二〇一八）

中公文庫（学術名著の再刊を含む文庫のシリーズ。）
『中国　考古と歴史の旅』（村山孚、一九八五）
『韓非子』（上・下）（町田三郎、一九九二）
『孫子の世界』（加地伸行、一九九三）

『老子』（小川環樹、一九九七）
『中国文明の歴史』（一〜一二）
（一）中国文化の成立（水野清一、二〇〇一）
（二）春秋戦国（貝塚茂樹、二〇〇〇）
（三）秦漢帝国（日比野丈夫、二〇〇〇）
（四）分裂の時代　魏晋南北朝（森鹿三、二〇〇〇）
（五）隋唐世界帝国（礪波護・外山軍治、二〇〇〇）
（六）宋の新文化（佐伯富、二〇〇〇）
（七）大モンゴル帝国（田村実造、二〇〇〇）
（八）明帝国と倭寇（三田村泰助、二〇〇〇）
（九）清帝国の繁栄（宮崎市定、二〇〇〇）
（一〇）東アジアの開国（波多野善大、二〇〇〇）
（一一）中国のめざめ（宮崎市定、二〇〇〇）
（一二）人民共和国の成立へ（内藤戊伸、二〇〇一）
『孔子伝』（白川静、二〇〇三）
『中国の古代文学』（一・二）（白川静、二〇〇三）
『中国の神話』（白川静、二〇〇三）
『三略』（真鍋呉夫、二〇〇四）
『六韜』（林富士馬、二〇〇五）
『「論語」再説』（加地伸行、二〇〇九）
『「史記」再説――司馬遷の世界』（加地伸行、二〇一〇）
『中国史の名君と宰相』（宮崎市定著、礪波護編、二〇一一）
『中国皇帝伝』（稲畑耕一郎、二〇一三）

『孫子・呉子』（町田三郎・尾崎秀樹、湯浅邦弘解説、二〇一八）
『アジア史概説』（宮崎市定、改版二〇一八）

中公新書（岩波新書に次ぐ歴史がある新書のシリーズ。古代から近現代までの学術性の高い内容を提供する。）

『宦官――側近政治の構造』（三田村泰助、一九六三、改版二〇一二）
『史記――中国古代の人びと』（貝塚茂樹、一九六三）
『元朝秘史――チンギス・ハン実録』（岩村忍、一九六三）
『荘子――古代中国の実存主義』（福永光司、一九六四）
『中国列女伝――三千年の歴史のなかで』（村松暎、一九六八）
『詩経――中国の古代歌謡』（白川静、一九七〇）
『中国人の論理学――諸子百家から毛沢東まで』（加地伸行、一九七七）
『漢字百話』（白川静、一九七八）
『敦煌の石窟芸術』（潘絜茲著、土居淑子訳、一九八〇）
『崑崙山への昇仙――古代中国人が描いた死後の世界』（曽布川寛、一九八一）
『中国人の機智――『世説新語』を中心として』（井波律子、一九八三）
『科挙――中国の試験地獄』（宮崎市定、一九八四）
『元の大都――マルコ・ポーロ時代の北京』（陳高華著、佐竹靖彦訳、一九八四）
『中国古代を掘る――城郭都市の発展』（杉本憲司、一九八六）
『儒教とは何か（増補版）』（加地伸行、一九九〇、増補版二〇一五）
『司馬遷の旅――『史記』の古跡をたどる』（藤田勝久、二〇〇三）
『諸子百家』（湯浅邦弘、二〇〇九）
『菜根譚――中国の処世訓』（湯浅邦弘、二〇一〇）

『論語――真意を読む』（湯浅邦弘、二〇一二）
『殷――中国史最古の王朝』（落合淳思、二〇一五）
『周――理想化された古代王朝』（佐藤信弥、二〇一六）
『漢字の字形――甲骨文字から篆書、楷書へ』（落合淳思、二〇一九）

筑摩書房

ちくま学芸文庫（入門書や古典・専門書の訳書などを含む、多様な分野の人文学術書を刊行する。講談社学術文庫や中公文庫で品切後に改訂再刊したものもある。）

『正史三国志』（一〜八）（今鷹真・井波律子・小南一郎、一九九二〜九三）
『史記』（一〜八）（小竹文夫・小竹武夫、一九九五）
『入門　史記の時代』（小倉芳彦、一九九六）
『韓非子』（上・下）（本田済、一九九六）
『漢書』（一〜八）（小竹武夫、一九九七〜九八）
『漢文の話』（吉川幸次郎、二〇〇六）
『「論語」の話』（吉川幸次郎、二〇〇八）
『孫臏兵法―もうひとつの『孫子』』（金谷治、二〇〇八）
『沈黙の宗教――儒教』（加地伸行、二〇一一）
『中国の知恵――孔子について』（吉川幸次郎、二〇一二）
『墨子』（森三樹三郎、二〇一二）
『朱子学と陽明学』（小島毅、二〇一三）
『中国人の論理学』（加地伸行、二〇一三）
『荘子　内篇』（福永光司・興膳宏、二〇一三）
『荘子　外篇』（福永光司・興膳宏、二〇一三）
『荘子　雑篇』（福永光司・興膳宏、二〇一三）

『十八史略』(三上英司、二〇一四)
『貞観政要』(守屋洋、二〇一五)
『道教とはなにか』(坂出祥伸、二〇一七)
『初学者のための中国古典文献入門』(坂出祥伸、二〇一八)
『資治通鑑』(田中謙二、二〇一九)

ちくま新書(教養新書のシリーズ、書き下ろし。)
『入門　朱子学と陽明学』(小倉紀蔵、二〇一二)
『入門　老荘思想』(湯浅邦弘、二〇一四)
『軍国日本と『孫子』』(湯浅邦弘、二〇一五)

角川書店

角川ソフィア文庫　ビギナーズクラシックス　中国の古典(抄訳書かつ入門書。返り点つきの原文、書き下し文、現代日本語訳、解説、コラムなどで構成されている。)
『易経』(三浦國雄、二〇一〇)
『書経』(山口謠司、二〇一九)
『詩経・楚辞』(牧角悦子、二〇一二)
『春秋左氏伝』(安本博、二〇一二)
『論語』(加地伸行、二〇〇四)
『孟子』(佐野大介、二〇一五)
『大学・中庸』(矢羽野隆男、二〇一六)
『孫子・三十六計』(湯浅邦弘、二〇〇八)
『老子・荘子』(野村茂夫、二〇〇四)
『墨子』(草野友子、二〇一八)
『韓非子』(西川靖二、二〇〇五)

	『史記』（福島正、二〇一〇） 『十八史略』（竹内弘行、二〇一二） 『菜根譚』（湯浅邦弘、二〇一四） 『貞観政要』（湯浅邦弘、二〇一七） 『呻吟語』（湯浅邦弘、二〇一七） 『蒙求』（今鷹真、二〇一〇） **角川ソフィア文庫**（古典を中心に学術・風習・民俗・伝記を主とした著作を刊行している。） 『中国故事』（飯塚朗、二〇一四） 『中国古典の言葉――成功に近づくヒント106』（加地伸行、二〇一四） 『孔子』（加地伸行、二〇一六） 『孫子の兵法』（湯浅邦弘、二〇一七） 『中国古代史――司馬遷「史記」の世界』（渡辺精一、二〇一九） **角川新書**（教養新書のシリーズ。） 『中国古典に探す座右の銘』（湯浅邦弘、二〇一〇）
朝日新聞出版	**朝日選書**（古典を原典から精密に読み込み、定評を得た朝日文庫「中国古典選」の再刊。） 『易』（本田済、一九九七） 『論語』（上・下）（吉川幸次郎、一九九六） 『老子』（福永光司、一九九七）
平凡社	**平凡社ライブラリー**（大半が学術・教養書で、再刊・増訂版も多く、選書版の性格が強いものもある。） 『中国人の歴史意識』（川勝義雄、一九九三） 『列仙伝・神仙伝』（沢田瑞穂、一九九三）

	その他
『山海経』（高馬三良、一九九四） 『毛沢東語録』（竹内実、一九九五） 『漢字の世界』（一）（白川静、二〇〇三） 『漢字の世界』（二）（白川静、二〇〇三） 『朱子伝』（三浦國雄、二〇一〇） 『字書を作る』（白川静、二〇一一） 『文字講話』（一）（白川静、二〇一六） 『文字講話』（二）（白川静、二〇一六） 『文字講話』（三）（白川静、二〇一六） 『文字講話』（四）（白川静、二〇一七） 『文字講話　甲骨文・金文篇』（白川静、二〇一八）	『中国思想史』（上・下）（レグルス文庫、森三樹三郎、一九七八） 『超入門「中国思想」』（だいわ文庫、湯浅邦弘） 『中国古代史研究の最前線』（星海社新書、佐藤信弥、二〇一八）

参考文献一覧

第一章

青木五郎・中村嘉弘編著『史記の事典』(大修館書店、二〇〇二年)
井ノ口哲也『中国思想史』(勁草書房、二〇一二年)
今井宇三郎『菜根譚』(中国古典新書、明徳出版社、一九六七年)
今鷹眞『蒙求』(角川ソフィア文庫、二〇一〇年)
内田泉之助『中国文学史』(明治書院、一九五六年)
梅原郁『皇帝政治と中国』(白帝社、二〇〇三年)
王小慶『仰韶文化の研究――黄河中流域の関中地区を中心に』(雄山閣、二〇〇三年)
大木康『『史記』と『漢書』』(岩波書店、二〇〇八年)
岡本隆司『中国の論理』(中公新書、二〇一六年)
尾崎雄二郎・竺沙雅章・戸川芳郎編集代表『中国文化史大事典』(大修館書店、二〇一三年)
貝塚茂樹『史記 中国古代の人々』(中公新書、一九六三年)
加地伸行『「史記」再説 司馬遷の世界』(中公文庫、二〇一〇年)
黒田彰『孝子伝の研究』(佛教大学通信教育部・思文閣出版、二〇〇一年)

子安宣邦『日本思想史辞典』（ぺりかん社、二〇〇一年）
近藤春雄『中国学芸大事典』（大修館書店、一九七八年）
沢田瑞穂・窪徳忠『中国の泰山』（講談社、一九八二年）
秦小麗『中国初期国家形成の考古学的研究――土器からのアプローチ』（六一書房、二〇一七年）
銭存訓著、鄭如斯編、久米康生訳『中国の紙と印刷の文化史』（法政大学出版局、二〇〇七年）
叢小榕『中国五千年の物語　第一巻　三皇五帝から夏殷周三代』（総合法令出版、二〇〇五年）
竹内康浩『「正史」はいかに書かれてきたか』（大修館書店、二〇〇二年）
中国社会科学院歴史研究所「簡明中国歴史知識手冊」編纂グループ編、谷口建速訳『中国歴史知識ハンディブック』（科学出版社、二〇一八年）
中国社会科学院歴史研究所「簡明中国歴史読本」編纂グループ編、谷口建速訳『中国歴史読本』（科学出版社、二〇一八年）
鶴間和幸『中国の歴史3 ファーストエンペラーの遺産』（講談社、二〇〇四年）
津田資久・井ノ口哲也編『教養の中国史』（ミネルヴァ書房、二〇一八年）
冨谷至『竹簡・木簡の語る中国古代』（岩波書店、二〇一四年）
冨谷至・目黒杏子・土口史記『木簡と中国古代』（研文出版、二〇一五年）
冨谷至・森田憲司編『中国史』上・下（昭和堂、二〇一六年）
西嶋定生『秦漢帝国』（講談社学術文庫、一九九七年）
早川光三郎『蒙求』上（新釈漢文大系、明治書院、一九七三年）
林巳奈夫『中国文明の誕生』（吉川弘文館、一九九五年）

疋田啓佑『呻吟語』（中国古典新書、明徳出版社、一九七七年）
日原利国編『中国思想辞典』（研文出版、一九八四年）
藤井隆『日本古典書誌学総説』（和泉書院、一九九一年）
増井經夫『中国の歴史書』（刀水書房、一九八四年）
三田村泰助『宦官 側近政治の構造』（中公新書、一九六三年）
宮崎市定『科挙』（中公新書、一九六三年）
宮崎市定『史記を語る』（岩波書店、一九九六年）
柳町達也『蒙求』（中国古典新書、明徳出版社、一九六八年）
湯浅邦弘編『概説中国思想史』（ミネルヴァ書房、二〇一〇年）
湯浅邦弘『故事成語の誕生と変容』（角川叢書、角川学芸出版、二〇一〇年）
湯浅邦弘編『名言で読み解く中国の思想家』（ミネルヴァ書房、二〇一二年）
湯浅邦弘編『テーマで読み解く中国の文化』（ミネルヴァ書房、二〇一六年）
湯浅邦弘『貞観政要』（角川ソフィア文庫、二〇一七年）
湯浅邦弘『呻吟語』（角川ソフィア文庫、二〇一七年）
湯浅邦弘編『教養としての中国古典』（ミネルヴァ書房、二〇一八年）
湯浅邦弘『中国の世界遺産を旅する　響き合う歴史と文化』（中公新書ラクレ、二〇一八年）
米山寅太郎『図説中国印刷史』（汲古書院、二〇〇五年）
羅哲文・李敏『死ぬまでに見たい中国の世界遺産』（エクスナレッジ、二〇一二年）

『アジア歴史事典』（平凡社、一九五九～一九六二年）

第二章

池田末利『尚書』（全釈漢文大系、集英社、一九七六年）
井ノ口哲也『中国思想史』（勁草書房、二〇一二年）
岩本憲司『春秋学用語集』（汲古書院、二〇一一年）
江連隆『諸子百家の事典』（大修館書店、二〇〇〇年）
小倉芳彦訳『春秋左氏伝』上・中・下（岩波書店、一九八八・一九八九・一九八九年）
尾崎雄二郎・竺沙雅章・戸川芳郎編集代表『中国文化史大事典』（大修館書店、二〇一三年）
加地伸行『孝経〈全訳注〉』（講談社学術文庫、二〇〇七年）
加地伸行『沈黙の宗教——儒教』（筑摩書房、一九九四年）
栗原圭介『孝経』（新釈漢文大系、明治書院、一九八六年）
近藤春雄『中国学芸大事典』（大修館書店、一九七八年）
坂出祥伸『中国古典を読む　はじめの一歩——これだけは知っておきたい』（集広舎、二〇〇八年）
竹内照夫『四書五経入門　中国思想の形成と展開』（平凡社、二〇〇〇年）
武内義雄『中国思想史』（岩波書店、一九五七年）
冨谷至・森田憲司編『中国史』上・下（昭和堂、二〇一六年）
野間文史『五経正義の研究——その成立と展開』（研文出版、一九九八年）

野間文史『春秋学 公羊伝と穀梁伝』(研文出版、二〇〇一年)
野間文史『春秋左氏伝 その構成と基軸』(研文出版、二〇一〇年)
野間文史『五経入門』(研文出版、二〇一四年)
日原利国編『中国思想辞典』(研文出版、一九八四年)
湯浅邦弘編『概説中国思想史』(ミネルヴァ書房、二〇一〇年)
湯浅邦弘『中国古典に探す座右の銘』(角川SSコミュニケーションズ、二〇一〇年)
湯浅邦弘『論語』(中公新書、二〇一二年)
湯浅邦弘編『名言で読み解く中国の思想家』(ミネルヴァ書房、二〇一二年)
湯浅邦弘編著『増補改訂版 懐徳堂事典』(大阪大学出版会、二〇一六年)
湯浅邦弘編『教養としての中国古典』(ミネルヴァ書房、二〇一八年)
渡邉義浩・井川義次・和久希編著『はじめて学ぶ中国思想』(ミネルヴァ書房、二〇一八年)
『アジア歴史事典』(平凡社、一九五九～一九六二年)

第三章

天野鎮雄『公孫竜子』(中国古典新書、明徳出版社、二〇〇〇年)
石田秀実『中国医学思想史』(東京大学出版会、一九九二年)
江連隆『諸子百家の事典』(大修館書店、二〇〇〇年)
遠藤哲夫『管子』(新釈漢文大系、明治書院、一九八九・一九九一・一九九二年)

尾崎雄二郎・竺沙雅章・戸川芳郎編集代表『中国文化史大事典』（大修館書店、二〇一三年）
金谷治『淮南子の思想』（講談社学術文庫、一九九二年）
狩野直喜『中国哲学史』（岩波書店、一九五三年）
坂出祥伸『中国古典を読む　はじめの一歩――これだけは知っておきたい』（集広舎、二〇〇八年）
佐野大介『孟子』（角川ソフィア文庫、二〇一五年）
杉本つとむ『江戸の博物学者たち』（青土社、一九八五年）
武内義雄『中国思想史』（岩波書店、一九五七年）
内藤湖南『先哲の学問』（筑摩書房、二〇一二年）
中村璋八・清水浩子『風俗通義』（中国古典新書続編、明徳出版社、二〇〇二年）
日原利国編『中国思想辞典』（研文出版、一九八四年）
傅維康主編、川井正久ら訳『中国医学の歴史』（東洋学術出版社、一九九七年）
溝口雄三・丸山松幸・池田知久『中国思想文化事典』（東京大学出版会、二〇〇一年）
谷中信一『晏子春秋』上・下（新編漢文選、明治書院、二〇〇〇・二〇〇一年）
山井湧『孫子・呉子』（全釈漢文大系、集英社、一九八〇年）
山田慶兒『中国医学の起源』（岩波書店、一九九九年）
湯浅邦弘編『教養としての中国古典』（ミネルヴァ書房、二〇一八年）
湯浅邦弘編『概説中国思想史』（ミネルヴァ書房、二〇一〇年）
湯浅邦弘編『テーマで読み解く中国の文化』（ミネルヴァ書房、二〇一六年）

湯浅邦弘『諸子百家――儒家・墨家・道家・法家・兵家』（中公新書、二〇〇九年）
脇田修・岸田知子『懐徳堂とその人びと』（大阪大学出版会、一九九七年）
和田武司『司馬遷――諷刺と称揚の精神』（徳間書店、一九八〇年）
渡辺卓・新田大作『墨子』（全釈漢文大系、集英社、一九七四・一九七七年）
『アジア歴史事典』（平凡社、一九五九～一九六二年）

第四章

鎌田茂雄編『中国仏教史辞典』（東京堂出版、一九八一年）
鎌田茂雄『新中国仏教史』（大東出版社、二〇〇一年）
窪徳忠『道教の神々』（平河出版社、一九八六年）
窪徳忠『道教の世界』（学生社、一九八七年）
近藤春雄『中国学芸大事典』（大修館書店、一九七八年）
大正大学仏教学科編『お坊さんも学ぶ仏教学の基礎②中国・日本編［改訂版］』（大正大学出版会、二〇一六年）
中村元・福永光司・田村芳朗・今野達・末木文美士編『岩波仏教辞典　第二版』（岩波書店、二〇〇二年）
二階堂善弘『封神演義の世界――中国の戦う神々』（大修館書店、一九九八年）
二階堂善弘『中国の神さま――神仙人気者列伝』（平凡社、二〇〇二年）
野口鐵郎・坂出祥伸・福井文雅・山田利明編『道教事典』（平河出版社、一九九四年）
野口鐵郎・田中文雄編『道教の神々と祭り』（大修館書店、二〇〇四年）

日原利国編『中国思想辞典』（研文出版、一九八四年）
日原利国編『中国思想史』上・下（ぺりかん社、一九八七年）
三浦國雄『不老不死という欲望――中国人の夢と実践』（人文書院、二〇〇〇年）
三浦國雄『風水講義』（文藝春秋社、二〇〇六年）
水野弘元・中村元・平川彰・玉城康四郎編『仏典解題事典』（春秋社、一九七七年）
溝口雄三・丸山松幸・池田知久編『中国思想文化事典』（東京大学出版会、二〇〇一年）
孟慶遠主編、小島晋治・立間祥介・丸山松幸訳『中国歴史文化事典』（新潮社、一九九八年）
森三樹三郎『中国古代神話』（清水弘文堂書房、一九六九年）
横手裕『宗教の世界史6　道教の歴史』（山川出版社、二〇一五年）
劉向・葛洪著、本田済・沢田瑞穂・高馬三良訳『抱朴子　列仙伝・神仙伝　山海経』（平凡社、一九七三年）

第五章

荒木見悟責任編集『朱子　王陽明』（中公バックス世界の名著、中央公論社、一九七八年）
岩波書店辞典編集部『岩波世界人名大辞典』（岩波書店、二〇一三年）
宇野哲人・安岡正篤監修『陽明学大系』全一二巻（明徳出版社、一九七一～七四年）
尾崎雄二郎・竺沙雅章・戸川芳郎編集代表『中国文化史大事典』（大修館書店、二〇一三年）
小島毅『中国思想と宗教の奔流』（講談社、二〇〇五年）
小島毅『朱子学と陽明学』（ちくま学芸文庫、二〇一三年）

佐藤仁『朱子　老い易く学成り難し』（集英社、一九八五年）
島田虔次『大学・中庸』上・下（朝日新聞社、一九七八年）
陳淳著、佐藤仁訳『朱子学の基本用語――北渓字義訳解』（研文出版、一九九八年）
日原利国編『中国思想辞典』（研文出版、一九八四年）
廣松渉ほか編『岩波哲学・思想事典』（岩波書店、一九九八年）
溝口雄三・丸山松幸・池田知久編『中国思想文化事典』（東京大学出版会、二〇〇一年）
湯浅幸孫『近思録』上・中・下（タチバナ教養文庫、たちばな出版、一九九六年）
吉田公平『伝習録「陽明学」の真髄』（タチバナ教養文庫、たちばな出版、一九九五年）
吉田公平『王陽明「伝習録」を読む』（講談社学術文庫、二〇一三年）

第六章

アーサー・ウェイリー著、加島祥造・古田島洋介訳『袁枚――十八世紀中国の詩人』（平凡社、一九九九年）
阿辻哲次『漢字学――『説文解字』の世界』（東海大学出版会、一九八五年）
井上進『中国歴史人物選　第一〇巻　顧炎武』（白帝社、一九九四年）
大谷敏夫『魏源と林則徐――清末開明官僚の行政と思想』（山川出版社、二〇一五年）
岡本隆司・箱田恵子編著『ハンドブック近代中国外交史――明清交替から満洲事変まで』（ミネルヴァ書房、二〇一九年）
尾崎雄二郎・竺沙雅章・戸川芳郎編集代表『中国文化史大事典』（大修館書店、二〇一三年）
小野川秀美『清末政治思想研究』全二冊（東洋文庫、平凡社、二〇〇九～二〇一〇年）

小島毅『宗教の世界史5　儒教の歴史』（山川出版社、二〇一七年）
後藤基巳・山井湧編訳『明末清初政治評論集』（中国古典文学大系、平凡社、一九七一年）
佐藤一郎『江南の士大夫文学』（近代文藝社、一九九四年）
佐藤慎一編『近代中国の思索者たち』（大修館書店、一九九八年）
高田淳編訳『王船山詩文集』（東洋文庫、平凡社、一九八一年）
西順蔵・島田虔次編『清末民国初政治評論集』（中国古典文学大系、平凡社、一九七一年）
橋本高勝編『中国思想の流れ』下（晃洋書房、二〇〇六年）
日原利国編『中国思想史』下（ぺりかん社、一九八七年）
安田二郎・近藤光男『戴震集』（朝日新聞社、一九七七年）
山井湧『人類の知的遺産　三三　黄宗羲』（講談社、一九八三年）
湯浅邦弘編『概説中国思想史』（ミネルヴァ書房、二〇一〇年）
湯浅邦弘編『名言で読み解く中国の思想家』（ミネルヴァ書房、二〇一二年）
米山寅太郎『図説中国印刷史』（汲古書院、二〇〇五年）
梁啓超著、小野和子訳注『清代学術概論』（東洋文庫、平凡社、一九七四年）
『新編原典中国近代思想史』全七巻（岩波書店、二〇一〇年）

第七章

赤塚忠『大学・中庸』（新釈漢文大系、明治書院、一九六七年）

阿部吉雄・山本敏夫・市川安司・遠藤哲夫『老子・荘子』上（新釈漢文大系、明治書院、一九六六年）
天野鎮雄『孫子・呉子』（新釈漢文大系、明治書院、一九七二年）
飯塚朗『中国故事』（角川ソフィア文庫、二〇一四年）
池田末利『尚書』（全釈漢文大系、集英社、一九七六年）
市川安司・遠藤哲夫『荘子』下（新釈漢文大系、明治書院、一九六七年）
今井宇三郎『易経』上・中（新釈漢文大系、明治書院、一九八七・一九九三年）
今井宇三郎・堀池信夫・間嶋潤一『易経』下（新釈漢文大系、明治書院、二〇〇八年）
入矢義高監修、景徳伝灯録研究会編『景徳伝灯録』四（禅文化研究所、一九九七年）
内野熊一郎『孟子』（新釈漢文大系、明治書院、一九六二年）
宇野精一『孟子』（全釈漢文大系、集英社、一九七三年）
遠藤哲夫『管子』上（新釈漢文大系、明治書院、一九八九年）
大島晃編『中国名言名句辞典』（三省堂、一九八九年）
小野沢精一『書経』下（新釈漢文大系、明治書院、一九八五年）
加藤常賢『書経』上（新釈漢文大系、明治書院、一九八三年）
金谷治・佐川修『荀子』上（全釈漢文大系、集英社、一九七三年）
金谷治・佐川修・町田三郎『荀子』下（全釈漢文大系、集英社、一九七四年）
鎌田正『春秋左氏伝』一〜四（新釈漢文大系、明治書院、一九七一・一九七四・一九七七・一九八一年）
楠山春樹『淮南子』下（新釈漢文大系、明治書院、一九八八年）

小林信明『列子』（新釈漢文大系、明治書院、一九六七年）
佐竹昭広・山田英雄・工藤力男・大谷雅夫・山崎福之校注『万葉集』一（新日本古典文学大系、岩波書店、一九九九年）
尚学図書編『中国名言名句の辞典』（小学館、一九八九年）
鈴木由次郎『易経』上・下（全釈漢文大系、集英社、一九七四年）
高橋忠彦『文選（賦篇）』（新釈漢文大系、明治書院、二〇〇一年）
竹内照夫『韓非子』上・下（新釈漢文大系、明治書院、一九六〇・一九六四年）
竹内照夫『春秋左氏伝』上・中・下（全釈漢文大系、集英社、一九七四・一九七四・一九七五年）
中村璋八『清朝本全訳　菜根譚』（東方書店、二〇〇六年）
奈良康明編『仏教名言辞典』（東京書籍株式会社、一九八九年）
林秀一『戦国策』上・中（新釈漢文大系、明治書院、一九七七・一九八一年）
原田種成『貞観政要』上（新釈漢文大系、明治書院、一九七八年）
平岡武夫『論語』（全釈漢文大系、集英社、一九八〇年）
藤井専英『荀子』上・下（新釈漢文大系、明治書院、一九六六・一九六九年）
水沢利忠『史記』八・九（新釈漢文大系、明治書院、一九九〇・一九九三年）
諸橋轍次『中国古典名言事典』（講談社、一九七二年）
柳田聖山編『禅語録』（中公バックス世界の名著、中央公論社、一九七八年）
山下龍二『大学・中庸』（全釈漢文大系、集英社、一九七四年）
吉田賢抗『論語』（新釈漢文大系、明治書院、一九六〇年）

吉田賢抗『史記』七（新釈漢文大系、明治書院、一九八二年）
※ほか、「資料編」⑪（文庫・新書で読む中国の古典）を参照

人物索引

（太字は見出し項目）

あ　行

哀公　34,62,64,80,219
晏嬰　→　『晏子春秋』〈文献〉
晏子　→　『晏子春秋』〈文献〉
禹　4,23,25,126,168,191
衛青　10
永楽帝　18,38,191
慧遠　**131**,145
慧観　133,144,145
慧皎　137
慧厳　133
慧思　134
慧能　143
慧琳　133,140
袁氏三兄弟　→　童心〈事項〉
閻若璩　**217**,219
袁燮　186
袁世凱　241,250
袁枚　**225**
王安石　21,62,177,**178**,179,181-183
王懿栄　33,39
王逸　12
王引之　226
王円籙　37
王応麟　**188**
皇侃　67,89
王圻　19
王畿　**201**,**203**
翁元圻　188
王艮　77,**201**
王思義　19
王充　**103**,104
王戎　160
王粛　**57**,112
王守仁　77,193,196,197,**200**-209
応劭　111
王紹蘭　235
王心斎　→　王艮
王船山　→　王夫之
王重陽　160
王念孫　**225**
黄檗希運　138
王弼　57,60,71,72,**105**
王冰　152
王符　**103**
王夫之　**215**
翁方綱　240
欧陽脩　21,**177**-179
欧陽詢　18
王陽明　→　王守仁
王竜渓　→　王畿
荻生徂徠　31,88

か　行

何晏　**57**,66,68,72
戒賢　135
賈逵　81
賈誼　**53**
何休　63,72,**104**,237
郭居敬　17
郭守敬　189
郭象　95,**105**
郭璞　15,69,72,171
覚浪道盛　214
賈思勰　112
嘉祥大師吉蔵　141
何承天　140
賀長齢　240
霍去病　10
葛洪　153,154,156,172
関羽　148

顔回　34,87
顔鈞　204
桓玄　131
顔元　223
桓公（斉）　22
漢光　→　劉師培
顔師古　71
顔子推　113
灌頂　135
韓信　9
関聖帝君　148,163
韓侂冑　187
桓譚　**55**
管仲　→　『管子』〈文献〉
韓非子　25,52,**99**,123,125
韓愈　21,65,**176**,192
紀昀　234
羲和　235
魏源　238,**240**
鬼谷先生　101,102
義浄　**136**
魏忠賢　214
魏徴　113
魏伯陽　153
帰有光　239
丘濬　188
堯　2-4,25,126,191
共工　2
姜子牙　→　太公望
玉皇大帝　**147**,164,165
許行　121
許衡　**188**
許叔重　→　許慎
許慎　**56**,57,235
魏了翁　187
虞舜　→　舜
虞世南　18
屈原　13
鳩摩羅什　131,**132**
公羊高　63
孔穎達　71,72
啓　4
景公（斉）　108
嵇康　160
恵施　**100**,120
邢昺　67,69,72,88
京房　79
桀　4
阮咸　160
阮元　**226**,230,233,235,239
元始天尊　**147**,148
玄奘　132,**135**
阮籍　160
玄宗（唐）　68,72
厳復　**240**,247
胡安国　**183**
胡渭　217
孔安国　60,66,70-72,219
項羽　**8**
江永　229
孔衍　70
黄榦　187
康熙帝　217,218,220,222,224
侯景　134
寇謙之　**150**
孔子　7,30,34,42,**50**-52,60,62,63,65,66,68,70,74,75,77,80,81,83,87-89,94,97,149,164,191,229,236,242,248
洪自誠　19
洪秀全　249
黄汝成　219
黄石公　114
勾践　22
高祖　→　劉邦
孔臧　112
黄宗羲　207,**214**,218
黄尊素　214
公孫龍子　**100**,120
孔晃　116

黄帝　126,**146**-148,152,158
耿定向　204
項伯　8
高攀竜　210
孔鮒　112
孝武皇帝 → 武帝
高誘　109,110
康有為　238,**242**,248,250
闔廬（闔閭）　22,96
項梁　8,9
光輪 → 呂留良
胡瑗　**176**
顧炎武　**215**,218
呉兢　16
嚳　2
告子　**102**
穀梁赤　63
顧頡剛　126,227
顧憲成　210
胡宏　183,184
顧広圻　230
呉子　**97**,114
顧祖禹　217
呉澄　**189**
胡適　**246**,251
呉与弼　199
鯀　2-4

さ　行

宰我　87
蔡元培　243
崔述　**227**
最澄　142
蔡倫　11,26,42
左丘明　64,107
三皇五帝　**2**
山濤　160
賛寧　137
子嬰　8
子夏　63,66,88
竺法雅　139
子貢　66,87
子産　119
子思　**50**,52,65
師尚父 → 太公望
司馬懿　57
司馬光　65,**178**,180,181
司馬相如　10,102
司馬穰苴　114
司馬承禎　**151**
司馬遷　**10**,11,13,14,26
司馬談　10,117,120
司馬彪　95
釈迦　154,155,164
謝啓昆　240
謝良佐　183
謝霊運　**133**,144
子游　88
周公 → 周公旦
周広業　30
周公旦　5,**6**,7,60,62,77,126
周氏　66
周生烈　66
周敦頤　30,**180**-182,186,192
朱熹　12,59,61,62,65,66,68,72,77,179-182,**183**,184-199,208,210,216,237
叔斉　10
朱駿声　56
朱右　21
舜　2,**3**,4,17,25,126,191
淳于越　29
淳于髡　122
荀悦　**104**
荀子　26,**52**,77,99,124,125
春申君　53
徐愛　205
章炳麟　**243**
商鞅　25,**98**,119
蕭何　9

章学誠　**227**
蕭吉　113
商均　4
鄭玄　**56**,57,60,61,71,72,237
昭侯　99
襄公（宋）　22
焦竑　204
城隍神　**164**
向秀　106,160
焦循　239
蕭子良　140
蕭琛　137
聶双江　→　聶豹
蒋廷錫　220
葉適　197
小東莱　→　呂祖謙
聶豹　**202**
邵雍　**180**,181
女媧　2
諸葛孔明　**12**
諸葛亮　→　諸葛孔明
諸可宝　236
徐乾学　217,218
徐子光　16
如惺　137
徐福　**167**
舒璘　186
子路　87
任安　10
沈煥　186
信行　145
沈業富　240
秦蕙田　240
審祥　142
真宗　147
真諦　134
慎到　**25**,**98**
真徳秀　**187**
沈徳潜　21
神農　2
秦の始皇帝　7,27-29,34-36,40,41,126,156,157,167
申不害　25,**99**
親鸞　143
鄒衍　28,78,**101**,120,123
鄒守益　**202**
成王　6
西王母　168,170
西楚覇王　→　項羽
成湯　→　湯王
石介　177
契　4
薛侃　205
顓頊　2
全祖望　207,215
銭大昕　**228**
宣統帝溥儀　39
銭徳洪　201,203,206,209
冉伯牛　87
冉有　87
僧維　133
荘王（楚）　22
桑欽　15
桑弘羊　82
荘公（斉）　108
曾国藩　216,225,250
荘子　2,**94**,106,118,162
曾子　17,**51**,68
曹思文　137
僧肇　**133**
荘襄王　7
竈神　**165**,172
曹操　12
荘存与　237
曹丕　45
僧旻　134
宗炳　136,140
僧祐　137
楚元王劉交　54
蘇洵　21,179

蘇軾　21,178,**179**,181,182
蘇秦　**101**,110,120
蘇代　101
蘇轍　21,179
蘇厲　101
孫詒譲　98
孫権　12
孫子（孫武）　**96**,114,116,123
孫中山　→　孫文
孫臏　97,116
孫復　177,183
孫文　**242**,250

た　行

太公望　5-7,169
太上老君　147,**148**
戴震　226,**229**
戴聖　10,61
大成至聖文宣王　→　孔子
太宗（李世民）　16,114
戴徳　61
武内義雄　68
妲己　5,169
湛甘泉　→　湛若水
段玉裁　85,**229**,235
湛若水　**200**
丹朱　3
智儼　142
智昇　137
智蔵　134
紂王　5,6,169
仲弓　87
仲尼　→　孔子
仲長統　**105**
張禹　66
張演　140
張角　159
趙岐　**56**,72
張儀　**102**,110,120
張九成　183
張玉書　220
張衡　103,159
張載　**181**,194,195,216
張之洞　241
張栻　183,**184**,185
張湛　96
張仲景　111
張飛　148
趙翼　228
張履祥　216
張良　9,150
張陵　159
張魯　159
陳群　66
陳献章　**199**
陳寿　14
陳淳　**187**
陳勝　8,9
陳子龍　223
陳独秀　**244**,251
陳白沙　→　陳献章
陳傅良　197
陳平　9
陳夢雷　220
陳亮　185,197
通玄真人　107
辜鴻銘　**241**
程頤　64,68,117-181,**182-184**,192,194,195
帝堯　→　堯
程顥　64,68,177-180,**181-184**,192,193
帝舜　→　舜
鄭和　26
寺島良安　19
天乙　→　湯王
天台智顗　**134**
田駢　122
道安　**130**
湯王　4,78

唐堯　→　堯
竇憲　11
道元　143
陶弘景　147,151
道綽　143
道生　143
道世　138
道宣　137
竇太后　82
董仲舒　10,**53**,58,79,82,124
湯斌　218
杜順　142
富永仲基　126
杜預　58,71,72
曇無讖　133
曇鸞　143

な　行

内藤湖南　126
根本遜志　67

は　行

梅瑴成　217
梅賾　219
裴松之　14
梅文鼎　**216**
馬援　55
伯夷　10
白居易　45
林蓀坡　20
林羅山　187
馬融　**55**
班固　**11**,70,110
班昭　110
范縝　137,140
范仲淹　176,177
班超　11
班彪　11,103
皮錫瑞　**230**
畢沅　240
卑摩羅叉　132
閔子騫　87
馮桂芬　235
馮友蘭　**247**
武王（周）　4-**6**,25,78,126,169
服虔　81
夫差　22
伏羲　2
仏馱跋陀羅　132
仏図澄　**130**
武帝（前漢）　**9**,10,53,82,83,157
武帝（梁）　→　梁の武帝
傅亮　140
文王（周）　4,5,6,126,147
文公（晋）　22
文侯　101
文子　→　『文子』〈文献〉
文昌帝君　**149**
文帝（魏）　45
文帝（隋）　29
平原君　100
方以智　**214**
法雲　134
包咸　66
法朂　133
茅坤　21
牟子　136
鮑叔　106
彭祖　**166**
法蔵　142
方東樹　224
法然　143
鮑彪　110
方苞　224
豊坊　206
穆公（秦）　22
墨子　74,75,77,79,96,**97**,119,124,126
菩提達磨　142
法顕　**131**

ま　行

媽祖　**166**
マテオ・リッチ　224,236
宮崎滔天　243
毛奇齢　219
孟子　**52**,72,76,78,82,102,124,178,209,236
毛沢東　**246**,251

や　行

山崎闇斎　190
兪安期　231
游酢　183
有子　66
有若　66
熊賜履　217
姚賈　99
楊簡　**186**
姚宏　110
栄西　143
楊子　→　楊朱
楊時　**183**
楊朱　**96**,126
姚鼐　224
揚雄（楊雄）　**102**

ら　行

羅貫中　15
羅近渓　→　羅汝芳
羅欽順　201
羅洪先　**203**
羅従彦　183
羅汝芳　**204**
羅士琳　236
李鋭　236
李淵　18
李瀚　16
李塨　223
陸九淵　**184-186**,198,207
陸杲　140
陸修静　**150**
陸象山　→　陸九淵
陸徳明　71,85
陸法言　85
陸隴其　216
李翺　176
李鴻章　250
李光地　**217**
李斯　8,28,29,53,99
李贄　**204**,209
李之才　180
李自珍　115
李靖　114
李大釗　**245**,251
李卓吾　→　李贄
李侗　183
李昉　18
劉安　10,109,121
劉鶚　33
劉熙　86
劉義慶　112
劉向　12,**54**,79,86,89,110
劉歆　31,54,64,79,83,86,89
劉瑾　200
劉師培　238,**245**
劉峻　112
劉禅　12
柳宗元　21,107,176
劉宗周　**205**
劉大櫆　224
劉念台　→　劉宗周
劉備　12,148
劉表　12
劉邦　8,**9**
劉逢禄　238
劉牧　31
劉伶　160
梁啓超　**244**,248,250
凌廷堪　237

梁の武帝　**134**,150
呂坤　20
呂尚　→　太公望
呂祖謙　184,**185**,186,198
呂大臨　183
呂不韋　→　『呂氏春秋』〈文献〉
呂留良　**216**
李陵　10
臨済義玄　138
林紓　225
林則徐　231,240
霊公（斉）　107
厲之鍔　235
黎靖徳　190
酈道元　15
列子　**95**
老子　43,**94**,105,107,116,118,139,146-148,152,154,155,158,160,164
老聃　94
盧見曽　240
盧植　55
魯迅　249,251
盧生　8

文献索引

（太字は見出し項目）

あ　行

『阿Q正伝』　251
『阿含経』　132
『晏子春秋』　107
『伊川易伝』　182
『伊川撃壌集』　180
『一切経』　137
『逸周書』　31,115
『彙編』　220
『尉繚子』　114
『韻府拾遺』　220
『禹貢錐指』　217
『雲笈七籤』　155
『永楽大典』　18,45
『易』　→　『周易』
『易経』　→　『周易』
『易数鉤隠図』　31
『易図明弁』　217
『易童子問』　177
『淮南子』　109,121
『延安文芸座談会での講話』　247
『円覚経』　144
『淵鑑類函』　231
『塩鉄論』　83
『往生論註』　143
『翁注困学紀聞』　188
『王文成公全書』　201
『翁の文』　126
『音学五書』　215

か　行

『開元釈教録』　137
『海国図志』　231
懐徳堂本『論語義疏』　68
『楽経』　58
『郭象集』　106
郭店楚簡『老子』　94
「格物補伝」　→　格物致知〈事項〉，『古本大学』
「過秦論」　53
『学海堂経解』　→　『皇清経解』
『家礼』　72
『漢学商兌』　225
『漢紀』　104
『観経疏』　143
『管子』　106
『顔氏家訓』　113
『漢書』　→　班固〈人名〉
『漢書』芸文志　54,86,89,**110**,113,118
『韓非子』　→　韓非子〈人名〉
『漢文大系』　296
『漢訳大蔵経』　137
『鬼谷子』　108
偽古文『尚書』　60
『狂人日記』　251
『玉海』　188
『御製律暦淵源』　222
『御注孝経』　69
『御定淵鑑類函』　→　『淵鑑類函』
『儀礼』　61,72
『儀礼経伝通解』　62
銀雀山漢墓竹簡『孫臏兵法』　116
『近思録』　185,198
『今文尚書考証』　230
『孔雀王経』　136
『倶舎釈論』　134
『孔叢子』　112
『弘明集』　136,140
『公羊伝』　→　『春秋公羊伝』
『公羊墨守』　104

『群学肄言』 241
『群己権界論』 241
『経韵楼集』 230
『経学通論』 230
『経学歴史』 230
『経義述聞』 226
『恵子』 → 恵施〈人名〉
『経史避名彙考』 30
『警鐘日報』 245
『経籍籑詁』 226
『経伝釈詞』 226
『経典釈文』 71,85
『芸文類聚』 18,45
『華厳経』 142
『乾象歴』 57
「原性」 176
「原道」 176
『原富』 241
『広韻』 45
『甲寅』 246
『広雅疏証』 226
『校勘記』 227
『孝経』 51,**68**,72
『皇極経世書』 180
『句股割圜記』 229
『孔子改制考』 248
『孔子家語』 70
「公車上書」 242
『考信録』 227
『皇清経解』 226,**233**
『皇清経解続編』 233
『高僧伝』 137
『皇朝経世文編』 240
『黄帝内経』 152
『洪武正韻』 19
『衡報』 245
『皇明経世文編』 223
『皇覧』 45
五経 **58**-62,191
『五経異義』 56,57
「五経四書性理大全」 **191**,293
『五経正義』 71,86,87
『五行大義』 **113**
五経大全 → 「五経四書性理大全」
『国語』 **107**
『穀梁伝』 → 『春秋穀梁伝』
『古今図書集成』 45,**220**
『呉子』 → 呉子〈人名〉
『国故月刊』 245
『古文尚書』 → 『尚書』
『古文尚書冤詞』 219
『古文辞類纂』 224
『古本大学』 **206**
『古論語』 66
『困学紀聞』 188
『金光明最勝王経』 136
『困辨録』 202
『根本説一切有部毘奈耶』 136

さ 行

『菜根譚』 **19**
『西遊記』 135,147
『左氏膏肓』 104
『左氏伝』 → 『春秋左氏伝』
『冊府元亀』 18
『左伝』 → 『春秋左氏伝』
『三教捜神大全』 **168**
『三経新義』 178
『三国志』 13,14,15
『三国志演義』 15,148
『三才図会』 **19**
『三洞経書目録』 150
『三輔決録』 56
「三礼」 61,62
『三略』 114
『三論玄義』 141
『詩』 → 『詩経』
『詩韻含英』 220
『緇衣』 50
『爾雅』 23,**69**,72,85

『史記』　2,8-11,**13-15**,26,27,117
『持久戦論』　247
『詩経』　**60**,71,72,177
『四庫全書』　229,**233**
『四庫全書総目提要』　89,**234**
『子思子』　→　子思〈人名〉
『資治通鑑』　178
『資治通鑑綱目』　179
『四洲志』　231,240
四書　**59**,190,191
『四書集注』　68,184,187,**190**
『四書釈地』　217
四書大全　→　「五経四書性理大全」
『字説』　178
「四存編」　223
『次第禅門』　134
『七略』　54,86,89
『実践論』　247
『司馬法』　114
『四部叢刊』　**21**
『時務報』　244
『社会通詮』　241
『釈名』　86
『沙門不敬王者論』　131
『周易』　5,31,43,**59**,72,88,125,152,153,177,180,298
『周易外伝』　216
『周易口義』　177
『周易参同契』　**153**
『十駕斎養新録』　228
『周官』　→　『周礼』
『周官新義』　62
『十三経注疏』　**72**,227,230,292
『十三経注疏校勘記』　230
『十誦律』　132
『十七史商権』　228
『十二門論』　141
『十八史略』　**15**
『朱子家礼』　→　『家礼』
『朱子語類』　184,**190**
『朱子晩年定論』　201
『出三蔵記集』　137
『出定後語』　126
『周礼』　2,**62**,72
『春秋』　**62**,80,81,104,124,248
「春秋外伝」　→　『国語』
『春秋公羊伝』　23,54,**63**,64,72,79,80,237
『春秋公羊伝解詁』　104,237
『春秋穀梁伝』　**63**,72,80
『春秋胡氏伝』　183
『春秋左氏経伝集解』　58
『春秋左氏伝』　**64**,72,107
『春秋三伝異同説』　55
『春秋釈例』　58
『春秋尊王発微』　177,183
『春秋繁露』　54
『書』　→　『尚書』
『貞観政要』　**16**
『傷寒論』　**111**
『商君書』　98
『昌言』　105
『象山先生全集』　186
『攘書』　245
『尚書』　6,23,**60**,72
『尚書古文疏証』　217,**219**
『尚書正義』　60
『尚書中候』　56
『小倉山房詩集』　225
『摂大乗論』　134
『小戴礼記』　61
『肇論』　133
『初学記』　18
『書経』　→　『尚書』
『諸子集成』　294
『新学偽経考』　242
『申鑒』　104
『呻吟語』　**20**
『新原人』　247
『新原道』　247

『真誥』　151
『慎子』 → 慎到〈人名〉
『申子』 → 申不害〈人名〉
『新書』　53
『新序』　55
『晨鐘報』　246
『新事論』　247
『新世訓』　247
『人生哲学』　247
『新青年』　245
『神仙伝』 → 『列仙伝』・『神仙伝』
『清代学術概論』　244
『新知言』　247
『人譜』　205
『新民主主義論』　247
「新民説」　248
『新民叢報』　244,248
『新理学』　247
『新論』　55
『随園詩話』　225
『水経』　15
『水経注』　15
『隋書』経籍志　89,110,113
『数理精蘊』　222
『説苑』　55,70
『聖学格物通』　200
『清議報』　244,248
『聖証論』　58
『青年』　245
『聖武記』　240
『斉民要術』　112
「西銘」　181,194
『西銘解』　181
『正蒙』　181
『性理字義』　187
『性理字義諺解』　187
『斉論語』　66
『世界地理大全』　231
『石経大学』　206
『世説新語』　112
『切韻』　85
『説文解字』　40,41,56,85
『説文解字段注考正』　235
『説文解字段注補訂』　235
『説文解字注』　235
『説文通訓定声』　56
『山海経』　168
『潜邱箚記』　217
『潜研堂文集』　228
『戦国策』　55,**110**,120
『戦国縦横家書』　43,101
『船山遺書』　216
『先秦名学史』　246
『潜夫論』　103
『雑阿毘曇心論』　132
『蔵経』　137
『宋元学案』　207,214
『荘子』 → 荘子〈人名〉
『宋詩鈔』　216
『葬書』　171
『蔵書』　205
『綜理衆経目録』　137
『続文献通考』　228
『楚辞』　12,53
『孫子』 → 孫子〈人名〉

た　行

『大学』　59,**65**,190,191,196,197,201,
206
『大学衍義』　187
『大学衍義補』　188
『大学章句』　187,190
『大学直解』　189
『大学問』　206
『大義覚迷録』　222
『太極図説』　180,192
『太極図説解』　180
『太玄』　103
『太史公書』　13
『太上感応篇』　173

『大清一統志』　217,228
『太誓』　6
『大蔵経』　137
『大智度論』　134
『大唐西域記』　134,135
『大唐内典録』　137
『大般涅槃経』　133
『太平経』　159
『太平御覧』　18,45
『太平広記』　18
『大戴礼記』　61
『竹書紀年』　115
『中国牛津（オックスフォード）運動故事』　242
『中国人的精神』　242
『中国哲学史』　247
『中国哲学史新編』　247
『中国哲学史大綱』　246
『中国民族誌』　245
『疇人伝』　235
『疇人伝三編』　236
『中辺分別論』　134
『注維摩』　133
『中庸』　50,65,190,191
『中庸章句』　65,190
『中庸直解』　189
『中論』　132,141
『張侯論』　66
『張子正蒙注』　216
『通雅』　215
『通書』　180
『通書解』　181
『鄭志』　57
『程氏易伝』　182
『天演論』　247
『天下郡国利病書』　215
『天義報』　245
『天経或問』　215
『伝習録』　201,205
『道行集異注』　130
『東京夢華録』　211
『東西均』　215
『湯誓』　5
『道蔵』　155
『唐宋八大家文鈔』　21
『唐宋八大家文読本』　21
『東坡七集』　179
『唐類函』　231
『読易私言』　189
『読四書大全説』　216
『読史方輿紀要』　217
『読書雑志』　226
『読通鑑論』　216
『努力週報』　246

な　行

『南海寄帰内法伝』　136
「難范縝神滅論」　137
『南本涅槃経』　134
『二十四孝』　17
「二十四史」　13
『二十二史考異』　228
『廿二史箚記』　228
『日知録』　215,218
『日知録集釈』　219
『日知録之余』　219
『仁王経』　144

は　行

『佩文韻府』　220
『駁五経異義』　57
帛書本・竹簡本『老子』　94,116
『白氏六帖』　18,45
『八先生文集』　21
『般若経』　130
『般若心経』　136
『非国語』　107
『百万塔陀羅尼経』　45
『百論』　132,141
『白虎通』　70

『白虎通義』 → 『白虎通』
『白虎道徳論』 → 『白虎通』
『風俗通』 → 『風俗通義』
『風俗通義』 2,111
『復性書』 176
「復礼」 237
『武経七書』 **114**
『不忍』 242
『仏国記』 132
『物理小識』 215
『父母恩重経』 144
『文苑英華』 18
『文献大成』 18
『文公家礼』 → 『家礼』
『文子』 **107**
『文史通義』 228
『焚書』 205,209
『別録』 54,86,89
『弁宗論』 133
『法意』 241
『法苑珠林』 **138**
『方言』 102
『法言』 102
『放光般若折疑准』 130
『封神演義』 7,147,**169**
『方等泥洹経』 132
『抱朴子』 **154**,156,161,162,172,173
『墨子』 → 墨子〈人名〉，墨家〈事項〉
『墨子間詁』 98
『穆天子伝』 115
『北堂書鈔』 18
『北渓字義』 187
『法華経』 141
『法華玄義』 135
『法華文句』 135
『法顕伝』 132
『本草綱目』 **115**,162
『梵網経』 144

ま 行

『摩訶止観』 135
『摩訶僧祇律』 132
『明史』 13,214
『明儒学案』 **207**,214
『民報』 243,244
『民約精義』 245
『民約論』 218
『矛盾論』 247
『夢粱録』 211
『明夷待訪録』 214,**218**
『蒙求』 **15**
『孟子』 → 孟子〈人名〉
『毛詩』 → 『詩経』
『孟子集注』 190
『孟子字義疏証』 229,**236**
『孟子章句』 56

や 行

『維摩経』 133
『瑜伽師地論』 135
『楊亀山先生集』 183

ら 行

『礼記』 10,**61**,65,72,88
『李衛公問対』 114
陸賈『新語』 **109**
『六芸論』 57
『六書音均表』 85,229
『六韜』 7,114
「離騒」 13
『律呂正義』 222
『律暦淵源』 216,**222**
『留書』 218
『呂氏春秋』 7,23,**108**,121,124
『呂覧』 → 『呂子春秋』
『臨済録』 **138**
『霊宝経』 150
『暦学疑問』 217

『暦算全書』　217
『暦象考成』　222
『暦象考成後編』　222
『列子』 → 列子〈人名〉
『列女伝』　54
『列仙伝』・『神仙伝』　146, 150, **153**, 166, 167
『連叢子』　112
『老子』 → 老子〈人名〉
『老子化胡経』　**154**
『老子想爾注』　160
『魯斎遺書』　189
『魯斎心法』　189
『魯論語』　66
『論語』　50, **66**-68, 72, 74-76, 78, 88, 89, 103, 124, 125
『論衡』　103, 104
『論語義疏』　**67**, 88, 89
『論語集解』　46, 57, **66**, 68, 72
『論語集解義疏』　67
『論語集注』　66, **68**, 88, 89, 190
『論語体略』　106
『論語注疏』　67, 88
『論孟精義』　68

わ　行

『和漢三才図会』　19
「私のマルクス主義観」　246

事項索引

（太字は見出し項目）

あ 行

愛国学社 245
字 30
足利学校 87
亜聖 77
阿房宮 8
為我説 96
緯書 80,153
夷狄（外夷・四夷） → 中華思想
已発 184
韋編三絶 88
諱 30
以礼代理 236
殷墟 33
印刷技術 45
陰陽家 101,117,**120**
陰陽五行思想 → 陰陽五行説
陰陽五行説 73,78,79,101,**123**,153
永康永嘉学派 197
慧遠流浄土教 131
易姓革命 78
塩鉄論争 82
洹北商城遺址 34
円融三諦 141
王学右派 206,207
王学左派 206,207
王湛の学 200
王道と覇道 81,197
諡 31
恩蔭 29
音韻学 85
音義書 71
温故知新 88

か 行

解 → 注疏
垓下の戦い 8,9
会試 29
解試 29
改字 30
華夷思想 → 中華思想
楷書 41
開成石経 → 石経
外丹 156,157,**162**
会通 238
科挙 29,71,149
格義仏教 139
郭店楚墓竹簡 50,51,94,125
格物 → 三綱領八条目，格物致知
格物致知 65,**196**,197,200,201,208
革命 78
獲麟 64,80
岳麓書院 199
鵝湖の会 184-186,**198**
卦辞 59
加上説 126
活字印刷 45
合従策 101,120
河図・洛書 31
臥龍 12
漢音 → 漢字音（漢音・呉音・唐音・慣用音）
漢学と宋学 237
宦官 26
漢字音（漢音・呉音・唐音・慣用音） 44
顔子好学論 192
漢宋兼採 237
観音信仰 140

漢濱読易者　241
慣用音　→　漢字音（漢音・呉音・唐音・慣用音）
顔李学派　223
冠礼　30
気　103,**122**,163,170,171,181,195
義　52,**74**,76,102,164,197
偽学の禁　198
偽経　144
鬼谷易　108
疑古派　227
気質の性　195
帰寂説　→　聶豹〈人名〉
鬼神　103,119,146,**169**
義疏学　67,85
紀伝体　11,13,14
熹平石経　→　石経
宮刑　10,26
九州　23,101
九品官人法（九品中正制度）　29
窮理　→　居敬窮理
九流　118
強学会　242
郷試　29
仰詔文化　24,32
教相判釈　144
行天宮　174
虚君共和　242
居敬窮理　182,**197**,200
鉅子　119
義理易　60,105
義理学　85
今古文論争　83
銀雀山漢墓竹簡　108,116
金丹　162
金文　40
空字　30
空・無　139
公羊学　63,237
郡県制　28
訓詁学　85
君子　78
経　21, 58-72, 83, 89, 110, 113, 228, 233,234
敬　→　居敬窮理
経学　57,59,70,71,**84**,226,246
慶元の党禁　187,198
荊州学　12
経世致用　223,240
刑名参同　25
華厳宗　142
欠筆　30
兼愛　96,97,119,194
玄学　57,67
原君　218
現成説　→　王畿〈人名〉
元の二大儒　188,189
堅白異同（堅白論）　100,120
古逸書　70
孝　50,51,68,**75**,207
号　31
功過格　173
講学　199
校勘　54,234
行気　162
貢挙　29
孔教会　241,242
考拠学　→　考証学
紅巾の乱　146
黄巾の乱　159
講経会　214
甲骨文字　39
公私　76
爻辞　59
孔子教　241
孔子廟　34
考証学　85,188,**217-238**
洪範九疇　31
孔府　34
光復会　243

鴻門の会　8,9
孔門の十哲　87
江右王門　207
孔林　34
黄老思想　118,146,148,153,**158**
呉音　→　漢字音（漢音・呉音・唐音・慣用音）
五岳　35,152
故宮博物院　38
五経　→　〈文献〉
五行易　108
五行説　113,146,302
五行相勝　302
五行相生説　302
五経博士　10,53,58,82
国子監　114
黒陶土器　33
五常　74,75,139
古注　→　『論語集解』〈文献〉
五徳終始説　101,120
五斗米道　150,**159-161**
湖南学派　183,184
古文運動　21
五倫　74
語録　190
魂魄　170
崑崙　170-172

さ　行

災異説　10,**79**,124
蔡侯紙　11
祭祀　84,170
祭酒　52
冊封　28
雑家　106,109,**121**
三階教　145
三科九旨説　104
三教合一　160,**164**,168,179
三孔　34
三皇五帝　→　〈人物〉
三綱領八条目　196
三顧の礼　12
三世説　238
三蘇　179
三体石経（正始石経）　→　石経
三洞四輔　155
三民主義　243
三論宗　141
子　21,89,111,113,234
史　21,89,111,113,234
志　11,14
志怪小説・伝奇小説　172
紫禁城　39
四句教　202,203,209
持敬　197
事功学派　197
始皇帝陵（驪山陵）　36
四岳　2,4,7
四書　→　〈文献〉
士人　73
四声別義　71
士大夫　73
四端説　→　性善説
十家　118
質測　214
四配　34
四部分類　21,89
四面楚歌　9
社稷　26
上海博物館蔵戦国楚竹書　51
主一無適　197
集　21,89,111,113,234
輯佚学　86
修己治人　→　三綱領八条目
州県制　28
秀才　29
修身　196
十翼　60
十論　97,119
儒教の国教化　82

主敬　197,205
朱子学　85,176-199,236,237
主静　183
術　99,119
術数　125
朱陸折衷論　189
春秋学　63
春秋の五覇　22
春秋の筆法　80
書　11,14
書院　199
頌　61
情　195
攘夷　22,23
正一教　159
縦横家　22,101,102,**120**
小雅　61
小学　85
尚賢論　119,**124**
丞相　29
小人　78
象数易　60,105,180
小説家　112,118
上帝会　249
小篆　41
浄土教　143
証人社　205
昭陵　→　明の十三陵
蜀学　178,179,182
稷下の学　24,52,**121**
書肆　45
書誌学　86
時令説　124
仁　50,52,65,**74**,76,102,164,193
讖緯説　31,55,**79**,104,237
辛亥革命　241,243-245,**250**
心学　186,187,189,200
新学　178,179,182,183
秦系文字　41
進士　29
信賞必罰　25
清初の三大家　216
心性論　195
神仙術　→　方術・神仙術
心即理　21,186,200,**207**
新注　→　『論語集注』〈文献〉
新天師道　150
慎独　205
仁内義外説　102
秦の兵馬俑　36
清人注　85
新文化運動　251
新法　178
新民　→　三綱領八条目，『古本大学』〈文献〉
親民　→　三綱領八条目，『古本大学』〈文献〉
新民体　244
神滅論・神不滅論　140
人欲　193
数　180
崇玄学　107
勢　99,119,**123**
誠　50,65
性悪説　77
誠意　196,205,206
斉家　196
世家　11,14
声訓　86
静坐　183,185,200
性三品説　176
正史　13
正始の音　105
精舎　199
正心　196
聖人　6,58,**77**,78,87
聖人可学説　77,176,**192**
性善説　**76**,102
性即理　77,186,**195**,237
清談　151,160

斉物説　94
政聞社　244
正名論　**125**
性霊説　210,225
石経　**44**
赤県神州　23,101
赤子の心　204,209
釈奠　**87**
石牌坊　38
赤壁の戦い　12
石渠閣会議　63
箋　→　注疏
戦国の七雄　**22**
前四史　13
禅宗　**142**
仙術　→　方術・神仙術
善書　**172**
禅譲　3,25,82
全真教　**160**,179
全性説　94
全体大用　187,195
先天易　180
仙道　→　方術・神仙術
疏　→　注疏
宋学　→　漢学と宋学
蔵経洞　37
宋初三先生　177
宋代四大書　18
曹洞宗　143
蘇報事件　243
尊徳性　186

た　行

体　194
大瀛海　24
大雅　61
大義名分論　178
大九州説　→　九州
太虚　181
太極　122,**192**
泰山　8,**35**,84
泰州学派　201
大成殿　34
大蘇開悟　134
胎息　162
大篆　41
大同思想　76
岱廟　35
太平天国の乱　**249**,250
太平道　**159-161**
体用　**194**
托古改制　248
断易　108
断代史　11
竹帛　43
竹林の七賢　139,**160**
知行合一　207,**208**
治国　196
知先行後　208
致知　→　三綱領八条目，格物致知
竹簡　**42**,50,51,94,108,116,156
忠　**75**,207
注　→　注疏
籌安会　241
中華思想　**23**,136,177,250
中原　**22**,**24**
中国のルソー　218
中国四大発明　45
中書令　10
注疏　71,72,**86**
中体西用論　250
朝貢　→　冊封
張三世　248
調息　162
長陵　→　明の十三陵
直躬説話　76
致良知　201,202,206-**208**,209
通幾　214
通三統　248
通儒　**238**

通人　83
鄭学　57
程朱学　182
貞女論　239
鄭箋　57,71,72
程門の四先生　183
定陵　→　明の十三陵
天　73,78,79
伝　→　注疏
天下三分の計　12
伝奇　→　志怪小説・伝奇小説
殿試　29
天師道　159
篆書　41
天人感応　→　天人相関思想
天人合一　→　天人相関思想
天人三策　53,82
天人相関思想　54,73,**78**,79,105
天人の分　53,73
天泉橋問答　209
天台宗　141
天壇　91
天文暦法　84
天理　182,193,207
典礼問題　224
導引　162
唐音　→　漢字音（漢音・呉音・唐音・慣用音）
道家　94-96,117,**118**,146,160,164
道学　123,178,179,182-185,189,192
道教　118,146-164
党錮の禁　26,56,104
道士　→　方士・道士
桐城派　224
童心　209
唐宋八大家（唐宋八家）　21,176-179
唐代四大類書　18
同治中興　249
道統　52,176,190,**191**
東南の三賢　184,185
道問学　186
東林学派　210
東林書院　199,210
東林党　210
徳治　26
徒隷　40
頓悟・漸悟　143
敦煌学　38
敦煌莫高窟　37
敦煌文書　37

な　行

内丹　157,**163**
南宋功利学派　197
二王　201
二渓　203
二十四史　→　〈文献〉
日書　156
二程　181,182
二里岡遺跡　33
二里頭遺跡　33
二里頭文化　33
任子　29
農家　121
述べて作らず　**88**,248

は　行

帛書　43,158
白馬非馬（白馬非馬論）　100,120
幕府　239
白鹿洞書院　199
破邪顕正　141
八条目　196,197
八股文　216
抜本塞源論　206
覇道　→　王道と覇道
白鹿洞書院学規　210
万物一体　182,**193**
万物一体の仁　182,193
万里の長城　35

裨海　24
避諱　30
微言大義　→　春秋の筆法
非攻　97,119
百源学派　180
白蓮教　145
白蓮社　131,145
白虎観会議　70
表　11,14
廟算　96
符　161,163
賦　103
風水　171
扶乩　163
服餌　163
復社　214,215
復辟　241
仏教　130-146
不老不死　156,163,167
文化大革命　247
焚書坑儒　29,34,83
分封　→　封建制
兵家　7,22,96
平天下　196
兵馬俑　→　秦の兵馬俑
変法　98,119
辟穀　163
弁偽　217
弁証法的唯物論　251
編年体　15,63,178
駢文　21
法家　98,99,117,**119**,123
方技　126
封建制　27
法三章　9
方士・道士　157,161,162,169
方術・神仙術　146,157
封禅　27,84,175
法治　25
放伐　25
卜辞　39
北宋五子　180-182,184
保皇会　242
戊戌の政変　→　戊戌の変法
戊戌の変法　250
墨家　96,97,**119**,170,194
本紀　11,14
本性論　209
本体工夫論　209
本体即工夫　203
本然の性　195

ま　行

馬王堆漢墓　43,101,158
馬王堆帛書　43,94
マルクス主義　251
満街聖人　→　王艮〈人名〉
道　118,**122**,139,176,191
未発　184
未発已発説　184
明の十三陵　38
無為　94,139
無極　→　太極
無善無悪　207,209,210
名家　100,117,**120**
明経　29
明州四先生　186
木版印刷　45
目録学　89
文字学　85
木簡・木牘　43
問題と主義　246

や　行

唯物史観　251
湯島聖堂　87
用　194
甬上四先生　186
養生思想　158,162
養生法　→　養生思想

洋務運動　249
陽明学　85,119-210

ら　行

蘭陵の令　53
理　182,186,194,195,207
理一分殊　182,**194**
理気　184,**195**,237
陸王学　186
六家　117
六家要指　117,120
六経（六芸）　58,118
驪山陵　8,36
六国文字　41
龍穴　171
龍骨　34,39
龍山文化　24,32
竜場の大悟　200
龍脈　171
良知　200,202-204,208,209
良知帰寂説　202
良知現成説　203
臨済宗　143
類書　45
礼　23,51,61,62,**75-77**
隷書　40
隷変　41
歴物十事　100
列伝　11,14
連衡策　102,120
煉丹　162
濂洛関閩の学　182
老荘思想　→　老子〈人名〉，荘子〈人名〉，道家
魯壁　34,83
論賛　14

わ　行

和刻本　46

執筆者紹介（所属・執筆分担，＊印は編者）

＊湯《ゆ》浅《あさ》邦《くに》弘《ひろ》（大阪大学大学院文学研究科教授，はじめに，第一章，第二章，第三章，コラム１・２・３，資料編）

佐《さ》野《の》大《だい》介《すけ》（名古屋大学大学院人文学研究科准教授，第一章，第二章，第三章）

佐《さ》藤《とう》由《よし》隆《たか》（京都産業大学・和歌山大学・四天王寺大学非常勤講師，第一章，第二章，第三章）

鳥《と》羽《ば》加《か》寿《ず》也《や》（大阪大学大学院文学研究科博士後期課程，第一章，第二章，第三章）

菊《きく》池《ち》孝《こう》太《た》朗《ろう》（大阪大学大学院文学研究科博士前期課程，第一章，第二章，第三章）

六《む》車《ぐるま》　楓《かえで》（大阪大学大学院文学研究科博士前期課程，第一章，第二章，第三章）

渡《わた》辺《なべ》葉《は》月《づき》（大阪大学大学院文学研究科博士前期課程，第一章，第二章，第三章）

藤《ふじ》居《い》岳《たけ》人《と》（阿南工業高等専門学校教授，第四章，コラム４）

野《の》口《ぐち》眞《しん》戒《かい》（野中寺住職，第四章）

南《みなみ》　昌《まさ》宏《ひろ》（高野山大学文学部教授，第四章）

久《く》米《め》裕《ひろ》子《こ》（京都産業大学文化学部教授，第五章，コラム５，資料編）

鶴《つる》成《なり》久《ひさ》章《あき》（福岡教育大学教育学部教授，第五章，資料編）

早《はや》坂《さか》俊《とし》廣《ひろ》（信州大学学術研究院人文科学系教授，第五章）

川《かわ》尻《じり》文《ふみ》彦《ひこ》（愛知県立大学外国語学部教授，第六章，コラム６）

林《はやし》　文《ふみ》孝《たか》（立教大学文学部教授，第六章）

水《みず》上《かみ》雅《まさ》晴《はる》（中央大学文学部教授，第六章）

池《いけ》田《だ》光《みつ》子《こ》（松江工業高等専門学校助教，第七章）

椛《かば》島《しま》雅《まさ》弘《ひろ》（京都産業大学・和歌山大学・大阪樟蔭女子大学非常勤講師，第七章）

草《くさ》野《の》友《とも》子《こ》（大阪大学大学院文学研究科助教，資料編）

《編著者紹介》

湯浅　邦弘（ゆあさ・くにひろ）

1957年　島根県生まれ。
1985年　大阪大学大学院文学研究科（中国哲学専攻）博士後期課程中退。
1997年　博士（文学，大阪大学）。
現　在　大阪大学大学院文学研究科教授。
主　著　『教養としての中国古典』（編著）ミネルヴァ書房，2018年。
『中国の世界遺産を旅する』中公新書ラクレ，2018年。
『テーマで読み解く中国の文化』（編著）ミネルヴァ書房，2016年。
『概説 中国思想史』（編著）ミネルヴァ書房，2010年。
『名言で読み解く中国の思想家』（編著）ミネルヴァ書房，2012年。
『軍国日本と『孫子』』ちくま新書，2015年。
『入門 老荘思想』ちくま新書，2014年。
『竹簡学――中国古代思想の探究』大阪大学出版会，2014年。
『論語』中公新書，2012年。
『故事成語の誕生と変容』角川叢書，2010年。
『菜根譚』中公新書，2010年。
『諸子百家』中公新書，2009年。
『孫子・三十六計』角川ソフィア文庫，2008年。
『戦いの神――中国古代兵学の展開』研文出版，2007年。
『上博楚簡研究』（編著）汲古書院，2007年。

中国思想基本用語集

2020年3月1日　初版第1刷発行　〈検印廃止〉

定価はカバーに
表示しています

編著者　湯　浅　邦　弘
発行者　杉　田　啓　三
印刷者　藤　森　英　夫

発行所　株式会社　ミネルヴァ書房
607-8494　京都市山科区日ノ岡堤谷町1
電話代表　(075)581-5191番
振替口座　01020-0-8076番

亜細亜印刷・藤沢製本

ISBN978-4-623-08736-5

Printed in Japan